通往成功之路

安德魯‧卡內基自傳

…負罪名、老議題、建立財富準則，比尋常的一生

安德魯‧卡內基 著

韓春華 譯

AUTOBIOGRAPHY
OF ANDREW CARNEGIE

「一個人死的時候如果擁有巨額財富，那就是一種恥辱。」

迎接鋼的時代、建立龐大企業、創造巨額財富……與他偉大的靈魂相比，這些不過是生命中的小插曲！

從美國鋼鐵大王到世界慈善家————

安德魯‧卡內基的傳奇人生！

目錄

CONTENTS

前言

離開商界後，我的丈夫禁不住好朋友（既有英國的朋友，也有美國的朋友）的懇求，開始抽空把早年的往事一點一滴地記錄下來。然而，他不久就發現，自己的生活根本沒有想像的那麼閒，他的生活比以前更加忙碌了，於是，只好利用在蘇格蘭的度假期間，來撰寫這些回憶錄。每年夏天，我們都會去位於奧特納格[001]的郊外小屋度假幾週，享受一下簡樸的生活。在那裡，他大部分時間都用於寫作。對早年時光的回憶令他非常愉快，正如他自己所寫的，他又重新回到了過去。1914年7月，他正在那裡潛心寫作，戰爭的陰雲卻已出現；8月4日，當我們得知這個災難性的消息後，立即離開那裡，回到了斯基伯[002]，以便更全面地了解局勢。

這本自傳就是在那時完成的。從此以後，他對自己的事情就再也沒有興趣了。有很多次他試圖繼續寫作，但都發現毫無狀態。在那以前，他過著中年人的生活 —— 甚至像個年輕人一樣 —— 每天打高爾夫球、釣魚、游泳，有時一天做三項運動。他一直是個樂觀主義者，即使遭遇希望破滅，他也努力表現出樂觀的一面來。但是，當世界性的災難降臨之時，他的心卻碎了。先是患上了重感冒，接著又得了兩次嚴重的肺炎，他一下子就蒼老了。

據他同時代的一個人（那人比卡內基早過世幾個月）說自己無法承受年老帶來的負擔。也許，對有幸了解卡內基生平的好友們來說，他一生中最令人鼓舞的地方，就是他如何承受「年老帶來的負擔」。他總是耐心、體貼、樂觀，對別人給予的任何一點方便和幫助都心存感激，而從來沒有為自己考慮過。他一直期待著美好的明天，他的精神在任何時候都閃閃發光，直到「離開人間，被上帝所帶走」。

001　奧特納格（Aultnagar），位於蘇格蘭南部的一個小鎮。

002　斯基伯（Skibo），位於蘇格蘭南部，高地地區多諾赫鎮以西的小村莊，斯基伯城堡在此，安德魯·卡內基生於此地。

PREFACE

他在手稿的扉頁上親筆寫了這樣一段話：「在我的回憶錄中，可能只有小部分內容會使大眾有興趣去閱讀，而大部分內容只有我的親朋好友們才會喜歡。我想，我斷斷續續寫的許多內容，照理來說都應該刪去的。替我整理這些筆記的人要注意，不要給讀者太多的負擔。應當選一位既熱情又聰明的人來做這項工作。」

因此，還有誰能比我們的朋友約翰·范·戴克[003]教授更符合這些要求呢？在看到這部手稿但還沒有看到卡內基先生的批注時，他就說：「將這部書稿整理出版是一項充滿愛心的工作。」這是我們共同的選擇，從他做這項工作的態度就可證明，這個選擇是明智的 —— 本著一份珍貴而美好的友誼而做出的選擇。

露易絲·惠特菲爾德·卡內基[004]

1920 年 4 月 16 日於紐約

---

003 約翰·范·戴克（John Charles Van Dyke, 1856-1932），美國藝術史學家、評論家。代表作：《為藝術而藝術》、《怎樣鑑賞名畫》、《名畫歷史》、《自傳》等；《安德魯·卡內基自傳》的英文版編輯。

004 露易絲·惠特菲爾德·卡內基（Louise Whitfield Carnegie, 1857-1946），美國實業家、慈善家安德魯·卡內基的妻子。

編者按

　　敘述人生經歷的時候，尤其是本人敘述時，編輯不要隨意地去打斷他。他應該以自己的方式來敘述，敘述中表現出來的熱情，甚至是隨性的言行都可以作為故事的一部分。一個人在精神興奮時可能會表現出他的特性，正如在誇張的表情下可能藏著真相。因此，在整理這些篇章，準備出版時，編輯僅僅是按時間順序編排素材，以便使敘述有連貫性。有時為了解釋會添加一些注解，但是敘述部分方為核心。

　　此時此刻，我們不適合在這裡評價「這段奇特而曲折的經歷」的創造者，但應該承認這段經歷非比尋常。即使是《天方夜譚》也不會比這個貧窮的蘇格蘭男孩的故事更具有傳奇色彩。他來到美國，一步一步地經歷了許多考驗，終於獲得了成功，成為著名的鋼鐵大王，建立了一個龐大的企業，創造了巨大的財富。為了人類的文明和進步，他經過慎重考慮，逐步把這一切都捐獻了出來。不僅如此，他還建立了一個不容忽視的財富準則，在財產分配上，為今後的百萬富翁們樹立了一個榜樣。在創業過程中，他成為國家建設者、思想領袖、作家、演說家，是工人、師生和政治家的朋友，是各階層人們的夥伴。但是，與他偉大的靈魂（他對財富的分配、對世界和平的熱切追求、對人類的愛）相比，這些只不過是他生命中的小插曲。

　　或許，我們距離這段歷史太近了，無法以恰當的方式來看待它，但將來它一定會引起人們的重視和興趣。但願今後的人們能更加充分地意識到它的價值。而且，對我們來說，幸運的是，卡內基先生用自己的語言和明快的風格將這段記憶留存下來。這是一段非常值得紀念的記載 —— 也許，別的類似的記載即使出現，卻再也無法引起我們的關注。

約翰·范·戴克
1920 年 8 月於紐約

PREFACE

第一章
父母和我的童年

第一章　父母和我的童年

有人斷言：「任何一個人的人生經歷，只要真實地展現出來，一定會顯得精彩。」如果此話屬實，那麼，支持我寫傳記的親朋好友或許就不會對這一結果感到過度失望。我所聊以自慰的是：至少有些熟悉我的人會對我的經歷產生興趣，這便是我寫作的動力。

我在匹茲堡的一位朋友 —— 梅隆[005]法官，幾年前寫過這類書。他的書給我帶來的愉悅，使我傾向於贊同上文提及的那一高見。當然，梅隆法官的傳記確實給他的朋友們帶來極大的愉悅，並且肯定會繼續影響他的子孫後代，使他們過得更好。不僅如此，該書超出了親友的閱讀圈子，被列入廣受歡迎作家之作。該書具有一個實質性的價值 —— 揭示了人的特性。該書的創作沒有任何譁眾取寵的意圖，只是為家人而作。同樣，我也只想講述自己的經歷，不想在大眾面前故作姿態，而是像在我的家人和真誠可靠的朋友間一樣，毫不拘束地和他們聊天，甚至我說一些雞毛蒜皮的小事，但願不會令他們感到乏味。

那麼，言歸正傳吧。我於 1835 年 11 月 25 日出生在丹夫林[006]的一間平層小房子的閣樓裡。這幢房子坐落在摩迪街和皮奧雷巷的轉角處。正如俗語所說：「我有貧窮而正直的父母、善良而友好的親戚朋友。」作為蘇格蘭的綢緞貿易中心，丹夫林曾經聞名遐邇。我的父親威廉·卡內基（William Carnegie）曾是一位紡織工人，祖父是安德魯·卡內基 —— 我便是以他的名字命名的。

我的祖父卡內基在當地頗有名聲，因為他機智幽默、親切隨和、堅忍不拔。他是他們那個時期活躍分子中的領袖人物，又是他們那個快樂俱樂部「帕提梅爾學院」的長官，因此他是遠近聞名的。我記得，當我回到闊別 14 年的丹夫林時，一位老人走近了我 —— 有人告訴他，我是「教授」（親朋好友就是這樣稱呼我祖父）的孫子。

這位老人是一副搖晃顫抖、老態龍鍾的樣子，他的鼻子和下巴都顯示出他的年邁。他步履蹣跚地穿過房間向我走來，將顫抖的手放到我的頭上，

005　梅隆（Thomas Mellon, 1813-1908），蘇格蘭愛爾蘭裔美籍企業家、律師、法官。梅隆銀行的創始人。

006　丹夫林（Dunfermline），是蘇格蘭法夫的一個鎮，靠近福斯灣。

說：「你就是安德魯·卡內基的孫子？啊，年輕人，你和你祖父長得簡直一模一樣！我彷彿又回到了從前的時光，與那些他所認為的通情達理的人們友好相處。」

其他幾位丹夫林的老人跟我講了一些關於我祖父的故事，下面便是其中之一：

除夕之夜，村子裡一位很有個性的老婦人突然發現窗戶上出現了一張鬼臉，嚇了一跳，仔細一看，驚呼道：「哦，原來是你呀，是愚蠢的小子安德魯·卡內基。」她說得沒錯，我的祖父在 75 歲時還經常扮作嬉鬧的年輕人，去嚇唬他那些年老的女性朋友。

我想我樂觀的天性、排解煩惱、笑對生活的能力，以及如朋友所說能把醜小鴨變成天鵝的本領，肯定是源自我這位像老頑童一樣能夠給人帶來快樂的祖父。我為能夠繼承他的名字而感到自豪。樂觀的性格比財富更有價值。年輕人應該知道，性格是可以培養的，心志也可以像身體一樣，從陰暗處轉移到陽光中來，那麼，讓我們將心志轉移到陽光中來吧。如果可能的話，讓笑聲驅除煩惱吧。只要有點哲人氣質，這一點就能夠做到，倘若他的自責不是因為他做了錯事，自責總是存在的。這些「該死的汙點」是無法洗刷掉的。最高法院裡的法官是從來不會遭受欺騙的。因此，柏恩斯[007] 曾提出了生活的一條重要準則：

唯有自責才能產生恐懼。

我在早年生活中所遵循的這條座右銘，對我而言，比我所聽到過的任何說教都有意義。不過，我得承認，我與成年時代的老友貝利·沃克（Baillie Walker）頗有幾分相似之處。他的醫生詢問他的睡眠狀況，他回答說很不理想，嚴重失眠，並且眨著眼睛作了補充：「但是一到教堂裡，我就能時不時地打個美妙的盹。」

在我母親的家族這邊，外祖父更為有名，因為我的外祖父湯瑪斯·莫里

007　柏恩斯（Robert Burns, 1759-1796），著名蘇格蘭詩人，浪漫主義運動的先驅，代表作：《自由樹》、《蘇格蘭人》、《驪歌》等詩集。

森（Thomas Morrison）是威廉・古伯特[008]的朋友，是他的《政治評論》的撰稿人，他們一直保持著通信來往。甚至當我著手寫這本書的時候，丹夫林的一些認識我外祖父莫里森的老人，依然認為他是他們所知曉的、最為出色的演說家、最具才能的人物之一。他是《先驅報》的出版人，與古伯特的《政治評論》相比，這只能算一份小報，卻也被視為蘇格蘭第一份激進的報紙。我讀過他的一些文章，文中提出了技術教育的重要性。我認為他的創作中最值得關注的，是 70 多年前出版的一本小冊子，書名是《智力教育與手藝教育》。在某種意義上，他強調後者的重要性，這也反映出對今天技術教育大力宣導者的信任。小冊子的結尾這樣寫道：「感謝上帝，在我年輕的時候，讓我學會了製作和修補鞋子。」古伯特把它發表在 1833 年的《政治評論》上，並且加了編者按：「本期所發表的是我們尊敬的蘇格蘭朋友兼記者湯瑪斯・莫里森的書信，這是刊印在《政治評論》上的、與此主題相關的最有價值的書信之一。」由此可見，我信筆塗鴉的傾向是來自父母雙方家族的遺傳，因為卡內基家族的成員既是讀者，也是思想家。

　　我的外祖父莫里森是個天生的演說家、熱情的政治家，也是當地激進派的領袖。他的兒子 —— 我的舅舅貝利・莫里森（Bailie Morrison），作為繼承人接替了這一職位。在美國，好幾個有名望的蘇格蘭人找過我，要求與「湯瑪斯・莫里森的外孫」握握手。有一次，美國克里夫蘭和匹茲堡鐵路公司的總裁法莫（Farmer）先生對我說：「我所有的學識和素養都受益於你外祖父的影響。」《丹夫林大事記》的作者艾比尼澤・亨德森[009]曾說，他一生中的進步，要歸功於他年輕時有幸得到了我外祖父的幫助。

　　如果缺少讚美，我的一生恐怕不會這般輝煌。但是，最令我感到愉快的，是來自《格拉斯哥報》的記者所說的一番恭維話。這位記者聽了我在美國聖安德魯大廳所作的一場關於「地方自治」的演說後，首先報導了一些當時蘇格蘭人所共知的關於我和我的家族，尤其是我外祖父湯瑪斯・莫里森的情況，接著他寫道：「試想一下，當我發現講壇上的是湯瑪斯・莫里森的外

008　威廉・古伯特（William Cobbett, 1763-1835），英國報人、農場主人、記者和國會議員。
009　艾比尼澤・亨德森（Ebenezer Henderson, 1809-1879），蘇格蘭史學家、科普作家。

孫，其言談舉止和音容笑貌簡直就是老莫里森的一個完美翻版時，我該是多麼的驚訝！」

我不記得我是否見過外祖父，但我與外祖父有著令人驚訝的相似是毋庸置疑的。因為，我記得非常清楚，我 27 歲那年，第一次回到了丹夫林，當我和舅舅貝利·莫里森坐到沙發上時，他那一雙烏黑的大眼睛裡充滿了淚水，他抑制不住感情，一言不發地跑出了房間。過了一會，他回來解釋說，在我身上時不時地閃現著他父親的影子，這幻影稍縱即逝，間隔一會又重現了。他無法準確地解釋為什麼我和外祖父的神態如此相似，我的母親也經常注意到我身上有著外祖父的一些特性。這種遺傳學傾向每時每刻都在得到證實，可見這種超越生理的、舉手投足方面的遺傳法則是多麼的微妙啊！我被深深地觸動了。

我的外祖父莫里森與愛丁堡的霍奇（Hodge）小姐結為夫妻，那是一位有教養、舉止優雅、身分高貴的女子，可惜當他們還很年輕的時候，她就去世了。那個時候，他的生活已經非常優越了，作為一名皮革商人管理著丹夫林的皮革製造業。但是，如同成千上萬的人們一樣，他在滑鐵盧戰役失敗後的和平時期破產了。他的長子，我的舅舅貝利是在奢華環境中成長起來的，他有一匹可以乘騎的小馬駒，而家庭中的其他年輕人則遭遇了艱苦的歲月。

我的母親瑪格麗特（Margaret Carnegie）是家中的二女兒，關於她，我一言難盡。她從她的母親那裡繼承了高貴和端莊，是一位頗有氣質的女子。也許有一天，我會將這位女英雄的事蹟公之於眾，不過，能否做到我實在難以確定。對我來說，她是聖潔的，無需別人知道。沒有人能夠真正理解她 —— 只有我能懂她。在父親早逝後，她是我生命的全部。我的第一本書的獻辭中這樣寫道：「獻給我最親愛的女英雄 —— 我的母親。」

出生在這樣一個家族，我無比幸運。一個人的出生地是非常重要的，因為不同的環境和傳統會引導和激發一個孩子身上不同的潛力。羅斯金[010] 真切

010　羅斯金（John Ruskin, 1819-1900），英國維多利亞時代主要的藝術評論家之一，他還是一名藝術贊助家、製圖師、水彩畫家、和傑出的社會思想家及慈善家。他寫作的題材涵蓋從地質到建築、從神話到鳥類學、從文學到教育、從園藝學到政治經濟學包羅萬象。代表作：《現代畫家》、《政治經濟散文》、《時間與潮流》等。

地評述說：「在愛丁堡，每一個聰明的孩童都會受到城堡景致的影響。」丹夫林的孩子也是如此，他們會受到大教堂的影響，受到蘇格蘭的西敏寺大教堂的影響。這座教堂，早在 11 世紀（1070 年）就已建成，是由蘇格蘭的守護神馬爾科姆・坎莫爾國王[011]和瑪格麗特王后建立的。大教堂的遺址以及國王們出生的宮殿遺址保留至今，那裡還有皮特克利夫[012]峽谷，環抱著瑪格麗特王后的聖壇和馬爾科姆國王塔的遺址，如同一首古老的民謠《派翠克・司本斯》開頭所唱的那樣：

> 國王坐在丹夫林的塔上，
>
> 飲著鮮紅的葡萄酒。

布魯斯王[013]的陵墓就位於大教堂的中央，附近是聖瑪格麗特的陵墓，還有許多皇親貴族長眠周圍。第一次來這個浪漫的城市觀光的孩子們的確是非常幸運的。這座城市位於峽灣北面 3 英里的高地上，可以俯瞰大海，南面可以看到愛丁堡，北面的奧克山頂清晰地映入眼簾。這一切不禁令人回想起丹夫林作為蘇格蘭宗教中心和首都的時代那昔日的輝煌。

孩子生長在這樣的環境中能得到優越的發展，他能夠呼吸到詩意和浪漫的氣息，當他極目四望時又能感受到歷史和傳統的陶冶。正是這一切，成為他孩童時代的真實的世界 —— 理想的世界便是曾經存在的真實世界。在他往後的成年生活中，當他面對殘酷的現實百無聊賴的時候，童年的真實世界一定會顯現出來。甚至直到他生命的盡頭，早期的印象還會依然留存，有時偶然也會有短暫的缺失，不過那只是明顯受到了驅逐或壓制。但是，這些印象還會重現出現，施加自己的影響，從而讓思想振奮、讓生活豐富。沒有哪個丹夫林的聰明孩子能夠避開大教堂、宮殿和峽谷對他的影響。這些景致令他觸動，點燃他內心潛在的火花，使他出類拔萃，即使出身寒門，卻也無妨。

011　馬爾科姆・坎莫爾國王（Malcolm Canmore，? -1093），蘇格蘭國王（西元 1058 ～ 1093 年在位）。大多數現代的蘇格蘭君主列表簡稱其為馬爾科姆三世。

012　皮特克利夫（Pittencrieff），蘇格蘭國家公園皮特克利夫公園所在地，位於蘇格蘭丹夫林。

013　布魯斯（Robert the Bruce / Robert Bruce, 1274-1329），蘇格蘭歷史中重要的國王，王號「羅伯特一世」（Robert I）。他領導蘇格蘭人打敗英格蘭軍隊，確保王國獨立。

我的父母也出生在這令人鼓舞的環境中，因此，毋庸置疑，他們也深深地受到了浪漫和詩意力量的薰陶。

當父親在紡織業中取得成功後，我們從摩迪街搬到了雷德公園一處更寬敞的房子中。父親的四五臺織布機把樓下占滿了，我們住在樓上，那裡可以直通外面，老式蘇格蘭房子通常都可以由外面路邊的樓梯直通上面的房間。這裡是我早期記憶開始的地方。然而很奇怪，我最早的記憶是當時我看到的一幅小型的美國地圖。它是卷軸式的，大約 2 平方英尺。我的父母、威廉叔叔和艾特肯（Aitken）阿姨在地圖上尋找匹茲堡，並且指出了伊利湖和尼加拉河。不久以後，威廉叔叔和艾特肯阿姨就乘船前往那片充滿希望的土地。

當時，我記得表哥喬治·勞德[014]（「多德」）和我因為一面隱藏在頂樓的、非法的旗幟而陷於極大的危險之中，我倆對此印象深刻。我相信，那是我的父親或叔叔或家中其他善良的激進分子在反《玉米法》的遊行中攜帶的。鎮上曾經發生暴亂，騎兵隊進駐了市政廳。祖父、外公以及叔叔和舅舅們分為兩派，我的父親積極參與各種會議，發表演說，整個家庭處在動盪不安之中。

我記憶猶新，彷彿事情就發生在昨天。一天晚上，我被敲擊後窗的聲音驚醒，有人前來告訴我父母，說我舅舅貝利·莫里森竟敢組織非法集會，被關進了監獄。鎮長在士兵們的協助下，在離鎮幾英里遠的集會現場逮捕了他，連夜將他帶回鎮上，當時圍觀的群眾人山人海。

我們擔心會有嚴重的麻煩，因為百姓們威脅說要去營救他，後來我們得知，鎮上的監獄看守把他叫到朝著大街的窗戶前，請求人們撤離。他照做了，對大家說：「如果今晚站在這裡的是正義事業的朋友，請將雙臂合攏。」人們照他說的做了。於是，短暫的停頓之後，他又說：「現在請安靜地散開！」我的舅舅，像我們家中所有的人一樣，是一位有精神感染力的守法公民，但是骨子裡是激進的，同時對美國非常嚮往。

當所有這一切即將公之於眾的時候，人們可以想像，這些私下口口相傳

014　喬治·勞德（George Lauder, 1837-1924），蘇格蘭實業家、工程師。卡內基鋼鐵公司的合夥人，安德魯·卡內基的表哥。

的話語，會讓人們多麼得感動。對國王和貴族政府的強烈譴責、對所有形式的特權的公然抨擊、共和體制的偉大、美國的優越性、一塊適合本民族人們居住的地方、一個人人都享有公民權利的自由家園 —— 我被這些激動人心的主題深深地感染了。作為一個孩子，我曾想到殺死國王、公爵、封建統治者，並且認為這是一種英雄之舉，因為這些人的死亡是對國家有利的。

這些正是孩提時代的早期聯想所帶來的影響，所以，在很早的時候，我就要求自己敬重那些並非透過捷徑而成名，並由此獲得大眾尊敬的任何特權階層或個人。僅僅依靠血統，不免會有人在背後譏諷他 ——「他什麼也不是，什麼也沒做，不過是碰巧罷了，一個徒有虛名的冒牌貨，他所擁有的一切不過是碰巧投胎投得好；他們家最有成就的人還像馬鈴薯一樣埋在地下呢。」我真不知道，在有些人生來就享有特權生活的世界上，一個富有才智的人該怎麼生存！特權不應該是他們與生俱來的權利。我總是不厭其煩地引用那幾個恰如其分地表達我義憤的詞句：

> 曾經有個布魯圖斯[015]，他難以忍受 ——
> 魔鬼要像國王一樣永遠控制羅馬。

但是，國王就是國王，並非僅僅是影子。當然，所有這些都是經由繼承得到的，我僅僅是回應在家裡所聽到的。

作為這個國家最激進的城鎮，丹夫林或許長期以來享有盛名，雖然我知道蘇格蘭的佩斯利[016]也非常有名。激進主義是它更令人稱道的一個原因。在我所提及的那個時代，丹夫林的人們大多是小手工業者，各自擁有一臺或者更多的織布機，他們不用被固定的時間所束縛，工作是計件制的，他們從大的製造商那裡取來織物，在家進行紡織。

這是一個充滿強烈的政治激情的時代，在整座城鎮裡經常可以看到：午餐後的小憩時間，繫著圍裙的男人們三五成群地圍在一起談論國家大事。休

015　布魯圖斯（Marcus Junius Brutus Caepio，西元前 85～42 年），晚期羅馬共和國的一名元老院議員。後來他組織並參與了對凱撒（Julius Caesar）的謀殺。

016　佩斯利（Paisley），英國蘇格蘭的一個鎮。格拉斯哥國際機場位於該鎮附近。

謨[017]、科布登[018]、布萊特[019]的名字常被大家掛在嘴邊。儘管我當時還小，卻經常被吸引到這個圈子裡，是一名非常認真的聽眾，人們談話的傾向性完全一致，已經為大家所普遍接受的結論必須有所改變。市民中組織了俱樂部，訂閱了倫敦的報紙。奇怪的是，每天晚上向人們誦讀報上主要社評的，是鎮上的一位牧師。我的舅舅貝利‧莫里森經常是讀者，他和其他讀者讀過文章之後，都要發表評論。這樣的聚會是相當激動人心的。

　　這類政治性的集會經常舉行，也很可能是很受人們期待的。我和家中所有人一樣對此有著濃厚的興趣，多次參加這樣的集會。我的一位叔叔或是我的父親總會擁有不少聽眾。記得一天晚上，父親在一個大型的戶外集會上發表演說，我從聽眾的腿間擠了進去，擠到喝彩聲最為響亮的一個人旁邊，我無法壓抑自己的熱情，抬頭看著這位將我夾在他雙腿之間的人，跟他說，演講的是我父親。他就把我舉了起來，讓我坐在他的肩膀上。

　　我在父親的帶領下參加了另一場由約翰‧布萊特主講的集會。他發表演說支持 J‧B‧史密斯（J.B. Smith）成為史特靈區[020]自由黨的候選人。回到家裡，我對布萊特先生不恰當的措辭發表評論，比如他提到「許多人」（「men」），其實他當時想要表達的意思是「一個人」（「man」），他不像我們蘇格蘭的習慣用法那樣加上一個重要的「a」。在這樣的環境下，我毋庸置疑地成長為一名堅定而年輕的共和黨人，我的口號就是「毀滅特權」。當時，我並不知道「特權」的含義，但我的父親是知道的。

　　我的姨丈勞德（George Lauder Sr.）最精彩的一個故事也同樣與 J‧B‧史密斯有關，史密斯是丹夫林議會會員約翰‧布萊特的朋友。勞德姨丈是他的委員會成員，一切進展順利，直到史密斯被宣布是一個「一位論派教徒」。當地的布告上這樣問道：「你會投票給一個一位論派教徒嗎？」這是個嚴肅

017　休謨（David Hume, 1711-1776），蘇格蘭的哲學家、經濟學家、和歷史學家，他被視為是蘇格蘭啟蒙運動以及西方哲學歷史中最重要的人物之一。雖然現代對於休謨的著作研究聚焦於其哲學思想上，他最先是以歷史學家的身分成名。他所著的《英格蘭史》一書在當時成為英格蘭歷史學界的基礎著作長達 60～70 年。

018　科布登（Richard Cobden, 1804-1865），英國製造商、自由黨議員。自由貿易主義支持者。

019　布萊特（John Bright, 1811-1889），英國自由黨議員、演說家。自由貿易主義支持者。

020　史特靈區（Stirling），英國國會蘇格蘭一郡選區，包括史特靈全部。

的問題。坎內希爾村的史密斯委員會的主席是一名鐵匠，他宣稱絕對不會投票。勞德姨丈趕過去向他抗議。他們約好在鄉村的酒館裡邊喝邊談。

「先生，我不會投票給一位論派教徒的。」這位主席說道。

「但是，」我的姨丈說，「競爭對手是一個基督教徒啊。」

「該死，那是戰爭。」主席如是回應。

而後，鐵匠投了贊成票。史密斯以微弱的過半數優勢在選舉中勝出。

從手工織布機到蒸汽織布機的紡織變革，對我們家來說是一個災難。父親沒有意識到即將來臨的工業革命，仍然在舊的體制下艱苦奮鬥。他的織布機大為貶值。在任何緊急時候，都需要有永不言敗的力量 —— 我的母親站了出來，全力挽救家庭的命運。她在摩迪街開了一家小店以增加收入，儘管微薄，然而在當時足以維持我們舒適而體面的生活。

記得在那以後不久，我開始了解到貧困的含義。糟糕的日子來了，當父親將最後一批紡織品帶給大製造商，我看到母親焦急地等待他回來，想要知道是取回了一些新的紡織原料呢，還是即將面臨無事可做的日子。雖然「淒慘的境況不意味著可恥」，但是當我的父親如柏恩斯所說「乞求地球上的兄弟給他辛苦的工作」的時候，我的心中有火焰在燃燒。

當時，我就下定決心，長大成人後我將拯救這一切。然而，和許多鄰居相比，我們還沒有落到徹底貧窮的境地。我不知道貧窮的日子會持續多久，母親也沒有把握，但她盡可能地讓她的兩個孩子穿得乾淨而整潔。

我的父母不經意間承諾：在我自己要求上學之前，他們將不會送我上學。後來我才知道，這個承諾給他們帶來了很大的不安，因為我長大後並沒有提出想要上學的要求。他們請校長羅伯特·馬丁（Robert Martin）先生對我多加關照。有一天，馬丁先生帶我和我的一些已經入校的同伴去遠足，此後不久，我就要求去他的學校，父母深感安慰。不用說，我的請求當然獲得了准許。這年我已經 8 歲了，後來的經驗告訴我，對任何孩子來說，在這個年齡上學還是夠早的。

校園生活對我來說是非常快樂的，任何阻止我上學的事情發生，我都會不高興。然而，這樣的事每天都會發生，因為我早上的任務是到摩迪街最前

面的一口井裡打水。這裡的水供應不足，斷斷續續的。有時，我們還不能和別人搶著打水，以至於早上弄得很晚才結束，上了年紀的老太太們在井邊圍坐成一圈，她們在前一天晚上就把不值錢的鐵罐放在那裡排成一排，以此保證她們先來後到的順序。可以料想，這導致了我不卑不亢地與這些尊敬的老婦人據理力爭。我被她們稱為「壞小子」。也許就是這樣，我養成了爭強好鬥的性格，並且一直伴隨著我。

由於要做這些事情，我上學經常遲到，但是校長了解了其中原委，對此給予諒解。我可能提起過，透過同樣的關係，我有了一份放學後去商店打工的差事，因此，回顧我的人生，我非常滿意自己在剛 10 歲的時候就已經對父母有用了。不久後，我接受委託，保管與商店有業務往來的許多人的帳目，以至於我對業務漸漸熟悉起來。就這樣，在孩童時期，我對生意上的事就有了一定的了解。

然而，在我的校園生活中也有一件苦惱的事。男同學們給我取了個綽號叫「馬丁的寵兒」，有時當我路過校園，也會有人大聲對我喊這個討厭的綽號。我不清楚這個綽號到底意味著什麼，但對我而言，這可以說是一個極大的羞辱，這也阻止了我以其他方式來回報這位優秀的老師 —— 我唯一的校長。對他，我心懷感激和歉意，非常遺憾，在他生前我再也沒有機會做更多的事情來報答他。

在這裡，我還要提到一個人，他就是對我影響至深的我的勞德姨丈 ——喬治‧勞德的父親。我的父親要在紡織店裡一刻不停地工作，一整天裡只有很少的休息時間可以照看我。姨丈是海爾街的一家店主，他的工作不太辛苦。那裡是貴族店長的聚集地之一，在丹夫林，有各種不同等級的貴族擔任店主。我剛上學那時，西頓阿姨（Seaton Morrison）過世了，這對勞德姨丈影響頗深，在他的獨生子喬治和我的友誼中，他才找到了慰藉。他天生就善於和兒童打交道，教了我們很多事情。記得其中有一件事是，他教我們英國歷史時，讓我們想像每一個國王在房間牆上的某一個地方，然後他熟門熟路地進行表演，讓我們加深印象。於是，至今在我的印象中，約翰國王就是坐在壁爐架上面簽署《大憲章》，維多利亞女王則抱著孩子，坐在門後。

第一章　父母和我的童年

多年之後，我在威斯敏斯特的教士禮拜堂裡找到了完整的國王名冊，這可能會被認為是一份有點冗長的名單了。在西敏寺小禮拜堂裡有一張停屍桌，據說奧利弗·克倫威爾[021]的屍體就是從那裡搬走的。在這份國王的名冊裡，我了解到，姨丈所景仰的一位重要的共和主義君主寫了封信給羅馬教宗，通知他，假如他不停止對新教徒的迫害，「在羅馬教廷將聽到大英帝國的炮聲」。毋庸置疑，我們認為用「領袖」來形容克倫威爾，恰如其分。

從勞德姨丈那裡，我知道了蘇格蘭的早期歷史知識 —— 關於華萊士[022]、布魯斯、柏恩斯、布蘭德·哈利[023]、史考特[024]、拉姆賽[025]、坦納希爾[026]、霍格[027]、費格森[028]。坦誠地說，柏恩斯的作品點燃了我對蘇格蘭的愛國熱情，貫穿於我的整個生命。華萊士理所當然是我們的英雄，所有英雄的特徵都集中在他身上。傷心的是，有一天，學校裡一個淘氣的大男生告訴我英格蘭比蘇格蘭要大得多。我便去找姨丈求助。

「這算不了什麼，奈格[029]，假如蘇格蘭像英格蘭一樣鋪平展開，蘇格蘭就會大得多，但是你能把蘇格蘭高地碾平嗎？」

噢，這是不可能的！這只是對心靈受傷的愛國青年的安慰。後來，我被英格蘭人口眾多的問題困擾，再次去找姨丈請教。

「是的，奈格，7：1，但是在班諾克本戰役[030]中比例更懸殊。」於是，我

021　奧利弗·克倫威爾（Oliver Cromwell, 1599-1658），英國政治人物、國會議員、獨裁者，在英國內戰中擊敗了保王黨（Cavalier），1649 年斬殺了查理一世（Charles I）後，克倫威爾廢除英格蘭的君主制，並征服蘇格蘭、愛爾蘭，在 1653 年至 1658 年期間出任英格蘭 - 蘇格蘭 - 愛爾蘭聯邦之護國公。

022　華萊士（William Wallace, 1272-1305），蘇格蘭的騎士、貴族、愛國人士，他在蘇格蘭獨立戰爭中領導了一支反抗武裝力量。

023　布蘭德·哈利（Blind Harry, 1440-1492），蘇格蘭詩人、史學家、作家。

024　史考特（Sir Walter Scott, 1st Baronet, 1771-1832），18 世紀末蘇格蘭著名歷史小說家及詩人。代表作：《瑪米恩》、《湖邊夫人》、《特里亞明的婚禮》、《島嶼的領主》等。

025　拉姆賽（Allan Ramsay, 1686-1758），蘇格蘭詩人、劇作家、出版家和圖書館員。

026　坦納希爾（Robert Tannahill, 1774-1810），蘇格蘭詩人。

027　霍格（James Hogg, 1770-1835），蘇格蘭詩人、小說家、散文家。

028　費格森（James Ferguson, 1710-1776），蘇格蘭天文學家、演說家、發明家。

029　奈格（Naig），卡內基的小名。

030　班諾克本戰役（Battle of Bannockburn），發生於 1314 年 6 月 24 日，是英國歷史上的著名戰役。戰役中蘇格蘭軍隊以少勝多，大敗入侵的英格蘭軍隊，是蘇格蘭第一次獨立戰爭的決定性戰役。

心裡又高興起來，高興的是英國人越多，就越說明我們值得稱讚。

有一句至理名言：「戰爭會引發戰爭。」每一場戰爭都為將來的戰爭播下種子，因此，許多國家世代為敵。蘇格蘭男孩的經歷，美國男孩也有。他們長大後讀過華盛頓（George Washington）和福吉谷的故事，讀過僱用黑森人[031]殘殺美國人的歷史，因而憎恨英格蘭人。這就是我和我在美國的姪子都受過的教育。蘇格蘭是正義的，但是英格蘭要打蘇格蘭，是個不講道理的對手。直到他們長大成人後，仍有根深蒂固的偏見，這種偏見甚至可能很難消除。

勞德姨丈告訴我，他經常帶客人到家裡來，讓他們看一看，他讓我和多德[032]或哭或笑或捏緊我們的小拳頭準備開戰的能力 —— 總之，就是透過詩篇和歌曲的感染力來影響我們的情緒。華萊士被出賣的故事是他的一張王牌，徹底毀滅成為永遠不變的結果，每次都能讓我們幼小的心靈哭泣。每次他都是很有把握地說起這個故事。毋庸置疑，這個故事不時得到新的修飾和潤色。我姨丈的故事從來不需要史考特所給予的「帽子和拐杖」。英雄對孩子們的影響是多麼奇妙啊！

在海爾街，我跟姨丈和多德在一起度過了許多個白天和夜晚。因此，我與多德之間結下了終生的兄弟情誼。小時候，我不會喊他「喬治」，他也不會喊我「卡內基」，我倆總是相互稱「多德」和「奈格」，沒有其他名字能夠涵蓋這份親情。

從海爾街的姨丈家回到位於鎮尾摩迪街我自己的家，有兩條路可走，一條路要經過教堂陰森恐怖的墓地，一路上沒有燈光，另一條則是燈光燦爛的梅格路。每當我必須回家時，姨丈都會故意使壞問我會走哪條路。想想華萊士會怎麼做吧！我總是回答走沿著教堂的那條路。我為自己的勇敢感到自豪，每一次都抵抗住了誘惑，沒有轉向沿路有燈的梅格路口。我常常沿著墓地向前走，經過教堂黑暗的拱門，心都快跳出來了。經過那片漆黑的地方

031　黑森人（Hessian、Hessian soldiers），即黑森士兵，18世紀受大英帝國僱用的德意志籍傭兵組織。美國獨立戰爭期間大約有30,000人在北美十三州服役，其中將近半數來自德意志的黑森地區，其他來自類似的小邦。在英國服役的背景下，他們全部被歸類為「黑森人」（Hessians），北美殖民地居民則稱他們為「僱傭兵」。

032　多德（Dod），喬治·勞德的小名。

時，我試著吹口哨來給自己壯膽，打退堂鼓時就想想假如華萊士遇到了敵人、怪物或鬼神，他究竟會怎麼面對。

在我的童年時期，在我和我的表哥那裡，羅伯特·布魯斯國王[033] 從來沒有得到過公正的評價。對我們來說，他只是一個國王而已，而華萊士是人民的英雄。約翰·格雷姆爵士[034] 是我們心中排名第二的英雄。我的愛國心也正是這樣培養起來的，蘇格蘭男孩的愛國主義精神非常強烈，在他的整個生命中形成了一種重要的力量。假如問我所擁有的主要潛質 —— 勇氣和膽量源自哪裡，我相信一番分析後會得出結論：來自華萊士，來自這位蘇格蘭的英雄。對於一個孩子來說，英雄就是一座象徵力量的高塔。

到達美國後，當我發現有別的國家聲稱自己擁有值得驕傲的遺產時，我感到十分苦悶不解：沒有華萊士、布魯斯和柏恩斯的國家，有什麼可以驕傲的？我認為，在人跡罕至的蘇格蘭地區，至今仍然有人會有這樣的感覺。隨著年齡的增長和知識面的拓寬，我知道每一個國家都有各自的英雄、各自的傳奇、各自的習俗和各自的成就。然而，真正的蘇格蘭人是不會在若干年後找理由貶低自己的國家以及她在全球大國中的地位的。他會尋找充足的理由去抬高他對其他國家的評價，因為每個國家都有許多值得自豪的地方 —— 足以激勵他們的子孫後代各盡其力，為國爭光。

很多年前，我覺得在新大陸上能大有作為，但這只是一個臨時的居所，我的心在蘇格蘭。我和彼得森校長的小兒子有相似之處，他在加拿大時，我問他是否喜歡加拿大，他回答說：「作為短暫的訪問觀光之地非常好，但我不會永遠住在離布魯斯和華萊士的遺址太遙遠的地方。」

033　羅伯特·布魯斯國王（Robert the Bruce, 1274-1329），蘇格蘭歷史中重要的國王，王號「羅伯特一世」。他領導蘇格蘭人打敗英格蘭軍隊，確保王國獨立。

034　約翰·格雷姆爵士（Sir John Graham, 1235-1298），蘇格蘭貴族，爵士，蘇格蘭獨立戰爭期間支持威廉·華萊士。

第二章
丹夫林和美國

第二章　丹夫林和美國

在教育上，我的好姨丈勞德非常重視背誦，我和多德因此受益良多。我們經常穿上長禮服或襯衣，挽起袖子，戴上紙製的頭盔，把臉塗黑，拿著木板條當劍，扮作戲劇中的人物，向我們的同學和長輩們背誦諾瓦爾和格雷納溫[035]、羅德里克‧杜和詹姆斯‧費茲詹姆斯[036] 的臺詞。

我清晰地記得，在諾瓦爾和格雷納溫的經典對白中，我們對於重複短語 ——「該死的虛偽」—— 有些顧慮。起先，我們以小聲咳嗽來掩蓋這個總是讓觀眾覺得好笑的、令人不快的詞語。有一天，姨丈告訴我們，可以說「該死」這個詞，不會引來責罵，這天對我們來說太重要了。此後，我們經常排練這段臺詞。我總是扮演格雷納溫的角色，把這個短語說得非常到位。偷吃禁果對我來說具有很強的吸引力。我非常能理解瑪喬麗‧弗萊明[037]的故事。一天早上，她生氣了，華特‧史考特問她怎麼了，她回答說：「今天早上我非常生氣，史考特先生。我真想說『該死的』，但是我不能。」

從那以後，一個特殊詞語的表達便成為演出中的亮點。在神壇上，牧師說「該死的」不算有錯。在朗誦時，我們也同樣可以大聲說「該死的」。另一件事也給我留下了很深的印象。在諾瓦爾和格雷納溫的爭鬥中，諾瓦爾說：「我們的爭鬥終有一死。」1897 年，我在寫給《北美評論》的文章中用了這句話，姨丈偶然讀到，立即從丹夫林寫信給我，說他知道我是從哪裡發現這句話的，在世的人中，只有他能做到這一點。

姨丈所採用的教育方式使我的記憶力得到了很大的提高。我覺得鼓勵年輕人去記下一些經典的片段，並經常背誦，對他們是有利的，沒有比這更好的方法了。我對自己的速記能力非常滿意，這也使我的一些朋友感到驚訝。我能記住任何事情，不管是我喜歡的還是不喜歡的，但是，如果那件事無法讓我留下深刻的印象，那麼幾小時後我就會忘得一乾二淨。

丹夫林的校園生活給我的一項考驗是每天熟記《聖經‧詩篇》中兩首雙

---

035 諾瓦爾和格雷納溫（Norval and Glenalvon），出自蘇格蘭作家約翰‧霍姆（John Home）無韻詩悲劇作品《道格拉斯》中的兩個人物。

036 羅德里克‧杜和詹姆斯‧費茲詹姆斯（Roderick Dhu and James Fitz-James），出自華特‧史考特爵士詩歌作品〈湖邊夫人〉中的兩個人物。

037 瑪喬麗‧弗萊明（Marjorie Fleming, 1803-1811），蘇格蘭兒童作家和詩人。

行體的詩歌，我為此不得不天天進行背誦。我的方法是這樣的：我在家一眼詩歌都不看，一直到動身去學校的時候。從家慢步走到學校花不了五六分鐘，但我能在這簡短的時間裡輕鬆地完成作業。第一節課就是詩歌課，我做好了準備，順利地戰勝了這項煎熬。如果要我在半小時之後再複述一遍剛背過的詩篇，那麼結果恐怕非常糟糕。

我賺到的第一筆錢，或者說是從家庭圈子以外的人那裡接受的第一枚硬幣，是來自學校的老師馬丁先生，作為我在全校師生面前背誦柏恩斯的詩歌〈人類創造憂傷〉的獎賞。寫到這裡，我想起了若干年後在倫敦和約翰·莫利[038]先生共進晚餐的情景。當話題轉到華茲華斯[039]生平的時候，莫利先生說，他正在找柏恩斯的詩歌〈晚年〉，對這首詩他非常欣賞，但是在篇目中沒有找到。我很樂意地向他複述了這首詩的一部分，他為突如其來的唾手可得激動地握住我的手。啊，莫利先生真偉大，雖然他不是我們學校的老師。馬丁先生是我所認識的第一個「偉大」的人。對我來說，他真的非常偉大。但是，「老實人」莫利也的確是位英雄。

我們不會過多涉及宗教問題。當學校裡其他男孩和女孩被迫學習《簡明教義問答》時，我和多德可以免修，對於這樣的安排以及具體原因我從來沒有弄明白過。我們家族中的所有親戚，包括莫里森家和勞德家，其宗教立場與其政治觀點一樣激進，並且反對教義，對此我毫不懷疑。在我們家族裡，沒有一個正統的長老教教徒。我的父親、叔叔和艾特肯阿姨、勞德姨丈以及卡內基伯父，都不信仰喀爾文教。後來的某一天，他們中的多數人在瑞典宗教哲學家史威登堡[040]的學說中找到了精神慰藉。我的母親在宗教問題上一直保持沉默。她從不對我提起這些，也不去教堂，因為在那些早期的歲月裡，

038　約翰·莫利（John Morley, 1st Viscount Morley of Blackburn, 1838-1923），英國政治家。曾任記者、報刊編輯和國會議員，最高職務任至印度事務大臣、樞密院議長。

039　華茲華斯（William Wordsworth, 1770-1850），英國浪漫主義詩人，與雪萊（Percy Shelley）、拜倫（George Byron）齊名，代表作有與薩繆爾·泰勒·柯爾瑞基（Samuel Taylor Coleridge）合著的《抒情歌謠集》、長詩〈序曲〉及〈漫遊〉。曾當上桂冠詩人，湖畔詩人之一，文藝復興以來最重要的英語詩人之一。

040　史威登堡（Emanuel Swedenborg, 1688-1772），著名瑞典科學家、哲學家、神學家和神祕主義者。代表作：《天堂與地獄》（8卷本）等。

家裡沒有傭人，她要做所有的家務，包括做星期天的正餐。她酷愛閱讀，在那些日子，查寧[041]的《一神教》一書給了她特別的快樂。她真是不可思議！

　　童年時期，彌漫在我周圍的是一種政治和宗教上強烈的、動盪不安的氣氛。伴隨著當時政界有最先進的思想——消滅特權、公民平等、共和主義，我還聽到許多在宗教問題上的爭論。敏感的孩子容易不假思索地從長輩那裡接受這些思想。我清楚地記得，喀爾文主義的苛刻教條對我來說就像是一場可怕的噩夢，但是由於前面提到的這類影響，那種糟糕的情緒轉瞬就消失了。長大後，有件事一直藏在我的心裡：有一天，牧師在傳教的時候，我的父親憤然離開了長老會教堂。

　　這件事發生在我到那以後不久。父親無法接受牧師宣講的理論，他說：「如果那就是你們的信仰和你們的上帝，那麼我會去尋找一個更好的信仰和更高尚的上帝。」他離開長老會教堂後，再也沒有回去過，但他沒有停止關注其他各種教派。我看見他每天早上進入祈禱間裡去禱告，這給我留下了深刻的印象。他的確是位聖徒，一直心懷虔誠。對他來說，所有的宗教像是正義的代言人。他發現宗教有許多派別，但信仰只有一個。我為父親感到驕傲，他比牧師懂得更多，牧師勾畫出來的不是天神，而是《聖經·舊約》中的殘忍復仇者——正如安德魯·D·懷特[042]曾在自傳中大膽放言的那樣，說祂是一個「永遠的拷問者」。值得慶幸的是，如今這種無知的觀點已成為過去。

　　我童年時最大的樂趣之一是飼養鴿子和兔子。每當我想起父親不嫌麻煩地為這些小動物搭建合適的窩，我就心存感激。我們家成了小朋友們聚集的大本營。母親一直認為家庭的影響是讓她的兩個兒子走上正途的最好方式。她過去常說，首先要讓家裡充滿令人快樂的氣氛，只要我們和鄰里大家覺得快樂，她和父親沒有什麼不能做的。

　　我的第一次商業冒險是作為一名雇主讓其他小朋友們為我服務一個季度，報酬是以他們的名字來給小兔子取名。在週六假日，他們通常要給小兔

041　查寧（William Ellery Channing, 1780-1842），美國作家、傳教士。其作品影響了許多超驗主義運動領袖。

042　安德魯·D·懷特（Andrew Dickson White, 1832-1918），美國外交家、作家及教育家。美國康乃爾大學的創建者之一，並任第一任校長。

子找食物。回顧當時，想起我與玩伴們所簽訂的苛刻的合同，我的良心如今都會受到譴責。整整一個季節，他們無怨無悔地採集了很多蒲公英、苜蓿給我，得到的僅僅是少得可憐的回報。唉，我真該給他們一些報酬的，可我卻一分錢也沒給。

　　我很珍惜這次活動所帶來的經驗，因為那是最早展現我組織能力的證明。我一生中在物質上的成功，與這種能力的發展有著緊密的連繫。成功，並不是由於我知道什麼或者能做什麼，而是對能力的認識以及知人善任。這是任何人都應該擁有的寶貴知識。我不懂蒸汽機的結構原理，但是我會試著去懂得比機械裝置更複雜的部件 —— 人。1898 年，我們的長途馬車旅行停留在蘇格蘭高地的一間小旅館裡，一位紳士走過來向我們作自我介紹。他是麥金托什 [043] 先生，蘇格蘭了不起的家具製造商。正如我後來發現的，這是一個品性端莊的人。他說，他冒昧介紹自己，是因為他是那群給小動物找食物的男孩中的一個，他有時不願「表達」，他格外喜愛小兔子，有一隻小兔子還是以他的名字命名的。可以想像，遇見他我是多麼高興 —— 在往後的人生中，我只遇見了這一位曾給兔子覓食的男孩。我希望和他一直保持友誼並且經常見面。（今天，1913 年 12 月 1 日，當我讀到這段手稿時，我收到了他的一封珍貴的短信，回憶我們童年在一起時的美好時光。他收到我的回信時，一定會像我收到他的信一樣，感到非常溫馨。）

　　隨著蒸汽機的推廣和進步，丹夫林小手工業者的生意越來越差。終於，我們給母親在匹茲堡的兩個姐妹寫了封信，表達了經過認真考慮後想去那裡投奔她們的意思。我記得曾聽父母說起，這麼做不是為了改善家境，而是為了兩個年幼的兒子。她們的回信給了一個滿意的答覆。然後，家裡決定透過拍賣的方式賣掉織布機和家具。父親經常高興地亮開嗓門，為我們唱歌：

> 向西，向西，奔向自由的大地，
> 那裡，波瀾壯闊的密蘇里河奔流入海；

043　麥金托什（Charles Rennie Mackintosh, 1868-1928），蘇格蘭建築師、家具製造商。他的作品屬於工藝美術運動風格，也是英國新藝術運動的主要宣導者。對於歐洲設計有著重要的影響。

第二章　丹夫林和美國

那裡，辛勞的人們自己當家作主。
窮人也能從田野將勞動的果實採摘。

　　賣掉家當所得令人非常失望。織布機幾乎沒賣什麼錢，結果還差 20 英鎊，才夠全家去美國的路費。此時，母親的一位終生好友亨德森（Henderson）夫人伸出了友誼的援手。母親總是有很多忠誠的朋友，因為她自己是如此真誠忠厚。亨德森夫人是艾拉·費格森（Ella Ferguson）的女兒，在我們家裡，大家都知道這個名字。她擔著風險、借給了我們急需的 20 英鎊，勞德姨丈和莫里森舅舅作擔保。勞德姨丈也給了些幫助和建議，為我們安排好了一切。1848 年 5 月 17 日，我們離開了丹夫林。那年，父親 43 歲，母親 33 歲，我 13 歲，湯姆 5 歲 —— 一個長著漂亮的白髮和明亮黑眼睛的男孩，他無論走到哪裡總能吸引人們的目光。

　　從此以後，我永遠離開了學校，除了有一個冬天在美國上夜校。後來，有位法國家庭教師教了我一陣子。說來很巧，他是一位演說家，從他那裡我學會了如何演講。我會讀、寫、譯，並且開始學習代數和拉丁語。在一次旅行中，我給勞德姨丈寫過一封信，那封信被退回來了，從信中可以看出我那時的書法比現在要好得多。我在英語語法方面學得很吃力，剛剛達到同齡孩子通常應有的水準。我所閱讀的書籍不多，除了一些關於華萊士、布魯斯和柏恩斯的書，不過，詩歌中許多經典片段我卻能夠銘記在心。孩提時代，我還讀過童話，尤其是《天方夜譚》。我被這本書帶進了一個新的世界。我如飢似渴地閱讀這些故事，猶如身臨夢境。

　　一天早上，我們從熱愛的故鄉丹夫林出發，坐在公車上，沿著去查爾斯頓的運煤鐵路賓士。記得當時我含淚望著窗外，直到丹夫林從我的視線中漸漸遠去，最後遠去的還有那座莊嚴而古老的大教堂。在我第一次離開丹夫林的 14 年間，我幾乎每天都會像那天早上那樣想：「我何時能再次見到你？」只有在少數的日子裡，我的腦海中沒有浮現大教堂塔上神奇的文字 ——「羅伯特·布魯斯國王」。我童年所有的記憶，我熟悉的樂土，都與古老的教堂和那裡的鐘聲有關。每晚八點整，鐘聲就會敲響，它意味著一天已經結束，我

該上床睡覺了。我在《美國的四駕馬車在英國》[044] 一書中，也曾提到過那口鐘。現在，我也要從中引用幾段：

　　馬車駛下廊橋，我和沃爾斯（Walls）教長站在馬車前排的位置。當時，我聽到大教堂傳來的第一遍鐘聲，鐘聲是為我和我尊敬的母親而鳴響的。我雙膝跪下，眼淚不知不覺地奔湧而出，我轉身告訴教長我無法控制自己。片刻，我感覺自己好像要暈倒了。幸虧前面不遠處沒什麼人，我有時間調整情緒。我咬緊雙唇直到流出血來，我輕聲對自己說：「沒關係，保持冷靜，你必須堅持住。」這個世界上從來沒有這樣的聲音進入我的耳朵、深入我的靈魂過，這個聲音縈繞在我耳邊，那悅耳、親切、溫柔的力量征服了我。

　　伴著晚鐘，我被抱到小床上，進入天真無邪的童年夢鄉。每晚，父親或是母親會在床邊俯下身子，親切地告訴我鐘聲都說了些什麼。透過他們的翻譯，我知道鐘聲對我說了很多美好動聽的話語。那是來自天堂和神父的聲音，在我入睡之前會和藹地告訴我，一天中我有沒有做錯事情，他們的話語清晰平和，我知道敲鐘的神靈看到了一切，但沒有生氣，從來沒有生氣，從未，但是非常非常遺憾。今天，我聽到這個聲音，對我來說這不是一聲簡單的鐘響，而是仍然有它獨特的含義，這個聲音彷彿是在歡迎漂泊在外的母親和她的兒子再次回到它充滿關愛的懷抱。

　　上天不會給我們安排什麼，也不會贈予我們什麼。鐘聲為我們而鳴，這是大教堂的鐘聲給予我們的獎賞。弟弟湯姆也曾在那裡，當時就有了這樣的想法。在我們去新的地方之前，湯姆也開始領略到鐘聲的奇妙。

　　盧梭（Rousseau）希望在美妙的音樂中死去。如果我能選擇，我希望在臨終前有大教堂的鐘聲在耳邊敲響，告訴我人生已經跑到了終點，並且召喚我，就像它曾經召喚那個長著白色頭髮的小男孩一樣，最後一次喚我「入睡」。

044　《美國的四駕馬車在英國》（*An American four-in-hand in Britain*），安德魯・卡內基的一部遊記探險作品，於 1883 年出版。

第二章　丹夫林和美國

我收到許多讀者的來信提到我書中的這段描述，他們之中甚至有些人說讀的時候淚流滿面。這些文字來自我的內心，也許這就是感動讀者心靈的原因。

我們乘坐一艘小船，在福斯灣[045]換乘愛丁堡號輪船。當我將要被抱到輪船上時，我奔向勞德姨丈，緊緊摟住他的脖子，哭喊道：「我不能離開你！我不能離開你！」一個好心的水手把我從姨丈那裡抱開，抱到輪船的甲板上。當我回訪丹夫林，這位親愛的老朋友過來看我時，對我說那是他曾見過的最感傷的別離。

我們乘坐 800 噸的威斯卡斯特號帆船，從格拉斯哥的布努姆勒[046]起航。在長達 7 週的航行期間，我對水手有了更多的了解，知道了各種纜繩的名稱，並且能夠引導乘客去聽從船長指揮，由於船上人手不夠，急需乘客們的協助。結果，每逢週日，水手們就邀請我參加他們的聚餐，與我分享他們伙食中的美味 —— 葡萄乾布丁。我下船時還有點依依不捨。

我們到了紐約，感覺眼花撩亂。我曾在愛丁堡被人帶領去拜見過女王，但那是在我出國前的一次旅行中。我們起航前，也沒有時間去格拉斯哥觀光。紐約是第一大繁華之都，我的生活圈在人聲鼎沸的工業區，它的熱鬧和刺激讓我不知所措。我們在紐約停留時，發生的一件小事給我留下了印象，當我們穿過城堡花園的保齡球場時，威斯卡斯特號帆船上的一位水手羅伯特·巴里曼（Robert Barryman）抓住我的胳膊，認出了我。他在甲板上穿著制服，上岸後穿著時尚的藍夾克，配上白褲子，我認為他是我見過的最英俊的男人。

他帶我去了一家飲料鋪，要了一杯沙士汽水[047]給我。我喝著飲料，彷彿品嘗到了上帝所賜予的甘露。直到今天，在我的腦海中還留有那份華麗的色彩，雕刻著精緻花紋的黃銅水杯中流出充滿泡沫的甘露，在我的想像中，沒有任何事情能與我曾見過的那個場景相比。我常常經過那個地方，看到老婦

045　福斯灣（Firth of Forth），位於英國蘇格蘭東部，在福斯河的入海口（北海）。灣長 77km，最寬處 28km。有福斯公路和福斯鐵路橋跨灣。愛丁堡為沿岸城市。

046　布努姆勒（Broomielaw），連接蘇格蘭格拉斯哥市和克萊德河上的小城，也是進入大西洋的登船點之一。

047　沙士汽水（sarsaparilla 或 sarsi），是一種碳酸飲料，以植物 sarsaparilla（墨西哥菝葜）為主要調味的原料，因此得名。為深褐色、甜味、不含咖啡因。色澤相近於可樂但口味及口感截然不同。口味源自美國流行的飲料。沙示是根汁汽水的一種。

人的飲料鋪還在那裡，不禁會想起那位親愛的老水手。我曾試著聯絡他，若能找到他的話，希望看看他是否正在安享晚年，或者可以盡我的力量使他的暮年生活多些快樂，但是我的努力都是徒勞。他是我理想中的湯姆·保林[048]，當那首動聽的老歌響起時，我彷彿看見了「充滿男性魅力」的、我親愛的老朋友巴里曼。唉！此前他已去了天堂。然而，他在航行中給予一個男孩的友善的幫助，使得這個男孩成為他的摯友和景仰者。

在紐約，我們只認識斯隆（Sloane）夫婦——著名的約翰（John Sloane）、威廉（William Sloane）和亨利（Henry Sloane）的父母。斯隆夫人（尤菲米亞·道格拉斯）（Euphemia Douglas）是我母親童年時在丹夫林的好友。斯隆先生和我父親曾經同是紡織工。我們去拜訪他們，受到了熱情的歡迎。在 1900 年，威廉從我這裡買了紐約我家對面的一塊地，給他兩個已出嫁的女兒，這樣我們的第三代孩子也成了好朋友，就像我們的母親在蘇格蘭那時一樣，這真是件高興的事。

紐約的移民代理商建議我的父親從伊利運河，經布法羅和伊利湖[049]到克里夫蘭，再由運河到比佛——這段旅程在當時需要 3 週時間，而現在搭火車只要 10 小時。那時還沒有鐵路通匹茲堡，西部任何一個城鎮都不通。伊利鐵路正在修建中。旅途中，我們看見一群群的人在那裡工作著。對年輕人來說，沒什麼是錯的。作為一名運河小船上的旅客，在那 3 週時間裡有著無憂無慮的快樂。在我的經歷中，所有的不愉快都從記憶中漸漸遠去了，除了在夜晚的時候，我們被迫留在比佛灣碼頭，等輪船把我們從俄亥俄州帶到匹茲堡。這是我們第一次領教蚊子的凶猛，我的母親被蚊子咬得很厲害，早上甚至眼睛都睜不開了。我們的狀況也很慘，但我不記得了，即使那晚被蚊子叮咬得刺痛，我仍然睡得很沉。我的睡眠一直不錯，從來不知道「可怕的夜晚，地獄裡的孩子」。

我們在匹茲堡的朋友焦急地等待我們的消息，他們溫暖貼心的問候讓我

048　湯姆·保林（Tom Bowling），出自英國作曲家查爾斯·迪布丁（Charles Dibdin）歌曲《逍遙音樂會的告別夜場》（*the last night of the Proms*）中的勇敢水手。

049　伊利湖（Lake Erie），北美洲五大湖之一，也是世界第十三大湖。伊利湖的名字來源於原在南岸定居的印第安伊利部落。

們忘卻了煩惱。我們和他們一起在亞利加尼市[050]找到了住處。霍根（Hogan）姨丈的一位兄弟在雷貝卡街的街尾開了一家小的紡織店。這家店有兩層樓，樓上有兩個房間，我們在那裡落了腳（不用交房租，因為我的艾特肯阿姨是那裡的房東）。不久以後，我的姨丈放棄了紡織生意，我的父親就接替他開始從事桌布生產，他不僅會紡織，而且後來還自己經商，去販賣產品。因為找不到大批量訂貨的商人，他只好自己去開拓市場，挨家挨戶地推銷產品，收入極其微薄。

　　像往常一樣，母親出來拯救一切。沒有什麼能阻擋她的。她年輕時，曾在她父親的商行裡學過把鞋子鑲邊，以此賺取一些零用錢，如今她的這一技之長，又可以為家庭增加收入了。菲普斯先生是我的朋友和合夥者亨利·菲普斯[051]的父親，他和我的外祖父一樣，也是一個鞋店老闆。他是我們在亞利加尼的鄰居。母親從他那裡接活，此外她還要做家務——當然，因為我們家沒有請傭人——母親是一位偉大的女人。為鞋子鑲邊，每週能賺4美元，她經常到了深夜還在工作。白天和傍晚的閒置時間，當家務做完了，我的小弟弟就坐在她的膝蓋上幫她穿針線，並給線上蠟。如同她曾經對我一樣，她會給弟弟講述一些蘇格蘭的經典民謠，她似乎已把這些熟記在心，有時也會講一些寓意深刻的故事。

　　這是誠實正直的窮孩子比富家子弟更具有的優勢。母親身上彙集了護士、廚師、管家、教師、聖徒所有這些身分的一切特點，父親則是榜樣、嚮導、顧問和朋友！我和弟弟就是在這樣的環境下被培養起來的。與這樣的傳統相比，富翁和貴族的孩子所擁有的又算什麼呢？

　　母親是位勤勞的婦女，但是再忙的工作也不會妨礙她在鄰居遇到麻煩時，及時地給予建議和幫助，她被鄰居們公認是一位知性而友善的女人。很多人告訴我，母親為他們做過很多事情。因此，後來不論我們住在哪裡，富人和窮人都帶著難題來找她出謀劃策。無論她走到哪裡，她總是出類拔萃的。

050　亞利加尼市（Allegheny City），美國匹茲堡市北部的一個小城。

051　亨利·菲普斯（Henry Phipps Jr., 1839-1930），美國企業家、房地產商、慈善家，卡內基鋼鐵公司的合夥人。

第三章
匹兹堡和我的工作

第三章 匹茲堡和我的工作

現在重要的問題是，我能找到什麼工作去做。我已滿 13 週歲，非常渴望得到一份工作，來幫助家裡在新的地方開始新生活。前景對我來說還相當渺茫。這一時期，我暗下決心，我們要努力工作，一年存 300 美元 —— 每月存 25 美元，維持我們的生活必須要有這麼多錢，才不用依靠別人。在那時，日常生活用品非常便宜。

霍根姨丈的兄弟經常來問我的父母想讓我做什麼。有一天，我所見過的場景中最悲慘的一幕發生了，我永遠不會忘記。他滿懷好意地對我母親說，我是個可愛聰明的男孩，他相信假如給我配一個籃子，讓我提著一籃子小玩意去沿街叫賣，一定能賺不少錢。在那以前，我從來不知道一個被激怒的母親會是什麼樣子。那時，母親正好坐著在做針線活，她突然從椅子上跳了起來，氣得張開雙手、在那個人面前揮舞著。

「什麼？你要讓我兒子去做小商販，與那幫粗魯的人混在碼頭上？我寧可把他扔到亞利加尼河裡去。走開！」她指著門大聲喊道。然後，霍根先生就走了。

她站在那裡，像一位悲劇中的女王。頃刻，她癱軟了下來，開始哭泣。她把我們兄弟倆摟進懷裡，叫我們不要介意她的失態，對我們說：這個世界上我們有許多事情可以去做，我們是有用的人，假如我們走正道，就會受人尊敬和讚賞。海倫·麥格雷戈[052] 在回答奧巴迪斯通[053]時有一段臺詞，她威脅她的戰俘會被「如花格圖案一樣碎屍萬段」。但是，女人被激怒的原因各不相同。母親發怒並不是因為小販這個工作是簡單的勞動，而是因為小販這個工作有點像無業遊民，她教育我們遊手好閒是不光彩的，在她看來這不是一份正派體面的工作。是的，母親寧願一手抱著一個兒子，和他們一起死，也不願意他們年紀輕輕的就和低俗的人們混在一起，毀了一生。

回顧早年的奮鬥歷程，可以說，在這個國家，沒有人比我更為自己的家庭感到自豪，家中的每一個人都具有強烈的榮譽感和獨立自尊的精神。華特·

052　海倫·麥格雷戈（Helen Macgregor），出自華特·史考特歷史小說《羅布·羅伊》中的女主角，後來嫁給了羅布·羅伊。

053　奧巴迪斯通（Frank Osbaldistone），出自華特·史考特歷史小說《羅布·羅伊》中敘述者。他受過良好的教育，是羅布·羅伊的崇拜者。

史考特評價柏恩斯是最有遠見的人。我要說我的母親也同樣如此，如柏恩斯所言：

> 她的眼睛即使看著一片空白，
> 也依然透著對榮譽的堅定渴望。

一切低俗、自私、欺騙、詭詐、粗魯、陰險或多嘴多舌，都與高尚的心靈毫不相干。父親也是一個高尚的人，為所有的聖徒所愛戴。有這樣的父母，我和湯姆也養成了正直高尚的品性。

此後不久，父親發現有必要放棄手動紡織機的生意，到布萊克斯托克（Blackstock）先生的棉紡廠工作。布萊克斯托克先生是我們曾經居住過的亞利加尼市的一位蘇格蘭老人。父親為我在廠裡謀到了一個繞線工的職位。在那裡我有了第一份工作，每週可以得到 1 美元 20 美分的薪水。這是一段艱苦的歲月。冬天，我和父親不得不摸黑早起，匆匆吃完早餐，趕在天亮之前到達廠裡，午間只有一會的休息時間吃午餐，然後要一直工作到天黑以後。這樣的工作時間讓我很苦惱，工作本身沒有任何樂趣可言。但是，烏雲也會有一線閃光的內層，這份工作讓我感覺到我能夠為我的世界、為我的家庭做點事了。我曾賺過數百萬的錢，但這數百萬的錢給我帶來的快樂遠不及我第一次拿到薪資時的快樂。我現在是家庭的得力幫手了，是一個可以養家糊口的人了，不再完全要父母養著了。我又能經常聽到父親那悅耳的歌聲《小船划呀划》[054]，我還非常嚮往最後一段歌詞中的情境：

> 艾里克、吉內蒂和喬凱，
> 清晨就從被窩裡鑽了出來，
> 划著小船去捕雀鱔，
> 為我們大家排憂解難。

我將要告別這份小手工活了。在此需要說明的是艾里克、吉內蒂和喬凱首先是要接受教育的。蘇格蘭是最早要求所有的父母對他們的孩子進行教育

---

054 《小船划呀划》（*The Boatie Rows*），蘇格蘭民歌。

的國家，無論出身貴賤，蘇格蘭也是最早建立教區公立學校的國家。

此後不久，海約翰（John Hay）先生 —— 亞利加尼市的一位蘇格蘭線軸製造商 —— 需要一個男孩，問我是否願意去他那裡工作。我去了，每週能賺 2 美元。但是，起初這份工作比原來那個工廠的更讓人厭煩。我要到線軸廠的地下室裡操作一臺蒸汽機，還要燒鍋爐，這太為難我了。一個又一個夜晚，我坐在床邊測量氣壓，有時擔心氣壓太低，上面的工人會抱怨動力不足；有時又擔心氣壓太高，可能引起鍋爐爆炸。

但是，所有這些事，我出於自尊，都沒向父母說。他們有自己的煩心事，我不能再給他們添麻煩了。我必須像個真正的男人一樣自己承受。我的期望很高，每天都盼著有變化發生。我不知道會是什麼變化，但我肯定，只要我堅持住就一定有希望。此外，在那段日子裡，我仍會問自己，華萊士將會怎麼做，一個蘇格蘭男人應該怎麼做。有一點我堅信不疑：他永遠不會放棄。

有一天，機會來了。海先生需要起草一些報表，他沒有文員，自己又不擅長書寫。他問我能寫哪種字體，然後交給我一些文字工作讓我去做。結果令他很滿意，他發現這項工作非常適合我，從那以後，就讓我替他起草報表。我的算術也很好，他很快發現，從有利於他的利益的角度，我做這些事更合適一些。而且，我相信，這位親愛的老人對我這個有著白色頭髮的男孩也有好感，因為他是一位心地善良的蘇格蘭人，希望把我從蒸汽作業間解脫出來，所以安排我做些其他的事。這些工作沒有那麼令人討厭了，除了一件事。

現在，我的工作是把新加工好的線軸浸在油桶裡。幸運的是那裡有一間專用的工作間，我獨自使用的。不管我下多大的決心，對自己的弱點感到多麼氣憤，都不能阻止我的胃對油味的強烈反應。我從來沒有成功戰勝過油味帶來的噁心。這再次證實了華萊士和布魯斯在這裡的重要性。但如果我不吃早餐和午餐，那麼晚餐的胃口會更好些，並且能完成所分配的工作。一個真正的華萊士和布魯斯的信徒是不會輕言放棄的，否則他寧願去死。

和在棉紡廠相比，我在海先生這裡工作明顯有進步，我還結識了一位對我很好的雇主。海先生記帳採用單式記帳的方法，我能幫他做這些事。但是

據說所有的大公司都採用複式記帳法，而後，我和同事約翰‧菲普斯（John Phipps）、湯瑪斯‧N‧米勒[055]、威廉‧考利（William Cowley）一起去學習這種複式記帳法，我們決定冬天去上夜校，學習這個大的記帳系統。我們四個人去了匹茲堡的一家威廉斯學校，學會了複式記帳。

1850 年，年初的一天晚上，我下班回家時，得知電報公司的經理大衛‧布魯克斯（David Brooks）先生向霍根姨丈打聽哪裡可以找一個優秀的男孩做信差。布魯克斯先生和我的姨丈都是跳棋愛好者，他們在下棋時提出的這個問題對我來說具有重要的意義，這樣的小事往往會產生意義重大的結果，一個單詞、一個眼神、一個音調，也許不僅能影響個人的命運，而且還可能影響國家的命運。布魯克斯先生是一個敢想敢做的人，任何事在他看來都是小事。他就是他，有人勸他不要去理會那些小事，他總說，誰能告訴他什麼樣的事是小事？年輕人應該記住，上帝所給予的最好禮物，通常都蘊含在小事中。

姨丈向他提到我的名字，並說要看我是否願意去。我清晰地記得，為此還召開了家庭會議。我當然是欣喜若狂，甚至一隻被困在籠中的小鳥都沒有比我更嚮往自由了。母親同意我去，但父親卻不太贊同。他說，這工作對我來說太難了，我年紀太小，長得太瘦弱。很明顯，每週 2.5 美元收入的工作是一個更強壯的男孩才能勝任的。我有可能在深夜被要求送一份電報去鄉村，容易遇到危險。總之，父親的意思是我最好還是做現在的工作。隨後，他又收回了他的反對意見，允許我去嘗試一下，我相信他和海先生商量過這件事。海先生認為這對我的發展是有利的，他說，儘管我的離去會給他帶來不便，但還是建議我去嘗試一下。他非常友善地說，假如我失敗了，我原來的職位仍然對我敞開大門。

就這麼定了，我被邀請到河對岸的匹茲堡拜訪布魯克斯先生。父親希望和我一起去，他決定將陪同我一直到位於福斯街和伍德街轉角處的電報公司

055　湯瑪斯‧N‧米勒（Thomas Noble Miller, 1835-1911），美國實業家，卡內基的合夥人之一，是卡內基一生摯友。早在 1861 年，卡內基就已經開始與當時在太陽城鍛造公司任職的米勒逐漸合作鋼鐵生意。

門口為止。那是一個天氣晴朗、陽光燦爛的早晨，這無疑是個好兆頭。父親和我穿過亞利加尼到匹茲堡，從我們家過去差不多 2 英里遠。到了門口，我堅持讓父親在外面等著，我要獨自到二樓辦公室去見這位大人物，直面自己的命運。我是有意這麼做的，也許，那時我開始以美國人的行為處世來對待自己了。起初，孩子們經常叫我：「蘇格蘭佬！蘇格蘭佬！」我回答：「是的，我是蘇格蘭人，我為此而自豪。」但在交談和演講時，我會糾正自己明顯的蘇格蘭口音。我想，假如我獨自面對布魯克斯先生，會比我親愛的蘇格蘭老父親在場表現得更好，因為也許他看到我的樣子會發笑。

　　我穿著我僅有的那件白色亞麻襯衣，這件襯衣我通常只在安息日那天穿，外面是一件藍色緊身外套和我在星期天才穿的整套行頭。那時，在我進入電報公司工作後的幾週內，我都只有一件夏天的亞麻襯衣可穿。每週六晚上，不論我是否值夜班，也不論我到家是否已近午夜，母親都會把衣服洗乾淨、熨燙好，好讓我在安息日早晨穿上乾淨整潔的衣服。為了讓我們在西方世界有一席之地立足，英雄母親無所不做。在工廠長時間工作的父親已累得筋疲力盡，但他像英雄一樣堅強，而且時時不忘鼓勵我們。

　　面試很成功。我小心翼翼地解釋我對匹茲堡不熟悉，可能會做得不好，不盡如人意，但我非常想接受這個考驗。布魯克斯先生問我何時能來上班，我說如果需要的話，我現在就可以留下。回想當時的情景，我想那樣的回答可能值得年輕人深思。不去抓住機會是一個極大的錯誤。這個職位是我的，但也可能發生意外，其他男孩也許也會來應徵。既然得到了這個職位，我就要盡力留在那裡。布魯克斯先生非常和藹地叫來另一個男孩 —— 因為我是新增的一名信使 —— 請他帶我到處看看，讓我跟著他學習業務。我很快找到機會下樓跑到街角處，告訴父親一切順利，讓他回家告訴母親我已經得到這份工作了。

　　就這樣，在 1850 年，我的人生第一次真正開始起步。曾經為了每週 2 美元的報酬，我在黑暗的地下室操作蒸汽機，弄得滿身煤汗，生活看不到前景。現在，我一下子進入了天堂，是的，在我眼裡，這就是天堂：這裡有報紙、鋼筆、鉛筆，還有明媚的陽光照耀著我。我發現自己所知太少，還需要

多多學習，在這裡幾乎每分鐘我都能學到東西。我感覺自己正邁上一個新的臺階，我要不斷攀登。

我唯一擔心的是還不能很快記住各家商戶的地址，以便把信件送去給他們。因此，我開始沿著街道的一側記下這些商戶的標記，再沿著街道的另一側返回。到了晚上，我不斷熟記各家公司的名稱。不久以後，我閉上眼睛也能把整條街道兩邊所有的公司名字按順序一字不差地說出來。

下一步是要熟悉人員，這對信使來說非常有用，假如他認識公司的成員或雇員，往往能節省不少路程。他可能遇到一個人，原本要把信送到他的辦公室。若在街上就能把信送到那人手上，在孩子們中間，這算是一種很大的成就。此外，孩子們還會收到額外的讚美，一個友善的人（大多數人對信使都非常友善）在街上收到信，總忘不了對送信的男孩誇獎一番。

1850 年的匹茲堡完全不是現在的樣子。1845 年 4 月 10 日的一場大火差點毀了城中的整個商業區，短時間難以恢復元氣。那些房屋大多是木造的，只有少數是用磚砌的，沒有一座能夠防火。匹茲堡及其周邊的人口不超過 4 萬。第五大街沒有商業區，非常安靜，在那裡只有一座劇院比較著名。亞利加尼的聯邦大街上有些零亂的商業用房，還有一大片空地夾雜其間。我記得第五區的中心有片池塘，上面可以溜冰。我們的聯合鋼鐵廠的廠址就曾在這個位置，許多年後，這裡成了一個甘藍菜園。

我曾給羅賓森將軍 [056] 送過許多電報，他是第一個出生在俄亥俄河西部的白種人。我見過第一條電報線路從俄亥俄河東部通到城裡。後來，我又見到了連通俄亥俄州和賓夕法尼亞州鐵路的第一個火車頭，透過運河從賓夕法尼亞運來，從亞利加尼市的一艘平底船上卸下。那裡沒有直通東部的鐵路。旅客們經運河到亞利加尼山腳下，從那裡轉火車到霍利迪斯堡 [057]，火車路程有 30 英里；從那裡經運河再到哥倫比亞，然後搭火車走 81 英里到賓夕法尼亞 —— 這段路程需要花 3 天時間。

056　羅賓森將軍（William Robinson Jr., 1785-1868），美國政治家、將軍、商業代表。曾任亞利加尼市首位市長。

057　霍利迪斯堡（Hollidaysburg），是美國賓夕法尼亞州布萊爾縣的一個自治市鎮和縣城，位於朱尼亞塔河沿岸，阿爾圖納的南部 8 公里，是賓夕法尼亞州阿爾圖納大都市統計區的一部分。

第三章　匹茲堡和我的工作

　　那時在匹茲堡，一天中最重要的事情是來自辛辛那提、運輸郵包的輪船之到達和起航，因為日常的交通連繫已經建立起來。由於匹茲堡是連接江河和運河的一個很大的交通中轉樞紐，促進東西部的商貿往來成為這座城市商業的重要部分。有座軋鋼廠開始運轉起來，但沒有生產出一噸生煉金屬，此後許多年也沒有生產出一噸鋼鐵。生鐵製造一開始就遭遇徹底失敗是由於缺少合格的燃料，雖然世界上最優質的焦炭就儲存在不遠的幾英里處，但人們沒有想到用焦炭提煉鐵礦石，就好像天然氣千百年來藏在這座城市的地底下，一直沒有得到開採一樣。

　　那時，鎮上的四輪馬車車夫總共只有五六個，然而沒過幾年，甚至有人嘗試為馬車夫介紹侍從了。一直到 1861 年，匹茲堡年鑑上記載的最值得關注的金融事件是，法恩斯托克（Fahnestock）先生從商業中撤出 174,000 美元的巨資，是由他的合夥人支付的利息。當時，這是一筆多麼大的款項啊，然而，今天看來，又是多麼微不足道啊！

　　信差工作使我很快熟悉了城裡的幾個重要人物。匹茲堡的律師業很著名。威爾金斯[058]法官是這個行業的首腦，他和麥肯迪尼斯[059]法官、麥克盧爾[060]法官、查爾斯·謝勒[061]和他的搭檔，以及後來成為戰爭部長的愛德溫·M·斯坦頓[062]（林肯的得力助手），都和我非常熟悉。尤其是愛德溫·M·斯坦頓，他注意到我的時候，我還是個孩子。商界中那些還健在的名人 —— 湯瑪斯·M·豪[063]、詹姆斯·帕克[064]、C·G·荷西[065]、班傑明·F·瓊斯[066]、威廉·

058　威爾金斯（William Wilkins, 1779-1865），美國政治家、律師、法官。

059　麥肯迪尼斯（Wilson McCandless, 1810-1882），美國聯邦法官。

060　麥克盧爾（William B McClure, 1807-1861），美國法官。

061　查爾斯·謝勒（Charles Shaler, 1789-1869），美國法官。

062　愛德溫·M·斯坦頓（Edwin McMasters Stanton, 1814-1869），美國政治家，曾任美國司法部長（西元 1860 ～ 1861 年）和美國戰爭部長（西元 1862 ～ 1868 年）。

063　湯瑪斯·M·豪（Thomas Marshall Howe, 1808-1877），美國眾議院議員、輝格黨黨員。美國金融家、製造商和慈善家。

064　詹姆斯·帕克（James Parker Jr., 1820-1883），美國律師。

065　C·G·荷西（Curtis Grubb Hussey, 1870-1924），美國實業家。

066　班傑明·F·瓊斯（Benjamin Franklin Jones, 1824-1903），美國實業家、匹斯堡鋼鐵業界的先驅者。

索[067]、約翰·查爾方特[068]、赫倫上校[069]——都是被信差男孩們視為榜樣的傑出人物，正如他們的生活所證實的那樣，他們都是優秀的榜樣。（哎，我在1906年校對這段文字時，他們都已先後過世，彷彿是莊嚴的佇列堅定地遷移到了另一個地方。）

無論在哪方面，作為電報信使的經歷都是令人愉快的，正是這一職位，為我與他人的親密友誼奠定了基礎。資歷較久的信使獲得了升遷，於是需要補一位新人，前來接替這個職位的是大衛·麥卡戈[070]，他就是後來著名的亞利加尼河谷鐵路公司的負責人。大衛·麥卡戈和我搭檔負責寄送東線的信件，另外兩個男孩負責西線。東部電報公司和西部電報公司是獨立分開的，雖然兩家公司在同一幢大樓。我和大衛立刻成了非常好的朋友，其中一個重要關係就是我們都是蘇格蘭人。雖然大衛在美國出生，但他父親是道地的蘇格蘭人，甚至在口音上都和我的父親非常相似。

大衛來了不久後，又需要第三個人。這次，公司問我能否找到合適人選。我毫不費力地找來了我的密友羅伯特·皮特凱恩[071]，他後來接替我成為賓夕法尼亞鐵路在匹茲堡的主管和總代理。羅伯特與我很像，不僅是蘇格蘭人，而且還在蘇格蘭出生。於是，「大衛」、「鮑伯」和「安迪」成為在匹茲堡東部電信線上送信的三個蘇格蘭男孩，當時能拿每週 2.5 美元的高薪。每天早上打掃辦公室是信使們的職責，我們輪流打掃，由此可見，我們都是從底層做起的。奧利弗兄弟製造公司的首領 H·W·奧利弗[072] 以及城市法律顧問 W·C·莫蘭達（W.C. Morland），後來參軍入伍，也是以和我們同樣的方式起步的。在人生的賽場上，努力上進的年輕人不必畏懼富家子弟，要讓他們注意到：打掃辦公室的孩子也會成為一匹「黑馬」。

那時，當信差有很多的快樂。有時因為及時把信送到，水果批發店就會

067　威廉·索（William Thaw Sr., 1818-1889），美國富豪，在銀行業和運輸業投資收益巨大。

068　約翰·查爾方特（John Chalfant, 1827-1898），美國實業家、鋼鐵生產商。

069　赫倫上校（Francis J. Herron, 1837-1902），美墨戰爭期間的將軍。

070　大衛·麥卡戈（David McCargo, 1835-1902），美國亞利加尼河谷鐵路公司的負責人。

071　羅伯特·皮特凱恩（Robert Pitcairn, 1836-1909），美國賓夕法尼亞鐵路公司匹茲堡公司負責人。安德魯·卡內基的朋友。

072　H·W·奧利弗（Henry W. Oliver, 1840-1904），美國實業家。

給你一整袋蘋果，麵包店和糖果店有時也會給一些糖果糕點。信差所遇到的都是一些非常善良的人，人與人之間都相互尊重。他們說話幽默，對信差的機靈敏捷表示讚賞，也許還會讓他帶個回信。我不知道還有什麼工作比信差更能讓一個男孩受到關注了，而這是一個真正聰明的孩子得以上進所必不可少的。英明的人們總是挑選聰穎的孩子。

這一時期有件非常令人興奮的事，如果信件傳送超過了一定的距離，我們就可以多收 10 美分的外快。可想而知，大家都很重視這些「10 美分信件」，我們之間還為誰去送信而發生了爭吵。有時，有些孩子不按秩序，搶著去送「10 美分信件」。我提議把這些信件彙集在一起，以每週末平攤分錢的方式來解決問題。我被推舉管理財務。後來，我們這裡充滿了和平歡樂的氣氛。這種將額外收入集中起來再分配的方式是真正的合作。這是我第一次嘗試財務管理。

男孩們認為他們絕對有權利來花這些外快，隔壁糖果店給他們中的很多人開了帳戶。這些帳戶經常被大量透支。管財務的人不得不為此提醒糖果店的老闆，他不會為那些又餓又饞的孩子買單。羅伯特·皮特凱恩是所有人中嘴最饞的一個，顯然他不只有一顆愛吃甜食的糖牙，而是滿口牙齒都是這樣。有一天，當我斥責他的時候，他推心置腹地向我解釋說，有東西在他胃裡咬他的內臟，直到拿糖果來餵牠們才肯甘休。

第四章
安德森上校和書籍

第四章　安德森上校和書籍

信差們快樂而努力地工作著。他們隔一天就需要值一次夜班，直到公司關門。那時，我很少能在深夜 11 點前到家。在不用值班的晚上，我可以在 6 點下班。這樣，我就沒有時間提升自我，家裡也不願把錢花在買書上。然而，彷彿是福從天降，一扇文學寶庫的大門向我敞開了。

詹姆斯·安德森上校（當寫下這個名字的時候，我要祝福他）宣布，他將向孩子們開放他擁有 400 冊藏書的個人圖書館，任何一個年輕人都可以在每週六下午去那裡借一本書，在下週六下午再來換一本。我的朋友湯瑪斯·N·米勒不久後提醒我，安德森上校的書首先是為「工作的孩子」開放借閱的，這就引發了一個問題，像信差、店員還有其他並非靠雙手勞動的人，是否也有資格去借書。我第一次給《匹茲堡快報》寫了一封信，強烈要求我們不應該被排除在外。雖然，我們現在的工作不用靠雙手，但我們也是真正的勞動者。親愛的安德森上校很快擴大了借閱範圍，我作為公共事務作者的第一次投稿成功了。

我親愛的朋友米勒是集團的核心成員之一，他住在離安德森上校家很近的地方，他把我引薦給安德森上校，這為黑暗中的我開啟了一扇窗戶，知識之光從窗外透射進來。每天的辛苦奔波，甚至是長時間的值夜班，都因為有書的陪伴而變得輕鬆且充滿希望。我把書帶在身邊，工作中一有空閒就抓緊時間閱讀。每當想起週六又能拿到一本新書，第二天就充滿了光明。就這樣，我熟讀了麥考利[073]的散文和歷史著作。對班克羅夫特[074]的《美國的歷史》，我研讀得比其他任何一本書都要仔細。蘭姆[075]的隨筆也是我特別喜歡的。但在那個時候，除了學校課本上的精選作品，我對大文豪莎士比亞知之甚少，對他的興趣是稍後在匹茲堡古老的劇院裡培養起來的。

約翰·菲普斯、詹姆斯·R·威爾森（James R. Wilson）、湯瑪斯·N·米

073　麥考利（Thomas Babington Macaulay, 1st Baron Macaulay, 1800-1859），英國詩人、歷史學家、輝格黨政治家。他經常發表散文、評論和有關英國歷史的文章。他也曾經擔任陸軍大臣（西元 1839～1841 年）和財政部主計長（西元 1846～1848 年）。

074　班克羅夫特（George Bancroft, 1800-1891），美國歷史學家、國會議員，曾任美國海軍部長。代表作：《美國的歷史》等。

075　蘭姆（Charles Lamb, 1775-1834），英國散文家、詩人。代表作：《伊利亞隨筆》、《莎士比亞戲劇故事集》等。

勒、威廉·考利 —— 我們圈子裡的成員 —— 他們和我一起享有安德森上校圖書館的優先借閱權。那些在其他地方我不可能借到的書，由於安德森上校的明智慷慨，變得觸手可及。多虧他，我的文學素養得以提高，即使別人出幾百萬元錢，我也不願拿去交換。沒有書的日子是難以忍受的。由於上校的善舉，我和我的同伴們遠離了低級趣味和惡劣習慣。後來，當好運向我微笑時，我的首要任務之一就是為我的恩人建一座紀念碑。

紀念碑坐落在我為亞利加尼捐建的、位於鑽石廣場的禮堂和圖書館前，碑文如下：

> 獻給詹姆斯·安德森上校，賓夕法尼亞西部免費圖書館的創建者。他將自己的圖書館向打工的孩子們開放，並在每週六下午親自擔任圖書管理員。他不僅把他的書籍，而且還把他自己都奉獻給了這一高尚的事業。這座紀念碑是「打工的孩子們」中的一員安德魯·卡內基為感謝和紀念詹姆斯·安德森上校而建立的，他為我們打開了知識和想像力的寶庫，使年輕人可以從中獲益。

這是一份微不足道的貢獻，只是聊表我們的感激之情。對於安德森上校為我和我的同伴們所做的一切，我們深懷感激。根據我自己早年的經歷，我很清楚，金錢應該用來幫助那些天資聰穎、胸懷抱負、有發展前途的孩子，而建立社區公共圖書館則是事半功倍，將此作為市政機構予以支持則更有必要。我相信，我愛心建立的那些圖書館將來會證明這一觀點的正確。假如，每個圖書館有一個孩子從書中收穫了我從安德森上校那 400 本舊書中受益的一半，我就認為那些圖書館沒有白建。

「就好像樹枝沿著大樹的長勢而傾斜。」書中自有黃金屋，在一個正確的時間，這扇寶庫之門向我敞開了。一座圖書館最基本的好處在於說明：一分耕耘，一分收穫。年輕人必須靠自己獲得知識，沒有一個人能夠例外。許多年後，我欣喜地發現，在丹夫林，包括我父親在內的 5 位紡織工，收集了他們各自的一些書籍，在那個小鎮上建起了首個流動圖書館。

那座圖書館的歷史很有趣。在它的發展進程中曾搬來搬去，換了至少 7

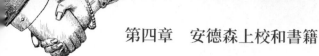

個地方。第一次搬家時，創建者們用圍裙和兩個煤桶裝著書，從手工織布店搬到休息室。我的父親是家鄉首座圖書館的創始人之一，而我又非常榮幸成為最新的一個創辦者，這確實是我生命中最有意義的事情之一。我經常在公開演講中說，我是一個曾創辦過圖書館的紡織工的後代，從未聽說還有什麼比這更好的出身值得我與之交換。不經意間，我追隨父親創辦了圖書館──幾乎可以說是天意──這也是我非常自豪的一個原因。

我曾說過，是劇院首先激發了我對莎士比亞的喜愛。我做信差時，匹茲堡的老劇院在福斯特先生的掌管下，處於鼎盛時期。他電信上的業務不需要付費，作為回報，電信工作者可以免費進劇院看戲。在某種程度上，信差也可以享有這份特殊待遇。有時候，下午收到給福斯特先生的電報，我們會留到晚上再送去。在劇院門口，我們羞澀地請求，是否可以讓我們悄悄地溜到二樓去看一眼，這個要求一般都會得到允許。孩子們輪流送信，這樣每個人都有進入劇院的機會。

透過這樣的方式，我漸漸熟悉了綠色帷幕後面的那個世界。通常，上演的戲劇場面壯觀，雖然沒有太多文學價值，但也足以吸引一個 15 歲少年的眼球。我不僅看到了非常壯麗宏偉的場面，而且還看到了美好溫馨的情境。在此之前，我從沒去過劇院或音樂廳，也沒見識過任何形式的公共娛樂。大衛·麥卡戈、亨利·奧利弗、羅伯特·皮特凱恩也和我一樣。我們都對舞臺著了迷，熱切盼望著每一次進入劇院的機會。

我的鑑賞力的改變，源於當時非常著名的一位悲劇演員「狂風」亞當（Edwin Adams），在匹茲堡出演了莎士比亞作品中的一系列角色。從那以後，除了莎士比亞，我對什麼都不再感興趣了。我似乎不怎麼費力就能記住他的臺詞，以前我從來沒有意識到語言有這麼大的魔力。我一閒下來就會想起那些韻律和音調，它們已經融入了我的身體，隨時聽候我的召喚。這是一種新的語言，我對其鑑賞力的提高確實應該歸功於戲劇舞臺表演，因為直到看過《馬克白》的演出，我對莎士比亞的興趣才被激發出來。我此前從來沒有讀過這些劇本。

在後來的日子，我從《羅恩格林》[076] 認識了華格納（Richard Wagner）。在紐約音樂學院，我聽了《羅恩格林》的序曲，有耳目一新的感覺，但對華格納知道得很少。這確實是一位有別於前人的天才，對我來說，他像莎士比亞一樣，是幫助我提高自身修養、向上攀登的新階梯、新朋友。

在這裡，我還要說說這一時期的另外一件事情。亞利加尼的一些人（大概總共不超過一百人）組織了一個史威登堡社團，我們的美國親戚在那裡很活躍。父親離開長老會後加入了這個社團，當然，我也被帶到了那裡。然而，對史威登堡母親從來不感興趣。雖然母親一直以來尊重所有的宗教形式，反對宗教爭端，但她對這個問題也有自己的主張。她的態度用孔子的一句著名格言來解釋是最恰當不過的了：「君子務本，本立而道生。」

她鼓勵自己的孩子們參加教會和主日學校，但不難看出，對史威登堡的教義以及《舊約》和《新約》中的許多條文她不並信奉，她認為這些不能作為生活方式的權威指南。我開始對史威登堡的神祕學說充滿了濃厚的興趣。虔誠的艾特肯阿姨對我能詳細闡釋「靈感」的本領大加讚賞。那位親愛的老太太天真地期盼我有朝一日能成為新耶路撒冷的一盞明燈，我知道，有時候正如她所想像的，我可能成了她所謂的「語言的傳道者」。

當我對人為的神學態度越來越彷徨時，阿姨對我的期望也逐漸降低了，但是阿姨對她第一個外甥 —— 我的關心和疼愛從未減少，在蘇格蘭時，她還總把我抱在膝蓋上逗我玩。她曾希望我的表哥利安德·莫里森（Leander Morris）透過史威登堡得到一些啟示，然而表哥成了浸信會的一員並接受了洗禮，這令她極度失望。這對一個福音傳道者來說太難以接受了，儘管她應記得她的父親過去也有過同樣的經歷，在愛丁堡經常為浸信會成員講道。

利安德改變教派後第一次拜訪他的媽媽沒有得到熱忱的接待，他意識到，他在通往新耶路撒冷的入口 —— 史威登堡前的退卻，使最虔誠的一位信

---

076 《羅恩格林》（Lohengrin），是德國作曲家華格納創作的一部三幕浪漫歌劇，腳本由作曲家本人編寫。雖然劇中有歷史成分（10 世紀前葉的布拉班特），但其性質屬於童話歌劇。歌劇靈感來源於中世紀沃爾夫拉姆·馮·艾森巴赫（Wolfram von Eschenbach）的詩篇〈提特雷爾〉和〈帕西法爾〉（Parzifal，其拼法有別於華格納的歌劇《帕西法爾》（Parsifal））。華格納在其遺作《帕西法爾》中再次採用了這兩個詩篇中的故事。

徒 —— 他的阿姨認為他讓家庭蒙羞了，他懇求道：「阿姨，妳為什麼對我這麼嚴厲呢？妳看看安迪，他不是教會成員，妳也沒有責罵他。當然，浸信會也不見得比其他更好。」

阿姨回答得很快：「安迪！噢！安迪，他什麼也沒穿，而你卻穿得破破爛爛的。」

他從來沒有在宗教立場上和親愛的艾特肯阿姨完全保持一致。我可能也改變了，與任何教派都不相干。但是，利安德選擇了一個教派，一個和新耶路撒冷無關的教派。

我第一次對音樂產生興趣和史威登堡社團有關。我們從宗教清唱劇中精選出一些片段，作為社團讚美詩集的附錄。我對這些音樂有著與生俱來的喜愛，雖然我的嗓音並不好，但是由於在演唱時投入了「感情」，還是成為了唱詩班的固定成員。我有理由相信，指揮科森（Koethen）先生經常會因我在唱詩班中表現出的熱情，而原諒我的不合拍。後來，我漸漸熟悉了完整的宗教清唱劇，當時，天真無知的我最喜愛的那些選段，在音樂圈裡公認是韓德爾 [077] 音樂作品中的精華，這是一個多麼令人欣喜的發現。所以說，我的音樂教育是從匹茲堡的史威登堡社團的小唱詩班裡開始的。

然而，我不該忘記，父親曾把本土非常卓越的吟遊藝術作品當作歌曲來唱，那悅耳的歌聲為我的音樂教育打下了一個非常好的基礎。對於蘇格蘭老歌，我沒有不熟悉的，無論是歌詞還是曲調。要想達到貝多芬（Beethoven）和華格納的高度，民歌也許是最重要的基礎。父親是我所見過音色最悅耳、最富有感染力的歌唱者，我也許繼承他對音樂和歌唱的那份熱愛，儘管我沒有他的好嗓音。孔子的感嘆常在我耳邊響起：「不圖為樂之至於斯也。」

這一時期，有一件事顯示出父母在其他事情上的寬容開明。作為信差，我沒有假日，但在夏季會給我兩週的休假，我就去俄亥俄州東利物浦的姨丈家，和表兄弟們一起在河裡划船。我也非常喜歡溜冰，冬天，我家對面那條河裡的水結冰了，非常美。厚厚的冰為溜冰創造了極好的條件，週六晚上回

077　韓德爾（George Frideric Handel, 1685-1759），巴洛克音樂作曲家，創作作品類型有歌劇、神劇、頌歌及管風琴協奏曲，代表作：《彌賽亞》。

到家後，我向父母提出一個問題，我是否可以在週日早上早點起床，在去教堂前先去溜會冰。對一般的蘇格蘭父母來說，這是一個非常嚴重的問題。母親在這個問題上卻態度明朗，我愛玩多久就玩多久。父親說，他相信出去溜冰沒錯，但他希望我能及時回來和他一起去教堂。

我猜想，在今天的美國，1,000 個家庭中有 999 個家庭會做出這樣的決定，或許大多數英國家庭也會這麼做，但在蘇格蘭卻不可能。今天，人們認為安息日最主要的意義是自己去參觀畫展和博物館，去享樂，而不是去為多半都是想像出來的過錯懺悔，他們的想法並不比 40 年前我的父母進步多少。我的父母超越了那個時代的傳統觀念，至少在蘇格蘭人中間，因為他們允許我們在安息日去愉快地散步，或者讀一些與宗教無關的書籍。

第四章　安德森上校和書籍

第五章
電報公司

第五章　電報公司

　　我做信差大約有一年了，樓下辦公室的經理約翰·P·葛拉斯上校[078] 由於經常要與大眾接觸，有時他出去時，就找我幫他照看一下辦公室。葛拉斯先生是一個很受歡迎的人，很有政治抱負。他不在辦公室的時間越來越長，次數也多了起來，以致我很快就熟悉了他的部分工作。我負責接收大眾的來信，並監督從工作間出來的信件是否準確地分派給了信使們，以便及時投遞。

　　對一個男孩來說，這是一個足夠鍛鍊人的職位。那時候，我在其他男孩中間並不受歡迎，他們對我可以不用完成分內的工作很有意見，還指責我吝嗇。我不會亂花 10 美分的外快，但他們不知道這是有原因的。我知道我要節省下每一分錢給家裡用。我的父母都是明理的人，我不會對他們隱瞞任何事。我清楚家裡 3 個工作賺錢的人 —— 父親、母親和我，每個人每週的收入。我也清楚家裡所有的開銷。我們會商量用賺來的錢去買一些必備的家具和衣服，每得到一樣新東西都讓我們快樂無比。沒有一個家庭比我們更團結了。

　　母親每省下半美元，就小心翼翼地放到一隻長襪子裡，一天又一天，直到存下了 200 美元，然後我負責將 20 英鎊寄還給曾慷慨地借錢給我們的亨德森夫人。那是值得我們慶祝的一天：卡內基家沒有債務了！噢，這是多麼快樂的一天啊！的確，債務是還清了，但是欠亨德森夫人的恩情卻永遠還不清。至今，年邁的亨德森夫人仍然健在。我去她家就好像是去一個神聖的地方。在回丹夫林時我曾去看望過她，無論發生什麼，我都不會忘記她。（當我讀到許多年前寫的這一段時，我哽咽了：「走好，和其他人一起走好！」祈願母親的這位親愛的、善良的、高尚的朋友安息。）

　　在我的信差生涯中，有一件事能立刻使我升到極樂世界。那是一個週六的晚上，葛拉斯上校給信差們發放當月的薪資。我們排隊站在櫃檯前，葛拉斯先生按順序依次發錢。我站在隊首，伸出手準備接受葛拉斯先生拿出的第一份 11.25 美元的薪水。令我吃驚的是，他繞過了我，把錢發給了下一個男孩。我想這一定是弄錯了，因為此前我都是第一個領薪水的，但是其他男孩

078　約翰·P·葛拉斯上校（John P. Glass, 1821-1868），美國賓夕法尼亞州眾議院發言人。

按順序每個人都領到了錢，除了我。我的心開始沉了下去，這似乎很丟臉。我做錯什麼了嗎？也許我會被告知這裡沒有工作適合我了？我真是給家裡丟臉了。那是所有事情中最痛苦的事。當領完錢的孩子們都走了，葛拉斯先生帶我到櫃檯後面對我說，我應該比其他孩子得到更多，他決定每個月付給我13.5美元的薪水。

我的腦袋一陣發暈，懷疑是不是自己聽錯了。他把錢數好交給我。我不知道是否向他道謝過，我想我沒有。我帶著錢連蹦帶跳地出了門，一路上幾乎沒有停步地回到了家。我清晰地記得，自己在亞利加尼河的橋上從這頭跑到那頭，確切地說是跳到那頭——在馬車道上，因為人行道太窄了。這是週六的晚上，我把11.25美元交給母親，她是家裡的財政大臣，隻字未提留在我口袋裡的2.25美元——當時這筆錢的價值勝過我後來所賺的數百萬美元。

湯姆當時是一個9歲的小男孩，和我一起睡在閣樓上，上床後我把這個祕密悄悄地告訴了親愛的弟弟。儘管他當時還小，但他知道這意味著什麼，我們一起談論未來。那是我第一次向他描述我們如何一起去經商，「卡內基兄弟公司」將是一家很大的公司，父母也能有自己的馬車乘坐。那時候，我們似乎將應有盡有，雖然也要為之努力奮鬥。

有位蘇格蘭老婦人，她的女兒嫁給了倫敦的商人，她的女婿邀請她去倫敦，並住在他們附近，還許諾她將有自己的馬車乘坐，她回答說：「我坐在馬車裡面，又不能被親戚朋友們看見，有什麼好的？」我的父母不僅可以乘坐馬車在匹茲堡炫耀，而且回故鄉丹夫林探訪時也會很風光。

一個星期天的早上，我和父親、母親，還有湯姆一起吃早餐時，我拿出了那筆額外的2.25美元。這真是一個大大的驚喜，他們好長一會沒回過神來，但過了不久，他們就明白了。父親眼裡閃現出的因我而自豪的神情，母親溼潤的雙眼，已經說明了他們的感受。這是他們兒子的第一次成功和進步的證明，他應得這份嘉獎。以後獲得的各種成功和讚譽都沒有像那次那麼令我激動和興奮，我甚至想像不出會有這樣一件事。這就是人間天堂。我的整個世界都沉浸在快樂中，幸福的眼淚不知不覺地流了下來。

由於每天早晨要打掃工作間，信差們在操作員到來之前就有機會練習使

第五章 電報公司

用電報機。這是一個新的機會。我很快學會了操作按鍵，還和另一個站、與我有同樣目的的信差進行交流。當一個人剛學會做一件事，他總是迫不及待地找機會運用一下學到的本領。

有一天早上，我聽到呼叫匹茲堡的強烈信號。我猜想一定是有人非常想和匹茲堡聯繫。我大著膽子做出回應，讓紙帶走起來。原來是費城想要立即發送一封「死訊」到匹茲堡。對方問我能否接收，我答覆假如他們能發得慢一點的話，我可以試試。我成功接收了這條消息，並帶著它跑了出去。我焦急地等布魯克斯先生來，告訴他我為什麼敢做這件事。幸運的是，他沒有因我的魯莽而叱責我，而是感激地表揚了我，並囑咐我要小心仔細，不要出錯。沒過多久，有時當操作員想要離開的時候，我就會被叫過去照看電報機，就這樣，我學會了收發電報。

我應當感謝當時的一位相當懶惰的操作員，只有他非常樂意讓我替他工作。那時，我們需要練習的是在跑動的紙帶上接收資訊，由操作員讀給抄寫員。但是，據說西部有一個人學會了透過聲音來讀懂資訊，用耳朵來獲取資訊。這也使我想去練習這種新方法。辦公室的一位操作員麥克林先生成為了這方面的專家，他的成功給了我鼓勵。我很快學會了這種新的語言，我自己都很驚訝：原來這麼容易。有一天，我很想趁操作員不在的時候接收一條資訊，一位年長的、紳士模樣的抄寫員對我的冒失很生氣，拒絕給一個信差「抄寫」。我關掉走帶紙，拿了筆和紙準備用耳朵接收資訊。我永遠都忘不了他的驚訝，他命令我把筆和便條還給他，從那以後，親愛的考特尼·休斯（Courtney Hughes）和我之間再也沒有任何難事了。他成了我忠實的朋友和抄寫員。

這件事情發生後不久，在距離匹茲堡 30 英里的格林斯堡 [079]，有一位操作員約瑟夫·泰勒想要請兩週的假，問布魯克斯先生是否能派個人去接替他的職位。布魯克斯先生把我叫去，問我能否勝任這份工作。我當即給了肯定的回答。

079　格林斯堡（Greensburg），美國賓夕法尼亞州威斯特莫蘭縣的一個自治市鎮和縣城，也是匹茲堡都市區的一部分。這個城市位於勞雷爾高地和西亞利加尼高原的生態區。這個城市以美國獨立戰爭大陸軍的一名大將納撒尼爾·格林（Nathanael Greene）命名。

「好，」他說，「我們將派你去那裡試一試。」

我是搭乘郵政專車去的，這是一趟非常令人愉快的旅程。一位祖籍蘇格蘭的著名律師大衛·布魯斯（David Bruce）先生和他的妹妹碰巧和我同行。這是我的第一次短途旅行，第一次到這個國家別的地方看看。在格林斯堡旅館，我第一次在公共場合用餐。我覺得那裡的東西好吃極了。

1852 年，格林斯堡附近正在挖溝築堤，為建造賓夕法尼亞鐵路做準備。我在清晨出去散步時經常看見持續進展的工程，沒有想到不久後我也進入那家大公司工作。這是我在電報公司第一次出任重要職位，我很小心謹慎地處理手邊的事，不敢怠慢。有一天深夜，外面狂風暴雨，我坐在辦公室裡，也沒有想要切斷通訊。由於我的冒失，坐得離按鍵太近，一道閃電把我從椅子上打了下來，差點結束了我的職業生涯。從那以後，在電閃雷鳴的時候，我在辦公室裡就格外小心。我圓滿地完成了在格林斯堡的任務，我的上司非常滿意，在其他孩子看來，我是帶著光環回到匹茲堡的。不久，我得到了晉升。布魯克斯先生發電報給詹姆斯·D·雷德（James D. Reid）說需要一個新的操作員，雷德是這條線上的總裁，他是蘇格蘭男人的又一優秀典範，後來我們成了朋友。布魯克斯先生主動推薦我擔任助理操作員一職。來自路易斯維爾的電報回覆說，如果布魯克斯先生認為我能勝任，雷德先生非常贊成提升「安迪」。終於，我成了一名電報操作員，每月有 25 美元的高薪，這對我來說是一筆巨大的財富。這要感謝布魯克斯先生和雷德先生把我從信差局提拔到電報操作室。我在 17 歲那年度過了學徒期。我現在是一個男子漢了，不再是一個每個工作日只賺 1 美元的孩子。

電報公司的操作室對一個年輕人來說是一所極好的學校，他在那裡不得不用筆和紙來創作發明。在那裡，我那一點點關於英國和歐洲的知識對我幫助很大。毫無疑問，知識無論在哪裡都是有用的。當時，要藉由電報線從萊斯角接收國外新聞，連續不斷地接收「輪船新聞」是我們最重要的一項任務。我喜歡這項工作勝於其他工作，不久，這項工作自然就分配給了我。

那時候，電報線上的工作條件很艱苦，遇到暴風雨的時候，很多資訊不得不靠猜測。大家都說我的猜測能力很強，我最喜歡做的事是自己花點時間

把傳輸過程中缺漏的一兩個單詞填上，而不用打斷發報人。對於國外新聞，這麼做並沒有什麼風險，因為即使操作員大膽地作了任何不當的改動，那也沒什麼，不會給他們帶來嚴重的麻煩。我的國際事務知識面有了拓寬，尤其是關於英國的，只要看到開頭的一兩個字母，我的猜測就會八九不離十。

通常，匹茲堡的每家報社都會派一名記者到電報公司來轉錄新聞快訊。後來，所有的報紙共同指派一個專人負責這件事，這人建議接收到的新聞最好能多做幾個版本，我們倆計畫，我把所有的新聞快訊額外多複製5份給他，他每週付給我1美元。這是我第一次為報社工作，當然只有不多的報酬，這樣我每月的薪水達到了30美元，那時每一元錢都很值錢。家裡逐漸寬裕起來，似乎將來會成為百萬富翁。

另一對我有決定性影響的事情是，我和我的5位密友一起加入了「韋伯斯特文學社」。我們組成了一個圈子，相互連繫密切，這對我們所有人都是有益的。我們在此之前還成立過一個小型的辯論俱樂部，聚會地點在菲普斯先生父親的屋子裡，那裡白天還有幾個熟練的鞋匠在工作。湯瑪斯·米勒近來聲稱，我曾經有一次在「司法官是否應該由人民來選舉」這個問題上講了近一個半小時。但是，我們還是寬容地假設他的記憶出了點問題。當時，「韋伯斯特」是這座城裡最重要的一個社團，我們為成為其中的成員感到驕傲。在鞋匠屋子裡的辯論僅僅是我們為自己作的準備。

我確信對一個年輕人來說，在當時沒有比參加這樣的社團更有益的了。從書中獲取的許多知識對日後的辯論大有裨益，還使我的思路更加清晰、穩定。我後來在觀眾面前能夠非常鎮定自若要歸功於「韋伯斯特文學社」的那段經歷。那時（包括現在），我在演講中有兩條準則：使自己在觀眾面前和在家裡一樣放鬆自如，要和觀眾有交流，而不是只顧自己講話。不要把自己當作另外一個人，你就是你，要按自己的方式講話，千萬不要在演講中拿腔拿調，除非你無法控制自己。

我終於成為了一名透過聲音來接收資訊的電報操作員，可以完全不用按鍵。這項技能在當時非常稀罕，以至於人們到公司來觀賞，對這項特殊的技

藝讚不絕口，這也使我備受關注。當一場特大的洪水令斯托本維爾[080]和惠靈[081]之間所有的電報通訊中斷——那段距離有 25 英里——我就被派到斯托本維爾去接手整個電報業務，然後往返於東西部之間，每隔一兩個小時，在過河去惠靈的小船上發送急件。藉由這種方式，一個多星期，途經匹茲堡的東西部之間所有的電報通訊保持了暢通。

在斯托本維爾時，我得知父親將去惠靈和辛辛那提銷售他自己織的桌布。我去碼頭等他，小船直到很晚才到。我下去接他，發現父親為了省錢，沒有待在船艙裡，而是待在甲板上，我有種說不出的傷感。一個這麼好的人卻還要遭受旅途之苦，這讓我憤憤不平。但是，我仍寬慰地說：

「好了，爸爸，不用多久，你和媽媽就能坐上自己的馬車了。」

父親一直都很靦腆、保守，還有點敏感，很少讚揚人（蘇格蘭人的特性），唯恐他的兒子得意忘形。但是，當他被感動的時候也會不能自已，這次就是。他緊緊抓住我的手，那個眼神經常在我眼前浮現，永遠不會忘記。他慢慢地嘀咕著：「安德魯，我為你自豪。」

他的聲音有些顫抖，似乎為剛才所說的話覺得不好意思。他跟我道了晚安，並叫我趕快回辦公室。這時我注意到，他的眼裡飽含著淚水。年復一年，這些話一直縈繞在我耳邊，溫暖著我的心。我們彼此了解，話雖不多，卻情深意長，這就是蘇格蘭人的性格。是的，在他心靈深處有一塊聖潔的地方不容褻瀆。沉默勝過一切語言。父親是最有愛心的一個人，愛朋友、愛宗教，雖然他不屬於任何宗教派別，也不信奉神學，不是一個深諳世故的人，但是他完全有資格上天堂。他雖然沉默寡言，卻親切友善。哎！他從西部回來後不久就過世了，就在我們有能力讓他過上安逸舒適的生活的時候。

在我回到匹茲堡之後，沒過多久，我認識了一個非同尋常的人，湯瑪斯·A·史考特[082]，在他所在的領域，他可以被稱為「天才」。他來匹茲堡擔任賓

080　斯托本維爾（Steubenville），是美國俄亥俄州傑弗遜縣的縣治所在，位於俄亥俄河畔，面積 26.7 平方公里。

081　惠靈（Wheeling），是位於美國西維吉尼亞州俄亥俄縣的一座城市，也是該縣的縣治所在。最早由英國殖民者開拓，是維吉尼亞殖民地的一部分，因為處於交通要道，它在 19 世紀末期成為了製造業中心。第二次世界大戰之後衰落，但仍是地區中心。惠靈耶穌會大學位於此地。

082　湯瑪斯·A·史考特（Thomas Alexander Scott, 1823-1881），美國實業家、商人，賓夕法尼亞鐵路

夕法尼亞鐵路公司的區域主管。他和他的上司（在阿爾圖納[083]的總裁羅姆貝特[084]先生）之間經常需要電報聯繫，這使得他常在夜間去電報公司，有幾次碰巧是我操作。有一天，我驚訝地聽到我所認識的他的一位助理告訴我，史考特先生問他，是否認為我能去擔任他的辦事員和電報操作員，這位年輕人告訴我他是這麼回答的：「這不太可能。他現在已經是一位電報操作員了。」

　　但是，當我聽到這裡，我立即說：「別這麼快回絕。我可以去他那裡。我想要離開純粹的辦公室生活。請告訴他這些。」

　　1853 年 2 月 1 日，我成為了史考特先生的辦事員和電報操作員，每月 35 美元的薪水。薪資從每月 25 美元漲到 35 美元是我所知道的最大漲幅了。公用電報線路臨時接進了史考特先生在火車站的辦公室，賓夕法尼亞鐵路公司可以在不妨礙普通公共電報業務的情況下使用這條線路，直到他們自己的在建線路完工。

公司第四任總裁。美國內戰期間被林肯總統任命為戰爭部助理部長。以知人善用而聞名。他後來提拔了安德魯‧卡內基。

083　阿爾圖納（Altoona），位於美國賓夕法尼亞州中部，是布萊爾縣最大的城市。

084　羅姆貝特（Herman Joseph Lombaert, 1816-1885），美國工程師，幫助建設了第一條費城和巴爾的摩之間的鐵路，後來任賓夕法尼亞鐵路公司副總裁。

第六章
鐵路部門

第六章　鐵路部門

離開電報公司的操作室後，我進入了一個開放的世界，起先一切並不如意。我剛滿 18 歲，我還沒見過哪一個男孩到了那個年齡仍然生活在純潔美好的世界中。真不敢相信，迄今為止，我還從來沒說過一句髒話，也很少聽到有人講髒話。我不知道什麼是卑鄙下流。我很幸運，一直以來接觸的都是些善良正派的人。

如今，我一下子與粗人為伍了，因為我們的臨時辦公室設在一個工廠的角落，貨運列車長、扳道工和消防員的大本營都在這裡。他們與史考特先生和我同處一室，他們是怎麼對他們有利就怎麼來。的確，這是一個與我的習慣截然不同的世界。對此，我難得開心。但我必須要先學會把智慧樹上的好果子和壞果子一同吞下。然而，那裡仍然有著家的甜蜜和溫馨，從來沒有粗魯和邪惡，而且，那裡也是我和我的夥伴們的世界，他們都是一些有教養的青年，努力奮鬥提高自己，希望成為受人尊敬的公民。在生命中的這段時期中，我很討厭那些違背我本性的、與我早年所受的教育完全相悖的人和事。與粗人打交道的經歷可能對我也是有益的，因為用司各脫主義哲學觀[085] 來說，這讓我知道了要對嚼口香糖、抽菸、咒罵以及說髒話反感，生命中有過這樣一段經歷，我很幸運。

我並不是想說前面提到的那些人十分墮落或品性惡劣。那時，咒罵、粗言穢語、嚼口香糖、抽菸這些習慣遠比今天盛行。鐵路建設是一項新興事物，吸引了很多以前從事水上交通工作的粗人。但是，他們中有許多優秀青年，生活得非常體面，並身居要職。我必須要說的是，他們對我都非常友善。我偶爾會聽到他們的消息，許多人仍健在，這真讓人高興。後來情況終於有了改變，史考特先生有了自己的辦公室，我們一起使用。

過了不久，史考特先生派我去阿爾圖納取每月的薪資清單和支票。當時，鐵路線還沒有穿越亞利加尼山脈，我必須翻山越嶺過去，這是一段不同尋常的行程。阿爾圖納當時只有公司建造的幾幢房子，商店還沒建好，現在

085　司各脫主義哲學觀（Scotism），蘇格蘭中世紀時期的經院哲學家、神學家、唯實論者鄧斯·司各脫（Blessed John Duns Scotus）提出了物質具有思維能力的哲學觀點，其論據是天主是萬能的，故而可以讓物質具備思維的能力。

大城市所有的那裡都沒有。在那裡，我第一次見到了我們鐵路系統的大人物——總裁羅姆貝特先生。當時，他的祕書是我的朋友羅伯特‧皮特凱恩，我幫他在鐵路公司找了份工作，這樣，「大衛」、「鮑伯」和「安迪」仍然在同一家公司工作。我們都離開了電報公司，來到了賓夕法尼亞鐵路公司。

羅姆貝特先生與史考特先生有很大的不同，他不太隨和，嚴肅且固執。當他和我交談了幾句後，羅姆貝特先生又說：「你今晚過來和我們一起喝茶。」這讓羅伯特和我感到非常驚訝。我唯唯諾諾地表示同意，焦急不安地等待約定時間的到來。一直到現在，我都認為那次邀請是我最大的榮幸。羅姆貝特太太非常和藹，羅姆貝特先生向她介紹我時說：「這是史考特先生的『安迪』。」我為自己是史考特先生的下屬而感到自豪。

這次行程中出了一件事故，差點毀了我的前途。第二天早上我帶著薪資清單和支票回匹茲堡，我認為把薪資清單和支票塞在我的西裝背心裡面是比較安全的，因為這包東西太大了，放不進我的口袋。當時，我是一個熱情的鐵路員工，尤其喜歡坐火車旅行。我坐上開往霍利迪斯堡的火車，那裡是全州過山鐵路的交會點，一路上確實非常顛簸，到了某個地方，我感覺到裝薪資的那個包裹有點不對勁，我驚恐地發現包裹隨火車的顛簸被震了出去。我把包裹給弄丟了！

這個過錯將會毀了我，然而掩蓋事實是沒用的。我被派去取薪資清單和支票，卻給弄丟了，原本一件光榮的事，現在卻成了可怕的噩夢。我跟火車司機說一定是途中震掉了，就在這最近的幾英里之內，問他能否調頭幫我去尋找，他答應了，真是個好人。我沿著鐵路線仔細查看，在一條大河的岸邊，離水面還有幾英尺的地方，我看到包裹就在那裡。我幾乎不敢相信自己的眼睛，趕緊跑過去一把抓住。包裹終於失而復得。不用說，我再次把它緊緊地抓在手裡，一刻也不鬆手，直到安全抵達匹茲堡。只有火車司機和消防員知道我的這次過失，他們向我保證不會告訴別人。

過了很久，我才敢說出這件事情。如果這個包裹落在再遠幾英尺的地方，可能就被水流給沖走了。要為公司忠實服務多少年才能彌補這一過失帶來的影響！自信對成功來說是必不可少的，然而運氣也很重要，否則我有可

能不再被上司賞識。我從不主張對年輕人太嚴厲，即使他犯了一兩個可怕的錯誤。我總是會想，如果在離霍利迪斯堡幾英里的河邊沒有找到那個丟失的包裹，我的前途會有什麼不同。今天，我還能馬上找到那個地點，後來我經過那條鐵路線的時候，彷彿總能看見那個淺棕色的包裹躺在河岸邊。它似乎在說：「沒關係，孩子！上帝會幫助你，但下不為例！」

　　早年，我就是一個反奴隸制度的堅定支持者，熱情地為 1856 年 2 月 22 日在匹茲堡召開的首次共和黨國民議會歡呼，儘管我由於年齡太小還不能投票。當那些顯赫的人物走在大街上時，我注視著他們，對參議員威爾森[086]、黑爾[087]，以及其他人充滿了仰慕之情。後來，我為《紐約論壇報》組織了一個百人鐵路員工俱樂部，偶爾會大膽地發一些短評給大編輯霍瑞斯·格里利[088]。他做了很多事，以喚起人們來對抗這個至關重要的問題。

　　我的作品第一次被印成鉛字刊登在那份自由且充滿激情的刊物上，這無疑是我職業生涯的一個里程碑。那份《紐約論壇報》我保存了多年。今天回頭去看，任何人都會覺得遺憾，為了解放而發動內戰，這個代價太昂貴了。然而，不僅僅奴隸制需要廢除，鬆垮的聯邦體系和過大的州政府權力，也必然會阻礙或拖延建立一個穩固強大的中央政府的進程。南方有離心傾向。如今，各方都在最高法院的統治下，律師和政治家各有一半話語權，共同做出決議，這是非常合適的。在許多領域有統一的意見才能使基石更加穩固。結婚、離婚、破產、鐵路監管、公司管理以及其他部門的運作都需要在一定的標準下來統領。（今天，1907 年 7 月，再次讀到許多年前寫的這一段，我感覺看來我是有預見性的。這些都是當今的熱點問題。）

　　不久以後，鐵路公司修建了自己的電報線路。我們需要更多的電報操作員，他們大多數都在匹茲堡的辦公室進行培訓。電報業務以驚人的速度持續

086　威爾森（Henry Wilson, 1812-1875），美國政治家，第 18 任美國副總統。

087　黑爾（Eugene Hale, 1836-1918），美國政治家，共和黨參議員。

088　霍瑞斯·格里利（Horace Greeley, 1811-1872），美國著名報人、編輯。《紐約論壇報》的創辦者。自由共和黨的資助人之一，政治改革家。1840 年代到 1870 年代論壇報在其主持下取得巨大成功，成為美國新聞史早期著名的「三大便士報」之一。格里利也因此成為最為優秀的報刊編輯人士。同時格里利也是一位著名政治領袖，在廢除奴隸制和社會改革上支持輝格黨和共和黨。

增加。我們的設備幾乎不夠用了，必須增設新的電報部門。1859 年 3 月 11 日，我指定以前的同伴大衛‧麥卡戈擔任電報部門的主管。有人說，大衛和我首次開創了在美國鐵路系統僱用年輕女性擔任電報操作員的紀錄，或許說是在所有的部門。無論如何，我們還安排女孩們在各個辦公室輪流實習，先培訓，然後安排合適的職位讓她們負責。在第一批女孩中有我的表妹瑪麗亞‧霍根小姐。她是匹茲堡貨運站的電報操作員，她那裡相繼安排了好多實習生，她的辦公室都快成了一所學校。根據我們的經驗，年輕的女操作員比年輕的男操作員更可靠。在女性從事的所有工作中，我不知道還有什麼比當電報操作員更適合她們的了。

史考特先生是一位非常好的上司，很多人和我一樣都願意跟著他。他是我年輕時心中崇拜的偶像和英雄。不久，我就預感他會成為賓夕法尼亞鐵路公司的總裁 —— 他後來得到了這一職位。在他的領導下，我逐漸學著處理一些本職工作以外的事情。讓我記憶深刻的是，有一次，我成功處理了一個意外事件，因而得到了升遷。

這條鐵路是單線運行的。雖然透過電報來發車不是慣例，但電報調度火車常常是必需的。在當時，除了主管，沒有人能對賓夕法尼亞鐵路系統的任一路段，包括其他系統發布指令。發布電報指令在當時是一項危險的權宜之計，因為整個鐵路系統的管理仍然處於初始階段，人們對此還沒有進行專門的培訓。一旦發生意外，史考特先生必須連夜去事故現場指揮，疏通鐵路線路。他因此常常無法在早晨趕到辦公室。

一天早晨，我到辦公室時發現東部地區發生了一起嚴重的事故，延誤了往西開的特快客運列車，往東來的客運列車在信號員的指揮下一點一點往前開。兩個方向的貨運列車都僵持在側軌上。當時找不到史考特先生。我終於沒忍住不要去管這件事，發出了「行車指令」，哪怕會有麻煩降臨。「毀滅或西敏寺」在我腦海中閃過。我知道，一旦出錯我就有可能被解僱，這非常丟臉，也許還要受到刑事處罰。另一方面，我也能給列車上整夜未眠的疲倦乘客提神。我能搞定一切，我知道我可以。我經常幫史考特先生寫指令。我知道怎麼做，於是我就開始工作了。我以史考特先生的名義給出指令，簽發

每一列火車，我坐在機器前關注每一個信號，格外小心地將列車從一個車站調度到另一個車站。當史考特先生終於回到辦公室的時候，一切運行平穩。他得知列車延誤時，第一反應是：「噢！事情怎麼樣？」

他快速走到我的邊上，拿起筆開始寫他的指令。我提心吊膽地說：「史考特先生，我找來找去都沒找到您，今天早上我就以您的名義發出了這些指令。」

「運行正常了嗎？從東部來的特快列車在哪？」

我給他看剛才發出的指令資訊，以及每一列在鐵路線上運行的火車所在的位置，貨運列車、道碴列車，所有的列車，並告訴他列車長的答覆，還向他報告了不同的列車經過的網站。一切都沒問題。他看了我一會，我卻不敢看他。我不知道將會發生什麼。他隻字未說，但是他把所發生的事情又詳細地看了一遍。他仍然什麼也沒說。過了一會，他離開了我的桌子回到自己的位置上，事情就這麼過去了。他對我的行為既不贊同，也不指責。假如事情順利，那麼萬事大吉；如果出了一點差錯，那就是我的責任。所以，這就是史考特先生的態度，但是我注意到，從那以後他早上來得很準時了。

當然，我從未對任何人說過這件事。鐵路系統沒有一個人知道那些指令不是史考特先生親自發的。我幾乎已經下定決心，如果再發生這樣的事，我不會重複那天早上的行為，除非我得到授權。我為自己的所作所為感到苦惱，直到當時匹茲堡貨運部的負責人法蘭西斯庫斯（Franciscus）告訴我，史考特先生在事發當晚跟他講：

「你知道我那個長著白色頭髮的蘇格蘭小鬼都做了什麼嗎？」

「不知道。」

「他在絲毫沒有被授權的情況下，就以我的名義把每一列火車都發了出去。如果他不這麼做，我就將受到責備了。」

「那麼，他這麼做是對了？」

「哦，是的，非常好。」

這才使我放心了。當然，這也暗示我下次還可以大膽地這麼做。從那以後，史考特先生很少自己發行車指令了。

當時，我所認識的最偉大的一個人物是賓夕法尼亞鐵路公司的總裁約翰·愛德嘉·湯姆森[089]，我們的鋼鐵廠後來是以他的名字命名的。他是一個不苟言笑、沉默寡言的人，僅次於格蘭特將軍[090]，據我所知，格蘭特將軍在家裡和朋友在一起時，還是比較健談的。他定期到匹茲堡來視察，走在路上對任何人都視而不見。我後來才知道，他的拘謹完全是出於羞怯。令我驚訝的是，在史考特先生的辦公室，他走到電報機旁和我打招呼，稱我為「史考特的安迪」。但我後來得知，他聽說了我調度列車的那件事。年輕人如果能與高層官員接觸，並得到認可和賞識，那麼他人生的奮鬥已經成功了一半。每個有志向的孩子都應該去做一些超越他職能領域的事情──那些能引起大人物注意的事情。

從那以後，史考特先生有時要出差一兩週，他向羅姆貝特先生申請，能否在他離開期間授權讓我負責這個部門。他這麼做有很大風險，因為我那時才十幾歲。然而，他的要求被批准了。這是我人生中夢寐以求的機會。在他外出期間一切都很順利，只有道碴列車工作人員由於不可原諒的疏忽造成了一起事故。這起事故令我非常心煩和苦惱。我決定要執行鐵路月臺的所有規定，對有關人員作了調查，毫不留情地開除了主要責任者，對和事故有關的另外兩個人作停職處分。史考特先生回來後對此事也進行了認真考慮，有人向他提議調查和處理這件事。我覺得自己做得有點過了，但事已至此，我只得向他彙報說所有的一切都已處理妥當。我對事故進行了調查，並處罰了肇事者。有人請求史考特先生重新處理這件事，但對此我堅決不同意，這事就被壓了下來。我認為在這微妙的關節點上，史考特先生是透過我的眼神，而不是透過我的言辭明白了我的態度，並表示默許。

也許他擔心我做得太過嚴屬了，很有可能他是對的。此事過後多年，當我成為這個部門的主管時，我的內心一直對被我停職過一段時間的那兩個人

---

089 約翰·愛德嘉·湯姆森（John Edgar Thomson, 1808-1874），美國土木工程師、實業家。賓夕法尼亞鐵路公司首任總工程師、第三任總裁。

090 格蘭特將軍（Ulysses Simpson Grant, 1822-1885），美國上將、政治家，第18任美國總統。他作為南北戰爭的戰爭英雄，對維護聯邦統一的貢獻，因為軍事身分和愛國主義而成為50元美金上所繪人物。

第六章　鐵路部門

抱有歉意。對於我在這件事上的行為，第一次執法，我感到良心不安。只有經驗會告訴我們，溫和是一種很強大的力量。在必要的時候，輕微的處罰是最有效的。至少對於第一次犯錯的人，沒有必要重罰，明智的寬恕通常是最好的辦法。

我們私下的小圈子共有6個人，隨著知識的增長，生命和死亡、今生和來世的祕密都是繞不過去的話題，在人生歷程中，我們不得不與之搏鬥。我們都是由善良忠厚的父母養育的，他們是這一派或那一派的宗教信徒。在匹茲堡長老會教區長的妻子 —— 麥克米倫（McMillan）夫人的影響下，我們被引進她丈夫教會的社交圈。（1912年7月16日，當讀到這段時，我收到麥克米倫夫人在她80歲那年從倫敦寄來的一封短信。她的兩個女兒上週在倫敦結婚了，女婿是大學教授，一個留在英國，另一個接受了波士頓大學的聘任，都是有名望的人，是我們英語民族的傑出人才。）麥克米倫先生是一位相當嚴謹保守的喀爾文教徒，他活潑的妻子天生就是年輕人的領袖。和在其他地方相比，在她家裡我們更覺得快樂，這也使得我們有些人偶爾會去她的教堂。

米勒聽到一個預言神力的布道，這引起了我們對神學話題的關注。米勒先生的家人都是堅定的衛理公會教徒，而湯姆卻對教條知之甚少，這個預言學說使他非常害怕，包括嬰兒被罰入地獄 —— 有些生來是榮耀的，有些則相反。令我驚訝的是，我聽說湯姆在布道結束後去找麥克米倫先生討論這個問題，他最後脫口而出：「麥克米倫先生，假如你的想法是正確的，你的上帝就是一個完完全全的魔鬼。」這令牧師非常驚訝。

這就成了我們星期天下午聚會討論的話題。話題不論對或錯，也不論湯姆宣布的結果是什麼，我們是否不再是受麥克米倫夫人歡迎的客人？或許，我們應該寬恕牧師。但是，我們仍然受到了麥克米倫夫人的歡迎，沒有一個人被驅逐出去。這一點是毫無疑問的。卡萊爾（Carlyle）與這些問題的鬥爭給我們留下了深刻的印象，我們聽從他的決定：「假如這不可信，上帝就會名譽掃地。」只有真理能帶給我們自由，我們將追求真理，純粹的真理。

當然，話題一旦引入就由我們掌握了，一個接一個的教條就好像是蒙昧時期人們的錯誤觀念被一一否決。我記不得是誰最先提出第二條公理，我們

常常對這條仔細研究：「寬容仁慈的上帝是人類最高貴的工作。」我們一般認為，每一個文明時期都會創造出自己的上帝，隨著人類的進步和發展，一些無知的觀念同樣得到了改進。此後，我們都很少接觸神學，但我更信奉真正的宗教。危機過去了，幸好我們沒有被麥克米倫夫人的社團除名。不管怎樣，這是重要的一天，我們決定要支持米勒的聲明，即使它涉及流放和更糟的內容。我們這些年輕人都對神學桀驁不馴，然而對信仰卻非常虔誠。

我們圈子裡第一次遭遇的重大損失是約翰·菲普斯從馬背上摔下來死了。這讓我們深受打擊，我還記得那時我對自己說：「約翰是回家去了，回到了他出生的地方英格蘭。我們不久將隨他而去，我們永遠在一起。」對此，我深信不疑。在我心裡，這不是期望，而是遲早必然會發生的事情。對正在遭受痛苦的人來說，快樂就是避難所。我們應聽從柏拉圖（Plato）的忠告，永不放棄希望。「要讓自己快樂起來，因為希望是美好的，回報是豐厚的。」這話很有道理。來世，我們能與自己最親愛的人永遠在一起是一個奇蹟；今生，我們能與他們相伴更是一個奇蹟。對有限的人生來說，這兩者同樣難以理解。因此，讓我們用永恆的信念來安慰自己，如柏拉圖所說「好像陷入迷狂一樣」，然而，永遠不要忘記，我們都有各自的責任，天堂就在我們中間。有人宣稱今後沒有傻瓜，有人宣稱今後有傻瓜，我們都將其視為公理，由於兩者都不可知，那麼一切皆有可能，都應該有希望。同時，我們的格言是「家是我們的天堂」，而不是「天堂是我們的家」。

在這幾年，家裡的財產一直穩步增長。我的薪水從每月 35 美元漲到每月 40 美元，是史考特先生主動給我加薪的。我的部分職責是每月給員工發薪水。我們通常用銀行支票來支付薪水，而我總是把自己的薪水換成兩個 20 美元的金幣。它們在我看來是世界上最可愛的工藝品。家庭會議做出決定，我們可以大膽地買下一塊地，連同上面兩套小房子，一套我們自己住，另一套有 4 個房間，一直是霍根姨丈和阿姨住的，後來他們搬走了。在艾特肯阿姨的幫助下，我們才能在紡織店樓上的小房子裡安家，現在我們可以把原本屬於她自己的房子還給她了。在我們擁有那套有著 4 個房間的住宅後，霍根姨丈去世了，我們去阿爾圖納時，就把霍根阿姨接回她的老房子裡。我們付了

第六章　鐵路部門

100 美元現金買了這些房產，我記得總價好像是 700 美元。那時的奮鬥目標是每半年支付一次利息，相當於我們的全部積蓄。沒過多久，債務都還清了，我們成了有產者。但就在一切都將實現之前，父親過世了，那是 1855 年 10 月 2 日，我們家第一次遭遇生離死別。然而，家中的其他三位成員還要肩負起生活的重擔。我們必須化悲痛為力量。父親生病時的醫藥費讓我們欠下的債，還需要攢錢去還，我們這一時期沒有太多的積蓄。

在美國生活的早期，發生過一件愉快的事情。大衛‧麥坎德利斯（David McCandless）先生是我們所在的史威登堡社團的主席。他認識我的父母，但是除了星期天在教堂裡寒暄幾句，我不記得他們還有什麼密切的交往。然而，他和艾特肯阿姨很熟，麥坎德利斯先生把艾特肯阿姨叫來，並對她說，如果我的母親在這一悲傷的困難時期需要用錢，他很樂意提供幫助。他曾聽到過許多關於我母親的好評。

當一個人不再需要幫助的時候，卻得到了很多熱情善良的幫助，會為這種純潔無私的善意之舉而萬分欣喜。作為一名蘇格蘭婦女，母親剛失去了丈夫，長子剛剛長大成人，第二個兒子還只有十幾歲，她的不幸遭遇感動了這個男人，他試圖尋找能為他們減輕痛苦和負擔的最佳方法。儘管母親婉拒了別人提供的幫助，不過不用說，麥坎德利斯先生在我們心中仍占有神聖的一席之地。我堅信這樣一個說法：人們在危難時期理應得到幫助，並且通常都會得到這樣的幫助。人之初，性本善 —— 人們不僅是自願的，而且會盡自己最大所能伸出援手去幫助那些他們認為值得幫助的人。通常，那些樂於助人的人是不計回報的。

父親的過世使我比以前更加懂事了。母親繼續從事給鞋子鑲邊的工作，湯姆天天去公立學校念書；我仍舊跟隨史考特先生在鐵路公司工作。就在這時，幸運之神叩響了我的大門。史考特先生問我有沒有 500 美元。假如有的話，他想給我做一筆投資。當時，500 美元這一數目似乎接近我的全部資產，要做投資的話，我連 50 美元的積蓄都沒有，但我不想錯過這次與上司和大人物有金融上連繫的機會。因此，我大膽地說，我會想辦法籌到這筆款項。他接著告訴我，他可以從威爾金斯堡車站的代理商雷諾茲先生那裡買到 10 股亞

當斯快車股票。那天晚上我回家向母親彙報了這件事，她沒有多想就知道怎麼做了。她何曾失敗過？我們在房子上付了 500 美元，她想到了一個辦法，以房子作抵押去貸款。

第二天一早，母親乘輪船去東利物浦，晚上才到，從她兄弟那裡借到了這筆錢。她的兄弟是一個治安法官，在當地小鎮有點名望，他手上有大筆農民要投資的錢。我們的房子作了抵押貸款，母親帶回 500 美元，我把錢交給了史考特先生，不久就得到了夢寐以求的 10 股股票。然而，出乎意料的是還要額外交 100 美元作為保證金，但史考特先生大方地說，我可以在方便的時候給他，這樣事情就好辦多了。

這是我的第一筆投資。在過去那些美好的日子，每月的分紅比現在豐厚，亞當斯快車股票每月分紅一次。一天早上，一隻白色的信封放在我的桌上，上面有手寫的「安德魯‧卡內基先生」收。「先生」這個字眼讓還是孩子的我受寵若驚。在信封的一角，有亞當斯快車公司的圓形戳印。我打開信封，裡面是一張紐約黃金交易銀行的 10 美元支票。我一生都會記得那張支票，以及「出納員 J‧C‧巴布科克」的親筆簽名。我第一次投資就有了回報 —— 不用辛苦工作得來的收入。「我發現了！」我喊道，「這是會下金蛋的母雞。」

我們小圈子裡有個習慣，星期天下午在森林裡聚會。我帶著第一張紅利支票去了我們最喜愛的小樹林，大家坐在樹下，我拿出支票給他們看。大夥反應非常意外。他們中沒有一個人想到會有如此豐厚的投資回報。我們決定把錢存起來尋找下一個投資機會，所有的人一起參股，然後在很多年後，我們作為合夥人平分投資收益。到現在為止，我們的圈子並沒有擴大。

法蘭西斯庫斯太太是我們貨運代理商的妻子，為人非常和藹可親，有時在匹茲堡，她邀請我去她家做客。她常常提起我第一次去她家按門鈴的情景，她家位於第三大道，我當時是幫史考特先生送一封短信去。她請我進去，我羞澀地謝絕了，我只有對她撒謊，才能掩飾自己的害羞。這麼多年來，我從未接受她的邀請在她家吃過一頓飯。我很怕去別人家裡，直到年紀大了才稍微放鬆一點。然而，史考特先生偶爾會堅持要我去他的旅館和他一

起用餐，這對我來說是個好機會。我現在回想起來，除了我從來沒有進去過的在阿爾圖納的羅姆貝特先生家之外，法蘭西斯庫斯先生家是我見過的最大的屋子。坐落在主要街道的每一戶住宅都有一個門廳入口，在我看來這很時尚。

格林斯堡的斯托克斯[091]先生，是賓夕法尼亞鐵路公司的首席律師，有一次他邀請我去他的鄉間豪宅度週末，在這之前，我從來沒有在陌生人家裡留宿過。斯托克斯先生這麼做真是件奇怪的事，像他這樣受過良好教育、才華橫溢的人會對我產生興趣。能得到這份殊榮是因為我曾在《匹茲堡日報》寫過文章。在我十幾歲的時候，我是報社的一個不入流的小作者。成為一名編輯是我的一個理想。霍瑞斯·格里利和《論壇週刊》是我成功的標杆。當有一天我能買下《論壇週刊》時，它對我已經沒有吸引力了，就像是一顆失去了光澤的珍珠。往往是這樣，我們的空中城堡在日後觸手可及時，它們已經失去了魅力。

我那篇文章的主題是市民對賓夕法尼亞鐵路公司的看法。文章是匿名發表的，我驚訝地發現，文章刊登在《匹茲堡日報》專刊的顯著位置，責任編輯是羅伯特·M·李德爾[092]。我在當電報操作員時收到過一封寄給史考特先生的電報，落款是斯托克斯先生，問他是否知道李德爾先生登的那篇文章的作者是誰。我知道李德爾先生說不出作者，因為他不認識我。但同時我又害怕，假如史考特先生要看原稿，他一眼就能看出是我的筆跡。因此，我坦誠地告訴史考特先生，我就是這篇文章的作者。他似乎有些不信。他說，他早晨讀過這篇文章，非常驚訝誰會這麼寫。我注意到了他的疑慮。筆是我的武器。此後不久，斯托克斯先生邀請我去他那裡度週末，那是我有生以來見過的最豪華的房產之一。從此以後，我們成了朋友。

斯托克斯先生富麗堂皇的家給我留下了深刻的印象，但有一個特別之處，在他的藏書室有一個大理石的壁爐架，這使其他的一切都黯然失色了。壁爐拱門的中間用大理石雕刻著一本打開的書，上面寫著：

091　斯托克斯（William Axton Stokes, 1814-1877），美國著名律師。
092　羅伯特·M·李德爾（Robert M. Riddle, 1812-1858），美國報人、郵政局長，曾任匹斯堡市長。

不能思考的人是愚蠢的，
不願思考的人是固執的，
不敢思考的人是奴性的。

這些文字使壁爐增色不少。這些崇高的語句令我震撼。我對自己說：「總有一天，總有一天，我將擁有自己的藏書室。」今天，在紐約和斯基伯，我已擁有了自己的藏書室。

相隔幾年以後的又一個星期天，我在他家裡再次看到這句話，仍然非常醒目。那時，我已經成為賓夕法尼亞鐵路公司匹茲堡分部的負責人。南方城市分崩離析。我為此熱血沸騰。斯托克斯先生成為了民主人士的領袖，他竭力反對北方使用武力來維持統一。他給出的一個觀點使我幾乎失控，我大聲說：「斯托克斯先生，我們將在 6 週之內把像你這樣的人全都絞死。」

寫到這，我彷彿聽到了他的笑聲，他對隔壁房間的妻子大聲喊道：「南希，南希，聽到這個蘇格蘭小鬼說的話了嗎？他說他們將在 6 週之內把像我這樣的人全都絞死。」

那些日子發生了一些奇怪的事。不久後，斯托克斯先生請我在華盛頓志願部隊幫他謀一個現役少校的頭銜，我當時是戰爭辦公室的祕書，協助政府管理軍用鐵路和電報。他得到了任命，自此，他就成了斯托克斯上校，以致這位懷疑北方用武力搞統一的人，為了高尚的目的拔劍高揚。關於憲法權利，人們首先發生爭論並創建了理論。當旗幟燃燒起來，就會使世界產生很大的變化。頃刻間，每一件事都被點燃了 —— 包括成文的憲法。統一和傳統的榮耀！那是所有的人都關注的，那已經足夠了。憲法規定只能有一面旗幟，正如英格索爾[093]上校所宣稱的：「美國的上空容不下兩面旗幟飄揚。」

093　英格索爾（Robert G. Ingersoll, 1833-1899），美國律師、美國內戰軍人、政治家、演說家、廢奴主義者。

第六章　鐵路部門

第七章
賓夕法尼亞鐵路公司主管

第七章　賓夕法尼亞鐵路公司主管

　　1856 年，史考特先生被提升為賓夕法尼亞鐵路公司的總裁，接替羅姆貝特先生的職位。他帶上我，和他一起去阿爾圖納工作。那年我 23 歲，離開匹茲堡對我來說是個嚴峻的考驗，但沒有什麼事能阻礙我的職業生涯發展。母親為我高興，我和她有著一樣的執著性格。此外，我之所以「跟隨上司」，是因為史考特先生更像是一位真誠的朋友。

　　史考特先生的升遷引起了其他人的一些嫉妒，除此之外，他剛上任就要面對罷工事件。不久前，他的妻子在匹茲堡去世了，他非常孤獨。在阿爾圖納，他的新指揮部，他還是個初來乍到的人，似乎除了我，沒有人願意陪伴他。當他還沒有把孩子從匹茲堡接來，還沒有在這裡把家安頓下來的時候，我們一起在鐵路賓館住了好幾個星期，依照他的意思，我和他共用一間大臥室。他似乎希望我能一直留在他的身邊。

　　罷工鬧得越來越厲害。我記得，有一天夜裡，我被人叫醒，得知貨運列車工人一怒之下離開了位於密夫林 [094] 的列車，導致鐵路線封鎖，整個交通中斷。史考特先生當時睡得正香。我有點不忍心去打擾他，因為我知道他是過度勞累，壓力太大了。然而，他醒了，我向他建議，我可以去處理這個問題。他咕噥著表示贊同，好像還處於半睡半醒之間。於是，我去了辦公室，以他的名義和工人們談判，並答應他們第二天在阿爾圖納聽取他們的意見。我成功地說服他們重返各自職位，交通得以恢復。

　　不僅鐵路工人有反叛的情緒，商店的員工也迅速組織起來，聯合表示不滿。我透過一個特殊的途徑得知了這一消息。一天晚上，我走在黑漆漆的回家路上，突然感覺有人跟著我。他快步走近我，跟我說：「不能讓人看見我和你在一起，但你曾經對我有恩，我那時就決定假如有機會一定要報答你。我曾到匹茲堡的辦公室找過你，申請一份鐵匠的工作。你說在匹茲堡沒有，但也許在阿爾圖納會被僱用，如果我能等幾分鐘的話，你就幫我發個電報問一下。你不厭其煩地幫我，仔細審讀了我的推薦信，給了我這樣一個機會，把我推薦到了這裡。我有了一份好工作，我的妻子和全家都在這裡，我的人生

094　密夫林（Mifflin），是美國賓夕法尼亞州中南部的一個縣。面積 1,074 平方公里。成立於 1789 年 9 月 19 日，縣名紀念首任州長湯瑪斯・密夫林（Thomas Mifflin）。

從來沒有這麼滋潤過。現在，我將告訴你一件對你有利的事情。」

我側耳傾聽。接著，他對我說，店員們正在迅速開展簽署活動，他們決定下週一罷工。沒有時間去多想了。一早，我告訴了史考特先生，他立即在各大商店發出通告，宣稱所有簽名打算罷工的人將被解僱，並到辦公室結算薪水。同時，我們也得到了一份簽名者的名單，並將此事公之於眾。隨後，店員們驚慌失措，一起即將發生的罷工就此夭折。

我的一生中遇到過許多意外事件，就像這位鐵匠帶來消息幫我度過難關。與人為善常常能帶來意想不到的回報，好心總會有好報的。甚至到了今天，我有時會遇到一些差不多已經忘記的人，他們還記得我曾經給予的微小幫助，尤其是內戰期間，我在華盛頓負責政府的鐵路和電報業務，我幫助人們上火車 —— 幫助父親去前線看望他受傷生病的兒子，或者幫他們把遺體運回家，類似這樣一些力所能及的幫助。我要感謝這些小事，能給別人帶去幫助也是我人生中最快樂的事。對於這樣的行為，有句話是這麼說的：「予人玫瑰，手有餘香。」尤其是對弱勢團體的幫助，他們會更加感激你。許多時候，幫助一位勞苦大眾比幫助一位也許能給你豐厚回報的百萬富翁更有價值。華茲華斯的詩句寫得如此真誠：

> 在好人的一生之中
> 最為重要的一點 ——
> 是他細微的、默默無聞的、
> 充滿愛心的無私奉獻。

我在阿爾圖納跟隨史考特先生兩年，在此期間發生了一起針對我們公司的重要訴訟案，由斯托克斯上校在格林斯堡審理，我是此案中的一名重要證人。由於擔心我被原告傳喚出庭，斯托克斯上校希望這個案件延期審理，史考特先生派我儘快離開當地。這對我來說是件好事，這樣我就可以去看望我的兩位鐵桿兄弟，米勒和威爾森，那時他們在俄亥俄州的克里斯蘭鐵路部門工作。一路上，我坐在車尾的最後一個位置，看著沿途的風景。一個農民模樣的人走近我，他的手上帶著一個綠色的小包。他說，火車上的維修工告訴

他，我和賓夕法尼亞鐵路公司有聯繫。他想給我看看他為夜晚旅行發明的一個火車車廂模型。他從包裡拿出一個展示臥鋪車廂的小模型。

他就是著名的 T‧T‧伍德拉夫[095]，是現代文明不可或缺的——臥鋪車廂的發明者。我立刻感受到這一發明的重要意義。我問他，如果請他去阿爾圖納，他是否願意，我向他保證一回去就將此事告訴史考特先生。臥鋪車廂的點子在我腦海中揮之不去，我急著想回阿爾圖納，將我的想法告訴史考特先生。我這麼做了。史考特先生認為我抓住了一個重要的機會，該發明完全可行，並叫我發電報給專利人。他來了，簽訂了合同，公司很快決定生產兩節車廂投入營運。令我十分驚訝的是，伍德拉夫先生後來問我，是否願意加入他的新事業，並主動提出給我 8% 的股份。

我當即接受了他的提議，相信一定會有所回報。兩節臥鋪車廂分批交貨，按月付款。首次付款時，我應付 217.5 美元。我大膽地決定向當地銀行經理洛伊德（Lloyd）先生申請這筆貸款。我向他說明了這件事的原委，我記得他伸開長臂（他的身高有 6 英尺 3 英寸或 6 英尺 4 英寸），抱住我說：「為什麼不呢？我當然會借給你，你是對的，安迪。」

在這裡，我得到了生平第一張貸款收據，而且還是一位銀行經理給的。在一個年輕人的職業生涯中，這是一個自豪的時刻！臥鋪車廂營運得非常成功，每月的收益可以用來償還每月的分期付款。我的第一桶金就是來自這裡。（今天，1909 年 7 月 19 日，我再次讀到了這裡。最近，洛伊德先生已出嫁的女兒告訴我，她父親對我感情至深，這的確使我很高興。）

在阿爾圖納，母親和弟弟到來之後，我們的生活發生了一個重要變化，我們不再只有自家人一起生活，覺得有必要請一個傭人。母親很不情願讓一個陌生人進入我們的家庭。她可以為她的兩個孩子做任何事情。這是她的生活，她討厭一個陌生女人介入進來。她能為孩子們洗衣做飯、縫補衣物、整理床鋪、打掃房間。誰敢奪走她作為母親的這些權利！但是儘管如此，我們還是不可避免地需要僱一個女傭。起先來了一個，隨後又找了幾個，她們來

095 T‧T‧伍德拉夫（Theodore Tuttle Woodruff, 1811-1892），美國著名發明家，臥鋪車廂的發明者。其他發明有咖啡機、測量員羅盤、蒸汽犁等。

了以後，破壞了許多家裡真正的快樂，別人的服務是很難替代母親愛的付出的。陌生廚師準備的豐盛佳餚，是作為任務的有償服務，缺少了親切香甜的味道——那是一種母親親手做出來的、傾注了她的愛心的親切味道。

在眾多祝福中，我應該慶幸幼年時既沒有保姆也沒有家庭女教師為伴。不必驚訝，窮人家的孩子比那些誤以為自己生來幸運的富家子弟更加具有愛心、熱愛家庭、孝順長輩。父母的關愛，對他們的童年時期和青少年時期影響至深。對每個人來說，父母就是一切。父親是孩子的老師、夥伴和顧問，母親則是他的保育員、裁縫、家庭輔導員、老師、玩伴、英雄和無所不能的女神。富家子弟是沒有這些的。

然而，母親還沒有發現，有一天，兒子已經長大成人了，他摟住心中的女神，溫柔地親吻她，並試著向她解釋，讓他為她做些什麼也許會更好。他能夠像頂天立地的男人一樣獨立地處理事務，他有時希望做些改變，在某些方面有所變化是年輕人喜歡的生活方式，他們的朋友到家裡來時會感覺更加舒適。尤其是母親從今以後不用再做傭人做的活了，可以安逸地生活，讀讀書、出去旅遊、會會朋友——簡而言之，可以適當地提高身分，生活得像貴婦人一樣。

當然，這個變化對母親來說還很難接受，但她最終認為有必要這麼做，也許是第一次意識到她的大兒子出人頭地了。「親愛的媽媽，」我摟著她請求道，「妳已經為我和湯姆做了很多事情，現在讓我來為妳做些事吧，讓我們成為夥伴，總是想著怎麼做於對方更為有利。現在是妳作為貴婦人享清福的時候了，妳可以坐上自己的四輪馬車，同時讓那個女孩來為妳服務。湯姆和我都希望這樣。」

我說服了母親，她開始和我們一起出去拜訪鄰居。她不用去學上層社會的禮儀，這些她天生就具備了；至於教育、學識、敏銳性和寬厚待人方面，很少有人比得上她。（我起初寫的是「從未」，而不是「很少」，當時改了一下。儘管如此，我還是保留我個人的意見。）

在阿爾圖納的生活，因為有了史考特先生的姪女蕾貝卡·史都華（Rebecca Stewart）小姐而變得更加愉快，她是來替史考特先生管理家務的。她完美

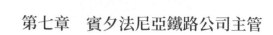

地扮演了我姐姐的角色，尤其是當史考特先生到費城或別的地方去出差的時候。我們常常在一起，經常在下午一起騎車穿越樹林。我們的親密關係保持了許多年，再次讀到她的來信是 1906 年，我意識到虧欠她的太多了。她沒比我大多少，但看上去總是像一個大姐姐。當然，她比我更成熟，完全有資格扮演大姐姐的角色。在那些日子裡，我覺得她是一個完美的女性。遺憾的是，後來我們各奔東西。她的女兒嫁給了薩賽克斯的伯爵，她們家後來就搬到國外去了。（今天是 1909 年 7 月 19 日。我和我的太太去年 4 月見到了這位大姐，她現住巴黎，丈夫已去世。她的妹妹和女兒都生活得很幸福。這的確是件高興的事。年輕時的真摯友情是什麼都無法替代的。）

史考特先生在阿爾圖納待了 3 年，又要升遷了。1859 年，他成為總公司的副總裁，辦公室在費城。我的去向便成為一個重要的問題。他是帶我一起去呢，還是把我留在阿爾圖納跟隨新的上司？想到這些，我就不知所措。和史考特先生分開夠痛苦的，還要為新的上司服務，我真的難以接受。對我而言，日出日落都由他說了算。沒有他，我從未想過是否還能得到升遷。

他去費城與總裁會面回來後，把我叫到他的辦公樓的一間密室。他告訴我，去費城已成定局。營運部負責人伊諾克·路易斯（Enoch Lewis）先生將接替他的職位。他不可避免地談到如何安排我，我饒有興致地聽著。他終於說：

「現在來說說你吧。你認為你能管理匹茲堡分部嗎？」

我正處於一個自認為能勝任任何事情的年齡。我不知道有什麼事是我不能嘗試的，但是其他人也許並不這麼認為，更不用說史考特先生了。我只有 24 歲，但那時候我的偶像是約翰·羅素勳爵[096]，他曾說將來要成為海上艦隊的指揮。華萊士和布魯斯也是如此。我告訴史考特先生，我想我可以勝任。

「很好，」他說，「波茲先生（當時匹茲堡分部的主管）被提拔到費城運輸部，我推薦你去接替他的職位。他同意讓你試試。你想要多少薪水？」

「薪水？」我感覺受到了冒犯，「我怎麼會在乎薪水呢？我不在乎薪水，

096　約翰·羅素勳爵（John Russell, 1st Earl Russell, 1792-1878），活躍於 19 世紀中期的英國輝格黨及自由黨政治家，曾任英國首相，於 1861 年以前以約翰·羅素勳爵（Lord John Russell）為其通稱。他的孫子伯特蘭·羅素（Bertrand Russell）是著名的哲學家、1950 年的諾貝爾文學獎得主。

我只想要那個職位。能回到匹茲堡分部你以前的位置任職已經夠榮耀的了。你願意給我多少薪水就給多少，不用給得比現在的多。」

那時，我每月薪水 65 美元。

「不瞞你說，」他說，「我在那裡的年薪是 1,500 美元，波茲先生的年薪是 1,800 美元。我想，一開始給你 1500 美元年薪比較合適，以後假如你做得好，將會漲到 1,800 美元。這樣你滿意嗎？」

「噢，請……」我說，「不要和我提錢！」

這不僅僅是僱用和薪水的問題，我的升遷立刻就定下來了。於是我有了自己的部門，在匹茲堡和阿爾圖納往來的指令上不再簽「T·A·S」，現在可以簽上「A·C」，這對我來說是莫大的榮耀。

任命我為匹茲堡分部主管的委任書是 1859 年 12 月 1 日發布的。然後，我馬上就要準備搬家了。這樣的變化是令人欣喜的，雖然，我們在阿爾圖納住得非常好，尤其我們在郊外一處風景宜人的地方還有一幢帶庭院的大房子，可以盡情享受鄉村生活，但是這一切比起回到老朋友中間，回到又髒又亂、煙霧彌漫的匹茲堡，就顯得不重要了。弟弟湯姆在阿爾圖納居住期間已經學會了電報技術，他和我一起回來，成了我的祕書。

我上任後的那個冬天是我所經歷過的最艱難的一個冬天。鐵路線建得很拙劣，設備效率低下，完全無法應對繁忙的業務。鐵軌建在大塊的石頭上，需要用鑄鐵墩子固定，據我所知，有一個晚上有 47 個鑄鐵墩子發生了斷裂，難怪事故如此頻繁發生。那些日子裡，作為部門主管應當在晚上透過電報調度列車，出去清除所有的障礙，確實是什麼都要做。有一次，我連續 8 天都在鐵路線上工作，夜以繼日，處理了一起又一起事故，清除了一個又一個障礙。在曾經擔任這項管理工作的人當中，我或許是最不體恤下屬的主管，憑著強烈的責任感，我從不知疲倦，讓下屬也跟著超負荷工作，沒有仔細為他們考慮過普通人能忍受的極限。我在任何時候都能睡覺。晚上，抓住機會在骯髒的貨運車廂裡睡上一會就足夠了。

內戰給賓夕法尼亞鐵路線帶來了非常大的運輸需求量，我最終不得不組建一支夜班人力，然而要徵得上級同意，將夜間鐵路線的管理委託給列車調

度員有點困難。確實，我還沒有得到他們的明確授權就這麼做了。我越權指定了夜間列車調度員 —— 也許是美國第一個，至少在賓夕法尼亞鐵路系統是第一個。

1860 年，我們回到匹茲堡，在漢考克大道租了一幢房子，現在叫第八大道，我們在那裡住了一年多。對當時的匹茲堡而言，任何如實的描述都顯得太誇張了。到處都是煙霧彌漫。假如你把手放在樓梯的欄杆上，馬上就會變黑；剛洗的臉和手，不到一小時也會變得和沒洗時一樣髒；頭髮和皮膚上都沾滿了煙塵。我們從阿爾圖納青山綠水的環境中回來，生活多少有點不適應。我們很快就考慮要搬到鄉村去，幸運的是那時候，公司的貨運代理商大衛·A·史都華（David A. Stewart）先生向我們推薦了郊外住宅區霍姆伍德的一幢房子，就在他家隔壁。我們立即搬到了那裡，並裝上了電報線，這樣，當有需要的時候，我就能在家裡處理公司業務。

我們在這裡開始了新的生活。鄉村風景優美、花團錦簇。住戶們大多擁有 5 至 20 英畝不等的田產。霍姆伍德有幾百英畝的土地，那裡有茂密的森林、美麗的峽谷，還有流水潺潺的小溪。我們的房子周圍也有一個花園。母親一生中最快樂的日子就是在鄉村生活的這幾年，種種花草、養養小雞，享受田園風光。她對花草極其喜愛，幾乎從來不去採摘一朵花。我確確實實記得，她曾經因我拔了一根草而對我進行責備：「這是綠色的、有生命的東西。」我遺傳了她的這種性格，雖然從家裡走到大門口的路上總想摘一朵花別在鈕扣孔上，然後出發去城裡，但是我知道，不能糟蹋哪怕是一朵花。

鄉村生活使我結識了一些新朋友。當地許多的富裕人家都在景色迷人的郊外擁有住宅。因此可以說，這裡是貴族生活區。我作為年輕的主管，被邀請到這些豪宅裡去玩。年輕人喜歡音樂，我們經常舉行音樂晚會。我聽到他們談論的話題都是我以前從來不知道的，於是我給自己定了一個規則，只要聽到什麼，就馬上去學。我每天都感到很快樂，因為每天都能學習新的東西。

在這裡，我第一次遇見了范德沃特（Vandevort）兄弟：班傑明和約翰。約翰後來成了我的旅伴，我們一起去過很多地方。「親愛的范迪（Vandy）」是我周遊世界時的好友。我們的鄰居史都華夫婦和我們關係越來越好了，我

們建立了長久的友誼。令我高興的一點是，後來史都華先生與我們在事業上進行合作，成為了搭檔，「范迪」也是。然而，我們在新家的最大收穫是，能夠認識賓夕法尼亞西部的名門望族——尊敬的威爾金斯法官[097]。那時，威爾金斯法官年近八十，高高瘦瘦的，非常英俊。他很有才能，待人接物謙和而有威嚴，氣度不凡，他是我所遇見過的人當中，學識最淵博的。他的妻子是美國副總統喬治·M·達拉斯[098]的女兒，是我心目中和藹可親的女性，也是我曾見過最美麗、最迷人的貴婦人。她的女兒威爾金斯小姐和她的姐姐桑德斯太太，以及她們的孩子都住在霍姆伍德的豪華府邸裡，這座華府在當地類似於英格蘭的男爵府，也可以說是當地所有文人雅士的聚會中心。

尤其讓我高興的是，我在那裡似乎是一位受歡迎的客人。音樂會、猜字遊戲和威爾金斯小姐領銜主演的戲劇，都是我提高自身修養的好途徑。法官本人是我所知道的第一個載入史冊的人物。我永遠不會忘記他給我留下的深刻印象，有一次他在談話中想要闡釋一段評論，說道「傑克森（Andrew Jackson）總統曾經對我說道……」或者「我曾告訴威靈頓（Wellington）公爵……」法官早年（西元1834年）曾在傑克森總統手下擔任駐俄外交使節，在與俄國沙皇的會談中，也以同樣輕鬆的方式交流。我似乎觸摸到了歷史本身。這座華府對我來說是一種全新的氛圍，我和這個家庭的交往，有力地激勵了我提升自己的思想和言行。

威爾金斯家和我之間唯一對立的觀點是在政治方面，雖然大家沒有表示出來，但還是各執己見。我強烈支持廢除奴隸制度，當時的廢奴主義者有點類似於英國的共和黨人。威爾金斯傾向於支援南方強大的美國民主黨，他們與南方的名門望族有著密切連繫。有一次在霍姆伍德，我一進他們家客廳，就發現他們家正在激動地談論最近發生的一件可怕的事情。

「你怎麼認為？」威爾金斯夫人對我說，「達拉斯（她的孫子）寫信給我，說西點軍校的司令官強迫他坐在一個黑人旁邊！你曾聽說過這樣的事

097　威爾金斯法官（Ross Wilkins, 1799-1872），美國政治家、律師和法官。

098　喬治·M·達拉斯（George Miffin Dallas, 1792-1864），美國政治家，民主黨人，曾任美國第11任副總統（西元1845～1849年）、聯邦參議員、駐俄羅斯大使、駐英國大使等職，出身賓夕法尼亞州。

嗎？這不是一種恥辱嗎？黑人能進西點軍校？」

「噢！」我說，「威爾金斯夫人，過去的情況比那更糟糕。我聽說他們中有些人還能進天堂！」

大家沉默不語。於是，親愛的威爾金斯夫人嚴肅地說：「那是一件不同的事，卡內基先生。」

直到此時，我所收到的最珍貴的禮物，便是她以獨特方式送給我的。親愛的威爾金斯夫人有一次開始編織一塊阿富汗毛毯，在她編織的時候，許多人來問這是給誰織的。這位像女王一樣的可愛的老太太沒有告訴任何人，她守著這個祕密守了好幾個月，直到聖誕臨近，這件禮物完工了，她非常小心仔細地包裝好，並附上寫有溫情寄語的卡片，叫她的女兒寄給我。我在紐約及時收到了這份禮物。高貴的夫人送來如此珍貴的禮物！那條阿富汗毛毯，我雖然經常拿出來給好友看，但從來沒有用過。對我來說，在我所擁有的財富中，它是最神聖的。

在匹茲堡生活時，我很幸運遇見了才華橫溢的萊拉‧阿迪森（Leila Addison），她是不久前剛過世的阿迪森博士的女兒。我很快就和他們家熟悉起來，並且很感激他們家帶給我的種種好處。這是與受過高等教育的人建立的另一種友誼。卡萊爾曾當過阿迪森太太這位愛丁堡女士一段時間的家庭教師。她的女兒在國外留學過，法語、西班牙語和義大利語說得都和英語一樣流暢。透過和這個家庭的交往，我第一次意識到，像我這樣的人與受過高等教育的人之間，有著難以形容、不可估量的鴻溝。但是，「我們血脈相通」被證實像以往一樣，具有強大的力量。

阿迪森小姐是一位理想的朋友，假如你是一顆真正的鑽石，她就能把你打磨光滑。她是我最好的朋友，因為她會嚴厲地批評我。我開始注意我的語言表達，如飢似渴地閱讀英文經典名著。我開始留意如何在與人交談和待人接物上做得更好，簡而言之，就是言行舉止更加溫和文雅、彬彬有禮。我在穿著上是比較隨便的，或多或少有些做作。笨重的長筒靴，鬆垮的衣領，粗獷的著裝是當時的西部風格，在我們圈子裡，這被認為是很有男子氣概。任何事情貼上了浮華的標籤都會被人看輕。我記得我在鐵路公司工作時，曾看

到過一位戴著小山羊皮手套的紳士，我們這些追求男子氣概的人就嘲笑他。

多虧阿迪森小姐，我搬到霍姆伍德後，在這些細節方面有了很大的進步。

第七章　賓夕法尼亞鐵路公司主管

第八章
內戰時期

第八章　內戰時期

　　1861 年，內戰爆發。我立刻被史考特先生召去華盛頓，他被任命為戰爭部助理部長，主要負責交通運輸部門。我成為他的助手，負責政府的軍用鐵路和電報，以及組建一支鐵路工作力量。這是戰爭初期最重要的部門之一。

　　首批通過巴爾的摩的聯邦軍團遭到了攻擊，巴爾的摩和安納波利斯[099] 之間的鐵路線被切斷，與華盛頓的通訊聯繫被破壞，因此，需要我的輔助軍團開通一列從費城到安納波利斯的火車，從分支線延伸到樞紐的一個交會點，連接去華盛頓的主要幹線。我們的首要職責是修復這條分支鐵路線，使重型火車可以由此通過，這項工作需要幾天時間。巴特勒將軍[100] 和好幾個團的部隊在我們之後幾天到達，我們成功地把他們全部運送到華盛頓。

　　我坐上了第一列開往華盛頓的火車，一路行進得非常小心謹慎。離華盛頓還有一點距離時，我看到電報線被木樁壓在地上。我讓火車停下來，跑過去搬開木樁，但沒有注意到電報線被木樁緊緊地壓到了一邊，一鬆開，它們就回彈到了我的臉上，我被打翻在地，臉頰上裂開一道傷口，鮮血直流。在這樣的情況下，我隨著第一批軍隊進入了華盛頓，因此，除了一兩個前幾天在巴爾的摩大街上受傷的士兵外，我可以理直氣壯地宣稱我是擁護者中第一個「為國流血」的人。我為自己成為對國家有用的人、為國家做出貢獻而感到光榮，我可以實話實說，我夜以繼日地工作，打通了與南方的通訊聯繫。

　　不久，我們的指揮部搬到了維吉尼亞州的亞歷山卓[101]，當時那裡發生了不幸的普林之役[102]。我們起初不相信戰役的報導，但很快情況明朗起來，我們必須急速地把每一節火車頭和車廂調往前線，把戰敗的軍隊運送回來。離

099　安納波利斯（Annapolis），美國馬里蘭州州政府所在地，也是安妮阿倫德爾縣的縣治。1783 年 11 月到 1784 年 6 月的美國臨時首都，承認美國獨立的《1783 年巴黎條約》就是在這裡簽署的。美國海軍學院所在地。喬治·華盛頓（George Washington）辭去大陸軍總司令的地點。建立於 1796 年的聖約翰學院是美國第三老的大學。

100　巴特勒將軍（Benjamin Butler, 1818-1893），美國政治家、律師、商人。美國內戰期間聯邦軍的主要將領之一。

101　亞歷山卓（Alexandria），又譯為亞歷山大，是美國維吉尼亞州的獨立市，位於華盛頓哥倫比亞特區以南約 6 英里波多馬克河畔。

102　普林之役（First Battle of Bull Run），於 1861 年 7 月 21 日發生在維吉尼亞的馬納沙斯和普林溪附近，是第一場南北戰爭中的重要戰役。南軍在石牆傑克森（Stonewall Jackson）將軍的率領下，打破了北軍進攻里奇蒙的計畫。十三個月後，在第二次普林戰役中北軍再次大敗，南軍軍官仍舊是石牆傑克森。

前線最近的一個點是柏克車站，於是我到那裡指揮一列一列火車裝運可憐的受傷士兵。據報導，叛軍正在逼近我們，我們最終被迫關閉柏克車站，電報操作員和我乘坐最後一列火車前往亞歷山卓，那裡也是一片恐慌。有些鐵路工人逃走了，但第二天早上，從留下來的人數看，與其他服務部門相比我們是值得慶幸的了。少數幾個列車長和火車司機乘船穿越了波多馬克河[103]，但是大多數人都留了下來。儘管好像每天晚上都聽到了敵人的槍炮聲，但是第二天早上，我們的電報員還是一個都沒少。

我回到華盛頓後不久，就把指揮部設在了軍隊大樓裡，和史考特上校一起。由於我既要負責電報部門，又要負責鐵路部門，這就使我有機會見到林肯總統[104]、蘇厄德國務卿[105]、卡梅倫部長[106]以及其他要員。我們偶爾與他們有私人接觸，這讓我非常高興。林肯先生有時會來我的辦公室，坐在桌前等電報回覆，或者他也許只是在為了情報而發愁。

這位非凡人物和他的畫像很像。他的特徵非常明顯，任何人畫他都不可能不像。在我看來，他在安靜狀態時，無疑也是普通大眾的一員，但當他處於興奮狀態或講故事時，他的眼睛中就會閃爍出過人的才智，臉上綻放出光芒，這是我從未在其他人身上看到過的。他生來就舉止得體，對每一個人都和藹可親，甚至是對辦公室的年輕人。他對人的關心無微不至，對所有人都一樣，無論是對信差男孩，還是對蘇厄德部長，他說起話來都是溫文爾雅的。他的魅力就在於平等地對待每一個人。或許，他說的並不多，但他的平易近人常常會贏得人心。我常感到非常遺憾，沒有把他當時的奇言妙語仔細地記錄下來，因為他即使說一件普通的事情，也會用自己獨特的方式表達。我從來沒有遇見過像林肯先生這樣的與大眾打成一片的偉人。海部長說得

103　波多馬克河（Potomac River），是美國東部的主要河流之一，全美第 21 大河流。

104　林肯總統（Abraham Lincoln, 1809-1865），第十六任美國總統，1861 年 3 月就任，直至 1865 年 4 月遇刺身亡。林肯領導美國經歷其歷史上最為慘烈的戰爭和最為嚴重的道德、憲政和政治危機 —— 南北戰爭。經由此役，他維護聯邦的完整，廢除奴隸制，解放所有奴隸，增強聯邦政府的權力，並推動經濟的現代化。也因此美國學界和大眾時常將林肯稱作是美國歷史上最偉大的總統之一。

105　蘇厄德國務卿（William Henry Seward, 1801-1872），美國律師、地產經紀人、政治家，曾任美國國務卿、美國參議員和紐約州州長。

106　卡梅倫部長（Simon Cameron, 1799-1889），美國政治家、商人。美國內戰時期任戰爭部長。

好：「很難想像林肯先生會要人伺候，他們都將是他的夥伴。」他是最完美的民主主義者，一言一行都顯示出人與人之間的平等。

　　1861 年，梅森（Mason）和斯萊德爾（Slidell）從英國特倫特號船上被帶回來時，有些人和我一樣清楚特倫特號船上的庇護權對英國意味著什麼，為此非常焦慮：要麼引發戰爭，要麼歸還俘虜。當內閣召開會議討論這個問題時，卡梅倫部長不在，史考特先生作為戰爭部助理部長應邀參加。我竭力讓史考特先生明白，在這一問題上，英國無疑會宣戰，我極力勸說他站在交換戰俘的立場上，尤其是根據美國的條款，船隻的檢查是免除的。史考特先生不清楚國外局勢，傾向於扣押戰俘，但是他開會回來後告訴我，蘇厄德國務卿告誡內閣會議，這將意味著戰爭，一切如我所料。林肯總統起先也傾向於扣押戰俘，但最終轉而同意蘇厄德國務卿的策略。然而，內閣會議決定延期到第二天再決定，那時卡梅倫和其他缺席會議的人就能到場。蘇厄德國務卿請史考特先生轉告卡梅倫部長，一回來就去見他。他希望在開會前能在這個問題上得到卡梅倫部長的支持，因為他預料卡梅倫是不主張交換戰俘的。第二天，一切都按照計畫順利進展。

　　此時，華盛頓的混亂局面是盡人皆知的，我無法描述最開始的感受。我第一次看到身為當時總司令的史考特將軍[107]，由兩個人攙扶著從辦公室出來，穿過人行道，坐上他的車。他老了，是一個年邁體衰的老人了，不僅身體無法正常行動，而且腦子也不管用了。這位曾經顯赫的人物，是共和政體依靠的力量。他的物資供應主管泰勒將軍[108]，在某種程度上可以說是史考特先生的翻版。由於要建立通訊聯繫、運送人員和物資，我們要與他們進行業務上的接洽，其他的公司幾乎都不適合此。他們看起來都是循規蹈矩的人，已經過了年富力強的歲數。許多必須立即採取行動的事情，都要好幾天才能決定。在任何重要部門，幾乎沒有一個年輕有活力的官員 —— 至少，我現在是一個都想不起來。長期的和平歲月，使政府部門都陳腐了。

107　史考特將軍（Winfield Scott, 1786-1866），美國陸軍中將，輝格黨人，曾任美國陸軍總司令（西元 1841 ～ 1861 年）。

108　泰勒將軍（Joseph Pannell Taylor, 1796-1864），美國軍官，內戰時期任聯邦政府將軍。

我了解到在海軍部門也有同樣的情況，但我沒有接觸過他們。起初，海軍並不算重要，只是在編的軍隊。戰敗是唯一的前景，除非更換各個部門的領導人，而這不是一天能實現的。國家急於要生產一項有效的武器，但是這項重要任務顯然被耽擱了，政府無疑難逃其咎，但令我驚訝的是，政府部門的每一個分支機構中都有的混亂情況，很快就消失了。

只要我們的營運獲得關注，我們就會取得一個很大的進展。卡梅倫部長授權史考特先生（他已經是上校了）不用等戰事部長緩慢的官方決策，可以直接去做他認為必須做的事。這份不講私情的權力派上了用場，戰爭初期，政府的鐵路部門和電報部門得以發揮重要的作用，要歸功於卡梅倫部長的大力支持。他當時是一個很有才能的人，比他手下的將軍和各部門的領導人更能抓住問題的要害。林肯總統最終迫於大眾的要求把他撤換掉了，然而，了解內情的人都很清楚，如果其他部門能像卡梅倫帶領下的陸軍部門一樣管理得那麼好，那麼許多災難就可以避免了。

洛奇爾（卡梅倫喜歡別人這樣稱呼他）是一個感情豐富的人。他 90 歲時還到蘇格蘭來探望我們。他坐在我們四輪馬車的前排位置，穿越路上經過的一個峽谷時，他虔誠地摘下帽子，嘆服於宏偉壯觀的景色。我們談到，除非非常罕見的緊急情況，政府部門的候選人必須經由自己的努力，並且必須是政府需要的人才，才能獲得提名。洛奇爾順便又說了關於林肯第二任期的一件事。

有一天，在卡梅倫位於賓夕法尼亞州哈里斯堡附近的郊區住宅，他接到一封電報，上面說林肯總統想要見他。於是，他立即趕到華盛頓。

「林肯總統說：『卡梅倫，我身邊的人跟我說，成為第二任期的候選者是我義不容辭的責任，我是唯一能拯救國家的人，等等這樣的話，你知道嗎？我也變得愚蠢了，去相信了他們的話了。你說該怎麼辦？』

『哦，總統先生，28 年前，傑克森總統叫我來，跟我講了和你剛才講的一樣的事情。我在紐奧良收到他的來信，然後用了 10 天時間趕到華盛頓。我告訴傑克森總統，我認為最好的辦法是，讓美國一個

州的立法機關通過決議，堅決要求船隻的駕駛者不得在遇到狂風暴雨時丟棄船隻，如此等等。如果一個州這麼做了，我想其他州就會跟著做的。傑克森總統同意了這個方案，於是，我就回哈里斯堡了，這個決議在充分的準備過後獲得了通過。如我所預料的，其他州也跟著做了。就像你知道的，他贏得了兩屆總統選舉。』

『很好，』林肯說，『你現在能這麼做嗎？』

『不，』我說，『我和你走得太近了，總統先生，但如果你願意的話，我想我可以找一位朋友來參與此事。』

『好，』林肯總統說，『我把這件事交給你了。』

我派人去把福斯特叫來（他是我們旅客車廂的同伴，也是我們的客人），請他去查找傑克森的那些決議。我們再略微修改，以使其符合當時的情況，希望能夠獲得通過。接下來的結果就和傑克森總統當時的情況一樣了。我再次去華盛頓時，是當晚我去了總統的公開招待會。我進去時，寬敞的東廳被擠得水泄不通，幸好林肯總統非常高大，他在擁擠的人群中發現了我，他戴著白色的手套，看上去像兩隻羊腿，他大聲地喊道：『今天超過兩個州了，卡梅倫，超過兩個州了。』他說的是，又有兩個州通過了傑克森 —— 林肯決議。

這個事件不僅是我政治生涯中的一個亮點，還有一點更為不同尋常：同一個人，間隔28年，被兩屆美國總統請去，為同樣的事情為其出謀劃策，兩位都是總統候選人並成功連任。正如我曾在一個值得紀念的場合所解釋的那樣：『一切都是注定的。』」

在華盛頓時，我沒有遇見格蘭特將軍，因為直到我離開時他還在西部。但是，他在往返華盛頓的旅途中，在匹茲堡作了短暫的停留，為調往東部做了一些必要的安排。兩次我都是在鐵路線上遇見他，並帶他到匹茲堡一起吃飯。那時火車上沒有餐車。他是我所遇見過的身分高貴的人中，看上去最為普通的一個，如果在人群只看一眼就選出一個傑出人物，那他肯定是最後一個才被選的那個。我記得戰爭部長斯坦頓[109]說，他在西部視察軍隊時，格蘭

109　斯坦頓（Edwin McMasters Stanton, 1814-1869），美國政治家，曾任美國司法部長（西元1860～

特將軍和部將們上了他的車，他看著他們一個個進來，看到格蘭特將軍時，他暗自說道：「噢，我不知道哪一個是格蘭特將軍，但這個人肯定不是。」然而，他說的這個人就是格蘭特將軍。（很多年後讀到這段，我不禁笑了起來。這對格蘭特將軍來說真是有點鬱悶，因為我誤會他不止一次了。）

在戰爭年代，談論較多的是「戰略」和各位將軍的人事安排。我很驚訝，格蘭特將軍毫無顧忌地和我談論這些事情。當然，他知道我在戰爭部，和斯坦頓部長很熟，並對局勢的進展也有一些了解，但是我仍然難以想像他會和我說：

「總統和斯坦頓想派我去東線接替那邊的指揮，我已經同意了。我正要去西線作一些必要的安排。」

我說：「我想也是這樣。」

「我打算讓謝爾曼 [110] 接管。」他說。

「那全國上下將會非常驚訝，」我說，「因為我想人們印象中應該是湯瑪斯將軍 [111] 繼任。」

「是的，我知道那些，」他說，「但我了解這個人，湯瑪斯會第一個說謝爾曼是適合這項工作的人選。那是毋庸置疑的。事實上，西線已經做得非常好了，我們下一步必須往東推進一點。」

他確實是那樣做的。那就是格蘭特將戰略用語言表達出來的方式。我很榮幸在以後的歲月中和他相知相識。不裝腔作勢的人很少，格蘭特就是那樣一個人。甚至林肯在這一點上也不如他：格蘭特是一個安靜的、慢性子的人，而林肯總是充滿活力與激情。我從來沒有聽到格蘭特說冗長而又華麗的詞句，或是在「方式方法」上作任何講究，但是如果認為他保守古板，那就錯了。有時，他是一個非常健談的人，在某些場合口若懸河，令人驚訝。他的話簡明扼要，對事物的觀察力極其敏銳。當他沒什麼要說的時候，他就一

1861 年）和美國戰爭部長（西元 1862～1868 年）。

110　謝爾曼（William Tecumseh Sherman, 1820-1891），美國南北戰爭中的北部聯邦軍將領，以火燒亞特蘭大和著名的向大海進軍戰略獲得「魔鬼將軍」的綽號而聞名於世，曾與尤利西斯·辛普森·格蘭特將軍制定「東西戰線協同作戰」計畫。

111　湯瑪斯將軍（George Henry Thomas, 1816-1870），美國陸軍軍官，美國南北戰爭中的北部聯邦軍將領。

言不發。我注意到，在戰爭期間，他誇獎起下屬來樂此不疲，他說起他們就好像一位慈愛的父親說起自己的孩子。

這是內戰時期發生在西線的故事：格蘭特將軍開始酗酒，他的參謀長羅林斯[112] 大膽地勸他不要這樣。格蘭特認為只有真正的朋友才會這麼做。

「你不是說那件事吧？我完全沒有意識到這點。真奇怪！」格蘭特說。

「是的，我指的就是這個。你的部下已經開始議論這件事情了。」

「那你之前為什麼不告訴我？我一滴酒也不喝了。」

他說到做到，再也沒喝酒。後來很多次我和格蘭特一家在紐約一起吃飯，我看到這位將軍都把酒杯推到一邊。頑強的意志使他決心篤定，將戒酒堅持了下來，在我的經歷中，這也是很少見的，有些人只能克制一段時間。有一個很典型的例子，我們的一個合作夥伴戒酒戒了三年，但遺憾的是，最終老毛病還是犯了。

格蘭特在擔任總統期間，被指控在人事任免或管理上涉嫌貪汙受賄（他的朋友們都知道他是非常清正廉潔的），以致他不得不宣布取消慣常的國宴，他發現每一次國宴都要花費 800 美元 —— 這個數額是他的薪水所無法負擔的。他任總統時的年薪由 25,000 美元漲到 50,000 美元，但在他第二屆總統任期時，節餘只有一點點，相比於職位，他更不在乎的是錢。我知道，在他第一任期結束的時候，他一無所有。但我發現，在歐洲的高層官員中廣泛流傳著格蘭特將軍在人事任免上利用職權收受賄賂的事情。我們知道在美國，這些沒有分量的指控根本站不住腳，但這對那些處心積慮影響其他國家的輿論，來達到某種目的的人來說，這還是有幫助的。

今天，民主制在英國遭受拒絕的原因，主要是普遍認為美國政治體制是腐敗的，因此，他們認為共和主義比其他任何體制都更容易滋生腐敗。然而，就我對兩個國家的政治體制的態度而言，我可以毫不猶豫地說，腐敗的公眾人物，如果在新的共和主義國家裡有一個，在舊的君主制國家就會有一打，只是腐敗的形式不同罷了。在君主制國家，是用頭銜來賄賂的，而不是

112　羅林斯（John Aaron Rawlins, 1831-1869），美國南北戰爭中的北部聯邦軍將領，格蘭特將軍的參謀長。

美元。對兩種體制的國家來說，官職是普遍適用的獎酬。然而不同的是，君主制國家是贊成這一做法的，公開授予頭銜，這不會被接受者或民眾認為是賄賂。

1861 年，我被召到華盛頓，內戰似乎不久就要結束了，但後來我們很快就知道了，這是一個需要幾年時間才能解決的問題。因此我的工作，就必須由固定的政府官員來接管。賓夕法尼亞鐵路公司離不開史考特先生，史考特先生決定，我必須回匹茲堡，那裡非常需要我，這也是政府對賓夕法尼亞鐵路公司的要求。因此，我們把華盛頓的工作交給了其他人，回到了我們各自的職位。

我從華盛頓回來後不久就得了重病，這是我人生裡的第一次。我徹底病倒了，努力撐著完成自己的工作後，就不得不趕快去休息。一天下午，我在維吉尼亞的鐵路線上工作時，好像感覺自己中暑了，相當難受。然而，稍微好些以後，我發現我不太能處於高溫下，必須小心防晒 —— 太熱的天會使我完全萎靡。（這就是多年以來，在夏天，涼爽的高原氣候對我來說是一劑靈丹妙藥的原因。我的醫生堅持認為，我必須避開美國炎熱的夏天。）

賓夕法尼亞鐵路公司准許我請假休息，我利用這個難得的長假回了趟蘇格蘭。1862 年 6 月 28 日，在我 27 歲那年，母親、知心朋友米勒和我乘坐埃特納號輪船出發了，在利物浦登陸後，立即前往丹夫林。回到這片生我養我的土地，我感慨萬千。一切好像在夢中。我們每靠近蘇格蘭一英里，我激動的心情就增加一分。母親也和我一樣，我記得當她第一眼看到熟悉的黃灌木時，她驚呼起來：「看！那是金雀花，金雀花！」

她的內心也非常激動，眼淚止不住地流了下來，我越是安慰她，她越是情不自禁。而我自己呢，感覺好像置身於一片神聖的土地，禁不住要親吻它。

懷著這樣的心情，我們回到了丹夫林。路上經過的每一處景物，我們都能立刻辨認出來，但是每一處景物與我印象中的相比，又都顯得那麼渺小，以至於我完全困惑了。終於到了勞德姨丈家，走進這間他曾教會我和多德許多知識的老屋，我不禁喊道：「你們都在這裡，每一樣東西都和我離開時一模一樣，但你們現在卻把它們當玩具了吧。」

第八章　內戰時期

　　我原先認為不比百老匯大街差多少的海爾街，我原以為可以與紐約建築相比的姨丈的商店，還有我們過去在星期天經常去玩耍的山丘，還有遠處那些房屋的高度，彷彿一下子全都縮小了。這裡像是一個小人國。在我出生的那間房子，我的頭幾乎可以碰到屋簷。我們過去在週六，我們要費好大的勁才能走到的大海，也不過只有 3 英里的距離。海岸上的礁石消失了，我們曾在那裡採集過海螺，現在只剩下平坦乏味的淺灘。鄉村學校有著我們許多學生時代的回憶 —— 我唯一的母校 —— 還有我們在那裡格鬥和賽跑的操場，都好像縮小了很多。那些漂亮的住宅，如布倫豪爾、弗戴爾，尤其是在多尼波瑞斯德的音樂學校，一座座都顯得很渺小且不足為道。老屋給我的印象就好像是我後來到日本觀光時，看到的那些類似玩具一樣的房子模型。

　　那裡的一景一物都好像是微縮模型。甚至是摩迪街頭的老井，那是我早年開始奮鬥的地方，也變得和我印象中的不一樣了。但是，有一類景物仍然是我夢中的樣子。那古老肅穆的大教堂和峽谷沒有令我失望。大教堂宏偉壯麗，在塔頂仍然刻有那行令人難以忘懷的文字 ——「羅伯特·布魯斯國王」—— 它像以前一樣，完完全全地印在我的眼裡和心裡。大教堂的鐘聲也沒有令我失望，我回來後第一次聽到鐘聲時，心裡充滿著感激。它給了我一個焦點，過了一段時間後，大教堂周圍的景致以及宮殿的遺址和峽谷，還有其他景物，都調整了尺寸，恢復了它們真實的比例。

　　親戚們非常熱情友好，其中年紀最大的是親愛的夏洛特大阿姨，她看到我們回來了，立刻高興地歡呼起來：

　　「噢，你總有一天要回到這裡來的，還會在海爾街上開一家商店。」

　　在海爾街上開一家商店是她對成功的理解。她的女婿和女兒都是我的同輩，儘管相互之間沒什麼連繫，但他們已經達到了這個高度，對於她最有前途的外甥來說，沒有什麼事是不可能的。掌管一家商店在那裡就算是貴族了，即使是海爾街上的蔬菜水果商也與摩迪街上的店主不能混為一談。

　　阿姨以前經常充當我的保母，喜歡講述我兒時好玩的事。當我還是一個嬰兒時，餵飯需要兩個湯匙，因為每當一個湯匙離開我的嘴，我就會尖叫起來。後來，鋼鐵廠的主管瓊斯上尉用我出生時的狀態來形容我：「有兩副牙

齒，胃口比一般人要大」，新的工廠和增加的產量很難滿足我的慾望。我是我們家族裡的第一個孩子，親戚們都非常樂意照顧我，阿姨就是其中的一位。他們後來跟我講了我童年時的許多惡作劇和有趣的話。有一位阿姨說起我的早熟，令我印象深刻。

一些至理名言伴隨著我的成長。父親教我的一句格言，很快被我直接拿來用了。當我還是一個小男孩的時候，有一次從 3 英里外的海濱回來，父親不得不背我走一段路，黃昏時登上一個陡峭的山坡，他實在太累了，希望我能自己走一段路，然而，他得到的回應卻是：

「啊，爸爸，別著急，要有毅力和堅持不懈的精神才能成為男子漢，不是嗎？」

他背著我艱難而行，但也忍不住笑了起來。他這是自找的，但這個時候，我相信他一定感覺背上的重量輕了很多。

當然在家裡，勞德姨丈是我的老師、嚮導和啟迪者。在我 8 歲那年，他教了我很多知識，使我能成為一個富有浪漫主義的、有愛國心和想像力的人。如今我 27 歲了，但勞德姨丈仍然是我的勞德姨丈。他一點也沒變，沒有一個人能取代他在我心裡的位置。我們經常一起散步聊天，我仍然是他的「奈格」。他從來沒叫過我別的名字，從來沒有。我親愛的姨丈，對我來說不僅僅是姨丈[113]。

我好像仍然在夢中，激動得難以入睡，外加又得了感冒，引起了發燒。我在姨丈家裡躺了 6 個星期。那時，蘇格蘭的醫學和蘇格蘭的神學一樣嚴厲（現在都溫和了許多），我被抽了好多血。我的身體裡血液本來就很少，以致我明顯康復後，很長時間還站不起來。我的回鄉探訪以這場病而告終，不過返程途中我恢復得很好，再次回到美國的時候，已經能重新工作了。

我記得，回到工作部門時，被歡迎我的儀式深深地打動了。東線的工人們都聚集在一門禮炮邊，當火車經過時，禮炮齊鳴，歡迎我的歸來。這也許

113　不僅僅是姨丈（原註：「這位姨丈熱愛自由，因為自由是勇敢的標誌，在美國內戰那段黑暗的日子裡，他在所處的圈子中，支持林肯的事業」——漢彌爾頓．萊特（Hamilton Wright），《世紀雜誌》，第 64 卷，第 958 頁）

第八章　內戰時期

是下屬們第一次有機會看到我的真情流露，他們的歡迎儀式給我留下了很深的印象。我清楚我有多在意他們，我也很高興知道他們對我也是關心的。工人們總是會做些什麼來報答他人的好意。如果我們真誠地對待別人，那麼我們就不用擔心別人對我們的感情。好心會有好報。

第九章
建造橋梁

第九章　建造橋梁

　　內戰期間，鋼鐵的價格漲至每噸 130 美元。即使是這個價格，有錢也不一定能買到。由於新建鐵路需要大量的鋼鐵，美國鐵路很快面臨危機，這一事態促使我於 1864 年在匹茲堡組建了一家鐵軌製造公司。在尋找合夥人和資金問題上不是難事，先進的鋼軌軋機和高爐都已具備。

　　同樣，那時機車的需求量非常大。我和湯瑪斯‧N‧米勒先生在 1866 年成立了匹茲堡機車生產廠，這是一家繁榮興旺、聲譽良好的企業 —— 生產的機車在美國享有盛譽。在 1906 年，這家公司的股價從 100 美元漲到了 3,000 美元 —— 翻了 30 倍，當時的紀錄在今天聽起來像一個神話。每年有定期的大筆分紅，企業辦得非常成功 —— 充分證明我們經營策略的正確性：「要做就做最好的。」我們獲得了前所未有的成功。

　　在阿爾圖納時，我見到了賓夕法尼亞鐵路公司生產的第一座小型的鋼構橋，這代表著一個成功。我認為，若獲得永久性的鐵路結構，就不用再依靠木造的橋梁了。最近，賓夕法尼亞鐵路上的一座重要橋梁被燒毀了，交通中斷了 8 天。如果採用鋼構橋，就能避免這樣的事情。我向鋼構橋的設計者 H‧J‧林維爾（H. J. Linville）以及約翰‧L‧派柏（John L. Piper）和他的合作夥伴希夫勒（Schiffler）（賓夕法尼亞鐵路線上的橋梁負責人）提議，請他們來匹茲堡和我組建一家公司，建造鋼鐵橋梁。這是首家鋼構橋建設公司。我邀請我的朋友、賓夕法尼亞鐵路公司的史考特先生和我們一起投資建設，他答應了。我們每人出五分之一股份，約 1,250 美元。我參股的那份是從銀行借來的。現在看來這筆數額非常小，但是，「大橡樹是由小橡樹果生長起來的」。

　　就這樣，我們於 1862 年成立了派柏和希夫勒公司，在 1863 年併入基斯頓橋梁公司。我為「基斯頓」這個名字而感到自豪，因為它作為最優秀的一家橋梁建設公司，在賓夕法尼亞州備受關注，賓夕法尼亞州又稱「基斯頓州」。鋼鐵橋最初確實在美國得到了廣泛運用，據我所知，世界上也開始普遍建造鋼鐵橋。我給匹茲堡的鋼鐵生產廠寫信，為新公司的信譽作擔保。我們開了少數的木材商店，一些橋梁建造開工了。我們使用鑄鐵作為主要材質，這麼好的材質用到橋梁建造上，加固了那時沉重的交通，至今仍廣泛運用於各個領域。

在斯托本維爾，在俄亥俄河上建橋的問題被提了出來，人們問我們是否能承建一座跨越 300 英尺河道的鐵路大橋。在現在看來，懷疑我們是否具備做這件事的能力是非常可笑的，但人們應該記得，這是在鋼鐵時代之前，當時在美國熟鐵還沒有得到應用。我們主要用的材質都是鑄鐵。我竭力勸說我的合夥人無論如何嘗試一下，我們最終簽訂了一份合同，但我清楚地記得，鐵路公司的朱伊特[114]經理來工廠視察，看到很重的鑄鐵成堆地放在那裡，那是即將要建大橋的部件，他轉過來對我說：「我不相信，這些大型鑄件能撐起它們自己，更不用說承載一列火車過俄亥俄河了。」

然而，事實勝於一切，這座大橋至今仍在使用，非常堅固地承擔著繁重的交通。我們計畫在這第一項重大工程上大賺一筆，但是因為在這項工程完成之前發生了通貨膨脹，我們的利潤幾乎都貼了進去。賓夕法尼亞鐵路公司的總裁愛德嘉·湯姆森知道了這項工程的實際情況，同意額外給一筆錢彌補我們的損失。他說，合同簽訂時，任何一方都無法預料後來的情形。愛德嘉·湯姆森是一位極其公道之人，雖是賓夕法尼亞鐵路公司的簽約人，但不容忽視的一個事實是，他堅持認為法律的精神超越條文。

在當時，林維爾、派柏和希夫勒都非常有才能 —— 林維爾是工程師，派柏是能幹的機修工，希夫勒非常可靠沉穩。派柏上校是個很特別的人。我曾聽賓夕法尼亞鐵路公司的湯姆森總裁說過，他寧願讓派柏而不是一個工程隊去修一座燃燒的橋。有一點必須提及：派柏上校最大的嗜好是馬（這對我們來說很幸運），無論什麼時候，比如一項工作的討論過於熱烈時，上校會表現得比較暴躁，這種情況並不少見，這時只要談論到馬的話題，上校的火氣就會消失了，其他任何事都會被拋之腦後，他全神貫注沉醉於馬的話題。假如他工作過度勞累，我們就希望給他放個假，讓他去肯塔基州挑一兩匹馬，給我們當中想要馬的人，在挑選馬的問題上，除了他，我們不相信任何一個人。但是，他對於馬的狂熱有時會給他帶來嚴重的麻煩。有一天，他出現在辦公室，半邊臉上是黑黑的泥漿，衣服破了，帽子不見了，但一隻手仍握著

114　朱伊特（Thomas L. Jewett, 1835-1903），賓夕法尼亞鐵路公司維吉尼亞州狹長地帶公司總裁。

馬鞭。他解釋說，他試圖馴服一匹肯塔基州的快馬，有一根韁繩斷了，他失去了他所謂的「舵效航速」。

他是一個很好的同事，我們都稱呼他「派普（Pipe）」（意為管道），要是他喜歡一個人，比如我，他就會一直追隨著他。後來，我搬到了紐約，他將這份情感轉移到我的弟弟身上，他總是叫他湯瑪斯，而不是湯姆。因為他非常讚賞我，後來我的弟弟也得到了他的大力支持。他相當尊崇湯姆，湯姆說的任何事在他眼裡都是法律和真理。他極其嫉妒我們其他的公司，因為和他沒有直接的利益關係，例如我們為基斯頓工廠供應鋼鐵的製造廠。許多工廠的管理者和上校之間因為品質、價格等問題產生了一些爭論，他很少向我弟弟抱怨在鋼鐵供應談判時發生了什麼消極的事情。價格是「純利潤」，一旦談好價格，關於「純利潤」就沒什麼好說的了。他只想知道「純利潤」這個詞意味著什麼。

「哦，上校，」我弟弟說，「這意味著沒有附加其他東西了。」

「很好，湯瑪斯。」上校非常滿意地答道。

說明一件事情有許多方式，如果說成「沒有東西被扣除」，就可能會引發一場爭論。

有一天，他被布拉茲特里特的一冊商業公司排名的書激怒了。此前他從未見到過這樣一本書，自然渴望得知他的公司被排在哪個等級。他看到基斯頓橋梁公司處於「BC」等級，也就意味著「不良信譽」，要他控制住自己不去找律師投訴出版商是很難的。然而，湯姆向他解釋基斯頓橋梁公司之所以被評為「不良信譽」，是因為他們從來不借貸任何東西，他的怒氣這才平息下來。無債一身輕是上校的一個喜好。有一次，我正要去歐洲，當時許多公司經濟拮据，我們周圍的一些公司面臨破產，他對我說：

「你外出時，假如我不簽任何單據，州長就不能從我們這裡得到任何東西，是嗎？」

「是的，」我說，「他不能。」

「很好，我們在這裡等你回來。」

說到上校，使我想起另一個我們在建造橋梁的日子裡結識的、具有獨特

性格的人，他是聖路易斯的伊茲船長[115]，他生來是一個天才，只是缺少科學知識來指導他對機械事物的超常思維。他看起來似乎是一個希望按照自己計畫、不惜一切代價去努力的人。在有充分的理由拒絕之前，他會認定一條道路走到底的。當他的聖路易斯大橋設計方案提交給我們之後，我把它交給了美國在這方面最著名的一個專家——我們的林維爾先生。他憂心忡忡地過來找我說：

「如果按這些方案建造，大橋是立不起來的，它無法支撐自身的重量。」

「哦，」我說，「伊茲船長會來見你的，你們談論這件事情時，你可以委婉地向他說明這一點，給一個恰當的定論，引導他回到正確的道路上來，還有，不要和其他人說起此事。」

這件事做得非常成功，但在橋梁的建造中，可憐的派柏無法完全遵從伊茲船長的特殊要求。起先，他非常高興能接到這麼大的項目，這也使得他對伊茲船長極為客氣。一開始，他甚至都不稱呼他「船長」，而是熱情地招呼道：「伊茲上校，你好嗎？很高興見到你。」但是當事情漸漸變得有點複雜時，我們注意到，他的問候變得不那麼熱情了，但他仍然會說：「早上好，伊茲船長。」熱情一直在減退，直到我們驚訝地聽到派柏叫他「伊茲先生」。工程結束之前，派柏對他的稱呼從「上校」落到「吉姆·伊茲」，老實說，在這項工程開始前，在「吉姆」之前還有一個大大的「D」。毋庸置疑，伊茲船長是一個有能力、有魅力、有情趣的人，若沒有科學知識和他人的實踐經驗的幫助，伊茲船長也不可能建造起密西西比河上第一座 500 英尺跨度的橋梁。

工程完工了，我又讓上校陪同我在聖路易斯停留了幾天，以防在我們收到所有工程款之前，發生別的人企圖占有大橋的意外。上校取出大橋兩端的支架，給站崗的警衛起草了一份換班計畫，而後他因為想家，非常渴望回到匹茲堡，決定乘坐夜間列車，我不知如何挽留他，直到我想起了他的一個弱點。我告訴他，這些天我很想為我的姐姐買一對馬，希望作為禮物，送給她

115　伊茲船長（Captain James Buchanan Eads, 1820-1887），聞名世界的美國發明家、土木工程師，一生擁有 50 多項發明專利。因在密西西比河上修建橋梁的防洪技術而聞名，人們為了紀念他，將該橋命名為「伊茲大橋」，沿用至今。

一對駕車的馬匹，我聽說聖路易斯是個產馬的好地方，不知他是否見到過上乘的良種馬。

誘餌發揮了作用。他滔滔不絕地向我介紹他曾經見過的一些用於駕車的馬匹種類和他參觀過的馬場。我問他是否可以再多待些日子，幫忙挑選馬匹。我很清楚，他需要多次觀察和試騎，這就夠他忙的了。事情的發展如我所料。他買了一對良種馬，但另一個麻煩的問題是要把牠們運送到匹茲堡。他不敢讓火車托運，好幾天也沒有合適的船起航。顯然，老天助了我一臂之力。世上沒有任何事，能使上校拋下馬匹、兀自離開這座城市。我們掌控著大橋。「派普」成了了不起的荷瑞修斯[116]。他是一個極好的人，也是我所中意的最佳搭檔之一，他付出了那麼多努力來確保大橋的安全穩固，理應得到獎賞。

基斯頓橋梁公司一直是我最滿意的一家公司。美國幾乎所有從事鋼鐵橋建造的公司都失敗了。他們建的許多橋垮塌了，由此造成了一些美國鐵路系統的災難性事故。一些橋被強風吹倒，但這樣的事從未發生在基斯頓橋梁公司，我們建造的一些橋能抵禦住強風的襲擊。這可不是靠運氣。我們用的是最好的材料，沒有一點偷工減料，我們自己製造鐵，後來又生產鋼。我們自身就是嚴格的品檢員，監督建造的橋梁是否安全。當有人要我們建造不夠堅固或設計不科學的橋梁時，我們會斷然拒絕。只有那些值得烙上基斯頓橋梁公司印記的工程（美國只有少數幾個州沒有我們建造的橋梁），我們才願意承接。我們為自己所建造的橋感到驕傲，就像卡萊爾對他父親建造的那座橋的感受一樣，這位偉大的兒子所言極是，「這是一座誠信之橋」。

這一策略是成功的真正祕訣。創業需要幾年時間，直到你的工作得到認可，事業就會隨後穩步前進。品檢員應受到所有製造公司的歡迎，而不是排斥。要生產出優秀的產品，需要堅持高的標準，有素養的人應努力追求卓越。我從未聽說過哪家公司不是透過誠實、出色的工作而取得成功的。即使在競爭激烈的年代，每件事似乎都和價格有關，但是大企業能否取得成功，品質依舊是非常重要的因素。公司裡的每一個人都應關注品質，從企業高管

116　荷瑞修斯（Horatius Cocles），約活動於西元前 6 世紀前後。古羅馬獨眼英雄。

到底層勞動者。還有一個和這個相關的問題：乾淨整潔的工作車間、精密優良的設備工具、悉心維護的工廠環境，其重要程度超過一般的想像。

我非常高興聽到一位著名銀行家所說過的一句評論，他曾在匹茲堡召開的銀行家大會期間參觀過愛德嘉・湯姆森公司。他是數百名會議代表的一員，看了產品後，他對我們的管理者說：

「這些產品看起來，好像出自同一個人之手。」

他所指的是成功的一個祕訣。一家重要製造廠的總裁曾經向我誇耀，他們的員工把第一位膽敢出現在他們中間的品檢員趕走了，此後，他們再也不用擔心會有品檢員來找麻煩。這被當作一件值得慶賀的事，但我個人認為：「這家公司經受不起競爭的考驗，當艱難時期到來時，他們一定會失敗。」我的這一想法最終被證明是正確的。一家製造企業最重要的根基是品質，而後，再而後，才是價格成本。

很多年來，我把自己的大量精力投入到基斯頓橋梁公司的事務上，當涉及到一個重要合同時，我經常親自參加會談。1868 年，有一次我和我們的工程師華特・卡特[117]去愛荷華州的杜比克[118]訪問，競標當時一個重大的鐵路橋梁建設專案。位於杜比克的這座橋橫跨密西西比河，從它的跨距來說，這是一項艱巨的任務。當時河流已經結凍，我們乘坐四匹馬拉的雪橇跨過了密西西比河。

那次出訪證明了成功取決於細節。我們不是出價最低的投標者。我們的主要競爭對手是芝加哥的一家橋梁建造公司，當時招投標委員會已經決定把這項合同判給他們。我遲遲不肯放棄，和招投標委員會的幾位董事交談了一下，我欣然發現他們對鑄鐵和熟鐵的特性一無所知。我們一直用熟鐵來建造橋梁上端的構架，而我們的競爭對手用的是鑄鐵，這就為我們提供了商談的中心議題。我向他們描述了輪船撞上熟鐵建造的橋和鑄鐵建造的橋的不同後果。採用熟鐵建造的橋，被船撞上也許只是發生彎曲；用鑄鐵建造的，肯定

---

117 華特・卡特（Walter Katte, 1830-1917），英裔美籍土木工程師。曾任紐約中央鐵路公司總工程師，美國土木工程師協會主席。

118 杜比克（Dubuque），位於美國愛荷華州密西西比河畔，是杜比克縣的縣治所在，面積 71.8 平方公里。

會斷裂，最終使整座橋垮塌。幸運的是，其中一位董事——著名的佩里·史密斯（Perry Smith）進一步支持了我的論點，他向委員會證實了我所說的關於鑄鐵的情況。有一天晚上，他驅車在黑暗中撞上了鑄鐵製造的路燈杆，路燈杆碎成了好幾截。假如我認為佩里·史密斯的證明就好像是老天的幫助，我是否會受到指責呢？

「啊，先生們，」我說，「這就是重點所在。只要多花一點錢，你們就能有一座用熟鐵建造的不可摧毀的橋，你們的橋能抵禦住任何輪船的撞擊。我們從來沒有，也永遠不會建造一座劣質的橋。我們的橋不會倒塌。」

大家陷入了沉思，橋梁公司的總裁、國會參議員艾里森[119]先生問我能否讓他們再商議一下。我退出迴避。不一會，他們叫我進去，說如果我能降低點價格，他們就把合同給我。只不過是幾千美元，我同意讓步。那個鑄鐵路燈杆撞得真及時，帶給了我們一份利潤極其豐厚的合同，更為重要的是，對我們來說，戰勝所有的競爭者獲得建造杜比克大橋的資質就是一種榮譽。同時，也為我與美國最優秀、最重要的公眾人物艾里森參議員結下一生的友誼打下了基礎。

這個故事的寓意顯而易見。假如你想得到一份合同，在它出讓時一定要在現場。只要投標人在一旁，一個撞碎的路燈杆或類似的一件料想不到的事情，都有可能幫你中標。而且，如果可能的話，就一直待在一旁，直到把合同書放進你的口袋裡帶回家。我們在杜比克就是這麼做的。雖然，他們建議我們先離開，合同隨後寄給我們。我們寧可留下來，期待看到更多杜比克迷人的風光。

在建造了斯托本維爾大橋之後，對巴爾的摩與俄亥俄州鐵路公司來說，有必要在帕克斯堡[120]和惠靈兩地建造跨越俄亥俄河的橋梁，以防止他們最大的競爭對手賓夕法尼亞鐵路公司占據決定性的優勢。擺渡時代很快成為了過去。在進行簽訂這些橋梁合同的往來中，我很榮幸地結識了加勒特[121]先生，

119　艾里森（William B. Allison, 1829-1908），美國政治家，共和黨國會議員。
120　帕克斯堡（Parkersburg），美國西維吉尼亞州伍德縣的首府。
121　加勒特（John W. Garrett, 1820-1884），美國銀行家、慈善家，曾任巴爾的摩與俄亥俄州鐵路公司總裁。

他當時位居要職，是巴爾的摩與俄亥俄州鐵路公司的總裁。

　　我們非常渴望獲得這兩座橋及其所有引橋的工程項目，但我發現加勒特先生堅決認為，我們無法在指定的時間內完成這麼多的工作。他希望他們自己的公司能建造引橋和短距離的橋段，問我是否允許他用我們的專利技術。我回答他，巴爾的摩和俄亥俄州鐵路公司這麼做，我們感到無比榮幸。能得到巴爾的摩與俄亥俄州鐵路公司的認可，比得到 10 倍的專利費更有價值。他能使用我們全部的專利技術以及我們所擁有的每一樣東西。

　　毋庸置疑，我們給這位鐵路巨頭留下了良好的印象。他非常高興，出乎意料地把我帶到他的私人房間，開誠布公地和我海闊天空地交談。他還提到和賓夕法尼亞鐵路公司的人發生過爭吵，有總裁湯姆森先生、副總裁史考特先生，他知道他們都是我的至交好友。我說，我來這與他見面之前經過費城，史考特先生還問我要去哪裡。

　　「我告訴他，我正要去拜訪你，希望獲得建造跨越俄亥俄河大橋的合同。史考特先生說雖然我很少幹傻事，但這次一定行不通。加勒特先生永遠也不會考慮把合同給我，因為人人都知道我以前是賓夕法尼亞鐵路公司的雇員，一直和他們友好相處。我說，是的，但我們將建造加勒特先生的大橋。」

　　加勒特先生立即回答說，當與他的公司利益攸關的時候，他總是選擇最好的。他的工程師報告，我們的方案是最佳的，史考特先生和湯姆森先生將看到他的原則只有一個 —— 公司的利益。雖然，他很清楚我是賓夕法尼亞鐵路公司的人，然而他覺得，把這項工程交給我們是他的職責。

　　這次商談對我來說仍然不是很滿意，因為我們得到的全都是工程中最困難的部分 —— 建造的橋段在當時風險很大 —— 然而，加勒特先生想讓他的公司用我們的方案和專利技術來建那些跨距小、利潤高的橋段。我大膽地問他是否因為不確信我們能否在他的石工工程完成前就讓大橋開放通車，所以才將工程分為幾段實施。他承認的確如此。我告訴他，在這一點上，他不需要有任何擔心。

　　「加勒特先生，」我說，「如果我以個人的保證金作為抵押，你可以考慮嗎？」

第九章　建造橋梁

「當然。」他說。

「那好，現在，」我答道，「讓我來承擔這些吧！我知道我在做什麼。我將承擔風險。假如你給我們全部工程合同，只要你的石工工程準備好了，你的大橋將如期開放通車。你希望我給你多少保證金？」

「很好，我希望你能給 10 萬美金，年輕人。」

「沒問題，」我說，「準備合同吧。把工程交給我們。我們公司不會讓我損失 10 萬美金。你對此是了解的。」

「是的，」他說，「我相信，假如你交了保證金，為了這 10 萬美金，你們公司會夜以繼日地工作，我也將得到我的大橋。」

這次協議給了我們當時巴爾的摩與俄亥俄州鐵路公司最大的合同專案。不用說，我不會丟掉那筆保證金。我的合作夥伴比加勒特先生更清楚他的工程情況。俄亥俄河不可小覷，他的石工工程完工前，我們就從所有合同的責任中解脫出來，我們已經完成了兩岸的上層構造，只等他們在建的基礎部分完工。

加勒特先生為他的蘇格蘭血統感到無比自豪，我們倆曾經談起過柏恩斯，我們成為忠實的朋友。他後來邀請我到他的鄉間莊園去做客。他是少數在鄉村過著非常有格調生活的美國紳士之一，他在那裡擁有數百英畝美麗的土地，像公園一樣的車道，一群良種馬，還有許多牛、羊、狗，讓人以為是進入了英國貴族家庭的鄉村生活。

後來，他決定讓他的鐵路公司從事鐵軌製造，並申請使用柏思麥[122]的專利權。這對我們來說是件大事。巴爾的摩與俄亥俄州鐵路公司是我們最大的客戶之一，我們自然急於阻止他們在昆布蘭郡建造軋軌鋼鐵廠。對巴爾的摩與俄亥俄州鐵路公司來說，這將是一次失敗的計畫。因為我確信，如果他們自己用量不大的話，他們購買鋼軌比自己生產要便宜得多。我拜訪了加勒特

122　柏思麥（Henry Bessemer, 1813-1898），英國工程師和發明家，他的名聲主要來源於 SOHAI 柏思麥轉爐煉鋼法。1856 年 8 月 24 日，柏思麥首先在不列顛科技協會的一次會議上描述了他的煉鋼法，當時他稱之為「不加燃料的煉鐵法」。那篇報告在泰晤士報上全文登出。雖然這種方法現在已經不再在工業上使用，但在其發明時有著極大的重要性因為它降低了煉鐵成本，他使鋼鐵代替了其他劣質但便宜的工業材料。

先生，和他談了這件事。他當時正為對外貿易和輪船航運發展使巴爾的摩成為一個港口城市而感到高興。他驅車帶著我，在他的幾位職員陪同下，來到計畫擴建的幾個碼頭，國外的貨物正從輪船上卸下來，放進火車車廂，他轉身對我說：

「卡內基先生，你現在開始意識到我們大系統的重要性，也將理解為什麼我們必須自己生產所需要的每一樣東西，甚至是鐵軌。我們不能依靠私人企業為我們提供任何我們所需的主要物資。我們將自己成為一個世界。」

「是的，」我說，「加勒特先生，這好極了，但事實上你的『大系統』沒有嚇到我。我讀了你們去年的年報，得知你們去年運輸貨物的收入總額是1,400 萬美元。我掌控的公司從山上挖掘原料，自己生產，然後以更高的價格賣出去。與卡內基兄弟公司相比，你們真的是一家非常小的公司。」

我的鐵路系統學徒身分在那裡顯示出了優勢。我再也沒有聽到巴爾的摩與俄亥俄州鐵路公司要與我們競爭的消息了。加勒特先生和我成為了終生的朋友。他甚至送給我一隻他自己飼養的蘇格蘭牧羊犬作為禮物。我曾是賓夕法尼亞鐵路公司的員工一事，被「我們之間共同流淌著一滴蘇格蘭的血液」所淹沒。

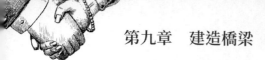

第九章　建造橋梁

第十章
煉鐵廠

第十章　煉鐵廠

基斯頓公司一直以來是我所偏愛的，因為它是所有其他公司的母公司，但它成立的時間不是很長。由於熟鐵相比於鑄鐵的優勢已經顯而易見，因此，為了確保品質，也為了製造當時無法獲得的某種型材，我們決定從事鋼鐵製造業。我和弟弟，連同湯瑪斯・N・米勒、亨利・菲普斯、安德魯・克洛曼（Andrew Kloman）因同樣的興趣建立了一家小型的鋼鐵廠。米勒和克洛曼是最先進入這個產業的，後來又引薦了菲普斯，他在 1861 年 11 月借了 800 美元，買下了六分之一股份。

我不得不提的是，米勒先生是我們鋼鐵製造業的創始人，我們都非常感激湯姆（米勒的暱稱）。到了 1911 年 7 月 20 日，他還健在。我們總能感受到他那可愛的天性中散發出來的愉快和開朗，這是一位歷久彌新的朋友。隨著年歲的增長，他變得更加溫和了，即使面對與他的宗教信仰相對立的神學理論，他也不再像過去那樣怒氣衝天。年紀大了，我們都更加通情達理，或許這是一件好事。（1912 年 7 月 19 日，再次讀到這裡，我不禁流下了眼淚，因為我的摯友，親愛的湯姆・米勒於去年冬天在匹茲堡去世了。我和妻子參加了他的葬禮。從此以後，我的生命中少了很多東西 —— 創業初期的第一個合作夥伴，暮年時最親密的朋友。我可以隨他而去嗎？不管那是什麼地方。）

安德魯・克洛曼在亞利加尼市有一家小鍛鋼廠。我在任賓夕法尼亞鐵路公司主管時，就發現他能生產出最好的車軸。他是一個優秀的機修工 —— 他認為任何與機械有關的事都值得去做，並且應該做好。當時匹茲堡的人們還沒有這樣的意識。他的德國人思維使他考慮問題非常周全。他生產的東西成本很高，但可以使用很久。早些年，車軸的使用年限是個問題，因為沒有科學的方法進行材料分析。

這位德國人的發明創造非常之多！他是第一個引入冷鋸技術、把冷鐵切割成精確長度的人。他發明了鍛粗機，用於製造橋的介面，同時也建造了美國首臺萬能軋鋼機。所有這些都是在我們工廠生產的。伊茲船長正在為沒有聖路易斯大橋拱形處的聯結軸（承約人無法提供給他們）而發愁，工程處於停工狀態，克洛曼告訴我們，他能製造聯結軸，並知道其他人拿不出來的原因。他成功地製造出了聯結軸。他們製造出來的是當時最大的半圓形聯結

軸。透過這件事情，我們對克洛曼先生更有信心了，當他說他能研製出來時，我們就堅信一定能完成。

　　我之前有提到過我們家和菲普斯家的親密關係。早些年，他們家的長兄約翰是我的重要夥伴，亨利曾有幾年是我的下屬，但這個聰明機靈的小子總能引起我的注意。有一天，他向他的哥哥約翰借 25 美分，約翰以為他有重要的用途，問也沒問就隨手給了他亮閃閃的 25 美分硬幣。翌日早上，《匹茲堡快報》上出現了一則廣告：

　　「一個勤快的男孩希望找份工作。」

　　這就是那個精力充沛、勤快機靈的亨利用他的 25 美分所做的事情，或許這是他有生以來所花的第一個 25 美分。赫赫有名的迪爾沃斯與彼得威爾公司對這則廣告做出了回應。他們請這個「勤快的男孩」過去，亨利去了，並得到了一個信差的職位，按當時的慣例，每天早上他的首要職責是打掃辦公室。他去徵得了父母的同意，就這樣，這個少年開始投身商海。像這樣的一個男孩，沒有什麼可以阻止他的。這是一個老故事了。他很快成為老闆不可或缺的得力助手，在他們企業的一個分支機構獲得了一小部分股份。他在任何時候都非常機靈，沒過多久，他引起了安德魯·克洛曼的合夥人米勒先生的注意。他們最終在第二十九大道上建立了一座煉鐵廠。他曾是我弟弟湯姆的同學和密友。他們小時候一起玩耍、一起長大，直到我弟弟 1886 年去世，他倆一直保持著親密的合作關係。在與他們有業務往來的各個公司裡，他們總是持有同樣的股份，兩人做的工作都差不多。

　　那個信差男孩是當今美國最富裕的人之一，並開始向世人證明他懂得如何使用剩餘的金錢。多年前，他捐贈了漂亮的暖房給亞利加尼和匹茲堡的大眾公園，並且規定「暖房須在週日對大眾開放」，表明他是那個時代的人。這一條款引起了大眾的極大興奮。牧師在講壇上公開指責他，禮拜天的集會也通過決議宣告反對他這一做法對安息日的褻瀆。但是，人們全體起來反對這種小心眼的觀點，並且市政議會高興地接受了這份捐贈。他對牧師的抗議做出具有常識性的陳述：

　　「先生們，一切對你們來說都非常好，你們每週只要工作一天，是時間的

主人，在其餘 6 天時間裡，你們可以欣賞大自然的美麗風景——你們多麼幸福——但是你們非常清楚普通大眾只有一天休息時間，你們還要竭力排斥他們在僅有的一天裡的娛樂休閒。你們難道不覺得羞愧嗎？」

同樣是這些牧師，最近圍繞匹茲堡教堂的樂器這一話題展開了爭論。但是，當他們正在討論教堂中是否應該配有風琴時，聰明的人們去了安息日開放的博物館、暖房、圖書館。除非神職人員很快明白如何去迎合人們生活中真正需要的東西（他們的職責在哪裡），並且比現在做得更好，不然那些顧及大眾喜好的競爭者，也許不久就會使他們的教堂空空蕩蕩。

不幸的是，不久克洛曼和菲普斯因生意上的問題和米勒意見相左，米勒被迫離開。我認為米勒受到了不公平的對待，我和他聯合建立了新的工廠。這就是始創於 1864 年的獨眼巨人工廠。工廠投入營運後，把舊工廠和新工廠合併可能也是個明智的抉擇。1867 年，合併成立了聯合鋼鐵廠。我沒想到，米勒先生不願意再與他以前的合作夥伴菲普斯和克洛曼有任何連繫。這其實沒有什麼過不去的，因為他們不能掌控聯合鋼鐵廠，米勒先生、我的弟弟和我將持有控股權，但米勒先生非常固執，他請求我買下他的股份，我竭力勸說他摒棄前嫌，但無濟於事，我只好照他說的做。他是愛爾蘭人，正是愛爾蘭人的血液使他頑固不化。米勒先生曾懊悔拒絕了我善意的建議，他是我們公司的創始人，本來應該能得到他的回報——他和他的追隨者都可以成為百萬富翁。

那時，我們在製造業是小字輩，獨眼巨人工廠得到了在當時被認為是非常大的一片土地，有 7 英畝。有幾年，我們把一部分土地租給了別人。不久，一個問題出現了：我們是否要繼續在這麼小的地方從事鋼鐵製造？克洛曼先生成功研製了鐵質橫梁，多年來，我們工廠在那方面一直遙遙領先於其他工廠。我們在新工廠開始按照客戶需求製造各種類型的產品，尤其是其他公司無法承接的業務。隨著國家的發展，很多東西的需求都會逐漸增長，最先製造出來的總是最珍貴。其他公司不會做、也做不了的事，我們願意嘗試，這是我們公司必須嚴格遵守的一條原則。並且，我們將保證品質。我們永遠要替客戶著想，即使有時要犧牲一點自己的利益。一旦發生爭端，我們必須照

顧到對方的利益。這些是我們的經營之道。我們從未被起訴過。

當我漸漸對鋼鐵製造有了認識，我非常驚訝地發現，沒有人對每一道工序的每一項成本都瞭若指掌。接下來對匹茲堡幾家重要製造廠的調查證實了這一點。這是一筆糊塗的生意，不到年底統一結算，製造商對結果一無所知。我聽說，有人以為他們的生意到年底會顯示虧損，結果發現是盈利的，同樣，也有相反的情況。我感覺我們好像是在黑暗中挖洞的鼴鼠，這對我來說無法容忍。我堅決要求在我們工廠引入一種稱量會計制度，使我們能知道每一道工序的成本是多少，尤其是每個人做了什麼，誰節省了材料，誰浪費了材料，誰生產了最好的產品。

要達到這個目標，難度比想像中更高。工廠的每一位經理自然都反對這個新的制度。實施一個精確的制度需要好幾年的時間，但最後在許多員工的幫助下，工廠的各個環節都採用了稱量制度，我們現在不但知道每一個部門在做什麼，而且知道每一個在熔爐旁工作的人在做什麼，於是就有了相互比較。在製造業獲取成功的一個主要原因，是引入一套精確的會計制度並嚴格實施，以使每一個人對材料和成本耗費都負有職責。很多辦公室的老闆對員工沒有經過他的審核花了 5 美元不滿，但對工廠裡每天消耗數以噸計的材料卻沒有採用精確的會計制度，沒有對工人們的實際工作核算一下，也沒有稱量每一件產品的重量是多少。

為了冶煉鋼鐵之用，西門子燃氣熔爐在英國得到了廣泛使用，但它的費用太昂貴了。我清楚地記得，匹茲堡製造業的巨頭對我們在這些新型熔爐上的高額花費很有意見。但在大批量原料的冶煉中，使用這種新型熔爐有時幾乎可以減少一半的損耗。即使它比普通熔爐貴兩倍，這筆花費還是值得的。很多年後，其他公司才效仿我們採用這種策略，然而在這些年，我們的大部分利潤都是因為採用了先進的熔爐，節約了成本而獲得的。

嚴格的會計制度使我們發現了在大批量鋼鐵冶煉中產生的巨大浪費。這一改進也使我們發現了員工中的一個人才，他叫威廉·伯恩特萊格（William Borntraeger），是克洛曼先生從德國來的一位遠親。有一天，他做了一件令我們驚訝的事，他遞交了一份詳細的報表，能反映出新制度執行以來的成效，

第十章　煉鐵廠

這似乎有點不可思議。他是在晚上，在我們沒有要求和不知情的情況下，完成這份報表的。這份報表形式獨特新穎。不用說，威廉很快成為工廠的主管，後來還成為我們的合夥人，這位貧窮的德國青年在他去世的時候已是大富翁了。他理應得到屬於他的財富。

1862 年，賓夕法尼亞的大油田吸引了人們的關注。我的朋友威廉·科爾曼（William Coleman）（他的女兒後來成為我的弟媳）對這一發現很有興趣，但是除了和我一起到產油地區考察一趟之外，他什麼也做不了。這是一次非常有意思的旅行。人們都奔向油田，湧入的人非常多，以至於休息的地方都找不到。然而成群結隊的人們還是向那邊湧去，只需幾個小時，一間棚屋就被擠滿了。這些人原來的生活水準在中等偏上，財產也有不少，卻為了追求財富勇於去冒險。

讓我感到驚奇的是，那裡處處洋溢著愉快和幽默，簡直是一次盛大的郊遊，充滿有趣的事。每一個人都非常高興，財富彷彿觸手可及，一切都熱鬧非凡。起重機的頂部旗幟飄揚，上面寫著奇怪的標語。我記得曾看見河邊有兩個人踩著踏板正在取油，他們的旗幟上寫著：「要麼下地獄，要麼去天堂。」他們一直往下開採，不論多遠。

美國人的適應能力在這個地區得到了很好的體現。混亂的狀態很快變得井然有序。我們在這個地區待了沒多久，就有沿河的新居民組織起來的一支銅管樂隊為我們演奏小夜曲。我敢打賭，1,000 名美國人到了一片新土地，他們就會組織起來，建立學校、教堂、報社和銅管樂隊 —— 總之，為他們自己提供文明生活所需的一切 —— 發展他們的國家。而同樣數量的英國人，則會從他們中間找出一個世襲地位最高的人，這個人會由於他的祖父而被推薦為最高領導者。然而，美國人中間只有一條準則 —— 有用的才是有價值的。

如今，「油溪」已是一座擁有數千居民的小鎮，位於河另一邊的泰特斯維爾也是一樣。剛開始的時候，這一地區的塞內卡族印第安人用毛毯從河的表面採集原油，每個季度供應幾桶，現在已有一些小鎮和精煉廠，有著數百萬美元的資產。在早期的時候，所有的方法都非常原始。獲得原油後，裝入平底船，這種方式會導致嚴重的洩漏。河水灌入船中，原油就會溢到河裡。

114

河流的許多地方都築有堤壩，在規定的某一天某一時刻，堤壩打開，水上漲，油船就會漂浮到亞利加尼河，然後到達匹茲堡。

　　就這樣，不僅是那條小河，就連亞利加尼河都漂滿了原油。在運往匹茲堡的途中，損失的原油估計占總數的三分之一，可以肯定地說，油船在出發之前，由於洩漏又損失了三分之一。早期的時候，印第安人採集原油，在匹茲堡裝瓶出售，價格和藥品一樣高 —— 小瓶要賣 1 美元。傳說它可以用來治療風溼病。後來由於供應量豐富，價格也便宜了，它的療效就消失了。我們人類是多麼愚蠢啊！

　　最有名的幾口油井在斯托里農場。正因如此，我們花了 4 萬美元把它們買了下來。科爾曼先生曾建議開挖一個足以裝下成百上千桶原油的池子（每天洩漏的原油經過河流漂到池子裡），建一個油湖。我們當時預想，不久的一天，當石油供應不上的時候，這個油湖能馬上發揮作用。我們一直在期盼著這一天，為此損失了上千隻桶，但這一天還是沒有到來，我們不得不放棄了。科爾曼預測當石油供應緊缺的時候，油價將上升到 10 美元一桶，到時我們的油湖就價值百萬了。我們認為，當時原油的自然儲備量，在我們以每天數千桶產量的開採下一定會出現枯竭。

　　這 4 萬美元的投資給了我們最好的回報，在最佳時機獲得了最豐厚的收益。在匹茲堡新建的工廠不僅需要我們籌集資金，而且還需要我們貸款。回想當年，我認為貸款對年輕人來說很有好處。

　　對石油投資產生興趣後，我去了那個地方很多次，1864 年還去了俄亥俄州的一處油田，那裡有一口很好的油井，出產的石油非常適合用來做潤滑產品。科爾曼先生、大衛·里奇（David Ritchie）先生和我一同去了那裡，這是我所經歷的最不同尋常的一次行程。我們在距離匹茲堡數百英里的地方下了火車，穿過一個人煙稀少的地區，到達達克河水域，看到了這口巨大無比的油井。我們在離開之前買下了它。

　　在我們的返程途中險象環生。我們去的時候，天氣非常好，道路也非常通暢，但在我們逗留期間就開始下雨了。我們駕著馬車起程回來的時候，沒走多遠就陷入了困境。道路變得泥濘不堪，馬車陷入泥地裡步履艱難。大雨

傾盆，顯然我們只得在戶外過夜了。科爾曼先生睡在馬車的一邊，里奇先生睡在馬車的另一邊，我當時非常瘦，體重不到 100 磅，只好擠在兩位魁梧的紳士中間。馬車不住上下顛簸，艱難地往前走著，但很快又陷入了泥濘。我們就以這樣的方式度過了一夜。在馬車前端有一個座位，我們就把腦袋放在那底下，儘管條件非常艱苦，但那晚我們過得非常愉快。

第二天晚上，我們終於到了一個鄉村小鎮。我們看見鎮上的小教堂亮著燈，還聽到敲鐘的聲音。我們剛到小旅館，就有一個委員會的人出來說，他們正在等我們集會。顯然，他們正在期待一位著名的勸勉者，他很可能像我們一樣遲到了。我被當成了這位缺席的牧師，他們問我要準備多久可以和他們一起去會議室。我和我的同伴們差不多已準備跟他們開個玩笑，但我實在筋疲力盡，沒有力氣去嘗試，在此之前，我從來沒有如此近距離地接觸過講壇。

現在，我的投資需要牽扯我更多的注意力，因此我決定離開鐵路公司，全身心地投入我自己的事業。在作這項決定前不久，湯姆森總裁把我叫去費城。他有意提升我任路易斯先生手下的總裁助理一職，辦公地點在阿爾圖納。我婉言謝絕了，告訴他我已經決定放棄鐵路公司的工作，我要賺大錢，鐵路公司的那點薪水實現不了這個目標，而且我不願用不正當的方式發財。決定放棄的當晚，我徵求了董事會的意見，包括審判官在內。

在寫給湯姆森總裁的辭職信中，我重申了這一點。他在給我的回信中熱情地祝福我。1865 年 3 月 28 日，我辭去了職位，同時收到鐵路公司員工送的一塊金錶。我把這塊金錶和湯姆森先生的信當作最寶貴的紀念品珍藏。

下面這封信是我寫給我們部門的工作人員的。

賓夕法尼亞鐵路公司
匹茲堡分部主任辦公室
1865 年 3 月 28 日於匹茲堡
先生們：

值此分別之際，我無法表達不能再與你們共事的深深遺憾。

經過 12 年的愉快相處，我要對那些和我一起忠誠地為公司服務的人表示個人的敬意。離別是痛苦的，今後我將無法像過去一樣與你們，還有各個部門的其他成員，保持密切的互動。透過業務往來，我們已經成為非常好的朋友。我向你們保證，雖然我們工作上的關係結束了，但我會永遠祝福你們健康幸福，像過去在匹茲堡分部工作時一樣。我相信，那些多年來為賓夕法尼亞鐵路公司的成功做出貢獻的人，將享有應得的回報。

　　真誠地感謝你們對我的關心，感謝你們以熱忱的努力來支持我，也請你們對我的繼任者給予同樣的支持。再見！

真誠的

安德魯・卡內基（簽名）

　　從那以後，我永遠不用再為薪水而工作。一個人如果為薪水工作，必然會在他從事的狹窄領域中聽命於人。即使他成為大公司的總裁，他也很難是自己的主人，除非他掌控了股權。最能幹的總裁也會受到董事會和股東的制約，然而，這些人可能對業務一點也不懂。但我還是要高興地說，我今天最好的朋友，都是曾和我一起在賓夕法尼亞鐵路公司工作的那些夥伴。

　　1867 年，菲普斯先生、J・W・范德沃特先生和我重遊歐洲，我們遊遍了英格蘭、蘇格蘭，以及歐洲大陸。范迪是我最親密的夥伴。讀了貝雅德・泰勒[123] 的《路上的風景》一書後，我們倆心潮澎湃。在那些日子裡，石油價格飆升，股價飛漲。一個星期天，我們倆躺在草地上，我對范迪說：

　　「假如你賺了 3,000 美元，你願意把錢花在我倆的歐洲之旅上嗎？」

　　「當然，就像鴨子必須游泳，還有愛爾蘭人一定要吃馬鈴薯一樣。」他回答道。

　　不久，范迪就用儲蓄下來的幾百美元投資石油股票，賺夠了這筆錢。就這樣，我們的歐洲之旅開始了。我們邀請我的搭檔亨利・菲普斯加入我們的旅行團，他當時已經是一個資本家了。我們遊覽了歐洲大部分國家的首都，

123　貝雅德・泰勒（Bayard Taylor, 1825-1878），美國詩人、文學評論家、譯者、旅行作家和外交家。

第十章　煉鐵廠

饒有興致地攀登了每一座山峰，背上背著我們的旅行包，晚上就在山頂露營。我們此行結束於維蘇威火山，在那裡，我們決定，有朝一日要環遊世界。

這趟歐洲之旅使我受益匪淺。以前我對繪畫和雕刻一竅不通，但不久前我已經能鑑賞大師們的作品。在當時，一個人可能無法正確意識到他從偉大作品中所吸收的精華，但在他回到美國後，他會發現自己在不知不覺中，對以前認為美麗的東西已經嗤之以鼻了，他以新的標準來欣賞作品。那些真正的傑作給他留下了深刻的印象，那些贗品或自命不凡的作品對他不再有吸引力了。

這趟歐洲之旅也使我第一次享受到了音樂盛宴。當時，在倫敦的水晶宮舉行了韓德爾周年紀念音樂會，在那之前，以及以後，我都沒有再這樣感受到音樂有如此強大的力量：我在水晶宮、在大教堂、在歌劇院聽了許多偉大的音樂作品，確確實實提升了我的音樂欣賞水準。在羅馬，羅馬教宗的唱詩班以及耶誕節和復活節在教堂舉行的慶祝活動，使我得到了頂級的音樂享受。

這趟歐洲之旅對我的商業意識有很大幫助。一個人必須擺脫這個國家的影響，才能對其飛速前進的速度做出準確的估計。我感覺像我們這樣的製造企業很難滿足美國消費者的需求，但是在國外，好像一切都處於停滯不前的狀態。如果，我們把少數幾個歐洲的首都排除在外，那麼，這片大陸上的一切幾乎都是靜止的，而美國處處呈現出欣欣向榮的景象，就像小說中描寫的情景那樣，許許多多的人在巴別塔底下來回奔跑忙碌，人人爭相努力，所有人都投入其中，建造這座通天塔。

表哥多德（喬治·勞德先生）是我們應當感謝的一個人，他為我們工廠創造了一項新發明 —— 在美國這項發明尚屬首例。他帶我們的科爾曼先生去了英國的威根地區，向他講解了從煤礦中清洗和提煉焦炭的過程。科爾曼先生不斷地告訴我們，把當時我們丟棄的煤渣再利用起來，那是一件多麼好的事情，扔掉它們確實是一種浪費。我的表哥多德是一位機械工程師，曾師從格拉斯哥大學的物理學家克耳文勳爵[124]。1871 年 12 月，他證實了科爾曼先生

124　克耳文勳爵（William Thomson, 1st Baron Kelvin, 1824-1907），英國數學物理學家、工程師，也是熱力學溫標（絕對溫標）的發明人，被稱為熱力學之父。在格拉斯哥大學時他與休·布拉克本

的觀點。我著手出資在賓夕法尼亞鐵路沿線建幾家工廠。我們和幾家主要煤炭公司簽訂了 10 年合同，收購它們的煤渣，並和鐵路公司簽訂了運輸合同。勞德先生來到匹茲堡，多年來，他一直負責整個運作，並著手在美國建造首臺洗煤機。他成功了 —— 他在任何採礦業或是他從事的機械領域的工作中，從未失敗過 —— 他不久就還清了投資成本。難怪，後來我的合作夥伴想要把焦煤廠收歸到我們集團，他不僅是想得到這家工廠，更主要是想得到多德。「多德」已經聲名大噪了。

我們的煉焦爐不斷增多，直至擁有 500 臺煉焦爐，每天洗煤近 1,500 噸。我承認，每當提起在拉里默爾地區[125]的這些煉焦爐，我就會有一種感觸，假如有個人能讓長一片葉子的草地上長出兩片葉子，那麼他就是一個對社會有貢獻的人，也體現出了人類的責任。那些從扔掉的廢物堆裡提煉出原料、生產出優質焦炭的人也理應感到自豪。變廢為寶是件多麼好的事情，同樣，在我們的大陸上，能成為第一家做此事的公司也是非常了不起的。

我們還有一位非常不錯的夥伴，他就是我在丹夫林的莫里森表哥的兒子。有一天，我們路過工廠，廠裡的主管問我是否知道我有一個親戚是那裡的一名優秀技工。我回答不知道此事，並問我是否可以和那人聊聊，並四處轉轉。我們見面了，我問到了他的名字。

「莫里森，」他回答道，「羅伯特的兒子。」 —— 羅伯特就是我的表哥鮑伯。

「很好，你怎麼會在這？」

「我想我們這樣會生活得更好一點。」他說。

「你和誰在一起？」

「我的妻子。」他回答道。

「為什麼你不先來找你的親戚？我也許能夠幫你介紹到這裡來。」

（Hugh Blackburn）進行了密切的合作，研究了電學的數學分析、將第一和第二熱力學定律公式化，和把各門新興物理學科統一為現代形式。他被廣為人知是由於他發現了溫度的下限，也就是絕對零度。

125　拉里默爾地區（Larimer），美國匹茲堡東部的一個地區，以美國參議院、地產開放商威廉·拉里默爾（William Larimer）命名。

第十章　煉鐵廠

「噢，如果我自己能得到這個機會，我覺得我就不需要幫助了。」

這是一個真正的莫里森家族成員，他懂得自食其力。沒過多久，我聽說他被提升為我們在杜肯新開工廠的總監，並從此穩步上升。今天，他已經飛黃騰達了，但仍然是一個通情達理的百萬富翁。我們都為湯姆‧莫里森（Tom Morrison）而驕傲。（昨天，我收到他的一封來信，邀請我和我的太太在參加卡內基學院周年慶典期間，去他那裡做客。）

我一直建議，我們的鋼鐵廠應當擴大規模，鋼鐵製造相關的產業已經興起，要知道這只是起步階段。所有對鋼鐵產業未來發展的擔心，都會因美國在外國進口關稅上採取新的措施而消除。我清晰地意識到，內戰使一部分美國人下定決心要靠自己建設國家，在與國家安全有關的重要事情上不再依賴歐洲。以前，美國不得不進口所需的各種類型的鋼和大部分的鐵，英國是主要供應商。如今，美國人民要求本國就能供應，議會准許向進口鋼軌按價徵收 28％ 的關稅 —— 這在那時相當於每噸提價約 28 美元。當時，鋼軌的售價大約在每噸 100 美元，其他物品按同比例徵稅。

這項貿易保護措施對美國製造業的發展產生了很大的作用。內戰前，這是一個黨派間的紛爭，南方主張自由貿易，並認為關稅只對北方有利。英國政府對聯邦國家的支持，在阿拉巴馬州和其他攻擊美國貿易的武裝民船逃出來後，達到了巔峰，這引起了美國政府的反感，儘管大多數英國民眾對美國還是持有好感的。關稅不再是政黨間的問題，而是一項國家政策，並得到了兩個黨派的一致認可。這已成為一項愛國政策，有利於發展重要產業。議會中至少有 90 位的北方黨派民主人士，包括眾議院議長，都贊同這一點。

人們對投資製造產業不再存有疑慮，因為可以肯定的是，只要有需求，國家就會給予保護。內戰後的幾年裡，降低關稅的需求日益高漲，我也捲入了這場爭論。人們經常指控製造商向議員行賄。就我所知，這些指控是沒有根據的。毫無疑問，製造商們除了每年交幾千美元維持鋼鐵協會的日常運作外，再沒有交過任何錢。他們的確進行過集資，不過，只是為了保護貿易、反對自由貿易運動的捐款。

在我的極力支持下，鋼鐵關稅連續降低，鋼軌的稅收從每噸 28 美元降到

只有原來的四分之一，也就是每噸 7 美元。（如今，1911 年，關稅只有原來的一半左右，甚至還可以進一步的修訂。）克里夫蘭總統 [126] 想要通過一項力量更大的關稅政策，人們非常關注他的這一行動。這一關稅政策如果獲得通過，很多領域的利潤都會銳減，會有更多的製造商利益受損。我被叫到華盛頓參與修訂《威爾森法案》，我認為要提高稅率。參議員高曼（Gorman）是參議院的民主黨領導人，他、紐約州州長弗勞爾（Flower）和一些優秀的民主人士都和我一樣是貿易保護主義者。其中有些人傾向反對《威爾森法案》，認為這無疑會嚴重削弱一些本國的製造產業，沒有必要強度這麼大。參議員高曼對我說，他希望我至少不要做有損於本國製造商的事，他說他的同事們非常信任我，如果大幅度降低鋼鐵稅率，參議員們一致同意這一法案，他們願意支持我。我記得他當時說的語：「我可以和總統對抗，但必須戰勝他，如果我承受不起，就會敗下陣來。」

弗勞爾州長持有同樣的觀點。讓我們黨派同意我提議的大幅度減稅政策是沒有任何問題的。《威爾森一高曼關稅法》通過了。我後來遇到高曼參議員，他解釋說，他為了團結幾個南方的參議員，不得不做出讓步。這樣，關稅法才得以通過。

內戰結束後，我在製造產業還沒有充分的話語權，無法直接參加關稅法的制訂，因此，我一直都支持降低稅率，反對極端主義 ── 非理性的貿易保護主義者認為稅率越高越好，反對任何減稅政策；另一些極端主義者抵制所有關稅，希望採取不受限制的自由貿易政策。

如今（1907 年），我們可以在無損於本國企業的情況下，廢除鋼鐵製造產業的所有關稅，這些關稅在初期是必不可少的。歐洲沒有更多剩餘的產量，以致當地的鋼鐵價格漲得很高，從那裡進口的只是一小部分，因此，國內製造企業不會受到進口的多大影響。自由貿易只會趨向於阻止在供不應求的一段時期內價格的飛漲。國內鋼鐵製造企業無需擔心自由貿易。（1910 年，我最近在華盛頓的關稅委員會會議召開前陳述了這一觀點。）

126　克里夫蘭總統（Stephen Grover Cleveland, 1837-1908），第 22 和第 24 任美國總統，至今美國歷史上唯一一位兩度當選且任期不連續的總統。

第十章　煉鐵廠

第十一章
紐約總部

第十一章　紐約總部

　　由於我們的事業不斷擴展，我經常需要去東部出差，尤其是紐約。紐約就像英國的倫敦一樣，是美國所有重要企業的總部所在地。如果不在那裡設辦事處，大公司就難以獲得很好的發展。我的弟弟和菲普斯先生已經能夠完全處理匹茲堡的業務。我的職責主要是謀劃公司的總體發展策略，並商談一些重要的合同。

　　我的弟弟非常幸運地娶了露西‧科爾曼（Lucy Coleman）小姐為妻，她的父親是我們非常重要的一個合作夥伴，也是我們的好友。我們在霍姆伍德的家就交給了弟弟，而我不得已再次捨棄原有的生活圈，在1867年離開匹茲堡，把家安到了紐約。這個變化對我來說很難接受，母親也感到非常難過，不過她雖然身在異鄉，但只要我們在一起，無論在什麼地方她都很高興。然而，她的思鄉之情還是非常強烈。我們在紐約完全是陌生人，我們先在當時富麗堂皇的聖尼古拉斯酒店安頓下來，在布羅德街開了一個辦事處。

　　有一段時間，匹茲堡的朋友來紐約，就是我們最大的快樂，匹茲堡的報紙似乎也是我們生活中必不可少的。我常常去匹茲堡，母親也經常陪我一同前往，這樣我們仍然和老家保持著連繫。但過了一段時間以後，我們就有了新朋友，也產生了新的興趣愛好，開始把紐約視為新家了。當聖尼古拉斯酒店的老闆在市鎮周邊住宅區開了溫莎公爵酒店，我們就隨之把家搬到了那裡，一直到1887年，這裡都是我們在紐約的住處。酒店老闆霍克先生成為了我們的好朋友，他的姪子和親戚現在仍然和我們保持著聯繫。

　　在紐約，使我獲益最大、受影響最深的莫過於考特蘭特‧帕默[127]夫婦組建的「十九世紀俱樂部」。在他們家，俱樂部每月組織一次各種話題的討論，很快就吸引了許多社會名流。我應當感謝博塔（Botta）夫人，是她推薦我成為俱樂部成員。她是博塔教授的妻子，是一位非同尋常的女性。他們家的客廳勝過城裡的任何一家沙龍。有一天，我榮幸地受邀去博塔家赴宴，在那裡，我第一次遇見了幾位名人，他們中有一位成為了我終生的朋友和顧問，

127　考特蘭特‧帕默（Courtlandt Palmer, 1800-1874），美國地產商、實業家。注重職業教育和推廣自由思想教育。在紐約創辦十九世紀俱樂部並自任主席，定期召集和邀請當時的作家、畫家、評論家、實業家及各領域的菁英人士聚會並發表演講。

他就是安德魯・D・懷特（Andrew D. White）。他當時是康乃爾大學的校長，後來成為美國駐俄羅斯和德國大使，也是海牙國際會議美方的首席代表。

在這裡，「十九世紀俱樂部」的確就像一個舞臺，才華橫溢的人們在那裡一本正經地討論當天的熱門話題，並逐一向觀眾講解。不久，聚會的規模變得越來越大，對一個私人客廳來說有些容納不了，每月一次的聚會就改在當時的美國國家藝術館舉行。我記得，我首次參加演講的題目是「美元貴族」。這是我第一次在紐約觀眾面前亮相。在那之後，我時常發表演講。這是非常好的鍛鍊，因為每次出場演講，都需要閱讀和學習許多知識。

我在匹茲堡生活了很長時間，對製造業比較熟悉，覺得它不同於投機生意。我對事物的了解源於我曾經做過電報操作員，從而得知幾家匹茲堡的公司和老闆當時在紐約證券交易所買賣股票。我帶著濃厚的興趣關注著他們的事業。對我來說，他們的這種操作看上去簡直是一種賭博行為。我當時並不知道，這些人和公司的信譽都已嚴重受損，因為人們認為（這幾乎不可能隱瞞得住）他們熱衷於投機生意。但是，這樣的公司在當時是極少數，屈指可數。匹茲堡的石油和證券交易所還沒有建立，藉由電報與東部的證券交易所聯繫的股票代理商辦公室也是沒必要的，匹茲堡還是一個工業重鎮。

當我發現紐約的狀況與匹茲堡有著天壤之別時，我感到異常驚訝。那裡，幾乎很少有商人不在華爾街參與過冒險投機，或多或少的區別。我被來自四面八方的人們圍著，他們向我打聽我接觸過的各家鐵路公司的情況。有人主動提出願意提供資金作為投資，讓我去管理——他們猜想我能得到來自內部的消息，投資肯定能夠成功。還有人邀請我加入他們的行列，他們打算悄悄買下某些公司的控股權。事實上，整個投機領域最誘人的一面展現在了我面前。

我拒絕了所有這些誘惑。有一天上午，我剛搬到紐約不久，在溫莎公爵酒店，我收到了一個最具誘惑的提議。傑伊・顧爾德[128]（當時他的事業正處於巔峰）走過來對我說，他聽說過我，他將買下賓夕法尼亞鐵路公司的控股

128　傑伊・顧爾德（Jay Gould, 1836-1892），美國著名鐵路開發商和投機商。被烙上美國鍍金時代的「強盜男爵」之一。

權，如果我同意管理的話，就給我一半的收益。我謝絕了他的好意，並說，雖然史考特先生和我在公司業務上產生過分歧，但我永遠不會與他作對。後來史考特先生告訴我，他聽說我被紐約的大股東選中去接替他的職位。我不知道他是如何得知這些的，因為我從來沒有向別人提起過這件事。我對他說，只有我自己的鐵路公司，我才會去任總裁，以此來消除他的疑慮。

時光流轉，世事輪迴。1900 年的一天早晨，在我遇到此事的 30 年後，我告訴顧爾德先生的兒子他父親的這個提議，並對他說：

「你的父親曾提議讓我管理賓夕法尼亞鐵路系統。現在作為報答，我提議讓他的兒子管理一條大洋間的國際鐵路線。」

我和顧爾德先生的兒子就第一步達成了一致意見 —— 將他的沃巴什鐵路線通到匹茲堡。我們簽訂了一個合同，提供我們鋼鐵公司三分之一的運輸量給沃巴什鐵路線，這第一步進行得非常成功。我們提出的東部線的範圍從匹茲堡擴展到大西洋。摩根[129] 先生在 1901 年 3 月透過施瓦布[130] 先生找到我，問我是否真的願意退出商界。我肯定地回答道，那要等我們鐵路公司走到盡頭了，我才會放棄。

我一生中從來沒有投機性地買賣過各類股票，除了早期從投資的角度買過賓夕法尼亞鐵路公司的一小部分股份，當時還不是我自己付的錢，而是銀行家們提供給我的低息貸款。我一直堅守一個原則：不買我買不起的東西，不賣不屬於我的東西。儘管多年前，我持有少數一些在商業交往過程中得到的股份，其中包括一些在紐約證券交易所上市的股票和有價證券。我每天早上都會翻開報紙，饒有興致地先看一下股票市場的行情。我決定出售我持有的一切其他公司的股份，把所有精力投入到匹茲堡的製造企業上，並下定決心不再持有在證券交易所買賣的任何股票，除了少量透過各種途徑獲得的股份之外。我嚴格遵守這條原則。

這一準則應受到製造業中的每一個人和所有職業經理人的歡迎，尤其是

129　摩根（John Pierpont Morgan, 1837-1913），美國金融家及銀行家。生前壟斷了世界的公司金融及工業併購。

130　施瓦布（Charles M. Schwab, 1862-1939），美國鋼鐵業的奇才，他領導的美國伯利恆鋼鐵公司曾為美國鋼鐵業的第二大巨人企業。

對從事製造業的人來說，這條原則尤為重要。如果他經常要對出現在他面前的問題做出正確的決斷，那麼他必須保持冷靜從容。證券交易市場的紛繁複雜變化，會擾亂一個人的思維，會使他做出不明智的判斷。他置身於那種影響下，就好像迷失了方向，看不清事物的本質，無法做出精確的判斷，抓不住事情的真相。他會把小丘看成高山，把高山看成小丘，沒經過理性分析就急於下結論。他的注意力會集中在股票行情上，而不是想要冷靜地思考一些問題。投機活動依靠價值為生，而不是創造價值。

在紐約定居後，我的第一項重要計畫是在基奧卡克建造一座跨越密西西比河的大橋。我和賓夕法尼亞鐵路公司的總裁湯姆森先生承接了大橋的整體構造、基礎設施、石工工程和上層結構工程。合同中規定了是以債券和股票來支付工程款。這項工程在各個方面都極為成功，除了經濟上不太理想。一場危機使得鐵路產業陷入破產，他們無法支付合同約定的款項。我的同行競爭者也在伯靈頓建造了一座跨越密西西比河的橋，並在密西西比河的西岸修了一條通往基奧卡克的鐵路。我們預期的豐厚利潤沒能實現。雖然湯姆森先生和我沒有獲得什麼盈利，但我們也沒有什麼損失。

這座大橋的上層結構是由我們在匹茲堡的基斯頓公司建造的。這項工程有時需要我去基奧卡克。在那裡，我結識了一些聰明可愛的人，他們中有雷德將軍 [131] 和夫人，還有萊頓夫婦。後來，我和一些英國朋友去基奧卡克訪問，他們對這個遙遠的西方社會印象深刻，對文明的邊緣化感到非常驚訝。有一天晚上，雷德將軍盛情接待了我們，彷彿把大家一起帶到了英國的某個小鎮。有不少客人在內戰時期就已非常著名，後來提升為國家議會的要員。

建造基奧卡克大橋使我獲得了聲譽，以至於有人請我負責策劃在聖路易斯建造一座跨越密西西比河的大橋。這是我第一筆大資金業務。1869 年的一天，負責這項計畫的麥可弗森先生（他是典型的蘇格蘭人）來到我在紐約的辦公室對我說，他們正在為建橋籌集資金。他想知道我是否能獲得東部鐵路公司對這個項目的支持，經過對這個項目的仔細審查，我代表基斯頓橋梁公

131　雷德將軍（John William Reid, 1821-1881），美國國會議員、律師、將軍。

司簽下了建造這座大橋的合同。我同時獲得了橋梁公司的第一筆 400 萬美元的抵押債券，並於 1869 年 3 月出發去倫敦商談這筆買賣。

在旅途中，我準備了一份工程簡介，到了倫敦後就列印出來。我以前來這的時候認識了一位大銀行家尤尼烏斯·史賓賽·摩根[132]，一天早上，我去拜訪他，並開門見山地和他洽談此事。我給他留了一份簡介副本，第二天我再去他那裡時高興地發現，摩根先生非常看好這個項目。我向他出售了一部分債券，但是根據他律師的意見，債券的措辭要作一些必要的修改。摩根先生對我說，如果我要去蘇格蘭，最好立即動身，我應該寫封信給聖路易斯的專案方，以確定他們是否同意作上述修改。他說，我三週後回來會有足夠的時間處理此事。

但是我擔心夜長夢多，我告訴他，我一早就透過電報徵求所有的修改意見。大西洋的海底電纜已經開通一段時間了，但是能否傳輸我當天發送的這麼長的私人電報，還無法確定。我毫不費力地將債券上的所有行數編上號碼，然後，對每一行需要修改什麼或增加什麼都作了詳細的說明。在電報發送之前，我請摩根先生過目。他說：

「很好，年輕人，如果你成功了，應當受到嘉獎。」

第二天早上，我走進辦公室，發現摩根先生給我專用的桌子上放著一個彩色信封，裡面是給我的回函。上面寫著：「昨晚，董事會全票通過修改意見。」

「現在好了，摩根先生，」我說，「我們能繼續進行下去了，債券的形式已符合你律師的要求了。」很快，合同就簽下來了。

我在辦公室的時候，《泰晤士報》的財經編輯山普森（Sampson）先生走了進來。我和他有過一面之緣，我非常清楚，他的幾句話能使證券交易市場的債券價格飛漲。美國的有價證券市場最近受到了猛烈衝擊，原因在於菲斯克和顧爾德聯合伊利鐵路公司進行起訴，並控制了紐約的法官，法官們似乎對他們唯命是從。我知道此事會被拿出來作為一個反面報導，因此我立即出

132　尤尼烏斯·史賓賽·摩根（Junius Spencer Morgan, 1813-1890），美國的銀行家及金融家，J·P·摩根（John Pierpont Morgan）的父親。他創立了 J·S·摩根公司。

面應對。我提醒山普森先生關注一個事實，那就是聖路易斯大橋公司是得到國家政府特許的。如果需要的話，它將直接向美國最高法院上訴。山普森先生說，他很樂意給一個重要的版面做這篇特稿。我還向他描述了大橋像是歐洲大陸交通要道的一個收費站，這似乎令他很滿意。一切交流都非常順利。當他一離開辦公室，摩根先生就拍著我的肩膀，對我說：

「謝謝你，年輕人，今天上午，你已經將那些債券的價格提升了百分之五。」

「不用客氣，摩根先生，」我答道，「現在可以告訴我，我如何能為你把債券價格提升得高於百分之五呢。」

發行債券非常成功，修建聖路易斯大橋的錢有了著落。在這次談判中，我得到了一筆可觀的利潤差額。這是我首次與歐洲銀行家進行金融洽談。幾天後，普爾曼（Pullman）先生告訴我，摩根先生在一次宴會上提到了我發電報的那件事，並預言：「那個年輕人將來一定會成名。」

告別摩根先生後，我來到了故鄉丹夫林，那次，我給小鎮捐建了一座公共浴池。這是我的第一項大額捐贈。很久以前，在勞德姨丈的建議下，我為矗立於史特靈高地的華萊士紀念碑捐過一筆基金，在那裡可以俯瞰班諾克本。捐贈的數額雖然不是很多，但當時我在電報公司工作，這已經大大超出了我每月 30 美元的收入了，而且我還要負責家庭開支。相反，母親沒有絲毫不滿，她為她兒子的名字在捐款人名單上而感到非常驕傲。我覺得我真正成為一個有用的人了。許多年以後，母親和我重訪史特靈，在華萊士高塔上立著一尊華特·史考特爵士的半身雕塑像，這是她捐贈給紀念碑委員會的。當時，我們的生活至少在經濟上有了很大的改善。那只是早期的捐贈，大筆的捐贈還未開始，到那時為止，我還處於財富累積階段。

1867 年，我在歐洲大陸旅遊，為當時的所見所聞深深吸引。在此期間，我也牽掛著國內的事務。我時常寫信和公司保持聯繫，關注業務上的問題。由於內戰，連接太平洋的鐵路交通問題顯得極為重要，國會已經通過了一項條例，鼓勵修建一條鐵路線。這條鐵路剛剛在奧馬哈開工，並且打算最終通向舊金山。當我在羅馬時，有一天知道了這項工程比預期進展得更快，國家

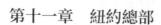

第十一章　紐約總部

已經下定決心，必須將領土連接起來，可見這項工程不用多久就能完成，於是我寫信給我的朋友史考特先生，向他建議我們應該去拿下一個加利福尼亞路段的臥鋪車廂合同。他的答覆是這麼說的：

「很好，年輕人，你抓住了時機。」

我回到美國後就照著這個想法去做了。我所感興趣的臥鋪車廂業務量迅速增加，以致於供不應求。正是這件事促成了現在的普爾曼公司的成立。中央運輸公司的運輸能力還沒辦法很快覆蓋到所有領域，普爾曼先生開始在芝加哥建立世界上最大的鐵路公司，不久就與母公司抗衡。他也看到了太平洋鐵路公司聯盟將成為世界上最大的臥鋪車廂鐵路公司，我發現他正在進行我已開始做的那些事。他真是一隻攔路虎。人們可以透過我與普爾曼先生的競爭再次意識到，微不足道的事情有時會起決定性的作用。

太平洋鐵路公司聯盟的總裁路過芝加哥，普爾曼先生前去拜訪，並被領進總裁的房間。桌上放著一封給史考特先生的電報，上面寫著：「你關於臥鋪車廂的提議被認可了。」普爾曼先生無意間讀到了這封電報，電報放在他一眼就能看到的地方。這時，達蘭特總裁走進房間，普爾曼先生向他解釋說：

「我相信，在我沒有把建議提交給你的時候，你是不會對此事做出決定的。」

達蘭特先生答應再等等。不久以後，太平洋鐵路公司聯盟董事會在紐約舉行會議。我和普爾曼先生出席了會議，我們都力爭獲得那份我倆都很重視的合同。有一天晚上，我們同時出現在聖尼古拉斯酒店的樓梯口，我們以前見過，但不是很熟。不過，我們走上樓後，我開口了：

「晚上好，普爾曼先生！我們又碰上了，你不覺得我們正在成為一對難兄難弟嗎？」他並不認同，說道：

「你是什麼意思？」

我把情況解釋給他聽，告訴他為爭奪合同我們會兩敗俱傷。

「沒錯，」他說，「對此，你有什麼好的建議嗎？」

「聯手，」我說，「制訂一份共同的提議給太平洋鐵路公司聯盟，你我組建成一家公司。」

「你如何命名它？」他問道。

「普爾曼豪華車廂公司。」我回答。

這正合他意，我也覺得很適合。

「請到我的房間來，我們好好商量一下。」這位臥鋪車廂的大人物說道。

結果，我們共同得到了那份合同。我們公司隨後併入普爾曼總公司，並獲得部分股權。我相信我是普爾曼公司最大的股東。直到後來 1873 年的金融危機期間，我被迫出售我的股份，以保護我們鋼鐵公司的利益。

普爾曼為人處世極為美國化，對他的一些評論說得沒錯。普爾曼先生起初是一個木匠，當芝加哥城興建高樓時，他透過拿到修建或加高房屋的合同來賺錢。當然，他成功了。從這些小事起步，他成為那個行業裡最有名的承包商。如果一家大酒店想要把房屋加高 10 英尺，而不影響到住在那裡的數百位客人，也不妨礙到酒店的生意，那麼普爾曼先生就是他們要找的人。他是極少數能預見事態發展趨勢的人之一，可以說是一位緊跟潮流的人。不久，他和我一樣看到了臥鋪車廂在美洲大陸的需求。他開始在芝加哥建造一些車廂，並在芝加哥中心線路拿到了合同。

東方公司無法與普爾曼先生這樣不同尋常的人競爭。我很快承認了這一點，儘管起初的專利權屬於東方公司和伍德拉夫先生本人，原始專利權所有人是大股東，雖然我們有可能被起訴多年，因侵害專利權而遭受損失，但是在此之前，普爾曼公司有足夠時間發展成全國最大的臥鋪火車公司。因此，我竭誠主張我們與普爾曼先生聯合起來，如同在與太平洋鐵路公司聯盟簽約之前，我已經與他達成統一了。由於普爾曼先生與東方公司某些職員的個人關係不太好，大家認為最好是由我來做這個協調工作，使雙方建立友好的合作基礎。我立即同意了普爾曼公司併購我們公司，透過這種方式，他還併購了中央運輸公司。普爾曼先生的業務不再局限於西部，還獲得了賓夕法尼亞通往大西洋海岸的骨幹控制權。這使得他的公司超越了所有其他競爭對手。普爾曼先生是我所認識的最有才能的人之一。

不過，像所有其他人一樣，普爾曼先生也有他的煩惱和沮喪，並不是每次都能成功。沒有人能事事一帆風順。的確，除了他，我不知道還有誰能以

令人滿意的方式處理臥鋪車廂業務經營中的所有困難，並能維護鐵路產業理應得到的權利。鐵路公司當然應該經營他們自己的臥鋪車廂業務。有一次，我們在交流時，他告訴了我一個能從中受到啟迪又蘊含哲理的故事。

有一位住在西部縣城的老人遭遇了人生的種種疾苦，鄰居們對他表示同情，他卻回答：「是的，朋友們，你們說得沒錯。我的一生充滿著艱難困苦，但有一樣奇怪的事 —— 十有八九的煩惱從來沒有變為現實。」

的確，人類大多數的煩惱都是想像出來的，應一笑置之。杞人憂天是愚蠢的，船到橋頭自然直，一切都會好起來的，更何況十之八九的事沒有像預想的那麼糟糕。一個聰明的人肯定是一個樂觀的人。

各類談判的成功，使我在紐約獲得了一定的關注。1871 年，我接下來的一筆大生意與太平洋鐵路公司聯盟有關。這家公司的一位董事來找我，說他們必須籌集一筆 60 萬美元的款項（相當於今天的好幾百萬美元）來幫助他們度過危機。這家鐵路公司執行委員會裡有一些熟悉我的朋友，他們提議說，我有能力籌到這筆錢，同時可以讓賓夕法尼亞鐵路公司實際掌控那條重要的西部鐵路線。我認為普爾曼先生會和這位董事一起來，或許普爾曼先生自己就是在這個問題上首先想到了我的人。

我接下了這個任務，因為我想，如果太平洋鐵路公司聯盟的董事會願意推薦賓夕法尼亞鐵路公司提名的幾位候選人作為董事會成員，那麼賓夕法尼亞鐵路公司就有理由去幫助太平洋鐵路公司聯盟。我去了賓夕法尼亞，和湯姆森總裁談論這件事。我向他建議，如果賓夕法尼亞鐵路公司能相信我為太平洋鐵路公司聯盟在紐約的借款作的擔保，我們就能控制太平洋鐵路公司聯盟在賓夕法尼亞的利益權。湯姆森先生的自信在當時得到了充分體現。他用鐵路公司的錢比用他自己的錢更為慎重，但是這單交易的利潤太可觀了，不容錯過。即使 60 萬美元血本無歸，投資他們這家公司也不是一種損失。況且，這幾乎沒有風險，因為我們已經準備將得到的有價證券轉讓給他們，那是貸款給太平洋鐵路公司聯盟所得的收益。

我和湯姆森先生的會面是在他費城的家裡。當我起身要離開的時候，他把手搭在我的肩上，說：

「記住，安迪，這件事我全靠你了。我相信你，指望你獲得的所有有價證券，因為賓夕法尼亞鐵路公司從來沒有損失過一美元。」

我接受了這項重任，結果大獲成功。太平洋鐵路公司聯盟非常渴望由湯姆森先生本人來擔任總裁，但他說這是不可能的。他提名由賓夕法尼亞鐵路公司副總裁湯瑪斯·A·史考特先生來擔任這一職位。於是在 1871 年，我和史考特先生、普爾曼先生被推選為太平洋鐵路公司聯盟的董事。

由於貸款，我們獲得了太平洋鐵路公司聯盟的 300 萬份股份，我把這些股份鎖進保險箱裡，待價而沽。正如預期的那樣，由於賓夕法尼亞鐵路公司的加盟，太平洋公司聯盟的股價一路走高，我們所持有的股票前景可觀。就在此時，我要去倫敦為在奧馬哈建造密西西比河大橋一事進行商談。就在我出差期間，史考特先生決定賣掉我們所持有的太平洋鐵路公司聯盟的全部股份。我出發前交代我的祕書，史考特先生作為我們的投資合夥人之一，可以接觸保險箱，在我離開期間，那些股票或許需要有一個人來管理。但是萬萬沒有想到，股票被賣掉了，我們將失去已經在太平洋鐵路公司聯盟獲得的重要地位。

我回來後發現，我不再被太平洋鐵路公司聯盟的董事們認為是一個可信的同事，而被認為是一個以投機為目的、利用他們的人。我們曾經有和他們合作的好機會，然而卻非常粗心大意地失去了這樣的機會。普爾曼先生起初對此事一無所知，後來知道了以後和我一樣生氣，我相信他會立刻再買進他的那些股份。我也很想這麼做，否認已經發生的事，但如此明顯地與老朋友史考特先生撇清關係有些不太合適，也有些忘恩負義。

很快，我們就不光彩地被太平洋鐵路公司聯盟董事會除名了。這對一個年輕人來說，就像一劑難以吞咽的苦藥。這件事使我與對我產生過重大影響的、和藹可親的前上司湯瑪斯·A·史考特先生之間，第一次產生了嚴重的分歧。湯姆森先生對此事懊悔不已，但正如他說的，他沒有關注這件事，所有股票都在我和史考特先生手上，他以為我想全部賣掉。我一度擔心我會失去一位好朋友列維·P·莫頓（Levi P. Morton），他是莫頓·布利斯公司的人，也持有太平洋鐵路公司聯盟的股權，但最終他知道我是無辜的。

第十一章　紐約總部

　　關於建造奧馬哈大橋的 2,500 萬債券的談判非常成功，在我聯繫這家公司之前，這些債券就被太平洋鐵路公司聯盟的有關人員買走了，這次談判只對他們有利，太平洋鐵路公司聯盟沒有得到任何好處。在我出發去倫敦之前，董事會沒有向我說明這點。不幸的是，當我回到紐約，我發現所有的債券收益，包括我的利潤，都被那些人挪去償還他們自己的債務了，我因此虧了一大筆錢，還損失了時間和費用開支。以前，我從來沒有上當受騙過，也沒有如此清晰地意識到這一點：我發現我還年輕，有許多東西要學。大多數人是可以信賴的，但還是有一小部分人需要留意。

第十二章
商務談判

第十二章　商務談判

　　大約在此期間，我幫助匹茲堡的亞利加尼河谷鐵路公司的總裁威廉·菲利浦斯（William Phillips）上校進行的一次談判大獲成功。有一天，菲利浦斯上校來到我紐約的辦公室對我說，他急需一筆錢，雖然有賓夕法尼亞鐵路公司為他們作擔保，但美國沒有一家銀行有興趣購買他們公司的 500 萬美元債券。這位老先生覺得，他之所以被銀行家們逼得走投無路，是因為銀行之間已達成一致，只能按他們自己的規定購買債券。他要求以 9 折的價格賣給他們，但銀行家們認為太高了。當時，西部鐵路公司的債券通常以 8 折的價格賣給銀行。

　　菲利浦斯上校說，他來這裡是想看看我是否有辦法幫他度過難關。他急需 25 萬美元，賓夕法尼亞鐵路公司的湯姆森先生不願借給他。亞利加尼河谷鐵路公司債券的利率是 7%，但在美國不能用黃金支付，只能用現金。因此，他們不能面向國外市場。但是據我所知，賓夕法尼亞鐵路公司擁有一大筆費城與伊利鐵路公司的債券，利率是 6%，用黃金支付。我認為，用這些債券來換亞利加尼河谷鐵路公司 7% 利率的債券是一筆值得做的交易，何況他們本來就要為亞利加尼河谷鐵路公司作擔保。

　　我給湯姆森先生發了封電報，問他賓夕法尼亞鐵路公司是否願意拿出 25 萬美元以有息貸款的方式借給亞利加尼河谷鐵路公司。湯姆森先生答覆「當然可以」。菲利浦斯上校得知後非常高興。他承諾，考慮到我給予他們的幫助，願意給我 60 天的期權，以 9 折的價格購買他們 500 萬美元債券。我向湯姆森先生說了這件事，並建議他做這筆交易。他們自然非常高興去做，因為還能賺得 1% 的債券利息。我立即起程去倫敦，處理費城與伊利鐵路公司首筆 500 萬債券的債權問題。這些債券是由賓夕法尼亞鐵路公司作擔保——我想要的高價有了保證。然而，這將給我帶來金融生涯中最大的一次打擊，也是最大的一次失利。

　　我從昆士鎮發了封信給霸菱銀行，說我有一筆債券要出售，他們甚至可以對此絕對放心。我一到倫敦，就在下榻的旅館裡發現了一張他們留給我的便條，說想邀我談一談。第二天上午，我去了，在我離開他們的銀行大樓之前，我已經拿到了他們願意放貸的協議。協定規定他們將提供給賓夕法尼亞

鐵路公司 400 萬美元的貸款，利率是 5%，若他們按票面價值出售債券，則要扣除 2.5% 的傭金。這筆買賣將讓我獲得至少 50 萬美元的淨利潤。

我們正準備簽合同時，羅素·斯特吉斯 [133] 先生說，他們剛剛得知霸菱（Baring）先生明天早上將到這裡來。他們準備舉行一次會議，讓他了解一下這件事的具體情況。出於對他的尊重，他們將合同檔的簽署推遲到第二天。如果我能在下午 2 點來的話，這次交易應該就可以達成了。

當我出門去電報公司給湯姆森總裁發電報時，有一種不祥的預感出現在我腦海裡，這種感覺我永遠都忘不了。直覺告訴我不能那樣做。我應該一直等到明天，直至把合同裝進我口袋後再發。我從銀行大樓走到朗廷酒店 —— 走了 4 英里路。當我到酒店時，發現有位信差正在等我，他氣喘吁吁地遞給我一封來自霸菱銀行的密封信件。俾斯麥 [134] 在馬德堡 [135] 凍結了 1 億美元的資產。金融界的人們驚慌失措。霸菱銀行以請求的語氣說，在這樣的經濟環境下，他們不能建議霸菱先生繼續這筆交易。計畫沒有變化快，霸菱銀行的毀約使我深受打擊。然而事實就是如此。這個打擊實在太大了，以至於我一點也沒轍，只能完全聽天由命，唯一慶幸的是還沒有給湯姆森先生發電報。

我決定不回頭找霸菱銀行了，而是隨後把這些債券以低於和霸菱銀行談好的價格賣給了摩根銀行，儘管他們正在大量出售美國有價證券。起初，我想最好不要去找摩根銀行，因為我從菲利浦斯上校那裡得知，他曾向美國的摩根銀行出售債券，但沒有成功。我由此猜想，倫敦的摩根銀行可能會與紐約的摩根銀行有業務聯繫。但後來，遇到所有這樣的業務，我首先會想到尤尼烏斯·史賓賽·摩根，他很少讓我空著手離開他的銀行大樓。即使他們銀行自己不買，他也會幫我聯繫一家兄弟銀行，他樂意這麼做。令我極為滿意

133　羅素·斯特吉斯（Russell Sturgis, 1805-1887），美國波士頓商人。因與中國貿易而聞名。後成為英國倫敦霸菱銀行總裁。

134　俾斯麥（Otto Eduard Leopold von Bismarck, 1815-1898），勞恩堡公爵，普魯士王國首相（西元 1862 ～ 1890 年），德意志帝國首任宰相（西元 1871 ～ 1890 年），人稱「鐵血宰相」、「德國的建築師」及「德國的領航員」，奉行「鐵血政策」。

135　馬德堡（Magdeburg），位於易北河畔，是德國薩克森 - 安哈爾特州的首府，它是本州僅次於哈雷的第二大城市，也是三個直轄市之一。這個城市因曾經作為奧托一世（Otto I）的皇宮所在地而著名。

的是，我洽談的每一筆證券業務，最後都會讓我得到一筆獎金。當然，在這件事上我犯了一個錯誤，我沒有回去找霸菱銀行，給他們時間以度過金融危機，危機很快就會過去的。當一方在談判中情緒激動時，另一方應該保持冷靜，並且要有耐心。

在我的金融運作中發生過一些小插曲。記得有一天我對摩根先生說：

「摩根先生，如果你願意把你所賺得的四分之一利潤分給我的話，我就有一個賺錢的好主意要告訴你。」

他大笑著說：「這看起來很公平，我有權選擇這麼做或不這麼做，當然，我們願意付給你四分之一利潤。」

我提醒他應當關注一個事實，那就是我曾將亞利加尼河谷鐵路公司的債券和由賓夕法尼亞鐵路公司作擔保的費城與伊利鐵路公司的債券作了交換，這家大公司因業務擴展，一直需要資金。如果出價合適，這家公司就會想要賣掉它這些債券。當時，美國證券的需求量很大，他們肯定會在美國發行。我會寫一份債券發行的說明書。摩根先生認真仔細地對此事考察後決定，願意接受我的建議。

湯姆森先生當時正在巴黎，於是我去那裡找他。我得知賓夕法尼亞鐵路公司急需資金。我告訴他已將這些有價證券推薦給摩根先生，如果他能出個價格，我看看能否出售。他定了一個當時非常高的價格，但比當時的市價要低。摩根先生買下了一部分，並擁有購買其他部分債券的優先權。透過這種方式，亞利加尼河谷鐵路公司的 900 萬到 1,000 萬債券上市了，賓夕法尼亞鐵路公司也拿到了資金。

1873 年，這些債券售出後沒過多久，金融危機來了。我當時從皮爾龐特‧摩根先生那裡得到了一項收益。有一天，他對我說：

「我的父親發電報來問，你是否想以你告訴他的那個方式賣掉你的股份。」

我說：「是的。在現在這個時候，我願意賣掉所有的東西換成錢。」

「好的，」他說，「你想要多少錢？」

我說，我的信用卡最近一次帳單顯示的是裡面已有 5 萬美元，我想取 6

萬美元。第二天早上，摩根先生遞給我一張 7 萬美元的支票。

「卡內基先生，」他說，「你弄錯了。你的信用卡裡少算了 1 萬美元。現在你的信用卡裡不是 5 萬美元，而應是 6 萬美元，加上那 1 萬美元，總共是 7 萬美元。」

他給了我兩張支票，一張是 6 萬美元，另一張是額外的 1 萬美元。我把那張 1 萬美元的支票還給他，並說：

「好的，這應該歸你。請你接受這 1 萬美元，這是我的心意。」

「不，謝謝你，」他說，「我不能要。」

這樣的行為，體現了互為尊重的誠信意識，而不僅僅是法律上的權益，外行人也許會認為這樣的事在生意場上並不尋常。從那以後，我決定只要在我力所能及的範圍之內，絕不讓摩根父子以及他們的銀行因我而遭受損失。他們因此也多了一個我這樣的忠實朋友。

一家大企業如果想要發展壯大，必須嚴格遵守正直誠實的信條。在大生意中，故弄玄虛和斤斤計較都是致命的。企業注重的不應是法律條文，而是商業精神。如今，商業道德標準有了大幅提高。任何人犯了一個錯誤，哪怕這樣的行為對他的公司有利，也應儘快改正，就好像這樣做也會對其他人有利一樣。要想永遠成功，很重要的一點是，企業要贏得一個公平公正的美譽，這比僅僅遵紀守法更為重要。我們一直以來遵循的一條準則是盡可能給別人更多的利潤，即永遠讓利於人。當然，這不適用於投機領域。那是世上完全不同的一個行業。人們在那裡只不過是在賭博。炒股和經商是完全不同的。我們必須承認，近幾年來，像倫敦的尤尼烏斯·史賓賽·摩根這樣的老派銀行家已經很少見了。

在被免除太平洋鐵路公司聯盟總裁一職後不久，史考特先生決定投入德克薩斯太平洋鐵路修建工作。有一天，他從紐約發電報給我，讓我務必去費城與他會面。在那裡，我和他，還有其他幾位朋友一起會了面，他們中有賓夕法尼亞鐵路公司駐匹茲堡的副總裁 J·N·麥卡洛（J. N. McCullough）。他們在倫敦為修建德克薩斯太平洋鐵路申請的一筆巨額貸款已經到期了，摩根銀行同意續借，條件是我要作為另一方介入這筆貸款。我婉言拒絕了。他們

責怪我見朋友有難卻不願意幫忙拉一把。這是我一生中最感到為難的一個時刻。我不想讓自己牽扯到這件事中。我的責任首先不允許我那樣做。我所有的資金都投入在製造業中，每一分錢都是有用的。我是公司的掌門人，所有的事情都得靠我。我的面前有我弟弟一家、菲普斯先生一家、克洛曼先生一家，他們都需要我的保護。

我告訴史考特先生，我已經盡力勸阻他在沒有得到足夠的資金之前，不要開工修建長距離的鐵路。我堅持認為，數千英里的鐵路線不能透過臨時貸款的方式修建。此外，我花了 25 萬美元現金購買了一些股份，這是我從歐洲回來後，他說專為我保留的，儘管我並不贊同這一計畫。然而，世上任何事也無法減輕我不顧自己公司的利益，為建築公司和任何其他企業簽署借貸合同所帶來的負疚感。

我知道，讓我在 60 天之內支付摩根銀行的貸款是不可能的，即使只付我的那部分。而且，不只是自己的那筆貸款，還有隨後必須考慮的其他 6 筆貸款。這是我和史考特先生在生意場上的又一次明顯分歧。這比我在那個時候經歷的所有財政危機更讓我痛苦。

此次會面後不久，災難降臨了。風雲人物的倒臺令舉國震驚。我猜測史考特先生的早逝可能是由於他不堪經受這樣的恥辱。他是一位敏感而非驕傲的人，眼看著面臨失敗，他倍感痛心。這家公司的合夥人麥克馬納斯先生和貝爾德先生不久也去世了。他們兩位和我一樣都是製造商，真不該涉足鐵路產業。

一個商人在生意場上沒有比簽訂商業合同更危險的事了。如果他能問自己兩個問題，就容易避免危險。一、我是否有足夠的錢去冒這個風險？二、我願意為朋友而損失這筆錢嗎？如果這兩個問題的答案是肯定的，那麼他可以為朋友效勞，否則只能放棄，倘若他是一個聰明的人。如果他對第一個問題的回答是肯定的，那麼他可以考慮若按朋友的要求投入全部資金是不是更好。我認為，一個人如果肩負債務和責任，他一定會保護他債權人的利益。

儘管我拒絕簽訂摩根銀行的續貸合約，他們仍然邀請我第二天早上乘坐他們的專車一同回紐約，對此事再作商議。我很高興地同意了。安東尼·卓

克索[136]也受邀和我們一同前往。旅途中，麥卡洛先生環顧車廂一圈後評論說，在他看來，車裡只有一個聰明人，其餘人都是「傻瓜」。只有「安迪」購買他的股份沒有欠下一元錢，在這件事上也不用承擔任何責任，其他人都應這麼做。

德雷克塞爾先生說，他希望我能解釋是如何避開這些不幸的麻煩的。我回答說：「我嚴格遵循一項原則，那就是絕不會在我明知承擔不起責任的合約上簽上自己的名字。或者借用一位西部的朋友說過的一句話，不要去過你過不了的河流。這條河對我來說太深了。」

遵循這項原則，不僅使我，而且還使我的合作夥伴都免於麻煩。其實，在我們的合作協定中明確禁止以任何方式為自己動用數額較大的款項，除非為了公司。這也是我拒絕在借貸合同上簽字的一個原因。

此事過去以後，有一段時期，我多次去歐洲洽談各類有價證券，總共售出了 3,000 萬美元。那時，紐約還沒有因大西洋電纜的開通而發展成為像倫敦那樣的金融中心。倫敦的銀行家們寧願把錢借給巴黎、維也納，或者柏林這樣利息很低的地方，也不願借給高利息的美國。人們認為，相比歐洲大陸來說，美國缺乏安全感。我的弟弟和菲普斯先生把鋼鐵生意管理得非常好，我離開幾個星期都不用擔心。而他們則唯恐我從製造產業漸漸撤離，從而轉向金融產業。我在國外的成功經歷給我帶來了誘人的商機，但是我一直比較熱衷於製造產業。我希望生產並出售一些實實在在的東西，繼續投入盈利的資金，用於擴展匹茲堡的工廠。

起初為基斯頓橋梁公司建造的小廠房已經挪作他用，我們又在羅倫斯維爾[137]拿下了 10 英畝的土地，在那裡建造新的大工廠。不斷的投入使聯合鋼鐵公司成為美國的重要企業，能夠生產出所有種類的建築型鋼材。我們的事業前景良好，我把在其他領域裡賺得的所有剩餘利潤都用來擴展鋼鐵生意。我原本想和賓夕法尼亞鐵路公司的朋友在西部的州縣投資鐵路建設，但是，我

136　安東尼·卓克索（Anthony Joseph Drexel, 1826-1893），美國銀行家，在南北戰爭後的現代金融進程中扮演重要角色。作為費城卓克索公司的主要合夥人，卓克索與 J·P·摩根於 1871 年在紐約建立了卓克索與摩根公司。卓克索還在 1891 年建立了卓克索大學。

137　羅倫斯維爾（Lawrenceville），美國喬治亞州昆內特縣的一個地級市。毗鄰亞特蘭大市。

漸漸把資金從所有這些項目裡撤了出來。有一句諺語說「不要把所有的雞蛋都放在一個籃子裡」，我的想法與之背道而馳。我認為正確的做法是「把所有的好蛋都放在一個籃子裡，然後看好那個籃子」。

我相信，在任何行業裡，要想取得真正的成功，就要使自己在那一行裡非常精通。我不贊同把資金到處投放的做法。在我的經歷中，幾乎沒有見到一個涉足許多產業的人能夠賺到大錢的，至少在製造業裡從來沒有這樣的人。能獲得成功的人一定是個選定一行並堅持去做的人。令人驚訝的是，很少有人能意識到在他們自己投資的產業中產生的巨額收益。世上的每一位製造商都需要淘汰並更新他工廠裡的一些機器設備，但他們寧願透過多領域投資獲取大筆紅利，也不願把錢花在增添機器設備、更新技術工藝上面。然而，我所知道的大多數企業家都購買股票或投資其他產業，儘管真正的金礦就在他們自己的工廠裡。

我一直堅守這個重要的主張，這也是我比其他人，甚至是董事會的董事們能更好地管理資金的最重要一點。一個商人在他從業生涯中遭遇的重挫，多半不是在他自己的產業，而是在他並不內行的其他產業投資。我奉勸年輕人不僅要把所有的時間和精力都投注於一個產業，而且還要把他們的每一分錢投入進去。如果業務無法再擴展了，又找不到其他具有成長性的產業，那麼明智的策略是把多餘的錢投資於一流的證券，這樣能獲得穩健可靠的收益。我自己早已決定，全身心地投入鋼鐵製造業，使其成為產業龍頭。

我經常出訪英國，有機會認識了鋼鐵產業的傑出人士。柏思麥是產業中的領軍人物，還有洛錫安·貝爾爵士 [138]、伯恩哈德·薩繆爾森爵士 [139]、溫莎·理查茲爵士 [140]、愛德華·馬丁 [141]、賓格利、艾文斯，以及這個產業中的其他重要人物。我被選入產業協會，不久後當選為英國鋼鐵產業協會會長，成為首位非英國國籍的會長。這是我莫大的榮幸，雖然我起初婉言辭謝，因為我擔

138　洛錫安·貝爾爵士（Sir Isaac Lowthian Bell, 1816-1904），英國鋼鐵大亨、自由黨政治家。
139　伯恩哈德·薩繆爾森爵士（Sir Bernhard Samuelson, 1820-1905），英國企業家、教育家、自由黨政治家。
140　溫莎·理查茲爵士（Sir Windsor Richards, 1831-1921），英國實業家。
141　愛德華·馬丁（Edward Pritchard Martin, 1844-1910），英國工程師，鋼鐵生產商。

心自己居住在美國，沒有足夠的時間來履行會長的職責。

為了建造橋梁和其他建築工程，我們被迫從事熟鐵製造，因此，現在我們認為可以生產自己的生鐵了。這促使我們在 1870 年建造了露西高爐 —— 如果我們能充分意識到這件事的重要性，就將會延期實施。我們時常從製造業的老前輩們那裡聽到一些有關我們新興企業快速發展和擴張的不祥預言，但我們沒有介意。我們覺得，我們有足夠的資金和信心來建造一座高爐。

然而，高爐的預算成本還不及實際支出的一半。這對我們是一個考驗。克洛曼先生對高爐的操作一無所知。但即便如此，也沒有什麼大問題。露西高爐（以我弟媳的名字命名）的產量遠遠超出了我們的預期，當時，一臺高爐每天 100 噸的產量可以說是史無前例的，相當於以前一週的產量。我們創造了紀錄，很多參觀者觀看以後萬分驚嘆。

然而，我們的鋼鐵生意並非都是順順利利的，總會遇到麻煩。戰後那幾年，鐵的價格從每磅 9 分跌到每磅 3 分，但我們還是安全度過了這一時期。當時許多公司破產了，我們的財務經理為調集資金應對急需，忙得暈頭轉向。經歷了許多危機，我們公司的信譽絲毫未損。但是，生鐵製造比其他生意更讓我們操心。當時，英格蘭著名的惠特威爾兄弟公司的高爐被廣泛使用，惠特威爾[142]先生在這方面給予了我們很大的幫助。惠特威爾先生前來參觀我們的露西高爐時，我在他面前說了我們當時正遇到的難題。他立即說：

「那是由於料鐘的角度不對。」

他告訴我們應該怎樣改動。克洛曼先生遲遲不相信這一點，但我極力主張建造一個小型的玻璃熔爐，配兩個料鐘，一個料鐘按照露西高爐的式樣擺放，另一個按照惠特威爾先生所建議的擺放。這樣做好以後，我們緊接著做試驗，結果正如惠特威爾先生預料的那樣。我們的料鐘擺放在高爐一側較遠的位置，偏離密集中心，只能滲入部分氣流。惠特威爾先生設計的料鐘結構能使氣流穿過中心區塊，遠離周邊密集區，這兩種方式的效果完全不同。露西高爐的難題解決了。

142　惠特威爾（William Whitwell, 1835-1910），英國鋼鐵生產商，惠特威爾兄弟公司總裁。

第十二章　商務談判

　　惠特威爾先生是一個多麼友好、大度、寬厚的人啊！一點也不計較得失，毫無保留地將他的知識傳授給我們。作為報答，我們也用從其他部門那裡學來的新技術幫助他的公司。此後不管發生什麼事，我們對惠特威爾公司總是敞開心扉、傾囊相助。（今天，當我寫到這裡時，我很高興惠特威爾兄弟還有一位健在，我們一直保持著親密的友誼。他是我的前輩，曾在我之前任英國鋼鐵協會會長。）

第十三章
鋼的時代

第十三章 鋼的時代

在今天回顧從前，似乎很難想像 40 年前（1870 年），在美國幾乎沒有人知道化學與生鐵製造有著密切的關係。尤為重要的是，它是鋼鐵製造中必不可少的。當時，高爐的管理者是一個粗魯的外國人，除此之外，他的另一項本領是能把那些不服從管理的人擊倒，給他們一點教訓。人們認為他具有一種超自然的預測能力，憑直覺就能診斷高爐的運行情況，就像他的同鄉一樣，用一根椿樹桿就能探測到油井或是水井。他是一個名副其實的江湖郎中，對於患者的困苦，只是隨便開些藥方。

露西高爐的麻煩一個接著一個，這是由於當時我們對各種礦石、石灰岩和焦炭的成分知之甚少的緣故。這一狀況變得越來越糟糕，讓我們無法忍受。我們最終決定撤掉這位僅憑經驗和直覺做事的管理者，然後安排了一位年輕人來管理高爐。年輕的運務員亨利·M·柯瑞（Henry M. Curry）與眾不同，這是我們決定任命他為高爐管理者的原因。

菲普斯先生對露西高爐特別關照。他每天都要去那裡看一看，為我們省去了不少麻煩。這不是因為露西高爐沒有西方其他高爐運行得好，不能產生良好的效益，而是因為它比其他高爐大得多，一點小問題就可能會引起嚴重的後果。星期天的早上，他的父親和妹妹出門去做禮拜時，他照樣會去看一看露西高爐。即使他和他們一起去，他也會虔誠地祈禱露西高爐處於安全狀況。那是他牽掛的事。

下一步，我們要找一位化學家作為柯瑞先生的助手兼顧問。我們找到了一位學識淵博的德國人弗里克博士，他向我們揭開了許多奧祕。那些從優質礦山中開採出來的鐵礦，現在卻發現，含鐵量比通常認為的要少 10 ～ 15%，甚至 20%。我們一直認為的那些劣質礦山，如今卻能產出優質的礦石。好的變成了差的，差的變成了好的，一切都顛倒過來了。化學知識如同火舞驕陽，為我們驅散了幾乎所有關於生鐵製造的疑團。

就在露西高爐將要生產出最好的產品、為公司贏得聲譽的關鍵時期，它卻停產了。原因在於我們用一種品質上乘、純度很高的礦石替代劣質礦石（這種劣質礦石出鐵量不及其他礦石的三分之二）。因為要摻入很多石灰來熔化高純度的鐵礦石，露西高爐陷入了癱瘓。上等的原料反而使我們遭受了嚴

重的損失。

我們是多麼的愚蠢！但那時我們可以自我安慰的是：我們不至於像競爭對手一樣那麼愚蠢。我們已經聘請化學家來指導我們好多年了，而其他一些高爐經營者卻說，他們僱用不起一名化學家。那時，他們如果了解真相的話，應該知道沒有化學家的指導哪來的產量。回首過去，我們是首家在高爐運作上僱用化學家的企業，也難怪競爭對手評價我們太奢侈了。

由於我們獨特的科學管理，露西高爐成為我們業務中獲利最豐的部分。發現了奧祕所在後，沒過多久（1872 年），我們決定再造一臺熔爐。與我們第一次試驗相比，這次開支大大節省了。那些沒有名氣的礦石，以及許多公司都不願意在他們的高爐中採用的產品，都成為了我們的購買對象。我們全然不理那些因品質上乘而享有聲譽的高價產品。密蘇里州著名的派洛諾布礦山就是一個有趣的例子，那裡的礦產可以說是不受歡迎的。據說只有很少一部分可以用，用的多了會使熔爐阻塞。化學知識告訴我們，那是因為磷的含量低而矽的含量很高所致。如果經過適當的加工，那是再好不過的礦石，幾乎沒有一種礦石可以與之媲美。所以我們大量購買這類礦石，而且還得到了礦主的感謝。

難以置信的是，多年來我們能把熔爐裡提煉出來的含磷高的炭渣以高價賣掉，然後從我們的競爭對手那裡買進含鐵量豐富、含磷量較少的純炭渣。有時候，我們嘗試從高爐裡提煉煙道炭渣，但各種物質混雜在一起，就會影響高爐的運作。因此，多年來，炭渣都被我們的競爭對手當作廢料丟棄在匹茲堡的河邊。有時，我們甚至能以劣質物品換取優質物品，並獲得一點利潤。

然而，還有更令人難以置信的，一種同樣毫無根據的偏見，認為工廠裡的氧化鐵皮無法在高爐裡提煉，其實這是一種鐵的純氧化物。這讓我想起一位在克里夫蘭的好友奇澤姆（Chisholm）先生，他是我丹夫林的同鄉。我們在一起常開玩笑。有一天，我到他克里夫蘭的工廠去，看到人們正在把這些非常有用的氧化鐵皮運到院子裡。我問奇澤姆先生，他們要把這些東西弄到哪裡去，他說：

「扔到河邊。我們的高爐管理者總是抱怨這些東西在高爐裡熔化不了。」

第十三章　鋼的時代

　　我什麼也沒說，但回到匹茲堡後，我決定跟他開個玩笑。我們公司當時有個年輕人叫杜·普伊（Du Puy），他的父親是著名的發明家，當時正在匹茲堡研究一種煉鐵的方法。我派人請杜·普伊到克里夫蘭去簽訂一份收購我朋友公司裡所有氧化鐵皮的合同。他去了，以每噸 50 美分的價格買下了所有的氧化鐵皮，並運了回來。這樣的收購持續了一段時間。我一直期望奇澤姆先生能發現這個玩笑。但就在我告訴他這件事之前，他就英年早逝了。不過，他的接班人很快就照著我們的方法做了。

　　我非常關注柏思麥煉鋼法的進展情況。我知道如果這個方法成功了，那麼鐵一定會讓位於鋼，鐵的時代將會過去，鋼的時代就要來臨。我的朋友約翰·A·萊特（John A. Wright）是賓夕法尼亞路易士頓自由鐵廠的總裁，他專程去英國視察這項新方法。他是我們最好的、經驗最豐富的製造商之一，他決定要極力勸說他的公司建立柏思麥式工廠。他的想法完全正確，只是有點為時過早。需求的資金大大超出了他的預算。不僅如此，當時這一方法在英國尚處於試驗階段，想要引入美國並一次運作成功，有點不太可能。試驗肯定是歷時漫長、代價昂貴的，我的朋友對此還沒有作好充分的準備。

　　事後，當這一煉鋼法在英國試驗成功，資本家們開始在哈里斯堡[143]投資建造賓夕法尼亞煉鋼廠。這一專案同樣需要經過一段試驗期，要不是在關鍵時刻得到賓夕法尼亞鐵路公司的及時幫助，可能就失敗了。正是賓夕法尼亞鐵路公司的湯姆森總裁，這位有著遠見卓識、睿智能幹的人，他向董事會建議給煉鋼廠投入 60 萬美元的巨資，這樣，後來鐵路線上的鋼軌供應就有了保障。結果充分證明他是正確的。

　　對賓夕法尼亞鐵路以及其他重要鐵路線來說，鐵軌的替換問題成為非常嚴重的一件事。據我觀察，在匹茲堡的某些彎路路段，以及連接賓夕法尼亞和韋恩堡[144]的路段，每隔 6 週或 2 個月，就得更換新的鐵軌。柏思麥煉鋼法問世前，我曾提醒湯姆森總裁關注英國的道茲（Dodds）先生的研究成果，他發明的鐵軌頂端碳化工藝取得了很好的成效。我去了一趟英國，得到了道茲

143　哈里斯堡（Harrisburg），美國賓夕法尼亞州的首府。
144　韋恩堡（Fort Wayne），美國印第安納州第二大城市。

先生的專利使用權，然後建議湯姆森總裁撥款 2 萬美元在匹茲堡進行試用，他同意了。我們在工廠的高地上建了一臺熔爐，為賓夕法尼亞鐵路公司加工了幾百噸鐵軌，經比較，效果非常好。這是美國採用的首批頂端碳化鐵軌。我們把這些新型鐵軌投放在一些較差的路段上，這為湯姆森先生帶來了意想不到的回報。若不是柏思麥煉鋼法的成功興起，我確信我們終將會不斷提升道茲工藝，使其得到廣泛應用。但是，沒有什麼能與柏思麥煉鋼法生產出的堅不可摧的鋼材料相比。

我們的同行、在約翰斯敦的坎布里亞鋼鐵公司，緊鄰匹茲堡，是美國最重要的鐵軌製造企業，他們決定建一座柏思麥式煉鋼廠。我曾在英國見過這一做法，我非常滿意。這項技術沒有太大的風險，也不用過多的資金投入，就能取得很大的成功。威廉·科爾曼先生注意到了這一新的工藝，也產生了同樣的想法。我們一致決定在匹茲堡加入鋼軌製造業。科爾曼先生成為了我們的合夥人，大衛·麥坎德利斯也是我們親密的戰友，他曾在我父親去世時慷慨地幫助我的母親，這是我永遠難以忘記的。約翰·史考特（John Scott）先生和大衛·A·史都華先生，還有其他人也都加入到我們的行列。賓夕法尼亞鐵路公司的正、副總裁愛德嘉·湯姆森先生和湯瑪斯·A·史考特先生也成了股東，大家都看好鋼的發展。鋼軌公司在 1873 年 1 月 1 日成立了。

我們首先要面對選址的問題。我不太贊同他們推薦的任何一個位置，最終只得去匹茲堡和我的合夥人商議此事。我的腦海裡一直想著這個問題，星期大早上，我躺在床上，有個地方突然出現在我腦海中。我趕緊起床叫醒弟弟：

「湯姆，你和科爾曼先生說的那個地方是正確的，是應該設在布拉多克[145]，那裡處於賓夕法尼亞、巴爾的摩和俄亥俄之間，還有一條河，是美國最好的地理位置。讓我們以親愛的朋友愛德嘉·湯姆森的名字給工廠命名。我們這就去找科爾曼先生，一起出發去布拉多克。」

當天，我們就出發了，第二天早上，科爾曼先生為獲得這塊地產竭盡全

145　布拉多克（Braddock），美國匹茲堡市東部郊區，也是著名英法北美戰爭的「布拉多克戰役」戰場。

力。這塊地的產權人麥金尼先生要價太高了。我們的預期購買價格是每畝 500
到 600 美元，結果我們以每畝 2,000 美元的價格買下。但是以後，我想要再擴
建時，每畝地的價格已經漲到了 5,000 美元。

在布拉多克打過仗的地方，我們要建造我們自己的鋼軌廠。挖地基時發
現了許多戰爭的遺物——刺刀、劍等等。當時，丹夫林的市長亞瑟·哈克特
爵士[146] 和他的兒子都葬身於此。人們自然會問他們是怎麼來到這裡的。這段
歷史是不能忘記的。那時候，英國的市長們是貴族階層——這些當地的名
人以享有貴族身分為榮，卻不履行職責。商人得不到權貴階層的尊重。至今
在英國還遺留著這樣的等級觀念。那裡幾乎沒有任何人壽保險公司和鐵路公
司，偶爾有製造企業也肯定是貴族的，他們享受著至高的榮耀，某些有爵位
的人完全不顧自身的職責。丹夫林的市長亞瑟·哈克特爵士就是這樣一位上
流社會的紳士，他最終戰死在這個地方。巧的是，曾經有兩位丹夫林人在這
塊土地上喪生，如今另外兩位丹夫林人即將把這裡變成工業開發區。

最近，我又發現了另一個奇妙的現象。1904 年，約翰·莫利先生在匹茲
堡的卡內基學院成立日的演說中提到，杜肯堡（後發展並改稱匹茲堡）被
福布斯將軍[147] 占領，並且他在寫給皮特（Pitt）首相的信中也提到他在「匹茲
堡」為他洗禮。當時，這位福布斯將軍是皮特克利夫的地主，他出生在峽谷
區。我在 1902 年買下了峽谷區，並捐贈給丹夫林作為公園。因此，兩位丹夫
林人都是皮特克利夫的領主，他們的主要工作都在匹茲堡。一個為匹茲堡命
名，一個為匹茲堡的發展而努力。

出於對好友愛德嘉·湯姆森的尊敬，我們想以他的名字給煉鋼廠命名。
但當我問他是否可以這麼做時，他的回答卻意味深長。他說，就美國的鋼軌
而言不知會發展成怎樣，它們的聲譽還沒有完全建立起來，他不希望自己的
名字與其有關係。我充滿自信地告訴他，當然不可否認鋼軌生產還處於試驗
階段，不過，如今美國可以生產出像國外一樣異常優質的鋼軌，我要讓我們

146　亞瑟·哈克特爵士（Sir Arthur Halkett, 1834-1904），英國哈克特家族成員，曾任蘇格蘭丹夫林市
　　長。

147　福布斯將軍（John Forbes, 1707-1759），英國將軍，曾任英法北美戰爭中英方將領。在「布拉多
　　克戰役」中，福布斯帥軍占領當時的杜肯堡後，將其改名為匹茲堡。

的鋼軌享有像基斯頓橋梁和克洛曼輪軸一樣的美譽。於是，他同意了。

湯姆森先生非常希望我們購買的地塊緊鄰賓夕法尼亞鐵路，因為他首先考慮的總是他們自己的公司。這樣，賓夕法尼亞鐵路公司就可以包攬我們的運輸。幾個月後，他來匹茲堡視察時，接替我在賓夕法尼亞鐵路公司匹茲堡分部主管職位的羅伯特·皮特凱恩先生告訴他，新工廠的位置在布拉多克，不僅他們的鐵路線經過那裡，而且競爭對手巴爾的摩公司和俄亥俄公司的鐵路線也經過那裡，還有一個比其他兩個更具優勢的競爭者 —— 俄亥俄河。羅伯特先生後來告訴我，當時湯姆森先生眨巴著眼睛對他說：

「安迪應該把他的工廠往東移幾英里。」然而，湯姆森先生清楚選這塊風水寶地有著充分的理由。

1873 年 9 月，當金融危機來臨時，我們的工廠進展得非常好。那陣子是我經商生涯中最焦慮的時期。一天早上，我們正在克雷森[148]亞利加尼山的夏日別墅裡度假，一切都非常美好。突然來了一封電報，宣布傑伊·庫克銀行[149]倒閉了。此後，幾乎每小時都會傳來新近發生的壞消息。銀行一家接著一家倒閉了。每天早上，我都在擔心下一步應該怎麼辦。這麼多企業的倒閉使得其他公司的資金大大匱乏，於是也接二連三地破產，直至整個商界陷入一片癱瘓。這次危機暴露出許多薄弱點，原本應該很有實力的銀行紛紛垮臺，主要是因為我們國家缺乏一個合理的銀行體系。

我們不用過分擔心還債問題。我們沒有什麼欠債，然而要債卻相當困難。需要操心的不是我們要去付帳，而是要去收帳。不久，我們不得不將兩者對沖抵消。甚至連我們自己的銀行也懇求我們不要提款。有一件小事可以反映出當時的貨幣狀況。有一次，我們發薪水的日子快要到了，必須要 10 萬美元的小額鈔票，為此，我們在紐約多付了一筆 2,400 美元的傭金才弄到這些錢，然後經由快遞運到匹茲堡。當時，即使有最好的擔保也不可能借到錢。不過，我透過出售我保存的有價證券得到了很大一筆錢 —— 公司許諾日後將

---

148 克雷森（Cresson），美國賓夕法尼亞州匹茲堡以東 130 公里的一個小城。

149 傑伊·庫克銀行（Jay Cooke & Company），美國銀行，西元 1861 ～ 1873 年間營運，總部在費城，鼎盛時期，銀行在紐約和華盛頓都設有分行。

它們贖回。

　　當時，匹茲堡周圍的一些鐵路公司欠了我們大筆的材料款沒有付 —— 福特‧韋恩鐵路公司是欠款最多的一家公司。我記得我去找他們的副總裁邵先生，告訴他必須還款。他回答說：

　　「你應當要回你的錢，但目前不到不得已的狀況，我們不會付的。」

　　「很好，」我說，「我們會學習你們的好榜樣，你們的運費，我們也不會付的。我現在就下令不付你們一分錢的運費。」

　　「好啊，如果你那麼做，」他說，「我們將停止你們的貨運。」

　　我說我們願意承擔這個風險。鐵路公司不可能做得那麼極端。事實上，我們有段時間沒有付給他們運費了。顯而易見，當客戶們一旦停止付款，匹茲堡的製造商們就無法支付日益增加的貸款，銀行不得不將到期的貸款作續約處理。這一舉措對我們非常有利，由於銀行方面一直都是這麼做的，使我們安全地度過了危險期。但是像現在這樣的緊要關頭，我最想做的是籌集更多的資金，留存在企業裡，這樣不管發生什麼，我們再也不用忍受日夜煎熬的痛苦了。

　　在這場重大危機事件中，我是所有合作夥伴中最先感到極度焦慮不安的人。我幾乎難以控制自己。但是最終，當我清楚我們的經濟實力時，心裡才平靜下來。我已經作好了充分的準備，如有必要，我將去拜訪各家銀行的負責人，向他們的董事會詳細介紹我們公司的整個狀況。我覺得這樣做沒什麼讓我們丟臉的。我們公司沒有一個人生活揮霍過度，與之相反，我們的生活非常節儉，沒有人會用公司的錢去建豪宅。尤其是，沒有人會去從事股票投機活動，或是投資與我們主營業務無關的其他產業，我們更不會與其他企業互作交易擔保。此外，我們將展示一個繁榮興旺、業績優良的企業。

　　因此，我可以對合作夥伴們的擔心一笑置之。但是，他們沒有一個人比我高興，他們認為必須開口告訴別人我們的財務狀況依然沒有起色。我們真誠的朋友科爾曼先生有許多的辦法和良好的信譽，從不拒絕給我們提供擔保。正是這樣，我們是僅有的幾個度過危機的企業。威廉‧科爾曼對我們來說，是在危難時刻唯一可以信賴的人。在我寫下這些之前，這位偉大的老人

不知如何。他的愛國精神永無止境。有一次他去工廠視察，原本 7 月 4 日國慶日這天他們照例要停工的，然而他卻發現一群工人正在修鍋爐。他把經理叫來問為什麼這麼做，然後下令暫停所有的工作。

「居然在國慶日工作！」他大聲喊道，「你們還有許多個星期天可以用來修鍋爐吧！」他怒氣衝天。

1873 年，當金融風暴襲來時，我們立即開始在各個領域停工減產。我們極不情願地決定，新鋼廠的建設必須暫停一段時間。一些已經入股的投資者因為拿不出錢來了，我只好買下了他們的股份，付清了所有的費用。就這樣，公司的掌控權落到了我的手上。

這場風暴首先影響的是與證券交易有關的金融界，沒過多久，又波及到商界和製造業。但情況發展得越來越糟糕，最後以至於德克薩斯太平洋公司也倒閉了，這使我的許多朋友受到牽連。對我來說，這是一個沉重的打擊。我和德克薩斯公司的董事會有著密切的關係，人們根本不相信在他們的金融債務中，我是清白的。

我們與匹茲堡的匯兌銀行有著大量的業務往來，當他們的總裁斯考恩伯格先生在紐約得知史考特先生和湯姆森先生身陷困境時，迅速趕到了匹茲堡，第二天早上召開董事會指出，我不可能與此事毫無關係。他提議銀行應拒絕給我們的票據更多的折扣優惠。他驚訝地發現我們的保證金和折扣有這麼多。我們必須立即採取行動，以防發生嚴重的後果。我乘坐頭班火車趕往匹茲堡發表聲明，雖然我是德克薩斯公司的股東，但我已經付清了我所持有的所有股份。我沒有欠他們一分錢，他們的債務和資產與我毫無關係，我不用為此承擔任何責任。我只要對自己公司負責，並且我已經準備以我自己的財產作擔保，不會欠公司任何債務。

到此時為止，我被商界公認為是一個大膽、無畏，還有點不計後果的青年。我們的業務廣泛，發展很快，儘管我還年輕，但卻掌管著數百萬的資產。匹茲堡的商界前輩們認為我的前途一片光明。我認識的一位資深人士公然評說：「即使安德魯·卡內基不夠聰明，他的運氣也會幫助他。」但我認為，沒有什麼比事實更能說明問題。我確信，人們如果發現我很少為自己和

合作夥伴冒風險，會感到驚訝。每當我要做一番大事時，總有一些像賓夕法尼亞鐵路公司這樣的大企業在背後支持我。我有著蘇格蘭人特有的謹小慎微，但對匹茲堡製造業的老前輩們來說，顯然我有時候也是一個無所畏懼的人。他們已經老了，而我年輕氣盛，這就是區別。

匹茲堡的金融機構對我和我們企業的擔心，迅速轉變為有點無緣無故的信任。我們的信譽變得不容置疑。此後，即使在金融危機時期，主動要求給我們提供貸款的銀行反而不斷增加，正如那家歷史悠久的匹茲堡銀行，當其他銀行的存款減少了，它的存款卻比任何時候都多。這是在美國唯一一家流通黃金的匯兌銀行，他們瞧不起在法律的庇護下用現鈔來還債。它們很少有傳單海報，但我相信這一規定本身就是一則很好的廣告。

除了史考特先生和湯姆森先生之外，還有其他朋友深陷困境。後來，我們的合作夥伴安德魯·克洛曼先生甚至遇到了一個更為嚴峻的考驗。我們發現他受一群投機分子誘使，入股艾斯卡納巴煉鐵公司。他以為那家企業能成為一家股份制公司，但是一切還未成功之前，那家公司已經產生了一筆巨額債務 —— 大約 70 萬美元。克洛曼先生毫無辦法，只好破產。

這給了我們一個前所未有的打擊，由於克洛曼先生身為合夥人，沒有權利投資其他鋼鐵公司，也不能在沒有告知合夥人的情況下，在其他任何一家公司牽涉到個人債務。對商人來說，有一條重要規則 —— 合夥人之間沒有祕密。無視這條規則，不僅使克洛曼先生自己陷入麻煩，而且使我們公司面臨危機。就像我們德克薩斯太平洋公司的朋友們遇到困難一樣，與他們有著密切關係的我也會受到牽連。有一段時間，我心裡一直有個疑問，我們是否還有真正可以相信的東西，我們可以信賴依靠的基礎在哪裡？

如果克洛曼先生是一位商人，我們不可能在這件事發生後還讓他成為我們的合夥人。然而他不是，他只是一位出色的機械師，略有商業才能而已。克洛曼先生的理想是在辦公室裡從事管理工作，但那裡實在不適合他；他最適合在工廠裡搞創造發明，那才是他所向無敵之處。我們很難給他安排一個適合他，並能留住他的職位，以致他最終另謀出路。他或許是受到了圈子裡一些知名人士的阿諛奉承，於是那些懂得如何接近他的人稱讚他除了具有機

械天賦之外，還有非凡的商業才能。作為他的合夥人，我們已經提醒過他，但他沒有意識到這一點。

克洛曼先生經歷了破產風波之後重獲自由，我們提出給他10%我們公司的股份，這筆錢可以用紅利來支付，沒有任何風險，直到他還清債務。這當然是有附加條件的，那就是他不能加入任何其他公司，也不能為其他公司作擔保，他要把所有的時間和精力投入到機械發明中，而不是在工廠的業務管理上。他若能聽從勸告接受這些條件，他早就成為一個大富翁了。然而，他的驕傲自得，或許更多的是他家庭的原因，使他放棄了這個機會。他仍然投身於商業，儘管我和同事們竭力規勸他，他仍然堅持自己的決定，開了一家新公司與我們競爭，他的兒子做公司經理。結果他失敗了，而且早早離開了人世。

我們總是對於自己最適合做什麼，哪些是強項並能投身其中而樂此不疲，感到茫然不知所措，這是多麼愚蠢啊！我所熟悉的能幹的人不止一個，他們天生適合在車間裡鑽研技術，卻非要堅持待在辦公室裡，把自己弄得疲憊不堪，承受著憂慮和焦灼，使自己的生活始終處於痛苦中，最後以失敗而告終。我一直為克洛曼先生的離去感到遺憾。他心地善良，有機械方面的天賦，倘若他不離開，我相信他會樂於和我們在一起。別人以資金誘惑他，而他什麼也沒有得到，這使他轉變了方向，這位偉大的機械師很快成為了一個可憐的人。

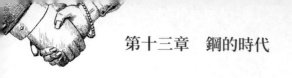

第十三章　鋼的時代

第十四章
合夥人、書籍和旅行

第十四章　合夥人、書籍和旅行

當克洛曼先生與我們作切割後，讓威廉·伯恩特萊格來負責工廠是順理成章的。一提起威廉，我總是特別欣慰。他來自德國，是個不會說英語的青年，由於是克洛曼先生的遠親，我們才聘用了他。起初，他沒有什麼特別的才能，但他很快學會了英語，並成為了一名週薪 6 美元的運務員。他原本沒有一點機械方面的知識，但是憑著堅持不懈的熱情和勤奮，他很快熟悉並參與了工廠裡的所有事務，到處都能見到他的身影。

威廉是一個有個性的人。他總改不掉德國人的說話方式，他那顛三倒四的英語使他的話語給人留下了非常深刻的印象。在他的管理下，聯合鋼鐵廠成為我們企業收益最高的部門。幾年下來，他有些操勞過度。我們決定給他假期去歐洲旅行。他經過華盛頓來到紐約，當他到紐約來見我時，他表示非常想回匹茲堡，而不是去德國。在高聳入雲的華盛頓紀念碑的階梯上以及在其他公共建築物上，他看到了卡內基公司生產的橫梁，他說：

「這讓我太激動了，我想立即回去，看看工廠裡是否一切正常。」

威廉每天很早來到工廠，天黑時分才離開，以廠為家。他是我們首批吸收入股的年輕人之一，我記得，這個德國窮小子在去世前的年收入大約有 5 萬美元，每一分錢都是他應得的。關於他的故事有很多。有一次，在我們董事會的周年慶祝宴會上，每個人都要作簡短的發言，威廉是這樣說的：

「先生們，我們應當做的是提高利潤、降低成本，每個人都要各盡其職。」他那不標準的英語讓在座的人大笑不已。

有一段時間，我們工廠來了位政府特派員 —— 艾文斯（Evans）上尉（「好鬥的鮑伯」）。他是一個嚴屬的人，對威廉的行為頗有抱怨，威廉非常頭痛，最終還是觸犯了上尉。我們試著讓威廉意識到討好政府官員的重要性。威廉的回答是：

「他總是過來抽我的雪茄（上尉真是過分！威廉抽的是那種一分錢一支的劣等雪茄）。而且，他還對我們的產品雞蛋裡挑骨頭。你對這種人會怎麼想？不過，我明天會去向他道歉的。」

我們向上尉保證，威廉會向他道歉的。不過，後來上尉笑著告訴我們，威廉是這樣道歉的：「你好，上尉，我希望你今天早上沒有生氣。我不是有意

要冒犯你的，上尉。」他伸出手來，最終上尉和他握手言和。

　　有一次，威廉把大批不用的舊鐵軌賣給我們的鄰居詹姆斯·派克（他是匹茲堡鋼鐵製造業的先驅）。派克先生發現這批鐵軌品質非常差，他要求我們賠償損失。我們讓威廉和菲普斯先生一起去找派克先生，處理此事。菲普斯先生進了派克先生的辦公室，威廉在工廠裡到處尋找那批有問題的材料，卻怎麼也沒找到。這下威廉知道怎麼回事了。最後，他走進辦公室，派克先生還未開口，他先發制人：

　　「派克先生，我很高興聽說我賣給你的那批舊鐵軌不適合你們煉鋼。你們退回的材料，我們將全部買下，並讓給你們每噸 5 美元的收益。」威廉很清楚，他們早就把這批材料都用完了。派克先生一句話也說不出來，這件事就這麼解決了。威廉取得了勝利。

　　有一次，我去匹茲堡，威廉跟我說他有件「特別」的事想要告訴我——這件事他不能對其他人說。他從德國回來的途中，去看望了一位以前的同學，那人已經晉升為一名教授了。

　　「卡內基先生，在他家裡，他的妹妹對我非常好。我去漢堡給她帶了一份小禮物，她給我寫了一封信，於是我給她回了一封信。就這樣，我們互通書信，然後我問她是否願意嫁給我。她是一位非常有教養的女士，她隨後的信中說願意嫁給我。我讓她來紐約，我去那裡接她。但是，卡內基先生，她的家人不清楚公司和工廠的情況。她哥哥寫信給我希望我再回去一趟，在德國和她結婚，可我不想再次離開工廠。你認為怎麼辦好呢？」

　　「你當然應該再去一趟。沒錯，威廉，你應該去。我想，他的家人會對此感覺更好些。你立即出發，把她娶回家。我會幫你安排好一切的。」就在分別時，我說：「威廉，我想你的新娘一定是一位漂亮、高挑、完美無瑕的德國女性。」

　　「噢，卡內基先生，她有點胖。如果我能把她抱起來的話，也只能轉一圈多。」威廉三句話不離本行。（1912 年 6 月的這天早上，我發現當我再次讀到這個故事，還有「每個人都要各盡其職」這段話時，我還會忍不住哈哈大笑起來。）

　　菲普斯先生曾負責工廠的商務部門，但當我們的業務擴展時，需要他來負責鋼鐵生意。另一個年輕人威廉·L·艾伯特（William L. Abbott）接替了他原來的職位。艾伯特先生的經歷與伯恩特萊格先生有點相似。他剛來時是一位薪水很少的小職員，不久便被委以重任，負責鐵廠的業務。他不比伯恩特萊格遜色，也一樣成為了公司的一名股東，最後被提拔為公司總裁。

　　柯瑞先生這段時間由於管理露西高爐非常出色，也成為了我們的合夥人，與其他人享有同樣的股份。企業要想取得成功，就要有優秀員工晉升政策。我們最終把卡內基公司和麥坎德利斯公司轉併入愛德嘉·湯姆森鋼鐵公司[150]。起初，我弟弟和菲普斯先生都反對將他們發展非常成熟的企業併入鋼鐵公司。但是，我向他們出示了第一年的收益情況，如果他們不併入鋼鐵公司，他們將發現自己走錯了一步。他倆再三考慮後終於同意了。這無論對他們，還是對我們來說都是一件幸事。

　　經驗告訴我，各個領域的新人聚集在一起，不可能組建成一家優秀的企業。變化是必需的。我們愛德嘉·湯姆森鋼鐵公司也不例外。在開始製造鐵軌前，我們聘請了鐵路部的一位管理人員，他因精明能幹而聲名遠播，但科爾曼先生卻對他不太滿意。為此，我購買了科爾曼先生的股份。然而，沒過多久，我們發現科爾曼先生的判斷是正確的。這位新人是鐵路審計員，對帳目非常精通，但期望他或其他任何一位公務員，剛剛進入製造業就取得成功是不現實的。對於這份新的工作，他既沒有相關的理論知識，也沒有受過培訓。這並不意味他不是一位優秀的審計員，而是我們自己期望過高了。

　　鋼鐵廠終於準備開工了，這位審計員提交了一份機構草案請我審批。我發現他把工廠分為兩個部門，一個部門由史蒂文生先生負責，他是一位蘇格蘭人，後來成為一位口碑很好的製造商；另一個部門由瓊斯先生負責。毫無疑問，我不會同意這麼做的，因為這一決定對鋼鐵公司的成功有著重要影響。在同一家公司，兩個人的權力相當，這樣是絕對不行的。這就好比一支

150　愛德嘉·湯姆森鋼鐵公司（Edgar Thomson Steel Works），1872 年卡內基學習和引進歐洲柏思麥轉爐煉鋼法並專門成立的煉鋼公司，之後將當時卡內基兄弟公司旗下的其他相關鋼鐵公司併入這家在布拉多克新建的愛德嘉·湯姆森鋼鐵公司，為企業的升級邁出一大步。卡內基在整合公司時為說服公司合夥人及大股東做出了巨大貢獻。

軍隊有兩位總司令，一艘船有兩位船長，一家製造企業有兩位領導人，即使他們分屬於不同的部門，這樣還是會有大麻煩的。我說：

「這不行。雖然，我既不認識史蒂文生先生，也不認識瓊斯先生，但他們兩人中只有一個能成為領導人，他必須單線向你彙報工作。」

經決定，我們讓瓊斯先生擔任領導人。後來，他在柏思麥煉鋼產業聲名遠播。

當時，這位領導人非常年輕、精幹、充滿活力，從他的身高可以看出他具有威爾士血統，因為他非常矮小。他以前是約翰斯頓的一家鄰近工廠的機修工，剛來我們這裡時每天只有 2 美元薪資。我們很快發現他是一個可造之材，任何一件小事都可證明這一點。內戰期間，他作為一名志願兵表現出色，成為公司領導人後，他遇事也是從來不知退縮的。愛德嘉·湯姆森公司的成功，很大一部分要歸功於此人。

後來，他拒絕了公司給的股份，這些股份本來可以使他成為百萬富翁。有一天，我對他說，持有公司股份的一些年輕人現在賺得要比他多，我們已經一致同意接收他成為股東，他不用承擔經濟責任，因為我們允許他可以用紅利來支付股本。

「不，」他說，「我不想去考慮公司的營運狀況。照看工廠裡的這些事已經夠我忙的了。假如你認為我應得這些，請給我一份高薪。」

「沒問題，廠長，你將擁有一份美國總統的薪水。」

「一言為定。」這位小個子威爾士青年說。

鋼鐵產業的競爭對手們最初沒有把我們放在眼裡。他們根據自己在創業初期經歷的困難，不信我們再過一年能生產出鋼軌，沒有意識到我們已經是他們的競爭對手了。一開始，我們把鋼軌的價格定為每噸大約 70 美元，報給全國各地的代理商最優惠的價格，當我們的競爭對手注意到這點時，我們已經獲得了很多訂單 —— 這對我們來說是個相當好的開端。

有著如此精密的機器、完美的方案，以及瓊斯先生精選出來的熟練工人，還有他自己這位卓越的管理者，我們的成功指日可待。我認為有必要特別說明，第一個月經營下來的淨利潤是 11,000 美元，這創了紀錄。我們的會

計體系如此完善，同樣值得稱讚，這能幫我們算出精確的利潤額。從開辦煉鐵廠的經驗中，我們知道了精確的統計意味著什麼。在生產過程中，材料從一個部門轉遞到另一個部門，都有專人進行核對，這對提高利潤至關重要。

鋼鐵廠的前景一片光明，我開始考慮要去度假了，環球旅行的理想即將實現。1878 年的秋天，我和 J·W·范德沃特（「范迪」）先生出發了。我隨身帶了幾個便箋本，開始每天用筆作記錄，不帶任何出書的目的。但是，我想也許可以印幾本筆記在親密的朋友中間傳閱。一個人第一次看到他的作品鉛印成書的感覺是非常好的。當這包書從印刷廠送來時，我又重讀了一遍，考慮是否值得把它們送給朋友們。我最終得出結論，整體看來最好是把書送給朋友們，期待他們的意見。

一個人專為朋友們寫了一本書，自然是希望受到大家歡迎。但我一直有點擔心人們會對它明褒實貶。然而，朋友們的反響出乎我的預料，還是有些人非常欣賞這本書，至少有一部分人是這樣認為的。每一位作者都希望聽到讚美之詞。我最早收到來自費城的大銀行家安東尼·卓克索的一封信，他抱怨我掠奪了他幾個小時的睡眠。他一翻開這本書就愛不釋手，一直讀到凌晨 2 點才讀完。我還收到好幾封這樣的信。記得中央太平洋鐵路公司的總裁亨丁頓 [151] 先生有一天早上見到我就說，他正想過來好好地讚美我一番。

「為什麼呢？」我問道。

「噢，我把你的書從頭到尾讀了一遍。」

「是嗎，」我說，「那算不上讚美。我其他的朋友也是這樣的。」

「噢，是的，但也許沒有一個朋友和我一樣。除了帳本以外，我已經好多年沒有讀過一本書了。我原本並沒有打算讀你的書，但一翻開就難以放下。5 年來，唯一能讓我從頭讀到尾的只有帳本。」

對於朋友們說的話，我並非全信。但其他一些從朋友們那裡讀到這本書的人也很喜歡，這讓我沾沾自喜了好幾個月。我相信那些話不是奉承。這本書又加印了幾次，以滿足越來越多的需求。這一現象引起了有些人的關注，

151　亨丁頓（Collis Potter Huntington, 1821-1900），美國西部鐵路系統「四巨人」之一、企業家、慈善家。

報紙上也作了選登，最終，查爾斯·斯克里布納出版公司子公司[152]為滿足市場需求將出版這本書。就這樣，《環球旅行》[153]公開出版了，我終於成了一名「作家」。

此次旅行為我開啟了一扇新的窗戶，改變了我的世界觀。史賓賽[154]和達爾文[155]的學說當時處於巔峰時期，我對他們的著作也產生了濃厚的興趣。我開始以演化論的觀點去思考人生的各個階段。在中國，我讀了孔子；在印度，我讀了佛經和印度聖典；在孟買，從帕西人中我知道了拜火教。旅行使我的精神得到了某種寧靜。以前混亂的思緒，如今變得有條理了，我的內心平靜如水。我終於明白了人生真諦。基督教所說的「天堂就在你心中」這句話對我有了新的含義。不是過去，也不是未來，而是現在，天堂就在我們心中。今生今世，我們所肩負的責任就在眼前，不要急功近利地盯著超越現實的幻想，那是虛無徒勞的。

所有伴隨我成長的宗教，以及曾經影響過我的史威登堡學說，現在對我一點也不起作用了。我發現沒有一個民族的信仰蘊含的都是真理，儘管這種信仰被視為神靈的啟示；同樣，所有的民族並非都那麼愚昧落後，毫無真理可言。每個民族都有自己偉大的導師，佛是一個、孔子是一個、瑣羅亞斯德[156]是一個、基督耶穌又是一個。我發現，所有這些教義都有倫理學上的相

152　查爾斯·斯克里布納出版公司子公司（Charles Scribner's Sons），美國一家出版機構，1846 年創立於紐約，是斯克里布納公司的子公司。公司多年出版斯克里布納雜誌。該公司因出版海明威（Ernest Hemingway）的書籍而聞名。該公司的書店的所有權由 Barnes & Noble 公司掌握。

153　《環球旅行》（*Round the World*），安德魯·卡內基的作品。於 1884 年由查爾斯·斯克里布納出版公司子公司出版，英文版在紐約和倫敦同時發行。

154　史賓賽（Herbert Spencer, 1820-1903），英國哲學家、社會達爾文主義之父，他提出將「適者生存」應用在社會學，尤其是教育及階級鬥爭。但是，他的著作對很多課題都有貢獻，包括倫理、形上學、宗教、政治、修辭、生物和心理學等等。

155　達爾文（Charles Robert Darwin, 1809-1882），英國博物學家、生物學家，達爾文早期因為地質學研究而著名，而後又提出科學證據，證明所有生物物種是由少數共同祖先，經過長時間的自然選擇過程後演化而成。到了 1930 年代，達爾文的理論成為對演化機制的主要詮釋，並成為現代演化思想的基礎，在科學上可對生物多樣性進行一致且合理的解釋，是現今生物學的基石。

156　瑣羅亞斯德（Zoroaster，西元前 628 ～西元前 551 年），又名查拉圖斯特拉，瑣羅亞斯德教創始人，瑣羅亞斯德宣稱阿胡拉·馬茲達（Ahura Mazda）是創造一切的神，因此他後來成為瑣羅亞斯德教的最高神。該教延續了二千五百年，至今仍有信徒。他還是瑣羅亞斯德教經典《阿維斯塔》（即《波斯古經》）中〈迦泰〉的作者。

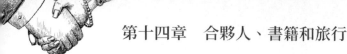

似之處。我還可以借用馬修·阿諾德[157]，一位我引以為豪、視為良師益友的人的話：

> 「上帝的孩子們啊！
> 上帝的眼睛永遠看著我們，
> 對於我們創立的各種宗教，
> 祂不會輕視任何一種。
> 有誰沒有鼓勵過失落的人，告訴他有著無窮的力量？
> 有誰在山窮水盡時，不渴望甘露滋潤心田？
> 有誰在傷心欲絕時，不被喚醒 ——
> 振作精神，勇往直前？」

這個時候，愛德溫·阿諾德[158]的《亞洲之光》出版了，我對它的喜歡，超過我近期讀到的任何一本同類詩集。我剛去過印度，此書讓我有故地重遊的親切感。我對這本書的讚賞傳到了作者的耳中，後來，我們在倫敦相識，他把這本書的原文手稿贈送給了我，這是我最珍貴的一份收藏。即使虧本，每個環球旅行的人也應該把經歷寫出來。相比於環球旅行，其他任何旅行似乎就顯得不夠全面，帶給我們的只不過是一種局部的、模糊的印象。當你周遊了世界，回來後你會覺得所有的一切都見識過了（當然只是一個概貌）。世界是由兩個半球合成的，你會看到，任何一個地方的人們都在為同一個目標而努力，那就是與命運抗爭。

環球旅行者若仔細研讀各個東方國家的宗教經典，將會受益匪淺。他會從中得出這樣一個結論，那就是每個國家的人都認為他們自己的宗教信仰是最好的。他們為生養自己的土地而自豪。大部分國家的人通常感覺幸福，很多人一定會說：「金窩銀窩，不如自己的狗窩。」

我的《環球旅行》一書中有兩處描述或許可以說明這一點。摘錄如下：

157　馬修·阿諾德（Matthew Arnold, 1822-1888），英國詩人、評論家、教育家。其父湯瑪斯·阿諾德（Thomas Arnold）為著名的拉格比公學校長。曾為牛津大學奧里爾學院研究員。最著名的詩作是〈多弗海灘〉（Dover Beach），主要表現維多利亞時代的信仰危機。代表作：《文化與無序》、《文學和教條》等。

158　愛德溫·阿諾德（Edwin Arnold, 1832-1904），英國詩人、記者。代表作：《亞洲之光》等。

在新加坡附近的一處森林裡，人們正在忙碌地工作著，孩子們光著身子到處跑來跑去，父母們通常穿著鬆鬆垮垮的舊衣衫。這極大地吸引了我們旅行團的注意。我們讓導遊去告訴他們，這個季節，我們國家已經結冰了，我們可以在門前池塘的冰面上行走，有時，冰結得非常厚，馬和馬車都能從冰凍的寬闊河面上經過。他們非常驚訝，問我們為什麼不到這裡來和他們生活在一起。他們真的非常幸福。

還有一則是：

我們在去北部海角的途中，見到了拉普蘭人的馴鹿營。我們請了一位船上的水手和我們同行。我和他是走著回來的，在靠近挪威海灣時，我們眺望對岸，看到有幾間零零落落的棚屋，以及一幢正在興建的兩層樓房子。「那幢新的建築是要做什麼用的？」我們問道。

「那是一位特羅姆瑟人的家，他在那裡出生，賺了很多錢後，現在回來了，要定居在那裡。他非常有錢。」

「你告訴過我，你周遊了世界各地，去過倫敦、紐約、加爾各答、墨爾本，還有其他地方。假如你像那個人一樣財運亨通，年紀大了的時候，你會把家安在哪裡？」

他眼裡閃爍著光芒，說道：「啊，沒有比特羅姆瑟更好的地方了！」

這是在北極圈，一年中有 6 個月是黑夜，然而，特羅姆瑟是他出生的地方。那是他的家，甜蜜溫馨的家！

人們的生存條件或自然環境或許有些缺憾，有些不公，有些殘酷，我們卻為他們的善意和快樂深感嘆服。對家的熱愛，是不論特色和地域的，因為我們只有一個家。我多麼高興地發現，這種情感並不局限於一個民族或一個國家，在當今發展時期，每一個民族都有最適合自己的信仰。上帝沒有忽視任何一個民族和國家。

第十四章　合夥人、書籍和旅行

第十五章
馬車旅行和結婚

第十五章　馬車旅行和結婚

1877 年 7 月 12 日，我的家鄉丹夫林授予我榮譽市民的稱號，這是我第一次被授予榮譽市民，也是我所接受到的最高榮譽。我受寵若驚。自華特·史考特爵士成為英國城市議員之後，在我之前只有兩人獲此殊榮。我的父母曾有一天看見華特正在描摹丹夫林大教堂，於是他們經常跟我說起他的樣子。作為榮譽市民，我要發表一次演說。主題是什麼呢？我很困擾。我告訴舅舅貝利·莫里森，我想怎麼去演說，並打算說些什麼，因為那都是我內心真正想要說的話。舅舅本人是一名演說家，當時他和我說了一句智慧箴言。

「就那樣說，安迪，就是要把你的真情實感表達出來。」

這是公開演說的一條經驗，我要牢記在心。對於年輕的演說家，我可以提供一條建議。當你站在聽眾面前，你要明白你要面對的只是普通人。你對他們的演說就像你和其他人的日常交流一樣。假如你不想嘗試有別於你自己的風格，那也沒什麼尷尬的，就當是你在自己的辦公室裡和同事交流一樣。偽裝自己反而會失去自我。應該將本色展現在大眾面前。英格索爾上校是我所知道的最有影響力的公開演說家，我曾經問他影響力是怎麼來的？「演講者要避免左顧右盼，」他說，「你要做你自己。」

1881 年 7 月 27 日，我再次來到丹夫林作演講。那次，母親來為我捐建的第一座免費圖書館奠基。很多年前，丹夫林的 5 位紡織工將自己的藏書供鄰里鄉親們借閱，創辦了鎮上最早的一家圖書館，我的父親是其中之一。丹夫林把我捐建的建築命名為「卡內基圖書館」[159]。建築師問我要我的盾徽，我告訴他沒有，但我建議在大門的上方可以雕刻一輪冉冉升起的太陽，光芒四射，再配上一句格言：「讓陽光普照。」這個建議被採用了。

我們組建了一支車隊去丹夫林。早在 1867 年，我和喬治·勞德、亨利·菲普斯在穿越英格蘭的時候，就萌生了今後要和好友們組成一個團隊，駕著馬車從英格蘭南部的布萊頓[160]碼頭出發，一路旅遊過去，直至蘇格蘭的因弗內斯[161]。這趟期盼已久的旅遊終於成行了。1881 年春天，我們一行 11 人從紐

159　「卡內基圖書館」（Dunfermline Carnegie Library），建於卡內基家鄉的丹夫林的卡內基圖書館，是「卡內基圖書館基金」捐資創辦的第一個公共圖書館，該館於 1883 年 8 月 29 日對大眾開放。
160　布萊頓（Brighton），英國南部的海濱城市。
161　因弗內斯（Inverness），蘇格蘭的北部城市。是蘇格蘭高地（Scottish Highlands）境內唯一一個有

約起航，享受生命中最愉快的一次旅行。這次忙裡偷閒的長假，使我擁有了年輕和快樂的心態——這勝過世上所有的良藥。

出發前，我花了兩便士買了一本帳簿，每天都在這個本子上寫上幾行長途旅行的經歷。因為已經出版了《環球旅行》，所以我想寫一點可以發表在雜誌上的文章，或者只為同行的人寫下我們此行的見聞和感受。但在一個寒冷的冬天，我一點也不想去 3 英里外紐約的辦公室，決定待在家裡，如何打發這段空閒的時間倒是一個問題，我想起這次長途旅行，於是決定寫幾行看看，不知能不能寫下去。不料我文思泉湧，當天就寫了三四千字。此後每當暴風雨的日子，只要不是必須要去辦公室，我就繼續這項令人愉快的工作，只用了 20 天的時間，就完成了這本書。我把書稿交給了斯克里布納出版社，請他們印幾百本，我好在私底下的小圈子裡分送。和《環球旅行》一樣，這本書也得到了朋友們的喜愛。有一天，錢普林[162]先生告訴我，斯克里布納[163]先生讀了這本書，很想出版，提出給我版稅，然後由他們全權發行。

希望聽到讚美的作者很容易被幾句誇獎的話說服，我同意了斯克里布納先生提出的出版條件。（每年我都能得到一筆版稅，直到 1912 年，一共拿了30 年。）書出版後[164]，我收到了許多讀者來信。我的助手把一些熱情洋溢的信保存下來，並整理歸併到剪貼簿裡，不時還有一些新的信件增加進去。有些身障人們寫信來，高興地告訴我，這本書點亮了他們的生活，令人感到愉悅。在英國，這本書也受到了歡迎，讀者給予了高度評價。我相信，這本書的優點在於我沒有刻意地去留下什麼印記，我是為朋友們而寫的，這樣容易寫，也寫得好。我樂於寫書，彷彿自己身在途中。

1886 年，對我來說是在陰暗和憂傷中結束了。曾經時刻有人照料、快樂

城市地位的聚落，因此常號稱「英國最北的城市」。

162　錢普林（John Denison Champlin Jr., 1834-1915），美國作家、編輯、記者。《美國大百科》的副總編輯、斯克里布納版《藝術百科》主編。也是跟隨卡內基英國之旅的朋友之一。

163　斯克里布納（Charles Scribner II, 1854-1930），查理斯·斯克里布納出版公司子公司總裁。

164　書出版後，指的是卡內基的英國之旅一書——《美國的四駕馬車在大不列顛》（An American Four-in-Hand in Britain）。該書在 1882 年印刷後在卡內基的朋友圈中傳閱時叫《我們的馬車旅行——從布萊頓到因弗尼斯》（Our Coaching Trip, Brighton to Inverness），1883 年正式出版時，斯克里布納出版社將書名定為《美國的四駕馬車在大不列顛》。

第十五章　馬車旅行和結婚

無憂的生活一去不復返。我獨自地留在這個世界上。我的母親和弟弟在 11 月分相繼去世，而我患了嚴重的傷寒躺在床上，無法動彈。也許，值得慶幸的是，我正在與死神抗爭，無法感受生命中不能承受的災難之重。

我是第一個患病的。當時我們正從東部回到亞利加尼山頂的度假別墅，我和母親在那裡度過了愉快的夏天。在離開紐約的前一兩天，我已經感覺非常不舒服。請來醫生給我看病，說我顯然得了傷寒。後來，又把丹尼斯（Dennis）教授從紐約請來，他確診了我的病情，同時我們還請了一名內科醫生和一位熟練的護士前來幫助檢查護理。不久後，母親病倒了，我還聽說在匹茲堡的弟弟也一病不起。

當時，我是那麼絕望消沉，似乎整個人的性情也變了。我變得懦弱了，只有沉湎於令人愉快的回憶中才能忘卻痛苦。沒有人向我透露過母親和弟弟的病情，當我得知一切時，他們已經永遠地離開了我，我只想隨他們而去。我們從未分開過，為什麼我們現在要面臨生離死別呢？然而，這就是命運。

我恢復得很慢，腦子裡開始想像未來。對於未來，我只有一線希望和安慰。一個人總要有所憧憬的。我認識露易絲·惠特菲爾德小姐好多年了，她的母親允許她和我一起在中央公園騎馬。其他一些女士也和我們一樣非常喜歡騎馬。我有幾匹好馬，經常和女士們一起在公園裡騎，繞著紐約轉了一圈又一圈。結果，其他女士都落於平凡，只有惠特菲爾德小姐是完美無瑕的，超過了我認識的任何一個人。最終，我承認她經受住了我的考驗，她一個人就具備我所認識的其他人身上的全部優點。我想建議年輕人，選擇伴侶之前要親自考察一下。如果他們真的願意像我做的那樣，那麼一切都會非常美滿：

> 「我的眼睛曾經關注地盼顧過許多女郎，
> 許多次，她們那柔婉的聲調都讓我過於敏感的聽覺為之傾倒：
> 為了各種不同的美點，我曾經喜歡過不同類型的女子，
> 但是從不曾全心全意地愛上一個。
> 總有一些缺點損害了她那崇高的優美。

但是妳啊，這樣完美而無雙，

　　是把每一個人的最好的美點集合起來而誕生的！」[165]

　　我的靈魂深處經常迴響起這些語句。今天，我和她一起生活了 20 多年，如果我能找到更深情的語言，我一定如實地向她傾訴。

　　我的求愛沒有成功。她還有其他追求者，甚至有比我更年輕的。我的財富和前途起了反作用。正因為我富有、擁有一切，使她覺得她對我來說微不足道。她的理想是找一個真正能夠相扶相持的年輕伴侶，一個勤奮努力，需要她幫助的伴侶，就像她的母親對她的父親那樣。她 21 歲時，她的父親去世了。從那以後，照顧家庭的責任很大一部分落在了她的身上。如今，她 28 歲了，她的人生觀已經成型。有時，她似乎非常樂意和我通信。然而有一次，她回信給我說，她覺得她不能接受我。

　　丹尼斯教授和他的夫人把我從克雷森接到他們紐約的家中，在他們的親自照顧下，我在那裡躺了一段時間，不久就能下床活動了。我剛能寫字時，就從克雷森給惠特菲爾德小姐寫了一封信，請她來看望我。她現在覺得我是需要她的，我在這個世界上很孤單。現在，她時刻感覺到是我的「夥伴」。她無論從感情還是理智上都願意接受我了。1887 年 4 月 22 日，我們在紐約結婚了，然後起程去懷特島[166]度蜜月。

　　她最感興趣的是採野花。她以前從書本中讀到過三色堇、勿忘我、櫻草花、百里香等花名，直到那時，這些家喻戶曉的名字對她而言只是名字而已。每一樣東西都令她著迷。勞德姨丈和我的一個堂哥從蘇格蘭來看望我們，接著，我們去了他們在基爾格雷斯頓為我們選的一處避暑勝地度假。她被蘇格蘭深深吸引住了，那是毋庸置疑的。她在少女時就讀過有關蘇格蘭的書 —— 史考特的小說和《蘇格蘭首領》[167]是她的最愛。她很快變得比我更像

165　「……是把每一個人的最好的美點集合起來而誕生的！」該首詩歌引自莎士比亞《暴風雨》，是費迪南對米蘭達（Miranda）的表白。

166　懷特島（Isle of Wight，又譯威特島），大不列顛島南岸島嶼，南臨英倫海峽，北臨索倫特海峽，英國英格蘭的名譽郡、非都市郡、單一管理區，郡治是紐波特，面積 380 平方公里。懷特島是著名的旅遊勝地，歐洲內化石資源最豐富的地方之一。

167　《蘇格蘭首領》（*The Scottish Chiefs*），蘇格蘭歷史小說家、戲劇家珍‧波特（Jane Porter）的代表作。

蘇格蘭人。這一切正是我理想中的。

　　我們在丹夫林度過了一段非常美好的日子。我帶她去了我兒時常去的地方，跟她講了所有關於我童年的趣事。她對自己丈夫的印象更好了，這使我們的生活有了一個好的開端。

　　在我們一路北行期間，愛丁堡又贈予我榮譽市民稱號，羅斯伯里勳爵[168]作了演講。愛丁堡的群眾非常熱情。我在大禮堂為工人們作演講時，收到了他們送給我的一份禮物，同樣，我的夫人也收到一枚胸針，她很喜歡。她非常欣賞風笛手的演奏，希望能請一位到家裡來 —— 隨處都有笛聲陪伴，早上在笛聲中醒來，用餐時也能伴著笛聲。她是一個道地的美國人，而且是康乃狄克清教徒。她說假如我們不幸要在一座孤島上生活，只允許帶一件樂器，她會選擇風笛。我們很快找到了一位風笛手，他是帶著克呂尼·麥克弗森（Cluny McPherson）的介紹信來的。我們聘請了他，當我們走進在基爾格雷斯頓的家時，就能聽到風笛聲。

　　我們在基爾格雷斯頓過得很愉快，儘管妻子仍想住到更充滿野性也更具蘇格蘭高原風格的家中。在此期間，馬修·阿諾德、布萊恩[169]夫婦、參議員尤金·黑爾夫婦等許多朋友都來看望我們。妻子和丹夫林的親戚們相處得很融洽，尤其是和年長的伯父伯母們。人人喜歡她。他們驚訝地對我說，她怎麼會嫁給我呢，然而我告訴他們，對此我也很驚訝。顯然，緣分是由上天注定的。

　　我們回紐約時，帶上了風笛手、管家，以及幾位傭人。尼科爾太太直到今天仍和我們在一起，20多年來，她一直忠心耿耿地為我們服務，就像是家庭中的一員。男管家喬治·厄凡（George Irvine）來到我們家有一年了，他也像我們自己人一樣。還有一位傭人瑪姬·安德森（Maggie Anderson）也是如此。他們都是品格高尚、忠誠老實、兢兢業業的人。

168　羅斯伯里勳爵（Archibald Philip Primrose, 5th Earl of Rosebery, 1847-1929），英國自由黨政治家，曾任英國首相。

169　布萊恩（James Gillespie Blaine, 1830-1893），美國律師、政治家，曾經擔任美國眾議院議長、緬因州聯邦參議員和兩任美國國務卿。於1884年被提名為總統候選人，以微弱劣勢敗給民主黨人格羅弗·克里夫蘭。布萊恩是19世紀後期共和黨的領袖人物，也是共和黨內溫和的改良主義派系「混血兒」派的擁護者。

第二年，我們買下了克呂尼城堡[170]。風笛手恰好是在那裡出生長大的，他跟我們講述了有關那裡的一切。或許，正是受了他的影響，我們才選擇把那裡的房子作為避暑之處。

1897 年 3 月 30 日，我們的女兒出生了。當我第一次凝視她的時候，妻子說：

「讓她的名字和你母親的名字一樣，就叫瑪格麗特吧。現在，我必須要提一個要求。」

「是什麼，露易絲？」

「有了這個小寶貝後，我們必須要買一處避暑的房子。我們不能總是租房，經常搬來搬去的，應該要有一個自己的家。」

「是的。」我同意了。

「我只有一個條件。」

「是什麼？」我問。

「房子必須買在蘇格蘭高地。」

「太好了，」我回答，「正合我意。妳知道我怕晒，哪一塊地方是最好的呢？我找人打聽了解一下。」

最終我們選擇在斯基伯城堡。

母親和我唯一的弟弟過世後的幾個月裡，只剩下我獨自生活在世上。到如今，妻子走進我的生活已經有 20 年了，是她改變了我的人生。因為有她，我的生活過得如此幸福，我無法想像沒有她的陪伴，一個人的生活會是什麼樣。當她經受了費迪南[171]的考驗時，我以為我很了解她，但這只是我從表面看到的一些特質。至於她的純潔、神聖、睿智，我當時還沒有深入了解。每當我們遇到緊急變化，以及在後來的社會生活中，包括和我們雙方親友們交往時，她就像是外交官與和平使者。無論在哪裡，她都以平和與友善感染著周圍的人。在少數幾次突發事件中，她都第一個站出來，承擔起英雄的角色。

在這位和平使者的一生中，從來沒有發生過爭吵，甚至和她的同學也沒

170　克呂尼城堡（Cluny Castle），蘇格蘭東北部的一個城堡小鎮，始建於 1604 年。
171　費迪南（Ferdinand），莎士比亞戲劇《暴風雨》中的人物。

有吵過一句嘴。凡是見過她的人，都不會對她有絲毫抱怨。這並不是說她要求不高、忍氣吞聲 —— 她比別人更挑剔 —— 但是，職銜、財富、社會地位等這些一點也無法打動她。她的言談舉止端莊得體，品味高雅，從來不會降低標準。她的密友也都是優秀的人。她總是想著怎樣去幫助周圍的人 —— 當人們有需要的時候，她總是為這個出主意，為那個想辦法，她絕妙的安排和精美的禮物經常給她的那些朋友帶來驚喜。

　　我無法想像沒有她，這 20 年我將怎麼度過。我也無法忍受一旦她先我而去，我該怎麼生活。按照自然進程，我不太會遇到這種情況，但那種我先她而去的想法又讓我心痛，我怎麼忍心將她孤單一人留在世上，一個女人多麼需要有人關心，有男人保護。但那時，會有我們的女兒陪伴她，照顧她。而且，瑪格麗特需要她勝過需要我。

　　為什麼，噢，為什麼，我們找到了人間天堂卻被迫要離開，去我們不知曉的地方！我可以引用潔西卡（Jessica）的話說：

> 「好到沒有話說。
> 巴薩尼奧（Bassanio）大爺的生活溫馨而快樂，
> 因為他有了愛妻的呵護，
> 他找到了人間天堂。」[172]

---

172 「……他找到了人間天堂。」引自莎士比亞戲劇《威尼斯商人》。

第十六章
工廠和工人

第十六章　工廠和工人

　　我在英國學到了一條鋼鐵製造業的重要經驗，就是必須要有自己的原料，獨立完成整個產品的生產過程。解決了愛德嘉·湯姆森工廠的鋼軌問題，我們很快就進行下一個步驟。要想持續得到生鐵供應是件非常難的事，況且也沒有把握，這就迫使我們開始建造高爐。我們建了3座，然而，其中有一座是從艾斯卡納巴煉鐵公司買來的改裝過的高爐，這件事是克洛曼先生聯繫的。正如一般的情況一樣，購買這座二手高爐所花費的成本比建一座新高爐的成本還要高，而且沒有像新的那樣好用。購買劣等設備，實在令人不滿和沮喪。

　　儘管這次購置是一個錯誤，但在隨後的日子裡，它很快給我們帶來了高額利潤。因為這座高爐小，適合生產鏡鐵，後來還用於生產錳鐵。我們是美國第二家鏡鐵生產廠，同時也是美國首家並且也是多年來唯一一家錳鐵生產廠。這種必不可少的原料，我們以前一直依靠國外進口，每噸要80美元。我們的高爐經理朱利安·甘迺迪[173]先生建議，既然能找到礦石，我們可以用自己的小高爐來生產錳鐵。這一試驗值得嘗試，結果取得了很大的成功。我們完全能滿足美國的錳鐵供應需求，並且，最終的價格從每噸80美元降到了50美元。

　　我們在維吉尼亞州勘測礦山時，發現歐洲人正在那裡悄悄地購買礦石，準備用於生產錳鐵，礦主們還以為他們有其他用途。菲普斯先生當即決定買下那座礦山。由於礦主們既沒有資金，又缺乏技術，不能有效地開發礦山，於是我們趁機用高價從他們（其中有位大衛斯先生，是一位非常能幹的年輕人）手中買了下來，成為了礦山的主人。而且我們透過對礦山的全面勘察，證實了那裡含有豐富的錳礦，我們的回報就在眼前。所有這一切進展迅速，從發現商機到買下礦山，我們一天都沒有耽擱。這就是股份制公司比集團公司更具優勢之處。集團公司的總裁必須要徵求董事會的意見，要等上幾個星期，也許幾個月，才能做出決定。那樣的話，礦山也許早就成為別人的了。

　　我們繼續擴充高爐設備，每一座新的高爐都在以前的基礎上有了很大的

173　朱利安·甘迺迪（Julian Kennedy, 1852-1932），美國工程師、發明家。為世界鋼鐵業做出了巨大貢獻。

改進，直到我們最後認為已經達到標準了。當然，一些細小的改進是不可避免的，但顯然我們已經有了一座理想的工廠，當時，我們的生鐵產量是每月 5 萬噸。

我們增設了高爐部，這意味著邁出了成功的重要一步。同時，我們希望能有持續定量的優質焦煤供應——康奈爾斯維爾煤場可以做到這點。可我們發現沒有熔煉生鐵所必需的燃料，還是無法繼續進行下去。經過深入徹底的調查，我們得出結論，弗利克焦煤公司不僅有最優質的煤和焦炭，而且弗利克[174] 先生本人也是一位管理天才。他最初是一名鐵路公司的小職員，後來獲得了成功，可見其能力非同尋常。1882 年，我們購買了這家公司一半的股份，後來又從其他股東手裡購買了一些，我們成了大股東。

現在只缺鐵礦了。如果我們能解決這一問題，那麼歐洲只有兩三家公司能與我們競爭。我們曾一度以為已成功地在賓夕法尼亞發現了打通這最後一環的金鑰匙。然而，我們被誤導了。我們在提隆區塊進行投資，嘗試去開發利用那一區塊的礦石，結果損失慘重。我們只看到了礦山的邊緣表層，那裡經過多年的風化，許多雜質被沖刷掉了，礦的純度較高，但當我們再往裡深入一點，就會發現那是一座貧礦，不能利用。

我們在賓夕法尼亞的山中租了一座高爐，派化學家普魯士（Prousser）先生去那裡對當地產的所有原料進行指導分析，並鼓勵當地人幫他採集礦石標本。當時，人們顯然對化學家的能力非常敬畏，要找個人在實驗室裡幫助他很難。當他告訴大家透過那些奇怪的儀器能測出礦石包含的成分是什麼，人們就懷疑他與邪惡的力量有著不正當的交流。最後，我們不得不從匹茲堡的辦公室派了一個人過去協助他。

有一天，他給我們發來一份分析報告，那裡的礦石中明顯不含磷。這種礦石很適合用於柏思麥煉鋼法。這一發現立即引起了我們的注意。那裡的礦主是摩西·湯普森[175]，一位富有的農民，他在賓夕法尼亞中心縣擁有 7,000

174　弗利克（Henry Clay Frick, 1849-1919），美國實業家、金融家、藝術贊助人。弗利克焦煤公司的創建人、後出任卡內基鋼鐵公司董事長。

175　摩西·湯普森（Moses Thompson, 1833-1901），美國湯普森家族成員，該家族以經營農場起家，逐年累積了大面積土地。

第十六章　工廠和工人

英畝最好的農田。我們約他在那裡見面，希望能拿到這座礦。我們發現在五六十年前，這個礦用木炭高爐提煉過，但當時沒有成功，肯定是由於這種礦產的純度高於其他礦石，熔煉起來比較困難。該礦在以前不被看好，這對我們來說倒是好事。

最終，我們獲得了該礦 6 個月的接管權，因此我們馬上開始了勘察，這是每位買主都應該非常仔細去做的一項工作。我們沿著山坡以縱向相隔 50 英尺、橫向相隔 100 英尺一路勘測，在每個交叉點插一根標杆深入礦中，共插了 80 根標杆，並對每一點取不同深度的礦藏進行分析。在我們付清 10 萬美元之前，要確切知道礦產的成分。結果比我們希望的要好。透過我的堂兄，也是我們的合夥人勞德先生的努力，採礦和洗礦的成本降到了很低，也彌補了我們在其他礦產上的所有損失，付出之外還有盈餘。在這件事上，我們至少在緊要關頭奪取了勝利。請化學家來為我們作指導，這一步我們走對了。可見，我們決定獲取原料並為之努力是有成效的。

我們有過失敗，也有過成功，但生意場上的事有時非常驚險。一天，菲普斯先生驅車和我從工廠出來，經過國家信託公司在匹茲堡佩恩街的辦事處時，我看到他們的窗戶上透出的巨大鍍金標語：「作為股東，人人有責。」就在那天早上，我仔細查看了我們公司的報表，注意到資產單上有 20 股國家信託公司的股份。我對亨利說：

「如果我們有這家公司的股份，你能不能在今天下午回辦公室前把它們都賣掉？」

他說不用這麼著急，等有好機會的時候再賣。

「不，亨利，請你立刻幫我去辦。」

他照做了，把股份都轉讓了。我們真幸運，過了一陣子，這家銀行因巨額虧損而倒閉。我的表哥莫里斯先生是受害的股東之一，還有許多其他人也遭遇了同樣的命運。一時間一片恐慌，如果我們仍是國家信託公司的股東，那麼我們的信譽將不可避免地受到嚴重威脅。真是倖免於難啊。雖然只有 20 股（股值 2,000 美元），但我們的名字差點就列在他們的股東名單上！這個教訓不能忘記。商界有一條鐵律，那就是當你有錢時，你可以自由支配，但你

的名字永遠都不能出現在負債公司的成員或是擔保人名單上。區區幾千美元的小投資，不足掛齒 —— 這沒錯，但它可能會帶來致命的影響。

在不久的將來，鐵會被鋼所取代，這對我們來說已成為不爭的事實。甚至在我們的基斯頓橋梁公司，鋼也越來越多地代替了鐵的使用。鋼的時代將取代鐵的時代，我們會越來越依賴於鋼。1886 年，我們決定在愛德嘉・湯姆森工廠旁邊建造新工廠，用於生產各種型號的鋼材。就在此時，我們得知有五六位匹茲堡的重要製造商在霍姆斯特德聯合建了幾座鋼廠，他們願意把鋼廠賣給我們。

這些工廠原先是由製造商們聯合建造的，主要是為各個公司供應鋼材，但當時鋼軌生意非常興旺，他們想改變計畫，成立一家鋼軌廠。由於鋼軌的價格仍然很高，他們就決定生產鋼軌，這些工廠是專門為此而設計建造的，沒有熔煉生鐵所必須要用的高爐，也沒有焦煤這種燃料。他們受到條件的限制，無法與我們競爭。

收購這幾家工廠對我們是有利的。我覺得與這些製造商交易的唯一辦法是，建議他們與卡內基兄弟公司合併。我們提出在平等的條件下進行，他們投資了多少錢，我們就返還給他們多少錢。在此基礎上，談判很快達成了。我們讓對方選擇是拿現金還是入股，然而對我們來說非常幸運的是，除了喬治・辛格（George Singer）先生選擇繼續和我們一起分享全部收益以外，其他人都選擇拿現金。辛格先生後來告訴我們，他的同伴們起初非常擔心，他們將如何面對我提出的建議。他們很怕我們提出過分的要求，但是，當我提出完全公平的條件，以一美元兌一美元時，他們都無話可說了。

這次併購使得我們所有工廠都進行了重組。1886 年，新的卡內基 —— 菲普斯公司組建成立，負責霍姆斯特德工廠的營運。威爾森 —— 沃克公司併入卡內基 —— 菲普斯公司，沃克（Walker）先生當選為董事長。我弟弟是卡內基兄弟公司的董事長兼總裁。隨著業務進一步擴展，我們在比佛弗斯新建了哈特曼鋼廠，計劃生產霍姆斯特德工廠不生產的上百種型號的鋼材。如今，我們能生產幾乎所有類型的鋼材，從小鐵釘到 20 英寸的鋼梁。那時，我們不可能想再去涉足任何新領域。

第十六章　工廠和工人

在這裡，我想回顧一下我們工廠在 1888 年到 1897 年這 10 年間的發展歷程。1888 年，我們的投資額是 2,000 萬美元，1897 年，我們的投資額翻了一倍多，超過 4,500 萬美元；1888 年，生鐵的年產量是 60 萬噸，1897 年，我們的產量翻了 3 倍，將近 200 萬噸；1888 年，鐵和鋼的產量，可以說每天有 2,000 噸；1897 年，增長到每天有 6,000 多噸。當時，我們的焦炭廠有大約 5,000 臺煤爐，後來煤爐的數量翻了 3 倍，我們的日均生產能力也從 6,000 噸發展到 18,000 噸。1897 年，我們的弗利克焦煤公司已擁有 42,000 英畝的煤田，比康奈爾斯維爾煤場還要大三分之二。因此，從產量的增長上可以看出，公司這 10 年來發展得非常快。有一條法則為大家所公認，在一個處於成長中的國家，像我們這樣的製造企業一旦停滯不前，就會衰退。

每生產 1 噸鋼需要開採 1.5 噸鐵礦石，先經由鐵路運送到 100 英里外的湖邊，再裝船運送數百英里，然後由汽車運送，最後再透過 150 英里的鐵路運輸到達匹茲堡；還要開採 1.5 噸的煤，製成焦炭，並經過 50 多英里的鐵路運輸；再開採 1 噸石灰岩，途經 150 英里運送到匹茲堡。當時，我們的鋼材生產是如何做到 3 英鎊的鋼只賣 2 美分而不虧損的？我承認，這對我們來說似乎是不可思議的，幾乎是個奇蹟，但事實就是那樣。

美國很快就從鋼鐵生產成本最貴的國家成為鋼鐵生產成本最低廉的國家，就連貝爾法斯特造船廠也已成為我們的客戶。在當時的條件下，美國已經能生產出和其他國家一樣便宜的鋼鐵，儘管勞動力成本很高。製造產業的勞動力不像機械產業那麼低廉，而是最貴的。只有讓工人們感到自由、滿足、高興了，才能好好地為公司工作。在美國，就是這樣。

美國在國際市場上將有一個很大的競爭優勢，那就是本國的製造商們有一個最好的國內市場。憑這一點，他們就能收回投資，即使出口價格低於實際成本，只要出口費用和所有開支持平，剩餘產品的出口也是有利可圖的。一個國家擁有最好的國內市場，再加上他們的產品是符合國際標準的，就像我們公司，那麼銷售量很快就會勝過外國廠商。關於這一點，我在英國時用一個短語來概括：「盈餘法則」。後來，這一法則在商界得到了廣泛應用。

第十七章
霍姆斯特德罷工

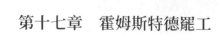

第十七章　霍姆斯特德罷工

　　說到我們企業的發展，我要提一下 1892 年 7 月 1 日發生的一件事。那是在我整個人生經歷中，發生的最為嚴重的一次衝突，當時我不在場，而是在蘇格蘭高地。26 年來，我一直積極維護我們和工人之間的關係，想起我們之間相處融洽、令人滿意，就非常自豪。有人公開指責我在霍姆斯特德罷工期間待在國外，沒有立即飛回來支持我的合夥人。對此，我的主要合夥人菲普斯先生在 1904 年 1 月 30 日寫信給《紐約先驅論壇報》，做出了答覆。他大意是說，我總是傾向於對工人們提出的要求做出讓步，不論他們的要求多麼不合理，因此，有一兩位合夥人不希望我回來 [176]。不考慮你和員工們培養起來的友情回報，只從經濟效益上來考慮，我相信，給工人們較高的薪資，讓他們感到幸福和滿足，這就是很好的投資，他們會生產出更大的利潤。

　　柏思麥的平爐煉鋼法和基礎發明給鋼鐵製造業帶來了改革。目前使用的機器顯得落後了，我們公司意識到了這一點，花了數百萬美元對霍姆斯特德工廠進行重新擴建。新機器的鋼產量比舊機器提高了大約 60%。218 名工人（以每生產一噸鋼為計量單位來支付他們的報酬）與我們簽訂了 3 年的勞動合同，最後一年中有一段時間，他們是用新機器工作的。因此，在合同到期前，他們的收入增長了將近 60%。

　　公司提議對這筆 60% 的增長額進行重新分配，即：工人的收入比過去增加 30%，另外 30% 將用於補貼公司新增機器的費用支出。工人們的勞動強度並沒有比以前有所增加，反而是機器的更新提升了工作效率。這一做法不僅公平大方，而且在一般情況下，工人們也會心懷感激地接受。然而，公司當時正在為美國政府生產裝甲而忙碌，此事我們已經推辭兩次了，這也是政府急需的。同時，我們與芝加哥展覽會簽訂了材料的供貨合同。一些工人領袖得知了這些情況，堅持要求拿到 60% 的全額增長收入，認為公司迫於壓力

176　菲普斯先生聲明如下：
　　提問：「據說卡內基先生因為膽小怕事，所以待在蘇格蘭不敢回來，不敢面對霍姆斯特德罷工，是嗎？」
　　回答：「當卡內基先生得知霍姆斯特德發生暴動時，他馬上發來電報表示要立即坐船回國。但是合夥人希望他不要回來。因為從公司的角度考慮，大家認為他不在為好。大家知道他總是傾向於接受工人的要求，不管是什麼要求。」「我知道商場上很多人都抱怨說卡內基先生當時逃避，但是合夥人卻希望自己來處理這件事。」（1904 年 1 月 30 日，亨利·菲普斯在《紐約論壇報》發表的文章）

會給他們的。然而，公司沒有同意，也不應同意這麼做，這根本就是企圖要脅，就像被人掐著脖子說：「站住，把錢交出來。」對此無疑應當拒絕。我如果在場的話，對這種不公平的敲詐行為，我也絕不會做出讓步的。

在這一點上，公司的做法完全正確。假如我們與工人產生了分歧，我通常採取的策略是耐心等待，和他們講道理，告訴他們這樣的要求是不合理的，但絕不會僱用新人來取代他們的位置 —— 絕不會。然而，霍姆斯特德工廠的主管信了 3,000 名與此爭端無關的工人們的話，他們說他們能讓工廠運作起來，他們想和那 218 名工人脫離關係。那 218 名工人自發成立了一個工會，到目前為止，他們拒絕其他部門加入 —— 只有鋼鐵生產線上的加熱工和軋鋼工才可以加入。

這位主管被誤導了，而我的合夥人又被這位主管誤導了。他剛從下面提拔上來，沒有太多處理這類事件的經驗。少數結成聯盟的工人提出不合理的要求，3,000 名工人自發提出反對聯盟的不合理主張，很自然使這位主管認為工人們會信守承諾，麻煩很快可以解決。3,000 名工人中有許多人很有能力，並且也想要取代那 218 名工人的職位 —— 至少我聽到的彙報是這樣。

回頭去看，開工顯然是錯誤的。公司可以對所有的工人這麼說：「現在發生了勞資糾紛，你們自己之間必須先協調好。公司已經給你們提供了最優厚的待遇。只有當糾紛解決了，才會開工，否則不會開工。在此期間，你們的職位仍然保留。」或者，主管可以對 3,000 名工人說：「好啊，如果你們不擔心安全的話，那就來工作。」這樣，就把安全責任推到了工人們自己身上 —— 3,000 名工人對抗 218 名工人。這麼做的話是明智的。事實上，我知道州政府加強了防範措施，保護這數千名工人。218 名工人的幾位首領是蠻橫之徒，他們持有槍炮，很快對數千名工人形成了威脅。

在此，我要引用我曾經制訂的一條規則：「我的意見是，希望大家能明白公司決定讓所有的工人暫時停工，準備和他們自由協商，並耐心等待，直到人們願意回來工作。公司從未想過要試用新人 —— 從未想過。」最出色的工人是不會在大街上四處尋找工作的。通常，只有沒本事的人才會遊手好閒。即使在經濟蕭條時期，我們也不會輕易解僱優秀員工。讓一個新人來正確操

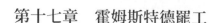

作現代化鋼鐵廠的複雜設備是不可能的。由於老員工對僱用的新員工總是心懷芥蒂，如果我們試圖安插新員工來取代數千名老員工的職位，他們就不再是我們的決策支持者了。這又能怪誰呢？

　　然而，假如我當時在場，也可能會被他們說服，同意開工，就像那位主管一樣，想要試探一下我們的老員工是否會信守承諾去工作。但應當引起注意的是，首次開工，我的合夥人沒有用新人。恰恰相反，我事後得知，這次開工是應數千名老員工的要求。這是至關重要的一點。對於主管推薦的這一做法，我的合夥人是絕對無可指責的。我們的原則是永遠不要僱用新人，但是等待老員工回來，並沒有違背原則。關於第二次開工是在罷工者向州政府的官員開槍之後，現在回過頭來也可輕鬆地說：「工廠一直停工到老員工主動回來，那該多好。」但是當時，賓夕法尼亞州州長派了8,000人的軍隊控制了局勢。

　　矛盾激化時，我正在蘇格蘭高地旅遊，當時並不知情，直到兩天後才得知這一消息。此前，我的人生中從來沒有遇到過如此讓我深感心傷的事。在我的從商經歷中，任何創傷都沒有像霍姆斯特德罷工那樣，給我留下難忘的痛楚。這一切本不該發生的。工人們太不講道理了。在新的分配制度下，罷工的那些工人使用新機器工作，收入從每天4美元漲到9美元——比他們以前使用舊機器工作時提高了30%。當時，我在蘇格蘭收到我們工會主席發來的下面這封電報：

　　「尊敬的雇主，請告訴我們，您希望我們做什麼，我們定將按照您的指示去做。」

　　這令我非常感動，但是，哎，太遲了。錯誤已經釀成，工廠已掌控在政府手中，一切都太遲了。

　　在國外期間，我收到許多朋友親切的來信，他們對這一狀況有所了解，因此可以想像得到我的煩惱。我非常感激格萊斯頓[177]先生寫來的以下這封信：

177　格萊斯頓（William Ewart Gladstone, 1809-1898），英國自由黨政治家，曾四度出任首相，以善於理財著稱。

親愛的卡內基先生：

長期以來，我和我的妻子對您的祝賀一直心存感激，但我無法忽視您此刻正在遭受的煎熬，您費盡努力引導人們要比往常有更加文明的行為，卻因此背上了莫須有的罪名。我希望能夠幫您從這些媒體的誹謗中解脫出來。記者們真是太草率了，他們常常自以為是、斷章取義，而且動機不良、心術不正。我希望能盡自己的微薄之力，我只想說大家不知道您其實在大洋彼岸，對這一不幸事件的反應是迅速的（我們對事件真相不是非常清楚），他們對您的周全考慮充分信任，並對您已經做的大量出色的工作也非常欽佩。

在當今社會，財富就像魔鬼正在吞噬著人們的道德，您以身作則地與此進行抗爭。我永遠支持您。

相信我

您忠實的朋友

W·E·格萊斯頓（簽名）

我加入這段作為例子，是為了說明格萊斯頓先生具有強烈的同情心，他感情細膩，很多事物都能引起他的同情——例如對那不勒斯人、希臘人、保加利亞人，或者是對一個受苦的朋友。

當然，普通大眾並不知道我在蘇格蘭，他們對霍姆斯特德工廠最初的矛盾也一無所知。工人們在卡內基工廠被害了，而我是這家工廠的業主，這足以使我好多年都得背負這個罪名。但至少還是有些事令人感到安慰。漢納[178]參議員是當時國民聯合會的主席，這是一個由資本家和工人組成的團體，主要為了調解僱傭雙方的矛盾。尊敬的奧斯卡·史特勞斯[179]先生是國民聯合會的副主席，他邀請我去他家赴宴，同時會見一下聯合會的一些官員。在此之前，馬克·漢納主席是我一生的朋友，他突然在克里夫蘭去世了。我參加了

---

178 漢納（Marcus Alonzo "Mark" Hanna, 1837-1904），美國俄亥俄州共和黨聯邦參議員，也是美國總統威廉·麥金利的政治經理和好友。漢納靠經商成為百萬富翁，並成功利用自己的商業技巧幫助麥金利在 1896 年贏得競選，再於 1900 年取得連任。

179 奧斯卡·史特勞斯（Oscar Straus, 1850-1926），美國政治家、外交家，狄奧多·羅斯福總統期間任美國勞工和商務部長。

第十七章　霍姆斯特德罷工

史特勞斯先生舉辦的宴會。宴會結束時，史特勞斯先生提到了漢納先生接班人的推選問題，他說每一家勞工組織都傾向於由我來接替這個職位，在場的幾位勞工組織領袖相繼起立對史特勞斯先生的提議表示支持。

我不記得當時有多麼驚訝，我得承認，這令我非常感激。我能感覺到工人們對我的信任和支援，我們自己的工人也一樣。但是霍姆斯特德發生的暴亂已經全國皆知，大多數人自然持另外一種截然不同的觀點。在他們眼裡，卡內基工廠儼然是一所公然剝奪勞動者合法收入的工廠。

在史特勞斯家的宴會上，我站起來向官員們解釋，我不能接受這項殊榮，因為我夏天要去避暑，而作為聯合會的負責人必須一年四季都在現場，隨時準備應對突發事件。我感到很為難，想方設法讓所有人知道，我感到這是我迄今為止接受到的最好讚賞 —— 是對受傷心靈的安慰。最後我說，如果我能入選執行委員會，我將非常榮幸為大家服務。這一要求得到了大家的一致同意。於是，我得到了解脫，再也不用為工人們認為我對霍姆斯特德的暴亂和工人們的死亡負有責任而感到自責了。

我應當感謝奧斯卡·史特勞斯先生為我作了澄清，他讀過我早期關於勞工問題的文章和演講稿，他和工人們交流時常常引用我文章的這些觀點。在這次宴會上，有兩位聯合工會的勞工領導人 —— 來自匹茲堡的懷特（White）和薛費爾（Schaeffer），他們也熱心地向工會的其他會員介紹我與工人們和諧相處的記錄。

後來，工人們和他們的妻子在匹茲堡的圖書館大廳舉行了一場盛大的聚會歡迎我，我向他們作了發自內心的演講。有一句話，我永遠都記得，大意是資本、工人和雇主就像是三條腿的凳子，沒有誰先誰後，都缺一不可。當時，他們過來和我熱情地握手，所有的人都非常友好。就這樣，我和我們的員工以及他們的妻子再次心手相連，我感覺到一顆沉甸甸的心全然被提了起來，雖然與此情此景相隔十萬八千里，但我得知了一段令人震驚的經歷。我的朋友 —— 羅格斯大學教授約翰·C·范·戴克告訴了我下面這件在霍姆斯特德罷工後發生的事：

1900 年春天，我從加利福尼亞灣的瓜伊馬斯[180]起程，去維德角一位朋友的牧場，準備在索諾拉山進行為期一週的打獵。這個大牧場遠離現代文明社會，我猜想在那裡除了會遇到幾個墨西哥人以外，大多數都是雅基族的印第安人，但令我驚訝的是遇到了一位會講英語的美國人。由於他非常寂寞，很樂意與人交談，我不久就明白了他是怎麼來到這裡的。他叫麥克盧基（John McLuckie），1892 年前，他還是卡內基鋼鐵廠霍姆斯特德分廠的一位熟練技工。他在那裡被稱為「高手」，拿著高薪，並已結婚了，當時有了一個自己的家庭，還有可觀的財產。此外，他受到了市民們的推崇，成為霍姆斯特德的市長。

當 1892 年發生罷工時，麥克盧基自然站在了罷工者的這一邊，他作為市長下令逮捕了乘船來到霍姆斯特德保護工廠並維持秩序的私人偵探們。他認為完全有理由這麼做。因為他向我解釋，私人偵探們持槍侵入了他的管轄區域，他有權逮捕並制裁他們。這導致了流血事件的發生，這場衝突愈演愈烈了。

罷工事件自然眾所周知，罷工者最終失敗了。麥克盧基因謀殺、暴亂、叛逆，以及我所不知的其他罪名被起訴。他負傷被迫逃離了霍姆斯特德，四處流亡，忍飢挨餓，還要遭受法院的追捕，他希望躲避一陣子，等風聲過去。然而，他發現自己已經被列入全美鋼鐵工人的黑名單，任何地方都不能再僱用他。最慘的是，他的錢用完了，妻子也死了，家也破碎了。遭遇了許多變故之後，他決定去墨西哥。我遇見他時，他正試著在礦上找工作，那個礦距離維德角 15 英里。但是，他是一名非常優秀的技工，而墨西哥人的礦上只想找廉價的、不需要特殊技能的勞動力。他找不到任何工作，也沒錢。他真的只剩最後一枚銅幣了。當他告訴我他的不幸遭遇時，我自然為他感到非常惋惜，尤其是像他這樣一個極其聰明的人，原本不會滿腹哀怨的。

當時，我不想告訴他，我認識卡內基先生，並且在霍姆斯特德發

---

180 瓜伊馬斯（Guaymas），墨西哥的城市，由索諾拉州負責管轄，位於該國西北部，始建於 1769 年，面積 12,206 平方公里。

第十七章　霍姆斯特德罷工

生罷工後不久，我和他一同住在蘇格蘭的克呂尼，卡內基先生也沒有告訴我罷工事件的另一面。但麥克盧基絲毫沒有責怪卡內基先生，他好幾次對我說，假如「安迪」在那裡的話，衝突將永遠不會發生。他認為工人們和「安迪」相處得非常融洽，但與其他合夥人有矛盾。

我在牧場待了一週，晚上常常能見到麥克盧基。我離開後，直接去了亞利桑那州的南部城市土桑，在那裡我找了個機會給卡內基先生寫了一封信，在信中我告訴了他有關麥克盧基的情況。我還說，我非常同情這個男人，並認為他的境況相當糟糕。卡內基先生立即做出回覆，並在信的空白邊緣用鉛筆寫道：「給麥克盧基一筆錢，他想要多少就給多少，但不要提及我的名字。」我馬上寫信給麥克盧基，問他需要多少錢，可以提供給他，沒有說數額，只想讓他明白這筆錢足以使他東山再起。他謝絕了。他說，他將靠自己的能力打拚出一條路來，這就是令人景仰的美國精神。我雖然幫不了他，但非常敬佩他。

我現在仍然記得這件事。後來，我還和一位朋友J·A·諾格爾先生（索諾拉鐵路公司的總經理）說起過他。麥克盧基在鐵路部門得到了一份工作，並且做得很好。一年後，或許就是這年秋天，我在瓜伊馬斯再次遇到他，他正在負責維修鐵路公司的一些機器設備。他的狀況有了很大改善，一臉幸福的樣子，他娶了一位墨西哥妻子，生活得非常美滿。如今，他的天空一片晴朗，我急於告訴他關於那筆錢的實情，他可能不相信使他受到打擊的那人並非不仁不義。因此，在離開前，我說：「麥克盧基，我現在想讓你知道，我提出要給你的一筆錢不是我自己的，那是安德魯·卡內基的錢，是他提出讓我轉交給你的。」

麥克盧基完全驚呆了，只是說：「什麼，是那個該死的白頭髮的安迪，不會吧？」

我寧願冒險相信麥克盧基有進入天堂的資格，也不願相信人們編造的任何神學教條。我知道麥克盧基是個好人。據說，他在霍姆斯特德的財產價值3萬美元。警署官員被槍殺了，因為他是市長，同時也是霍姆斯特德工會主席，所以要被逮捕。他不得不逃離，把所有的一切拋在身後。

這則故事刊登後，接著報紙上又刊登了一則幽默故事，因為我對外宣稱在我的墓碑上只能刻上麥克盧基的那幾句評語，其他任何人的獻詞都不能放，這說明我和工人是多麼友好：

隨風而去
桑迪獻給安迪

　　噢！你聽說安迪要在自己墓碑上刻什麼嗎？
　　上帝說死亡是不可知的！
　　作為商人不可能永遠得到讚美，
　　只有這語法不通的文句 ──「那個該死的白頭髮的安迪！」

　　這個蘇格蘭人以墓誌銘來嘲諷阿諛奉承，
　　但從來都沒有褻瀆之意，那不是一件可笑的事情。
　　然而，即便他拋開所有的金錢，他還是一個花花公子，
　　我們承認他有權利刻上「那個該死的白頭髮的安迪！」

　　那個「大大的 D」，只在後面接了一個破折號，
　　因為安迪不想在後面再添一個字：
　　這個傢伙沒有歪曲事實，或是發表撫慰人心的演說。
　　他是一個正直坦率的蘇格蘭人 ──「那個該死的白頭髮的安迪！」

　　所以，當他死的時候，我們要留意是否如他所說那樣寫：
　　我們要在他的墓碑上刻上這些，在他的棺材上印上這些：
　　「我不富有，也沒做過丟臉的事。」他是這樣說的。
　　我名叫桑迪，我不是一個富有的人，也不是「那個該死的白頭髮的安迪！」[181]

181　……也不是「那個該死的白頭髮的安迪！」就此事約翰·C·范·戴克如是說：「坦率說，卡內基先生很喜歡這段故事，作為人，他當然喜歡讚揚，尤其是羅伯特·柏恩斯的簇擁，他更希望這種聲音來自工人階層，他對『白頭髮』這個稱謂完全沒當回事，更沒有想對方這麼叫他是出自讚揚或貶損，他欣然接受。1901 年，我在紐約的一次聚餐中，巧遇當時的一位著名人士針對卡內基未對當時罷工的事情做出一些回應是一種不負責任的行為的演講後，立即做了陳述，認為剛剛這位大人的演講很大一部分是胡說，而且令我這個知道卡內基為人的人感到很生氣，於

第十七章　霍姆斯特德罷工

是我就將這段有關麥克盧基故事中的卡內基先生的做法公諸於世，而且卡內基不止對麥克盧基一個人這樣做，他經常對有難的工人或朋友這樣幫助，而且想方設法不留名。後來在座的一位記者把當時的發生經過帶回了匹茲堡，於是就有了這個故事的全面報導。當然，卡內基先生透過這篇報導才知道這次聚會上的爭論，他對此也很淡然；到了1906年他在斯基伯著手寫回憶錄時，他問我是否可以用這段『那個該死的白頭髮的安迪！』的故事時，我說幹嘛不用？我還會為此做個特別注釋。」

第十八章
勞工問題

第十八章　勞工問題

在此，我想記錄一些我曾處理過的勞資糾紛，這或許可以作為道德規範供勞資雙方借鑑。有一次，我們鋼軌廠的高爐工人不斷聲稱，如果公司沒有在週一下午 4 點前給他們加薪，他們就將離開職位。當時，這些人與公司簽訂的勞動合同要到年底才到期，現在離年底還有好幾個月。我覺得，如果有人毀約，那就不用再和他簽訂第二份合同。但儘管如此，我還是連夜坐火車從紐約出發，翌日一早趕到工廠。

我請主管把 3 個部門的工人代表一起叫來 —— 不僅有高爐部門的代表，而且還有軋鋼廠和吹煉廠的代表。他們都來了，我自然非常熱情禮貌地接待了他們，這不僅是出於禮節，也是因為我一直喜歡和工人們相處。我可以肯定地說，對工人們了解越多，就越能感受到他們的高尚品德。這就好像巴里說起女人們一樣：「勳爵一直以來做事做得非常好，只因為他把女性當作行動指南。」工人們也有各自的偏見和易怒的事，這是我們必須重視的，因為問題的根源是出自不知情，並非出自敵意。代表們全都摘下帽子，在我面前圍坐成一個半圓形，當然我也摘下了帽子，大家以非常正式的方式出席會議。

我對軋鋼廠的工會主席說：

「麥凱先生（他是一位戴著眼鏡的老先生），我們和你有一個協議，一直簽到年底的，是嗎？」

他慢悠悠地取下眼鏡，拿在手裡，說道：

「是的，有的，卡內基先生，而且我也沒有足夠的錢讓我們毀約。」

「這才是真正的美國工人說的話，」我說，「我為你驕傲。」

「詹森先生（他是吹煉廠的工會主席），我們和你同樣也有一份協議，是嗎？」

詹森先生是一個瘦小的人，他非常慎重地說：

「卡內基先生，當有一份協議要我簽的時候，我會認真仔細地讀一遍。如果我認為不合理，我就不會簽；如果我認為合理，就會簽的，一旦簽了，我就會遵守協議。」

「這又是一位有自尊心的美國工人說的話。」我說。

現在輪到高爐部門的工會主席了，這位愛爾蘭人叫凱利，我問了他同樣

的問題：

「凱利先生，我們和你也有一份要到今年年底才到期的協議，對嗎？」

凱利先生回答說他不太清楚。他在一張紙上簽過字，但沒有仔細看過一遍，不知道具體內容是什麼。我們的主管瓊斯上尉是位優秀的經理，但容易衝動。這時，他突然大聲說道：

「凱利先生，你知道當時我讀了兩遍，還和你一起討論過協定上的內容！」

「冷靜，冷靜，上尉！凱利先生有權做出解釋。我也在許多沒有看過內容的紙上簽過字的 —— 那些檔是我們的律師和合夥人交給我讓我簽的。凱利先生說他是在這樣的情況下簽的那份合同，我們應該接受他的解釋。但是，凱利先生，我一直認為最好的解決辦法是把那份一時粗心簽訂的協調條款履行完，在下一次簽訂的時候更加仔細一點。你能不能再堅持 4 個月，等到這份合同期滿，然後，當你下一次簽的時候，你再好好理解一下合同上的內容？」

他對此沒有做出回答，然後我站起來，說道：

「高爐委員會的先生們，你們威脅我們公司說，除非你們在今天下午 4 點前得到一個滿意的答覆，否則你們就要毀約，離開高爐職位（這意味著災禍）。現在還不到 3 點鐘，但答覆已經有了。你們可以離開高爐職位了。在公司對你們的威脅做出讓步之前，高爐周圍將長出雜草。在這個世界上，作為工人來說，最糟糕的一天就是自己毀約。這就是給你們的答覆。」

委員們緩慢地陸續退出，留下來的合夥人都沉默不語。一位前來洽談業務的陌生人進來時在走道上遇到了委員會成員，他進來告訴我們：

「我進來時，一位戴眼鏡的人推了推邊前一位叫凱利的愛爾蘭人，說道：『你們這些傢伙現在明白已經晚了吧，這裡是不許亂來的。』」

那就意味著事情就此解決了。後來，我們從一位員工那裡聽說了高爐部門後來發生的事情。凱利和委員會的代表回到工人們那裡，工人們自然早就聚集在一起在等著他們。凱利走到熔爐邊，衝著工人們大喊：

「回去幹活，你們這些沒用的傢伙，都待在這幹什麼？見鬼，剛剛被這

第十八章　勞工問題

小個子的老闆狠狠地說了一頓，他不會挑起爭端，但他說會靜觀其變。真見鬼，快去幹活，沒用的傢伙。」

愛爾蘭人以及具有蘇格蘭與愛爾蘭血統的人都有些古怪，如果你了解他們，那麼他們是最容易也是最好相處的夥伴。凱利以前是我們工廠最粗暴的人，後來他成為了我忠實的朋友和崇拜者。我的體會是，你要永遠相信大部分工人的所作所為是合乎情理的，只要他們沒有站錯立場，也沒有答應支援他們的領導人，即使他們對領導人的忠心是錯誤的，有時也讓我們感到驕傲。一個忠心耿耿的人，能為你做任何事情。他們需要的只是受到公正的對待。

有一次，我們的鋼軌廠發生罷工，這起罷工的解決方式非常有意思。在此，我再次遺憾地說，有一個部門的 134 名工人密謀聯合起來要求在年底加薪。第二年經濟非常不景氣，全國其他鋼鐵製造廠開始減薪。然而，這些工人在早幾個月就暗地裡宣稱如果不給他們加薪，他們就停工，並打算堅持到底。當我們的同行競爭者都在減薪時，我們不能加薪，結果工廠停工了。各個部門都支持這些罷工者。此前一兩天，高爐已經停產，這讓我們遇到了大麻煩。

我趕到匹茲堡時驚訝地發現高爐已經熄火了，這是違反協議的。到達匹茲堡的當天上午，我打算見一見工人們，但廠裡給我送來一封短信，說工人們已經離開高爐，他們明天來見我。這是給我一個下馬威！我回覆道：

「不行，他們不可以這樣。告訴他們，我明天不在這裡了。什麼人都能停工，又耍這套花招。總有一天，這些人會回到工廠要求開工的，那時我將告訴他們我的決定：除非按照我們的產品價格來制定浮動薪水，否則我們將不會開工。這一規定連續執行 3 年，我們不會對任何人做出讓步。他們好幾次迫使我們讓步，現在輪到我們了，我們要他們認輸。」

「現在，」我對合夥人說，「今天下午我就回紐約。不用再多做什麼了。」

過了一會，我得到工人們的口信，他們問，能否在今天下午我離開前過來見我。

我回答：「當然可以！」

他們過來後，我對他們說：

「先生們，你們的工會主席班內特先生在這裡，他向你們保證過我會出面和你們一起處理這件事的，我一向如此。沒錯。他還告訴你們，我不願引發爭鬥，這也沒錯。他真是一位真實的預言家。但他告訴你們的事情也是有一點出入的，他說我沒有能力引發爭鬥，先生們，」我盯著班內特先生的眼睛，舉起握緊的拳頭，「他忘了我是蘇格蘭人。但是，我要告訴你們一些事，我永遠都不會和你們爭鬥。我知道有比和工人爭鬥更好的方法。我不爭鬥，但我能擊敗任何工會組織。除非有三分之二以上的工人一致認為要開工，否則工廠不會開工。就像我今天早上告訴你們的那樣，工廠將開始實行浮動薪水。我沒有更多要說的了。」

他們退了出去。大約兩週後，有一天我在紐約的家裡，傭人拿著一張拜帖進入我的書房，我發現拜帖上有兩位工人以及一位德高望重的紳士的名字。這幾個人說他們是從匹茲堡的工廠來的，想要見我。

「問一下這些先生，他們是不是關停熔爐、反對協議的高爐工。」

傭人回來說：「不是。」我回答：「如果是那樣的話，下去告訴他們，我歡迎他們來。」

當然，他們受到了我真誠熱情的接待，我們一起坐下聊起了紐約，這是他們第一次來這裡。

「卡內基先生，我們實際上想來和您談一談廠裡的事情。」這位使者終於說到了此行的目的。

「哦，原來如此！」我回答，「工人們投票了嗎？」

「沒有。」他說。

我反駁道：

「你們沒有必要和我提及這個問題。我說過除非有三分之二以上的工人投票一致認為要開工，否則免談。先生們，你們從來沒有到過紐約吧，讓我帶你們出去看看第五大道和中央公園，然後我們 1 點 30 分回到這裡就餐。」

我們出去邊逛邊聊，聊得海闊天空，除了那件他們想談的事情。我們一起度過了美好的時光，我知道他們午餐也吃得非常愉快。這就是美國工人和

別國工人之間最大的區別。美國人坐下來和其他人一起共進午餐時，他會把自己當作（因為他們普遍都是）一名紳士。這是非常好的。

他們回到匹茲堡，不再提起關於工廠的事。但不久，工人們就投票同意開工（只有少數幾個人反對），我又去了匹茲堡。我把擬定的浮動薪水標準讓工會委員會過目。浮動薪水標準是根據產品的價格而定。這樣，真正使勞資雙方成為了合作者，共用收益，同擔風險。當然，我們還設了一個底薪，以確保工人們的基本生活。由於工人們對此早已清楚，無須對他們再多說什麼。這時，工會主席說道：

「卡內基先生，我們對一切都表示贊同。但現在，」他支支吾吾地說，「我們有一個要求，希望你不要拒絕。」

「很好，先生們，如果要求合理，我肯定答應。」

「嗯，是這樣的：請您允許工會負責人來為工人們簽這些合同。」

「為什麼不允許呢？當然可以，先生們！對此我很高興！那麼我對你們也有一個小小的要求，希望你們不要拒絕，就像我答應你們的一樣。請工會負責人簽完後，讓每一位工人再簽上自己的名字。你看，班內特先生，這項規定要持續 3 年，有些工人，或者有很多人可能會提出異議，工會負責人是否有權約束他們這麼長時間，但如果我們也有他們自己的簽名，那就不會有任何誤會了。」

接著是一片沉默。當時，班內特先生旁邊一名工人悄悄地對他說（我聽得非常清楚）：

「天哪，我們的詭計被拆穿了！」

這次的解決方法不是透過正面直擊，而是採用側面迂迴的戰術。我不同意工會負責人簽字的話，他們就會心存不滿，藉此挑起爭端。像現在這樣，我同意他們這麼做，他們又怎麼能拒絕我的要求呢，每一位獨立自由的美國公民都應該自己簽字。在我的回憶中，事實上，工會負責人並沒有像他們所說的那樣在合同上簽字。如果每個工人都必須自己簽字的話，工會負責人還有必要簽嗎？除此之外，工人們清楚一旦採用了浮動薪水制度，工會就幫不了他們什麼了，沒人願意交會費，工會就會解散。我們再也沒有聽到過此類

事件。（那是 1889 年，距離現在有 27 年了。這項浮動薪水制度從來沒有改變過。工人們也不想改變，因為就像我告訴他們的那樣，這對他們是有利的。）

採用浮動薪水制度是我對勞工問題所做的最有效的舉措。這是解決勞資問題的一個辦法，因為它真正使雙方成為合作者 —— 共用利益，共擔風險。早些年，匹茲堡地區採用一年一度的薪水制度，但這不是一個好辦法，因為工人和雇主幾乎立刻就會為定期面臨的鬥爭開始做準備。對僱傭雙方來說，最好的辦法是對已經商定的制度不設期限。可以先對某種制度試用 6 個月或 1 年，如果這一方法可行，或許就能長年執行下去。

有時，一些看起來細小的事可以使勞資雙方的紛爭發生轉機。我來舉兩個透過小事和平解決爭端的例子。有一次，我出去見了一個工會委員會，他們提出了不合理的要求。我得知他們是受別人影響的，那個人雖然在廠裡工作，但同時是一個地下酒吧的老闆。他總是恃強凌弱，那些樸實的工人都怕他，還有一些愛喝酒的人欠了他的債。他是事件的真正煽動者。

我通常以友好的方式與工人們會面。我很高興見到他們，許多人我早就認識了，叫得出他們的名字來。我們在桌子旁坐下，那個領頭者和我面對面地坐在桌子的兩端。我提出了我們的觀點之後，我看到那個工頭從地板上拾起他的帽子，慢悠悠地戴在頭上，示意他要離開。我的機會來了。

「先生，你是和紳士們在一起！請你最好摘下帽子，否則請你離開這個房間！」

我的眼睛一直盯著他。大家都能感覺到現場一片寂靜。這個傢伙有點猶豫了，但我清楚無論他做什麼，他都已經敗下陣來。假如他離開，那麼他在會場上戴著帽子，就會被看作不禮貌，他就不是紳士；假如他留下並摘下帽子，那麼由於受到指責，他的氣焰已經被打壓下去。我不在乎他選擇哪一項，他只有兩種選擇，無論怎麼做都是失敗，他已在我的掌控之中。他極其緩慢地摘下帽子，放在地板上。在那之後的會議中，他一言不發。我後來得知，他不得不辭去了工人領袖的職位。這段插曲令工人們歡欣鼓舞，爭端得到了和平解決。

當我向工人們提出那項為期 3 年的浮動薪水制度後，他們選了一個由 16

第十八章　勞工問題

人組成的工會委員會來和我們商議。最初的時候，談判沒什麼進展，我說我有急事必須第二天趕回紐約。工人們請求我們與一個 32 人的工會委員會面談一下，因為他們想增加委員會的成員 —— 這無疑是他們內部產生分歧的一個信號。我當然同意了。工人們從廠裡趕過來，我們在匹茲堡的辦公室會面。開場發言的是我們最優秀的一位工人比利‧愛德華茲（Billy Edwards）（我對他印象很深，他後來得到了提拔），他認為整體上我們的提案是公平的，但那項標準制訂得不太均衡。有些部門非常滿意，而另外一些部門則覺得不公平。多數工人自然贊同這一觀點，但讓他們指出哪個部門報酬過低時，如預料中一樣，他們產生了分歧。在各個部門中，沒有哪兩個人的意見是一致的。比利說：

「卡內基先生，我們一致認為以每噸鋼的總產量來計算報酬是公平的，但我們覺得其中有些分配不太合理。現在，卡內基先生，你解僱我吧 ——」

「冷靜，冷靜！」我喊道，「沒事的，比利。卡內基先生『不會解僱任何一個工人』，尤其是解僱像你們這樣的高級技術工人，那是不可原諒的過錯。」

工人們都大聲地笑了起來，並報以熱烈的掌聲，現場一片歡騰。我也和他們一起笑了。我們給予比利很高的評價，糾紛自然很快得以解決。對勞工問題來說，金錢時常不是唯一的，也不是主要的解決辦法。尊重賞識、真誠相待、公正處理 —— 這些對美國工人是最有影響力的。

雇主只要花一點點成本就能為工人們做許多有意義的事情。在一次會議上，我問工人們我能為他們做些什麼，我記得同樣是這個比利‧愛德華茲站起來說，由於他們是每月領一次薪水，因此大多數工人都欠了商店的債務。我印象中他接下來是這麼說的：

「我的妻子是一位善於持家的好女人。我們在每個月末的週六下午去匹茲堡大量採購下個月的生活用品，這樣能節省三分之一的日常開銷。不是很多人能做到這點的。這裡的店主要價太高。另外，他們賣的煤也非常貴。如果你能每兩週發一次薪資，而不是每個月發一次，那麼這就相當於給精打細算的工人們漲了 10% 以上的薪資。」

「愛德華茲先生，那就照你說的做吧。」我回答道。

這涉及到要增加工作量和增添幾位職員，但那都是小事。面對高昂的物價，我在想為什麼工人們不能開一家合作商店呢。這也要有所安排 —— 公司可以支付店鋪的房租，但一定要工人們自己來經營管理。布拉多克合作社開張了，其價值體現在許多方面，至少讓工人們知道了生意不是那麼好做的。

煤的問題得到了有效解決，我們同意公司以成本價把煤賣給工人們（據我所知，這個價格大約只有煤商開價的一半），並且安排送貨上門 —— 運費由買家支付。

另外還有一件事，我們發現工人們的儲蓄問題引發了他們的擔憂，節儉的工人們不放心把錢放在銀行裡。然而遺憾的是，當時我們的政府不像英國那樣開設了郵政儲蓄銀行。我們提出幫工人們保管，每個帳戶上到了 2,000 美元，就支付給他們 6％的利息，以鼓勵勤儉節約。他們的錢與業務上的資金是分開的，我們還設立了一個信託基金，如果他們有建房等類似需求，就可以貸款給他們。我認為這對節儉的工人們來說是一件好事。

實踐證明，像這樣為工人們處處提供便利，是公司所做的最有益的投資。即使從經濟角度來說，這些已經超越了合同的內容。就像我的其中一位合夥人菲普斯先生指出的：「我知道你總是無止境地答應工人們的要求，不管是否合理。」但回頭來看我在這方面的短處，我希望能為工人們做得更多一點 —— 再多一點。任何投資回報都不及工人們的友誼。

我相信，我們很快會擁有一支工人團隊，而且是最優秀的工人，能一起共渡難關的好人。爭吵和罷工都已成為過去的事。如果霍姆斯特德的工人是我們的老員工，而不是我們不得不採用的新人，那麼 1892 年的那場罷工絕不可能發生。浮動薪資制度於 1889 年在鋼軌廠推出，一直實行到現在（1914 年），我從來沒有聽到工廠裡有一位工人表示不滿。正如我已提到過的，工人們解散了過去的工會組織，因為他們自己有了一份 3 年期的合同，不用再向工會繳納會費了。儘管工會解散了，但他們有了另一個更好的組織 —— 勞資友好俱樂部，這是一個對雙方都有益的組織。

從雇主的利益出發，他的工人應該有較高的收入和穩定的工作。浮動薪

第十八章　勞工問題

資制度能使公司隨時應對市場變化，有時還能起到穩定生產秩序，維持工廠營運的作用，這對工人們來說是最重要的。高薪當然很好，但與穩定的工作還是無法比的。依我看來，愛德嘉‧湯姆森工廠在處理勞資關係方面做得比較好。有人告訴我，在我們那個時代，甚至直到今天（1914年），人們更喜歡兩班制，而不是三班制，但三班制一定會實現。隨著時代的發展，工作時間縮短了。8小時工作制將成為法則──8個小時用於工作，8個小時用於睡覺，還有8個小時用於休息和娛樂。

在我的從商經歷中，有許多事都可以證明勞工問題不僅僅與薪資有關。我相信避免發生爭端的最好辦法是真誠地認可他們的工作，細心地關心他們的生活，由衷地讚賞他們的成功。這是我的真心話──我一直非常喜歡和工人們交談，不是總與薪資有關，我對他們了解得越多，就越喜歡他們。他們通常比雇主有更多的優點，相互之間也更加慷慨大方。

與資本家相反，勞動工人通常是無助的。雇主決定關停企業，或許他只是在短期內沒有利潤，但他的生活沒有任何變化，食物、衣服、娛樂活動──什麼都不用擔心。反之，他的工人們一旦失去了謀生的手段，就要為生計而發愁。他難以養家糊口了，生病的小孩也無法得到正常的治療。我們需要保護的不是資本家，而是無助的勞動工人。假如我明天回到商界，擔心的不再是勞工問題，而是要思考如何善待弱勢團體，儘管有的時候，這些善良的勞動者會被誤導，我將以我的一片熱忱之心去溫暖他們的心。

霍姆斯特德罷工後，1892年我回到匹茲堡，去了工廠，遇見了許多沒有參與那次暴亂的老員工。他們對我說，假如我當時在場的話，罷工就不會發生。我告訴他們，公司給出了優厚的條件，我在的話給出的條件還沒這麼好。在他們發電報到蘇格蘭告訴我此事之前，州政府已經派軍隊控制了現場，要用法律手段來解決，當時這個問題已經不是我的合夥人所能掌控的了。我補充說：

「你們聽信了讒言。我的合夥人給出的條件應該是可以接受的。這已經非常慷慨了，我不知道我給出的條件是否會這麼好。」

一位軋鋼工人對我說：

「噢，卡內基先生，這不是錢的問題。小夥子們可以讓你踢他們的屁股，但不能讓別人動他們的一根頭髮。」

在實際生活中，甚至包括與勞動階層之間，情感在許多方面起著重要作用。那些不了解工人的人通常不會相信，但我可以肯定，在勞資糾紛中，與薪資相關的爭端只占不到一半的比例，很大一部分原因在於，雇主缺乏對雇員應有的賞識和友善。

很多罷工者遭到了起訴，我回來後迅速撤回了對他們的起訴。所有沒有參加此次暴亂的老員工都回來了。我從蘇格蘭發電報強烈勸說施瓦布先生回霍姆斯特德。他最近剛被提拔到愛德嘉‧湯姆森工廠去了。他回來了，這位被工人們親切地稱為「查理」的人很快使工廠恢復了秩序，一切都平息下來。要是他一直留在霍姆斯特德工廠，就不可能有那麼嚴重的事情發生。「查理」愛護工人們，工人們也敬愛他。但是，霍姆斯特德仍然在員工問題上存在一些不盡如人意的地方，有些工人以前因種種原因為我們各個工廠所棄用，但在我們買下這裡之前，他們已經在新工廠找到了工作。

第十八章　勞工問題

第十九章
關於《財富的福音》

第十九章　關於《財富的福音》

　　在我的拙作《財富的福音》[182] 出版後，我將不再為追求更多的財富而打拚。我決定停止累積財富，開始長期從事更為艱難和重要的慈善工作。當時，我們每年的利潤已達到 4,000 萬美元，前景持續向好，我們自己都感到驚訝。美國鋼鐵公司接管我們企業不久後，年利潤達到了 6,000 萬美元。要是我們的企業繼續發展下去，並堅持不斷擴展，我們每年可能會有 7,000 萬美元的收益。

　　鋼鐵成為建材之王，其他所有低檔材料都遭到了淘汰。顯然，在我們面前，有一個非常美好的未來。但就我來說，我知道我要用畢生的精力去做眼前的這項慈善工作。像往常一樣，莎士比亞的一句話使我堅定了信念：

　　　　慈善事業可以減少奢侈浪費，使每一個人都能分享到快樂富足。[183]

　　在這關鍵時刻（1901 年 3 月），施瓦布先生告訴我，摩根先生對他說，他真的很想知道我是否打算退出商界，如果是的話，他想幫我安排一切。他同時說，他已經跟我的合夥人商量過了，由於摩根先生提出的條件很有吸引力，他們願意賣掉公司。我告訴施瓦布先生，如果我的合夥人想要賣的話，我同意。最終，我們賣掉了公司。

　　有些投機商在競購我們鋼鐵廠的過程中詭計多端，他們混入誠心的買家中間，為了在某一方面提高一點優勢，開出了每股 100 美元的高價 —— 我可不想在普通股份上撈一把。如果我那樣做的話，大約能多得 100 萬美元，比摩根先生後來答應給我的 5% 股份更多。我們的鋼鐵產業具有很好的前景和價值，事實證明，我如果要求這筆額外的錢，也是完全合理的，因為從那以後，普通股份要連續按 5% 支付[184]。但是，我已經滿足了，正如已經證實的，

182　《財富的福音》（*The Gospel of Wealth*），安德魯·卡內基的作品，1900 年由美國世紀出版公司（Century Company, New York, 1900）出版。該書文章多為卡內基在 1886 年～ 1899 年間在各種雜誌上發表的主題文章，英國版本後來附上了卡內基與英國政要和宗教人士如：格萊斯頓、亨利·曼寧（Henry Manning）、休·普萊斯（Hugh Price）、赫曼·阿德勒（Hermann Adler）等人的通信。

183　慈善事業可以減少奢侈浪費，使每一個人都能分享到快樂富足：引自莎士比亞《李爾王》第 4 幕第 1 場。

184　普通股份要連續按 5% 支付：卡內基鋼鐵公司按卡內基先生自己的報價賣給了摩根先生。有一些這樣的說法，認為卡內基先生為求高價拖延時間。1912 年 1 月的眾議院委員會上，卡內基先生說：「我認為這很公平：這是摩根先生自己做出的選擇。一切都是由施瓦布先生洽談安排的。在這件事情上，我一直沒有見過摩根先生本人或者與他相關的人。他和我之間也沒有任何的交流。我草擬了買賣契約書，摩根先生看過後認為很公平。後來很多內部人士透露，我可以輕而

我比以前更忙了，要嘗試著去做慈善工作。

我的第一筆捐款是給廠裡的工人們。下面這封信是我的聲明：

紐約，1901 年 3 月 12 日

我即將從商界隱退，感謝曾經為我事業發展做出過巨大貢獻的人，為了表示我深切的謝意，我將第一筆 400 萬美元抵押權債券的 5％捐給工人們。希望這筆捐款能夠減少他們由於意外事故而遭受的痛苦，為他們的晚年生活提供一點必要的幫助。

另外，我拿出 100 萬美元作為基金，其收益用於我為工人們修建的圖書館和宿舍的日常維護。

作為答謝，霍姆斯特德的工人們寫來了下面這封信：

賓夕法尼亞州芒霍爾，1903 年 2 月 23 日
致紐約安德魯・卡內基先生
親愛的先生：

我們是霍姆斯特德鋼廠的員工，希望透過這種方式表達我們全體員工對您建立「安德魯・卡內基救濟基金」這一善舉的深深感謝。基金的第一年運作報告已於上個月提交給您。

您一直處處為工人們的利益著想，對此，我們無法用言語表達對您的感激之情。您透過多種途徑致力於慈善事業，我們相信「安德魯・卡內基救濟基金」只是第一步。您點亮了我們心中的希望，使我們在這個看似黑暗和令人灰心的國家裡重新看到了人性的美好。

您忠誠的委員會成員：

哈里・F・羅斯，軋鋼工

小約翰・貝爾，初級鍛工

J・A・霍頓，計時員

華特・A・葛列格，電氣組長

哈里・庫薩克，調車廠廠長

易舉地拿到 100 萬美元。只此一次，我希望可以平息有關卡內基先生『強行抬價』的言論。」

第十九章 關於《財富的福音》

露西高爐的工人們送給我一隻精美的銀盤，上面刻著：

安德魯・卡內基救濟基金
露西高爐

　　鑑於安德魯・卡內基先生在他慷慨的慈善事業中設立了「安德魯・卡內基救濟基金」，為卡內基公司的員工提供了救濟幫助，露西高爐的工人們召開特別會議，決定向安德魯・卡內基先生表達誠摯的謝意和由衷的感激。

　　此外，真誠地祝願他健康長壽，前程似錦！

委員會成員：

詹姆斯・史考特，主席

路易士・A・哈奇森，祕書

詹姆斯・戴利

R・C・泰勒

約翰・V・沃德

弗雷德里克・沃爾克

約翰・M・維

　　不久，我起程去了歐洲，像往常一樣，我的幾位合夥人無法陪我同行，我們只能道別。噢！現在對我來說一切都與以往不同了！我們要說什麼、做什麼，完全變了。我能意識到這一點。這的確讓我非常難過，這種離別像是永別一樣痛苦。

　　幾個月後，我回到紐約，感覺到自己完全脫離了社會，然而工人們在碼頭上熱烈地歡迎我回來──他們仍然是我的好友，但感覺不一樣了。我失去了合夥人，但沒有失去朋友。這是很重要的一點。儘管空窗期已經過去，我現在要做的是合理地分配自己的財產，那使我興趣盎然。

　　有一天，我偶然在一篇很有意義的文章〈蘇格蘭籍的美國人〉中看到這樣一句話：

　　「上帝給了一根線，是為了織一張網。」

這似乎就像是專門對我說的。我在心裡記住了這句話，並立即決定開始織我的第一張網。真是很巧，上帝正好在這時送來了一根線。紐約公共圖書館的 J・S・畢林斯博士 [185] 以代理人的身分前來找我，我一筆捐助了 525 萬美元，答應為紐約市修建 68 座圖書館分館。隨後，我又為布魯克林捐建了 20 多座圖書館。

　　正如我以前提到過的，我的父親曾經是丹夫林圖書室的 5 位創始人之一，他們把自己的一些書借給鄰里鄉親。我繼承了他的意願，為家鄉捐建了一座圖書館 —— 母親參加了奠基儀式 —— 這座公共圖書館是我的第一項捐助。後來，我又為亞利加尼市捐建了一座公共圖書館和禮堂 —— 我在美國的第一個家就在亞利加尼。哈里森總統 [186] 專程從華盛頓趕來，親切地陪我一起為這些建築舉行開張典禮。此後不久，匹茲堡需要一座圖書館，我也捐助了資金。沒過多久，我的慈善事業得到了進一步發展，為社會捐建了一批公共建築，包括博物館、美術館、技術學校，還有專為年輕女性建立的瑪格麗特・莫里森女子學校 [187]。1895 年 11 月 5 日，這些建築正式向大眾開放。在匹茲堡，我已經投入了 2,400 萬美元用於這些公共建設，相比於這座城市曾經給我的一切，這只是很小的一部分，況且這是匹茲堡應有的。

　　第二項大捐助是創辦了卡內基研究院 [188]。1902 年 1 月 28 日，我拿出了 5% 的股份 1,000 萬美元，使總額增加到 2,500 萬美元。當然，我希望與羅斯福總統 [189] 共商此事，如果可能的話請國務卿海約翰 [190] 先生擔任主席，他欣然同意

185　J・S・畢林斯博士（John Shaw Billings, 1838-1913），美國圖書館員、建築設計師、醫生。後任卡內基科學研究院主席。

186　哈里森總統（Benjamin Harrison, 1833-1901），美國第二十三任總統。其曾祖父班傑明・哈里森五世（Benjamin Harrison V）為美國獨立宣言簽署人之一，祖父威廉・亨利・哈里森（William Henry Harrison）為第九任美國總統。

187　瑪格麗特・莫里森女子學校（Margaret Morrison Carnegie College），1903 年卡內基捐資創辦，1906 年開始招生，隸屬卡內基美隆大學的女子學院。1973 年改為卡內基美隆大學的人文和社科學院。

188　卡內基研究院（Carnegie Institution of Washington），卡內基於 1902 年捐資創辦。

189　羅斯福總統（Theodore Roosevelt Jr., 1858-1919），人稱老羅斯福，第 26 任美國總統、美國陸軍退役上校，紐約市羅斯福家族出身。

190　海約翰（John Milton Hay, 1838-1905），全名直譯約翰・彌爾頓・海伊，美國印第安納州華盛頓郡人，作家、記者、外交家、政治家，曾任林肯總統私人祕書，後於威廉・麥金利和老羅斯福等總統時期任國務卿。

第十九章　關於《財富的福音》

了。董事會成員由我的老朋友艾布蘭‧S‧休伊特[191]、畢林斯博士、威廉‧E‧道奇[192]、伊萊休‧羅脫[193]、希金森上校[194]、D‧O‧米爾斯[195]、S‧威爾‧米契爾博士[196]，以及其他一些人員組成。

當我把這份由社會名流擔任董事會成員的名單遞交給羅斯福總統審閱時，他評價道：「你不可能再弄一份同樣的名單了。」他大力支持創辦研究院，並於 1904 年 4 月 28 日將此納入國會法案：

> 廣泛鼓勵以最自由的方式進行調查研究、探索發現，將知識應用於人類發展；特別是要引導、捐助和支持任何科學、文學和藝術領域的調查研究，最終建立與政府、綜合性大學、專科院校、技術學校、學術團體及其個人的交流與合作。

我要感謝我的顧問畢林斯博士，選擇了丹尼爾‧C‧吉爾曼博士[197]作為第一任董事長。幾年後，吉爾曼博士過世了。當時，畢林斯博士又推薦了現任董事長羅伯特‧S‧伍德沃得博士[198]，他的成就很高。但願他能繼續領導研究院不斷發展。研究院建立以來取得的成績眾所周知，在此無須詳述。然而，我要提兩件略微有點與眾不同的事情。第一件是，研究院派了一艘由木材和青銅製成的快艇「卡內基號」進行環球航行考察工作，主要為了糾正早期海洋勘測上的錯誤。由於指南針技術的變化發展，許多原來的海洋勘測都有

---

191 艾布蘭‧S‧休伊特（Abram Stevens Hewitt, 1822-1903），美國教育家、律師、實業家。美國眾議院議員。

192 威廉‧E‧道奇（William E. Dodge, 1805-1883），美國商人、實業家。國會議員。基督教青年會創始人之一。

193 伊萊休‧羅脫（Elihu Root, 1845-1937），美國律師、政府官員、外交家，1912 年諾貝爾和平獎獲得者，曾任美國國務卿和美國戰爭部長。他在任內進行了一系列改革，設立總參謀部和參謀長室，創立陸軍軍事學院，將州民兵改編為國民警衛隊。退休後任卡內基國際和平基金會主席。

194 希金森上校（Thomas Wentworth Higginson, 1823-1911），美國作家、廢奴主義者、戰士。

195 D‧O‧米爾斯（Darius Ogden Mills, 1825-1910），美國銀行家、慈善家。

196 S‧威爾‧米契爾博士（Silas Weir Mitchell, 1829-1914），美國著名醫生，因發現肢端紅痛症和複雜性局部疼痛症候群而聞名。

197 丹尼爾‧C‧吉爾曼博士（Daniel Coit Gilman, 1831-1908），美國教育家、學者。耶魯大學謝菲爾德科學學院的創辦人。曾任加州大學校長、約翰‧霍普金斯大學首任校長、卡內基研究院首任董事長。

198 羅伯特‧S‧伍德沃得博士（Robert Simpson Woodward, 1849-1924），美國物理學家、數學家、土木工程師。

誤。青銅是非磁性的，而鋼鐵的磁性很強，這就證明了以前的勘察很容易出錯。一個著名的例子就是冠達號遊輪在亞述爾群島[199]附近擱淺了，卡內基號的船長彼得斯認為，最好對這件事進行調查。結果發現，這艘倒楣的遊輪是按照海事地圖航行的，船長沒有責任，主要是原始的觀測資料有誤。由此引起的錯誤被迅速糾正過來了。

這只是眾多修改案中的一份，主要面對對象是駕船進行海洋勘察的國民。他們的感謝是對我們最大的獎賞。對於我從事的慈善工作，我希望我們年輕的共和國有朝一日能有所回報，至少在某種程度上，要感謝這片古老土地的恩澤。它們已經開始這麼做了，沒有什麼比得知這個更讓我滿意的了。

卡內基號的環球航行取得了非凡的成績，我們在海拔 5,886 英尺的加利福尼亞威爾森山上設立了一個固定天文臺，由黑爾教授主要負責。有一年，他參加了在羅馬舉行的重要天文學家聚會，於是得知這些專家決定將下一次會議安排在威爾森山上召開，當時就這麼定了。

就在這座威爾森山上，在離地面 72 英尺的高度，我們拍了很多照片，從中觀測到了許多新星。第一張照片上有許多新的星球 —— 我認為有 16 個 —— 這是一個新的發現。在第二張照片裡，可以看到 60 個新的星球，第三張照片裡估計有 100 多個 —— 據說其中幾個的大小是太陽的 20 倍。有些星球距離我們非常遙遠，大約有 8 光年。這不得不讓我們俯首默認，「與未知世界相比，我們所知甚微」。這架新的巨型望遠鏡，比現有任何其他一架都要大 3 倍，一旦使用起來，還會有什麼新的發現？我確信假如月球上有生物，也能清晰地看到。

第三筆捐助是建立了英雄基金，這是我心裡一直牽掛的一件事。我聽說匹茲堡附近的一座煤礦發生了嚴重的事故。當時，前任負責人泰勒先生儘管正忙於其他工作，但依然立即趕到現場，希望能在危機中幫上忙。他召集志願者下礦去營救遇難的礦工。唉，很遺憾，這位英勇的領袖人物獻出了自己的生命。

199　亞速群島（Azores），位於北大西洋中央的一個群島，是葡萄牙兩個自治區之一，總面積達 2,247 平方公里，乃葡萄牙的領土之一。該群島由九個主要島嶼組成，其首府為聖米格爾島上的蓬塔德爾加達。

第十九章　關於《財富的福音》

這件事在我的腦海裡一直揮之不去。我最好的朋友理查·華生·吉爾德[200]先生發給了我下面這首情真意切的詩歌，雖然那次事故已經過去，但我讀了一遍又一遍，當時就下定決心要建立英雄基金。

和平年代

有人說：「當戰鼓停擊，戰爭結束，這片土地便沒有了英雄樂章。」

請不要隨意以「英雄」一語宣揚。

一隻高舉勝利的手也曾犯下諸多惡行，

多少無辜的生命在他手裡埋葬。

婦人面色蒼白，渾身戰慄，

面對男人的玷汙，石般堅強。

幼小的孩子默默忍受著疼痛，

唯恐痛楚刺傷母親的心房。

沉默的學者砸開鎖鏈，冒死擺脫教條，

只為尋求英雄的真意和彷徨，

和平年代的英雄，正是法律的衛士，

才能驟然贏得世界的掌聲，鑄就輝煌。

為此獻出年輕的自己，

只願換來千萬人的安居殿堂。

這件事激發了我，我決定拿出 500 萬美元設立基金，用於獎勵見義勇為的英雄，對那些因努力工作或為了挽救同伴而犧牲的英雄的家屬給予補助，支援那些在意外事件中受難的家庭。這項基金創建於 1904 年 4 月 15 日，從各方面來看都取得了顯著的成效。對此，我如父親般地呵護它。據我所知，從來沒有人有過這種想法，所以，它完全就是「我自己的孩子」。後來，我又把這項基金延展到我的故鄉英國，在丹夫林設立了總部 —— 全權委託卡內

200　理查·華生·吉爾德（Richard Watson Gilder, 1844-1909），美國詩人、編輯。

基丹夫林信託公司負責管理，也取得了傑出的成績。在適當的時候，再擴展到法國、德國、義大利、比利時、荷蘭、挪威、瑞典、瑞士和丹麥。

關於這項工作在德國的運作情況，我收到美國駐柏林大使大衛·傑恩·希爾[201]寫來的一封信，我引用如下：

「我寫這封信的主要目的是想告訴你，德國國王對德國英雄基金的運作是多麼滿意。他對此非常熱心，並對你的能力以及你慷慨地建立了這項基金給予了高度讚許。他不敢相信這項基金發揮了如此重要的作用。他跟我講了幾個真實感人的事例，要是沒有英雄基金，很多人將完全沒有生活來源。其中一個事例是，一個年輕人去救一名落水的小男孩，當他把小男孩托出水面，放進一隻小船之後，他自己卻因體力不支，沉入水中。他留下一個年輕美麗的妻子和一個年幼的兒子。在英雄基金的資助下，他的妻子開了一家小商店，生活有了保障，他兒子的教育費用也是由英雄基金承擔的。這不過是眾多事例中的一個。

瓦倫提尼[202]（政府內閣長官）起初對英雄基金的作用略有懷疑，現在卻對此大為讚揚。他告訴我，全體委員會成員（由精選出來的人員組成）都願意盡最大努力，運用他們的聰明才智，竭盡全力投身於這項工作。

他們跟英國和法國的基金委員會互相往來，定期交流工作，共同制定方案，經常在工作上保持聯繫。同時，他們對美國基金會的運作也深感興趣，希望能從中學到更多的東西。」

英國國王愛德華[203]被英雄基金的貢獻深深感動，他給我寫來一封親筆簽名的信，對我為家鄉所作的貢獻表示讚賞：

201　大衛·傑恩·希爾（David Jayne Hill, 1850-1932），美國學者、作家、外交家。
202　瓦倫提尼（Rudolf von Valentini, 1855-1925），德國政治家、內閣長官。
203　英國國王愛德華，即愛德華七世（Edward VII, 1841-1910），全名阿爾伯特·愛德華（Albert Edward），英國國王及印度皇帝。他是維多利亞女王（Queen Victoria）和阿爾伯特親王（Albert, Prince Consort）的第二個孩子及長子，出生當年即被封為威爾斯親王，一直到 60 歲登基，作為威爾斯親王時間最長的王儲。

第十九章　關於《財富的福音》

溫莎城堡，1908 年 11 月 21 日

親愛的卡內基先生：

　　我一直以來都想要表達對你為這個國家、為你出生的這片土地所做的公益事業的感謝。令人敬佩的是，你為了使這項基金得到合理使用，付出了很多努力。

　　我想告訴你，你為這個國家所做的慷慨善舉和傑出工作，使我感到格外溫暖。

　　作為對你的感謝，我贈送你一幅我自己的肖像，希望你能接受。

　　相信我，親愛的卡內基先生！

您真誠的

愛德華

　　美國的一些報紙對英雄基金的成效抱有懷疑，對第一年的年度運作報告展開了評論。但所有這些都過去了，現在基金的作用得到了大家的高度認可。困難一一克服了，英雄基金將長期造福於更多需要幫助的人們！在過去的野蠻時期，打傷或殺死同類被視為英雄；而在文明時期，幫助或救助他人才是英雄所為。這就是物質與精神、野蠻與文明的差異。野蠻時期所謂的英雄很快就被淘汰了，我們最終意識到那些人只不過是在互相殘殺而已；而文明時期的英雄將永垂不朽，他們所表現出來的英勇精神為世人崇敬。

　　英雄基金主要是撫恤金，至今已經為許多英雄以及他們的遺孀和孩子提供了今後的生活保障。起初，人們對此有所誤解。許多人認為設立英雄基金的目的是為了鼓勵英勇的行為，引誘人們為了獲取獎勵扮演英雄角色。我從未這麼想過。這是多麼荒謬啊！真正的英雄是不圖回報的。他們考慮的只是同伴的危險，從來不計個人得失。設立英雄基金的目的，就是想以最恰當的方式，為這些因挽救他人的生命而致殘或犧牲的英雄提供撫恤金。現在，已經有了一個良好的開端，隨著人們對英雄基金的宗旨和用途更加理解，它會發展得更好。今天在我們的名單上，美國已經有 1,430 位英雄或英雄家屬受益。

我從卡內基集團的創始人中挑選了查理·泰勒[204]來擔任英雄基金會的主席。對查理來說，這份工作是沒有薪水的 —— 他從來沒有拿到過一分錢。他非常熱愛這份工作，我相信他會全力以赴。他是最適合這項工作的人選。由於他同時還負責卡內基鋼廠工人們的基金（卡內基救濟基金），以及我以前工作過的賓夕法尼亞鐵路公司匹茲堡分部的鐵路員工的基金工作，所以在英雄基金工作上，需要威爾莫特先生輔助他。

查理經常勸我要為別人做些事，有一天，我得到了一個「報復」他的機會。他畢業於理海大學[205]，是該校最優秀的學生之一。理海大學希望建一座大樓，讓查理來做說客。我當時沒有表態，但給德林克校長[206]寫了一封信，提出捐建的條件是要由我來給這座大樓命名。校長同意了，我說那就叫「泰勒禮堂」。當查理發現這一情況後，跑來找我抗議說這讓他太慚愧了，他只是一個普通的畢業生，沒有資格享有這樣的榮耀等等。我很開心地看著他為難的樣子，然後說如果我堅持要稱這座大樓為「泰勒禮堂」，也許會使他有點尷尬，但他應當為理海大學做出一點個人的犧牲。如果他不是妄自菲薄的話就不會在意他的名字用在哪裡，即使是用來幫助他的母校。不管怎麼說，泰勒只是一個名字而已。他有點小題大做了。不過，他很快克服了這一心理因素，做出自己的決定。他要麼犧牲「泰勒」這個名字，要麼放棄為理海大學作貢獻的機會。正如他自己所說的：「沒有泰勒，就沒有禮堂。」他最終同意了！今後，來此參觀的人以及想知道泰勒是誰的人，都會確信他是理海大學的優等生，這是他的貢獻，而不僅僅是作為一個為校友傳道的人，他是我們身體力行的慈善家。

204　查理·泰勒（Charles Lewis Taylor, ?-1922），美國實業家、慈善家，曾任霍姆斯特德鋼鐵公司管理者。

205　理海大學（Lehigh University），是一所以工程科學著稱的美國私立研究型大學，1865 年由企業家艾薩·帕克（Asa Parker）創建，位於美國賓夕法尼亞州伯利恆。

206　德林克校長（Henry Sturgis Drinker, 1850-1937），美國律師、貿易專家、教育家、大學校長。曾任美國理海大學校長，在任期間，為理海大學的擴建作出貢獻。

第十九章　關於《財富的福音》

第二十章
教育和養老基金

第二十章　教育和養老基金

1905 年 6 月，我提供了第四筆重要的捐助：為許多上了年紀的大學教授建立 1,500 萬美元的養老基金（卡內基教學進步基金），我需要從美國各大高校的校長中挑選出 25 人擔任該基金會的理事。當 24 位理事（芝加哥大學的哈柏教授因病缺席）會聚我家商議此事，我深感榮耀，最大的收穫是和他們成了親密的朋友。該基金建立之初，弗朗克‧A‧范德利普[207] 先生做出了很大的貢獻 —— 這得益於他在華盛頓時的經歷 —— 我們發現，基金會主席亨利‧S‧普里切特博士[208] 也是一位不可多得的人才。

這項基金使我認識了很多親密的朋友，許多人不久便成為受益者，我相信這是他們應得的，而且他們做出了貢獻。在所有職業中，教師受到的待遇或許是最不公平的，雖然他們的社會地位較高，但收入卻是最低的。從事教育工作的人，奉獻自己的一生來教書育人，得到的只不過是微薄的薪資。當我首次擔任康乃爾大學的理事時，我驚訝地發現教授們的薪水這麼少，比我們公司一些職員的薪水還要低。對這些上了年紀的教授們來說，靠省吃儉用是不行的。當時，大學裡沒有提供養老基金，這就使那些本該退休的老教授們不得不繼續從事教學工作。養老基金的作用是毋庸置疑的，從首批公布的受益者名單中就可看出這點，其中有一些享譽世界的名字，他們為傳播人類知識做出過巨大的貢獻。許多受益者及其遺孀給我寫來非常感人的信。我一直保留著，當我憂傷時，重讀這些信件會使我消除煩憂。

我在丹夫林的朋友湯瑪斯‧蕭[209] 先生（現在是蕭勳爵）為一份英文刊物寫了一篇評論文章，文中反映了蘇格蘭的許多窮人，沒有能力為他們的孩子支付上大學所需的教育費用，儘管有些人自己非常貧困，但還是竭盡全力幫助他人。讀罷蕭先生的文章，我有了一個想法，決定拿出 1,000 萬美元設立一個基金，年收益的一半用於為貧困生支付學費，另一半用於高校建設。

1902 年，這項基金（卡內基蘇格蘭大學信託基金）的首次董事會在蘇格

207　弗朗克‧A‧范德利普（Frank A. Vanderlip, 1864-1937），美國銀行家、記者。因創建聯邦儲備系統而聞名。

208　亨利‧S‧普里切特博士（Henry Smith Pritchett, 1857-1939），美國天文學家、教育家。曾任麻省理工學院校長、卡內基教學進步基金會首任主席。

209　湯瑪斯‧蕭（Thomas Shaw, 1st Baron Craigmyle, 1850-1937），蘇格蘭政治家、法官。

蘭國務大臣的愛丁堡辦事處舉行，由貝爾福伯爵[210]主持會議。

參加會議的有許多名人要員——貝爾福首相[211]、亨利·坎貝爾·班納曼爵士[212]（後來成為首相）、約翰·莫利（現為莫利子爵）、詹姆斯·布萊斯[213]（現為布萊斯子爵）、艾爾金伯爵[214]、羅斯伯里勳爵、雷伊勳爵[215]、蕭先生（現為蕭勳爵），以及丹夫林的約翰·羅斯（John Ross）博士，還有其他來自「各行各業的人」，也都高興地參加了這個會議。我解釋說，我之所以請他們來管理基金，是因為我讀了近期的一份理事會報告後，認為不能把基金委託給蘇格蘭大學的教職人員來管理，貝爾福先生立即喊道：「一分錢都不行，一分錢都不行！」董事會成員艾爾金伯爵對我的提議也表示完全贊同。

在宣讀了基金管理細則後，艾爾金伯爵認為不夠嚴謹，也不夠詳細。他希望明確他的職責。我賦予董事會較大的權力，如果今後他們覺得在蘇格蘭這項教育基金已經與時代的發展不相適應，那麼他們有權變更這一慈善基金的受益對象和申請方式。貝爾福伯爵同意艾爾金伯爵的意見，貝爾福首相也表示贊同，他說他從未聽說過哪一個立遺囑的人會給執行人這麼大的權力。他問具體應該怎麼做。

「很好，」我說，「貝爾福先生，我也從來沒有聽說過哪個人能為下一代制定法律，有時候他們制定的法律甚至對自己這代人都不完全適用。」

現場爆發出一片笑聲，貝爾福首相自己也笑了，而後他說：「你說的沒錯，完全正確。不過，我認為你是第一個有獨立見解而如此明智的捐助者。」

我提議董事會只要有半數人同意就可以通過了，但貝爾福勳爵建議不能少於三分之二人數。艾爾金伯爵以及其他所有成員對此都表示贊同。我深信

210　貝爾福伯爵（Alexander Bruce, 6th Lord Balfour of Burleigh, 1849-1921），蘇格蘭政治家、銀行家，曾任蘇格蘭國務大臣。

211　貝爾福首相（Arthur James Balfour, 1st Earl of Balfour, 1848-1930），英國保守黨政治家。曾任首相。

212　亨利·坎貝爾·班納曼爵士（Sir Henry Campbell-Bannerman, 1836-1908），英國自由黨政治家，1905 年至 1908 年出任英國首相，他是歷史上首位正式被官方稱為「首相」的第一財政大臣。

213　詹姆斯·布萊斯（James Bryce, 1st Viscount Bryce, 1838-1922），英國學者、法官、歷史學家、自由黨政治家。

214　艾爾金伯爵（Edward Bruce, 10th Earl of Elgin, 1881-1968），蘇格蘭政治家、銀行家。

215　雷伊勳爵（Donald Mackay, 11th Lord Reay, 1839-1921），英國自由黨政治家。

第二十章 教育和養老基金

這是一份明智的規定，今後會得到證實的。丹夫林的艾爾金伯爵義不容辭地成為基金會的主席。當我告訴貝爾福首相，我希望勸說艾爾金擔任這一職位時，他立即說：「你不可能在英國找到一個更合適的人了。」

當時我們對於這一點都非常滿意，我們到哪裡再去找一個和他有同樣能力的人？

巧的是，我們蘇格蘭大學基金會的4位董事，亨利·坎貝爾爵士、艾爾金伯爵、約翰·羅斯博士和我同時被授予丹夫林榮譽市民稱號。如今，還有一位女士也加入了這個圈子，那就是卡內基夫人，她熱愛丹夫林就像熱愛自己的家鄉一樣。

1902年，我當選聖安德魯斯大學名譽校長，這是我生命中的一件大事。進入大學，我彷彿來到了一個陌生的世界。我的一生中有幾件事給我留下了深刻的印象，比如第一次與全校教職員工會面，自聖安德魯斯大學創建以來的近500年間，只有非常有成就的人才能坐在我現在坐的這個位置上。為了準備即將要作的發言，我閱讀了以往校長們的演講稿。其中最引人注目的一段是史坦利校長[216]給學生們的忠告：「去柏恩斯的詩歌中尋找你們的信仰。」他是教會的貴族，也是維多利亞女王的心腹，所以才敢大膽地對約翰·諾克斯大學的學生們這麼說，這也顯示了宗教在逐年進步。柏恩斯的詩歌中蘊含著為人處世的至理名言。例如：「唯有自責才是可怕的。」我早年時把這句話當作座右銘。又比如：「可怕的地獄就像劊子手的鞭子，讓不幸的人們俯首聽命；但是在你能感到榮耀的地方，也將使你感到瀕臨絕境。」[217]

約翰·史都華·彌爾校長[218]給聖安德魯斯大學的學生們所作的演講也非常精彩。他顯然想把自己最寶貴的生活感悟傳遞給學生們。他強調，音樂有助於提高生活品質，無疑是一種高雅的享受。這也是我的親身體會。

216　史坦利校長（Arthur Penrhyn Stanley, 1815-1881），英國學者、宗教人士。曾任威斯敏斯特院長、聖安德魯斯大學校長。

217　……也將使你感到瀕臨絕境。」，引自詩人柏恩斯的《致年輕朋友的書信》（*Epistle to a Young Friend*）。

218　約翰·史都華·彌爾校長（John Stuart Mill, 1806-1873），英國著名哲學家和經濟學家，19世紀影響力很大的古典自由主義思想家。邊沁（Jeremy Bentham）功利主義的最重要代表人物之一。代表作：《論自由》、《政治經濟學原理》、《代議制政府》等。

我們夫婦倆很高興邀請到了蘇格蘭 4 所大學的校長及其妻女到斯基伯度假一週。蘇格蘭大學信託基金主席艾爾金伯爵、蘇格蘭國務大臣貝爾福勳爵和夫人參加了首次聚會。此後，每年的「校長週」活動就固定了下來，成為一個慣例。我們大家也因此都成了朋友。校長們在許多方面達成了一致意見，這對各所大學都是很有益的。「校長週」活動激發了大家的合作精神。首次活動結束時，蘭校長握著我的手說：

「蘇格蘭各大高校的校長們 500 年來一直在研究如何給學生們開課，現在他們聚在一起，用了一週的時間就解決了這個問題。」

1906 年，我們在斯基伯的那次聚會令人難忘。拉德克利大學院 [219] 的院長阿格尼斯·歐文 [220] 小姐，班傑明·富蘭克林的曾孫女，和我們一起參加了「校長週」活動，所有人都為她所傾倒。大約 150 年前，富蘭克林在聖安德魯斯大學獲得了他的第一個博士學位。在費城隆重舉行了他的 200 週年誕辰紀念活動，聖安德魯斯大學和世界各地的其他眾多高校紛紛發來賀信。如今，聖安德魯斯大學也要給他的曾孫女頒發學位了，作為名譽校長，我得行使職責為她舉行學位授予儀式。在「校長週」的第一天晚上，在眾多觀眾面前，我為她頒發了學位，當晚有 200 多人見證了這一時刻。

在場的觀眾對此留下了深刻而美好的印象。147 年前，聖安德魯斯大學給曾祖父授予學位，而今又給曾孫女授予學位（她作為拉德克利夫學院院長，做出了自己的成績）。聖安德魯斯大學的名譽校長穿越大西洋，親手為她頒發學位。她像富蘭克林一樣，是出生在英國的美國公民。學位授予儀式在費城舉行，那裡也是富蘭克林曾經獲得許多榮譽的地方。整個儀式非常隆重美好，主持這樣一個重要的儀式，我確實感到很榮幸。聖安德魯斯大學的唐納森 [221] 校長每當想到這一刻，就會精神振奮！

聖安德魯斯大學的學生們再次一致推選我連任名譽校長（沒有一個競爭

219　拉德克利夫學院（Radcliffe College），曾是位於美國麻薩諸塞州劍橋的一個女子文理學院，創建於 1879 年，為美國七姐妹學院之一。1963 年始授予其畢業生哈佛-拉德克利夫聯合文憑；1977 年與哈佛簽署正式合併協定；1999 年全面整合到哈佛大學。

220　阿格尼斯·歐文（Agnes Irwin, 1841-1914），美國教育家、美國拉德克利夫學院首任院長。

221　唐納森（Sir James Donaldson, 1831-1915），蘇格蘭古典學學者、教育家、作家。

者），這讓我深受感動。我喜歡「校長夜」，在沒有教職員工參加的情況下，學生們暢所欲言。我們一直相處得非常愉快。在第一次「校長夜」活動後，唐納森校長向我轉達了學校祕書提交給他的一份意見：「某某校長和我們談話，都是在講臺上的，而卡內基先生是和我們圍坐成一圈進行交談的。」

如何發展我們自己的高等教育機構，這個問題經常困擾著我。不過，我相信我們的重點大學，如哈佛大學和哥倫比亞大學，有著 5,000 ～ 10,000 名的學生，規模相當大了，今後的發展空間有限。而那些規模小的教育機構（尤其是專科院校）更需要幫助，更要投入資金去支持它們的發展。因此，我後來僅限於資助這些規模小的學校的成效令人滿意，我認為這樣做是明智的。事後，我發現洛克菲勒先生的光輝教育基金、普通教育基金委員會，還有我們自己的基金都不約而同地涉足這個領域。洛克菲勒先生希望我加入他們，我同意了。我們很快建立了合作，這對彼此都非常有利，如今我們仍然保持著相互合作的關係。

有相當多的朋友在資助大學的過程中，獲得了像我的合夥人查理‧泰勒那樣的榮譽。狄金森學院的康威大廳是以蒙丘爾‧D‧康威[222] 的名字命名的，他的自傳剛剛出版，被「文藝協會」稱為「文學作品」。他們的評價是：「桌上的這兩卷書，就像是被環繞在關於自傳的垃圾堆中光彩奪目的寶石。」

康威先生自傳的最後一章結尾是這麼寫的：

> 乞求和平吧，親愛的讀者朋友。乞求和平並不是把雷雲奉若神明，而是為你身邊的每一個男人、女人，還有兒童祈禱。不要只是祈禱「請賜予我們這個時代和平吧」，而是要你親力親為！雖然這個世界上還有戰爭，但至少在你心裡還有一方和平的淨土。

我的朋友一針見血地指出了我們這個時代存在的最嚴重的問題。在文明的國家之間，確實應該儘快消除戰爭。

222　蒙丘爾‧D‧康威（Moncure D. Conway, 1832-1907），美國廢奴主義者、作家、教育家。「自由思想運動」宣導者。代表作：《湯瑪斯‧潘恩傳》、《納撒尼爾‧霍桑傳》、《湯瑪斯‧卡萊爾傳》等。

為了紀念愛德溫‧M‧斯坦頓，我在俄亥俄州的凱尼恩學院[223]設立了斯坦頓經濟系名譽教授一職。當年在匹茲堡，我只是一個給他送電報的信差，那時他經常親切地和我打招呼；後來在華盛頓，我成為史考特部長的助理，他總是熱誠地對我。我非常樂意以朋友們的名字為這些捐助的對象命名，比如還有克里夫蘭的西儲大學[224]的漢納名譽教授、布朗大學[225]的海約翰圖書館、漢彌爾頓大學[226]的第二項伊萊休‧羅脫基金會、威爾斯大學的克里夫蘭夫人圖書館等等。我希望捐助得更多一點，以此紀念那些我熟悉的、喜愛的、尊敬的朋友。我也想捐建一座道奇將軍圖書館和一座蓋利[227]圖書館，但這兩位朋友的母校早已分別給了他們這樣的榮譽。

我第一筆給漢密爾頓大學的捐助原本命名為伊萊休‧羅脫基金會，但是我們這位最為能幹的國務卿，被羅斯福總統評價為「無所不知的聰明人」，似乎沒有向校方提及過此事。當我因這項基金沒有了名稱而責怪他時，他笑著回答：「好吧，我答應下次你再給我的話，我不會騙你了。」

雖然這樣，我還是拿出了第二筆捐助作為彌補，但我不再將此事直接委託給他。現在，漢密爾頓大學的伊萊休‧羅脫基金會已經建立，伊萊休‧羅脫無法再使壞了。羅脫是一個了不起的人，樸素率真是他最大的特點。羅斯福總統曾宣稱，假如能確保羅脫成功地獲得總統候選人的提名，那麼他將從白宮爬到國會大廈。有人認為羅脫性格軟弱，因為他雖然曾經為一些公司作過辯護，但他不善言辭，是一個過於謙遜和緘默的政治家，無法吸引那些缺乏鑑賞力的聽眾耳朵。他所在的黨派愚蠢地決定不提名他為總統候選人。

223　凱尼恩學院（Kenyon College），是一所私立的美國文理學院，坐落於俄亥俄州甘比爾，創立於1824 年，是州內最古老的私立學院，因其學院哥德式建築和位處農村地區而為人熟知。此學院已受北中部學院及學校聯盟的高等學習委員會認可。

224　西儲大學（Western Reserve University），是美國的一所研究型私立大學，位於俄亥俄州的克里夫蘭市。

225　布朗大學（Brown University），位於美國羅德島州普羅維登斯市，是美國八所著名常春藤盟校之一。布朗大學也是美國第一所可以接受任何宗教背景的學生入學的高校。

226　漢彌爾頓大學（Hamilton College），是一所美國頂尖的私立的文理學院，它位於美國紐約州北部的柯林頓市。漢彌爾頓學院由美國開國元勳之一的亞歷山大‧漢彌爾頓（Alexander Hamilton）創建於 1793 年，是紐約州第三古老的大學，在 1812 年更名為漢彌爾頓學院。

227　蓋利（James Gayley, 1855-1920），美國冶煉專家。曾任美國鋼鐵公司執行總裁，為美國鋼鐵業現代化做出巨大貢獻。

我透過與漢普頓大學[228]和塔斯基吉學院[229]的聯繫，幫助黑人提高了地位，這真是一件讓人滿意和高興的事，而且能夠認識布克·華盛頓[230]是我莫大的榮幸。我們都應脫帽向他致敬，因為他不僅使自己從奴隸中解放出來，而且幫助數百萬黑人同胞提高了文明程度。在我給塔斯基吉學院捐了 60 萬美元後，沒過幾天，華盛頓先生來拜訪我，說能否允許他提一個建議。我說：「當然可以。」

「您仁慈地從基金中專門拿出這麼一筆錢，為我和我的妻子提供將來的生活保障，我們非常感激。但是，卡內基先生，這筆錢遠遠超出了我們的需要，在我的同胞看來這是一筆巨大的財富。有些人也許會覺得我不再是一個窮人了，在工作上不用再考慮節儉的事了。所以能否請您修改一下條款，刪去金額，修改為『只提供適當的補助』？我們信任基金會的董事們，我們夫婦倆用不了那麼多錢。」

我同意了，他的這一做法如今成為了榜樣。但是，包德溫[231]先生告訴我，當他要將原始的捐助信替換進去時，這位高尚的人卻拒絕了。他本應該將那份最初給他的檔永遠保存，代代相傳，而他卻扔至一旁，放進檔案的只是後面那份修改過的檔。

這一點反映了這位黑人領袖的高尚品格。有史以來，沒有哪位英雄比他更真誠，更具有自我犧牲的精神，他的身上兼具所有的優點。人們由此可以更加清楚地意識到這種純潔高尚的靈魂 —— 這就是世間人性的最高境界。如果有人問，在我們這個時代或是歷史上，有哪一個人是從最底層奮鬥到最高層的，答案肯定是布克·華盛頓。他從奴隸成長為黑人領袖 —— 是現代的摩

228　漢普頓大學（Hampton University），是一間主校區位於美國維吉尼亞州漢普頓的私立大學、傳統黑人大學，由美國美信會的領袖成立於美國內戰結束後的 1868 年，最早是一所師範學校，1984 年正式升格為大學。

229　塔斯基吉學院（Tuskegee Institute），現為塔斯基吉大學，是一所美國私立的傳統黑人大學，位於阿拉巴馬州塔斯基吉。

230　布克·華盛頓（Booker Taliaferro Washington, 1856-1915），美國政治家、教育家和作家。他是 1890 年到 1915 年之間美國黑人歷史上的重要人物之一。他曾是塔斯基吉學院首任校長。代表作：《超越奴役》、《品格》等。

231　包德溫（William Henry Baldwin Jr., 1863-1905），美國長島鐵路公司總裁，塔斯基吉大學基金會管理人之一。

西（Moses）和約書亞（Joshua），領導他的人民向前，向上！

在和這些院校的聯繫過程中，我與他們的負責人和董事有了接觸，例如：漢普頓大學的荷利斯·B·弗里塞爾[232]校長、羅伯特·C·奧格登[233]、喬治·福斯特·畢保德[234]、V·艾弗里特·梅西[235]、喬治·麥肯內尼[236]，還有威廉·H·包德溫（唉，他最近離我們而去了）。他們為世人做了很多事。接近他們是令人愉快的事情。庫柏聯盟學院[237]、機械與商貿社團[238]等，我確實對每一個機構[239]都很感興趣，那裡有許多默默奉獻的男女，致力於解救和幫助不幸的同胞這一具有崇高理想的事業，而不是「僅僅為了自己」。

在很早的時候，我就開始給教堂捐贈管風琴。我的父親曾經在亞利加尼參加過一個不到100人的史威登堡教會，由於人數實在太少，我拒絕了為他們捐建一座新的教堂，但我仍捐了一架管風琴。不久，其他教堂蜂擁而來，提出申請索取管風琴，有匹茲堡宏偉的天主教大教堂，也有鄉村小教堂，我根本忙不過來。每座教堂似乎都需要一架比原來更好的管風琴，因為新的樂器價格不菲，而把那架舊的管風琴賣掉也可以得到一筆淨收益。有些規模很小的教堂所索取的管風琴，幾乎能把他們的房椽撐裂，比如捐贈給史威登堡教堂的第一架管風琴就是一個例子。另外一些教堂在提出申請前已經購置了管風琴，但仍然希望我們把這筆款項撥給他們。不管怎樣，最終我們制定了一套嚴格的捐贈制度。在捐贈前，要求每個申請單位如實回答一張印好的申請表上的許多問題，填好後回饋給我們。如今，這項制度已經逐漸完善並系

232　荷利斯·B·弗里塞爾（Hollis Burke Frissell, 1852-1917），美國教育家，曾任漢普頓大學校長。

233　羅伯特·C·奧格登（Robert Curtis Ogden, 1836-1913），美國商人、教育資助人和推廣人。

234　喬治·福斯特·畢保德（George Foster Peabody, 1852-1938），美國銀行家、慈善家。

235　V·艾弗里特·梅西（V. Everit Macy, 1871-1930），美國實業家、慈善家。

236　喬治·麥肯內尼（George McAneny, 1869-1953），美國報人、城市規劃人。

237　庫柏聯盟學院（Cooper Union，全名為 The Cooper Union for the Advancement of Science and Art，「庫柏高等科學藝術聯盟學院」），是一所位於美國紐約州紐約市曼哈頓地區的著名私立大學，曾因向全部學生提供全額獎學金而知名，但學校已於 2013 年決定向學生收費，以維持收支平衡。

238　機械與商貿社團（the Mechanics and Tradesmen's Society），1785 年創建於美國紐約的基礎教育機構，目的是為培養社會手工工藝者和商貿人員。

239　……每一個機構：卡內基僅向學院、大學及教育研究院等教育領域捐資成立的基金會和捐資興建的建築就多達 500 個，捐資總額達到 2,700 萬美元。

統化了，我們會依據教堂的規模來劃分捐贈級別，工作開展得非常順利。

在傳統古板的蘇格蘭高地，我因為給教堂捐贈管風琴，而被有些人指責這挫傷了人們做禮拜的熱情。那些極其嚴厲的長老教會教友仍然公開譴責我懷有惡意，企圖「用一個裝滿汽笛的櫃子來讚美上帝」，而不是用上帝賜予人類的聲音。從那以後，我決定讓別人和我一起分擔罪責，因此我要求每個申請者如果想要新的管風琴，就要支付一半的費用。即使這樣，我們負責管風琴捐助的部門仍然忙得不可開交，業務一直非常繁忙。管風琴的需求還是持續增長。此外，由於人口越來越多，新教堂紛紛建立，管風琴也是必不可少的。

我認為這項捐助可以一直持續下去。要求申請者為新的管風琴支付一半費用，既可以保證需求，也可以確保合理使用經費。根據我自身的體驗，一個人有信仰是非常好的，在工作空閒時也可以聽聽宗教音樂。有了管風琴，可以幫助人們在布道之後舒緩緊張的情緒，我覺得投在管風琴上的錢是物有所值的。因此，我會繼續做這件事。

在我所有的慈善工作中，有一項祕密的養老基金使我最有榮譽感。有些上了年紀的人一直都很善良、慈祥，你知道他們個個都值得幫助，他們沒有足夠的條件過上自己渴望的體面、自由的生活，但這不是他們自己的過錯，而你可以為他們提供一個舒適安逸的環境，那樣你會感到無與倫比的快樂。只要適當地拿出一些錢，就可以使他們過得非常自在。我驚訝地發現有這麼多人需要幫助。我在退出商界之前，就已開始做這件事了，這令我感到高興和滿足。我從來沒有跟任何人提起過這份養老金名單。這真的是一份充滿敬意和關愛的名冊，上面所有的人都值得尊敬。對此，我從來沒有公開過。沒有一個人知道名單上有哪些人，我也從未對別人透露過一個字。

我從來都不會去想這樣一個問題：「在這個世界上，我致力於慈善事業會得到什麼好處？」如果要回答這個問題，我的最佳答案是：讓養老金名單上的朋友們過得幸福，就是給我最好的回報，這是我一直以來所追求的。我所擁有的已經超越了生命賜予我的那部分，因此我已一無所求。我們生活在法制社會，應該默默奉獻、遵紀守法，無所欲求、無所畏懼，沿著正確的道

路，盡到自己的職責，永遠不求回報。

其實，給予比接受更幸福。換個位置，那些親愛的好友也會為我和我的親人這麼做的，就像我為他們所做的一樣。對此，我確信。我收到了許多感謝信，有些人告訴我，他們每晚禱告時都會記得為我祈禱。在回信時，我常常無法抑制自己最真實的情感表達。

「不用為我禱告，」我說，「請不要為我祈求更多的東西。我得到的遠遠超過了我本該擁有的。請拿走已經賜給我的大部分財富，這樣對我才是公平的。」這些不僅僅是說說而已，而是我的真實感受。

鐵路系統的養老基金也是同一種類型。賓夕法尼亞鐵路公司匹茲堡分部的許多年老的信差（或他們的遺孀）都能從中受益。這項基金在多年前就已建立，發展到今天已經有一定規模了。如今，受益人都是鐵路員工，是我以前在賓夕法尼亞鐵路公司擔任主管時的下屬或他們的遺孀，他們都需要幫助。當年，我第一次加入他們這個行列時，還只是一個孩子，透過名字認識了他們。他們對我非常友好。我認識大多數基金受益人，他們都是我的朋友。

雖然，我拿出 400 萬美元給鋼鐵廠的工人們設立了基金（鋼鐵工人養老金），其中包含我從未謀面的數百名工人，但我還是有足夠的資金投入於此，為那些同樣給予我大力支持的人們設立基金。

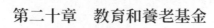

第二十章　教育和養老基金

第二十一章
和平教堂和皮特克利夫

第二十一章　和平教堂和皮特克利夫

要實現和平，至少在英語國家裡最終實現，這樣的願望很早就根植於我的頭腦中。1869 年，英國啟動大型君主號戰艦，這是當時最大的戰艦，不知為何，它號稱能輕易攻克美國的一座座城市。所謂攻無不克，戰無不勝。我給當時的英國內閣約翰·布萊特發了一封電報（這封電報最近已公開）：

> 「君主號戰艦的第一項重要任務或許是應該把畢保德的遺體運回他的祖國。」[240]

這是一封匿名電報。說來奇怪，做是這麼做了，然而君主號戰艦真的就成了和平使者，沒有發生戰爭。許多年後，我在伯明罕的一次小型宴會上遇到布萊特先生，告訴他我就是那個匿名給他發電報的年輕人。他很驚訝，那封匿名電報上的內容就是他當時心裡想要去做的事。我相信確是如此，他完全值得信任。

內戰期間，當共和國需要朋友的時候，他是美國人的朋友。他曾經是我父親的偶像，也是我一直以來喜愛的英雄。最初，人們公開指責他為野蠻的激進分子，然而他鎮定自若，直到民眾接受了他的觀點。他一直提倡和平，反對克里米亞戰爭[241]，英國對這場戰爭判斷錯誤，正如索爾茲伯里勳爵[242]後來所認為的那樣。作為朋友，布萊特家族賦予我一個特權，把國會原來那個舊的曼徹斯特·布萊特雕像替換下來，放了一個新的複製品上去。

我對英國的和平協會很有興趣，早年，我到那裡參觀過，並參加過許多會議，後來，我對克里默先生創建的國會聯盟更感興趣了。他是國會中的優秀工人代表。現在，沒幾個健在的人能與克里默[243]先生相提並論。鑑於他為

240　……畢保德的遺體……：這裡指喬治·畢保德，美國商人、慈善家，於1869年在英國倫敦去世。

241　克里米亞戰爭（Crimean War），在俄羅斯又稱為東方戰爭，是 1853 年至 1856 年間在歐洲爆發的一場戰爭，是俄國與英、法為爭奪小亞細亞地區權利而開戰，戰場在黑海沿岸的克里米亞半島。作戰的一方是俄羅斯帝國，另一方是鄂圖曼帝國、法蘭西帝國、不列顛帝國，後來薩丁尼亞王國也加入這一方。一開始它被稱為「第九次俄土戰爭」，但因為其最長和最重要的戰役在克里米亞半島上爆發，後來被稱為「克里米亞戰爭」。克里米亞戰爭是俄羅斯人對抗歐洲的重要精神象徵，最終以俄方求和簽訂巴黎和約作結。

242　索爾茲伯里勳爵（Lord Salisbury, 1830-1903），英國保守黨政治家，曾三次出任首相，任相時間合共 13 年，是英國在 20 世紀中的第一位首相和最後一位來自上議院的首相。

243　克里默（Sir William Randal Cremer, 1828-1908），英國政治家，社會活動家，曾任英國下議院議員、國際工人聯合會（即第一國際）書記，1903 年獲諾貝爾和平獎。

和平事業做了大量的工作，那年他獲得了 8,000 英鎊的諾貝爾和平獎獎金，但他只留下急需要用的 1,000 英鎊，而把大部分獎金都捐給了仲裁委員會。這是一種多麼高尚的奉獻精神啊！對真正的英雄來說，錢是沒用的東西！克里默先生在倫敦當國會成員的時候，每週只花幾元錢維持生活，然而為了和平事業，他卻將一大筆財富捐獻了出去。這就是可貴的英雄精神。

1887 年，我在華盛頓非常榮幸地把仲裁委員會介紹給克里夫蘭總統，他熱誠地接見了委員會的成員們，並保證會與他們真誠合作。從那天起，消除戰爭成為我最關心的一個問題，以至於覺得其他任何事情都無關緊要。第一次海牙會議的一個驚人決定令我非常驚喜。據說，會議首先決定要考慮裁軍（後來證實只是一個夢想），並成立了一個永久性的法庭以解決國際爭端。在我看來，此舉是人類邁向和平最重要的一步。難怪，這個了不起的主意使與會人員為之折服。

假如霍爾斯[244]先生（他的去世令我非常悲痛）能活到今天，並且和他的上司安德魯·D·懷特作為代表一起出席即將召開的第二次海牙會議，我覺得這兩個人可能會促成建立國際法庭，目的是避免戰爭。當晚，他帶著上司的指示從海牙出發趕去德國，會見德國外交部長和國王，最終說服他們贊成建立最高法庭，並且不以撤走代表團相要脅 —— 霍爾斯先生為此做了那麼多工作，應當可以以人類最偉大的公僕的身分載入史冊。哎，正當壯年時他卻離開了人世。

國際法庭成立的日子將是世界歷史上最值得紀念的一個日子。它將為那些殘害人類的敗類敲響喪鐘 —— 懲罰他們的滔天罪行。我相信，這一天終將到來，恐怕不會太遙遠，每一個國家都會為此而慶祝。那個時候，現在那些所謂的英雄早已被人們遺忘，因為他們沒有促進和平，維護團結，而是引發了戰爭。

當安德魯·D·懷特和霍爾斯先生從海牙回來，他們建議我為海牙捐建一座和平殿堂。我告訴他們，我從不自以為是，但如果荷蘭政府向我提出想要這樣一座殿堂，希望我能為他們提供資金的話，我會考慮這個請求。他們反

244　霍爾斯（Frederick William Holls, 1857-1903），英裔美籍法學家、政治家、社會活動家。

第二十一章　和平教堂和皮特克利夫

駁說幾乎任何一個政府都不可能這麼做。於是我說，在這件事上我不會擅自採取行動。

最終，荷蘭政府透過他們駐華盛頓的外交使節蓋佛斯男爵[245]前來提出申請，我欣然答應了。在給他的回信中，我謹慎地說會在適當的時候匯款給他的政府。我沒有把錢寄過去。荷蘭政府派人從我這裡把錢取走了，這張 150 萬美元的匯票作為一份紀念品保存了下來。對我來說，能夠為這座和平殿堂（世界上最神聖的建築，因為它有著最神聖的目標）貢獻自己的力量是非常光榮的，任何人都會為這份崇高的使命做出自己的努力。這座殿堂的意義不僅限於聖彼得教堂或任何為讚美上帝而建的建築，正如路德（Martin Luther）所說：「我們不能為上帝做些什麼，上帝也不需要從我們這裡得到任何幫助。」這座殿堂是為了給世間帶來和平。「對上帝最高的崇拜就是為人民服務。」至少在這一點上，我的想法與路德和富蘭克林一致。

1907 年，朋友們組建了紐約和平協會，他們邀請我擔任該協會的會長，我以事務繁忙為由謝絕了。雖然我當時的確非常忙，但後來我還是為此感到內心不安。如果我不願為和平事業做出自己的貢獻，那麼我能做什麼呢？我還有什麼好的選擇嗎？幸運的是，過了幾天，萊曼·艾伯特[246]牧師、林奇牧師，還有其他一些著名人士強烈希望我再考慮一下。我明白他們的用意，並坦率地告訴他們我同意了。我為上次的拒絕而感到自責，我願意擔任這個職位，並將盡力做好工作。當和平協會召開第一次會議之後，次年 4 月，又召開了大型的全國性會議，與會代表來自美國的 35 個州，此外還有許多來自不同國家的外國朋友。[247]

那時，我意外地得到了首枚勳章。法國政府授予我二等爵士榮譽勳章，在紐約由我主持的和平宴會上，艾斯圖內勒·德康斯坦男爵[248]親自上臺發表

245　蓋佛斯男爵（Willem Alexander Frederik Baron Gevers, 1856-1927），荷蘭政治家。

246　萊曼·艾伯特（Lyman Abbott, 1835-1922），美國公理會神學家、編輯、作家。

247　……此外還有許多來自不同國家的外國朋友：卡內基先生沒有提到 1910 年 12 月發生的一件事，他捐出 1,000 萬美元成立基金會，目的是「避免國際戰爭，因為它玷汙了人類文明」。這也是卡內基為世界和平的捐獻。伊萊休·羅脫是基金會主席。

248　艾斯圖內勒·德康斯坦男爵（Paul-Henri-Benjamin d'Estournelles de Constant, 1852-1924），法國外交家、政治家，國際仲裁倡議者，因為促進美法和解而獲得 1909 年諾貝爾和平獎。

230

了精彩的演講，並在大家的祝賀聲中授予了我勳章。這的確是一份莫大的榮譽，由於我為促進世界和平作出了努力，人們才會對我如此賞識。他們可能覺得這份榮譽太小了，所以法國政府才專程派人趕來為我授勳 [249]。他們授予我這份榮譽，也使我覺得應該比以往更加努力，更加注意自己的一言一行，不斷向他們的標準靠近 —— 他們對我過獎了 —— 我不能辜負他們的期望，然而現在我已經做到了這一切。

對我而言，或許沒有一件禮物比得上丹夫林的皮特克利夫峽谷，那裡充滿著我童年時所有純潔而美好的記憶。我不得不說說下面這個故事。

在我早年的記憶中，丹夫林發生了一場鬥爭，為的是爭奪人教堂的土地和宮殿遺址的所有權。我的外祖父莫里森發動或至少參與了這場運動。這場鬥爭一直延續到勞德姨丈和莫里森舅舅這一輩，莫里森舅舅還被指控煽動一群人拆毀了某堵牆。在最高法庭上，市民們贏得了勝利。當時，地主下令，從此以後「莫里森家族不得進入峽谷」。我和表哥多德一樣也是莫里森家族成員，都被禁止出入峽谷。皮特克利夫的地主們和當地居民產生了延續世代的分歧。

就我所知，皮特克利夫峽谷是獨一無二的。它毗鄰大教堂和宮殿，位於市中心兩條主幹道的西北面。那片區域（大約有 60 ～ 70 英尺）保護得非常好，高聳的山脈上樹木茂盛。一直以來，它對丹夫林的孩子們來說就像是天堂，當然這也包括我。每當聽到天堂這個詞，我就會想到皮特克利夫峽谷，那是我能想到的最接近「天堂」的地方。當時，如果我們能透過敞開的屋門，或是越過圍牆，或是穿過鐵柵欄，望一眼那裡，就會覺得無比幸福。

幾乎每個星期天，勞德姨丈都會帶「多德」和「奈格」繞著大教堂散步，找到一個能俯瞰峽谷的地方 —— 那裡有一群烏鴉圍著大樹飛來飛去。對我們這些孩子來說，那裡的地主就是地位和財富的化身。我們知道，女王住在溫莎城堡，但她沒有皮特克利夫，她沒有！皮特克利夫的亨特家族也不

249　……所以法國政府才專程派人趕來為我授勳：卡內基還得到了荷蘭和丹麥的嘉獎，美國 21 個州授予的一枚金質獎章，同時也得到了無數所大學和院校頒發的博士學位。他還是多個學會、學術團體和俱樂部（超過 190 個）的會員。

第二十一章　和平教堂和皮特克利夫

會拿峽谷與她或任何一個人作交換。對這一點，我們非常確信，因為換作我們肯定也不會這麼做。在我整個童年時期，以及剛剛成年的時候，一直認為沒有任何其他地方能比得上皮特克利夫。勞德姨丈預測到了我成年後的許多事情，但他沒有想到有一天我會如此富有，還幸運地成為了皮特克利夫的主人。我把皮特克利夫峽谷作為一座公園移交給了丹夫林——那是我童年的天堂！我不會為了任何一頂桂冠，而去拿峽谷去作交換。

羅斯博士悄悄告訴我，有人勸亨特上校賣掉皮特克利夫峽谷，我立即關注起此事來。羅斯博士認為，他的要價太高了，那時我根本聽不進這些。1902 年秋天，我在倫敦身體有點不舒服，腦海裡卻一直想著這件事，我打算發一封電報讓羅斯博士前來見我。一天早上，妻子走進我的房間，讓我猜猜是誰來了，我猜肯定是羅斯博士。一點沒錯，是他來了。我們一起討論關於皮特克利夫的事情。我建議，是否可以請我們在愛丁堡的朋友，也是我們的同鄉蕭先生（丹夫林的蕭勳爵）約見一下亨特上校的代理人，告訴他們如果不賣給我的話，有朝一日他們會後悔的，因為再也找不到像我這樣誠心的買主了，況且我可能會改變主意或突然去世。蕭先生告訴羅斯博士，他向對方提過這件事了，並已經和亨特上校的律師約好第二天上午見面，屆時一定幫我轉達這層意思。

不久後，我乘船回到了紐約。一天，我收到了蕭先生發來的一封電報，說對方要價 45 萬英鎊，問是否需要他幫忙聯絡。我回電說：「當然，這事只要羅斯先生同意就行。」耶誕節前夕，我接到蕭先生的答覆：「成功了，皮特克利夫的地主！」就這樣，我獲得了在我看來是這個世界上最尊貴的頭銜。國王——他只是國王，他既沒有馬爾科姆國王塔，也沒有聖瑪格麗特的聖壇，更沒有皮特克利夫峽谷，他是個一無所有的人，而我有。當他來參觀丹夫林時，我很樂意屈尊帶他欣賞那些風景名勝。

作為公園和峽谷的業主，我發現只有把錢交給一個熱衷於公益事業的機構去管理，才能為大眾謀福利。我認為羅斯博士是目前擔任皮特克利夫公園管理工作的最佳人選。在他的建議下，我邀請了一些人來到斯基伯，最後達成一致，組建一個信託基金機構。他們設想把公園改造成市鎮，但還沒有對

羅斯博士提起過其他任何問題。當他們聽說基金中有 50 萬英鎊同時用於投入丹夫林的建設,他們都感到驚訝。

皮特克利夫峽谷轉交給信託公司管理已經有 12 年了,毫無疑問,一直以來公園都很受人們歡迎。公園每天向大眾開放,舉辦了兒童年度娛樂活動和花展,人們在這裡總能找到驚喜。如今,峽谷還吸引了周邊城鎮的居民前來遊玩。信託公司透過多種方式將峽谷打理得非常成功,完全符合當初契約書上明示的管理要求:

要為丹夫林眾多勞動人民單調乏味的生活帶去更多「甜蜜和歡樂」,要帶給他們 —— 尤其是青少年 —— 一些欣喜和幸福,提高他們的生活條件,使故鄉的孩子在若干年後,無論離家多遠,回憶起童年時都會覺得當時的生活是多麼快樂幸福。如果你們能做到這些,就是成功;否則就不稱職。

因為這段文字,我與加拿大前總督格雷伯爵[250] 結下了友誼。當時,他寫信給羅斯博士:

「我必須要認識一下今天早上《泰晤士報》上那篇文章的作者。」

我們在倫敦見面了,當場就有相見恨晚的感覺。他是一位高尚的人,立即全身心地投入到這項事業中。今天,格雷伯爵也是大不列顛聯合王國一個 1,000 萬美元基金會的一位理事。[251]

因此,皮特克利夫峽谷是我至今最為滿意的一項公益捐助。這是理想的賞罰。我作為當年激進派領袖湯瑪斯‧莫里森的外孫,貝利‧莫里森的外甥,我那高尚的父親和英勇的母親的兒子,終於站起來「趕走」了地主,成為這裡的主人,並把峽谷和公園永遠地交給了丹夫林的人民。這是一個真實的傳

250　格雷伯爵(Albert Grey, 4th Earl Grey, 1851-1917),英國貴族、政治家。曾任加拿大總督。

251　……1000 萬美元基金會的一位理事:卡內基先生指的是拿出了 1,000 萬美元成立卡內基英國基金會,僅僅是指格雷伯爵的那一項。1911 年成立卡內基紐約公司,投入 1.25 億美元。該公司按照卡內基先生的意願處理剩餘財產。在給理事的一封信中,卡內基先生本人對該公司的目標是這樣定義的:「為促進美國國民文化和素養的傳播與提高,根據實際情況,捐助技術學校、高等學校、圖書館、科學研究所、英雄基金、出版社或其他機構。」卡內基總共捐助 3.5 億美元 —— 這樣一筆鉅款,讓這位大慈善家給分發了。

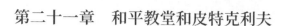

奇故事，不是空中樓閣或虛構的小說能夠相比的。似乎冥冥之中有一隻手掌握著這一切，我彷彿聽到有人在我耳邊低語：「你的一生完全沒有虛度 —— 完全沒有虛度。」這是我今生最大的驕傲！我認為這個項目與我其他所有的公益捐助都不一樣。真的是時代不同了，可以使我們一洗以前的恥辱。

自從我停止經商、開始從事慈善工作至今，已有 13 年了。如果我因為有了足夠的錢可以養老，而就此停步什麼也不做的話，那麼我永遠不可能成功。但是我有閱讀寫作的習慣和愛好，有時也喜歡作些演講，還有經商時認識的一些有教養的朋友。退出商界這些年來，我都沒有親自去工廠看過。唉，這讓我想起許多以前的朋友。以前的朋友已經所剩無幾了。只有一兩位老友還會叫我「安迪」。

然而，千萬不要認為我會忘記那些年輕的夥伴，相反，他們對我非常重要，他們支援我，幫助我努力適應新的環境。此外，最讓我欣慰的是他們成立了卡內基退伍軍人協會組織，一直到最後一名成員去世才解散。在我紐約的家中，我們每年舉行一次聚餐，這是我們最快樂的一件事 —— 這份快樂延續了一年又一年。有些退伍軍人遠道趕來出席這一聚會，大家聚在一起是我此生最大的快樂之一。我對他們有著兄弟般的感情。我相信這一點，這沒有任何錯誤，因為我的心總是向著他們。我在祝福中提及過這一事實，我在沉思中也思考過這一事實，我對自己說：「寧願這樣，把財富都分給需要幫助的人，而不願成為百萬富翁，如果不捐助 —— 是的，我的財富會是他們的 1,000 倍，沒錯。」

我們夫婦倆有幸認識許多紳士名媛，但這絲毫沒有影響我們對「兄弟們」的喜愛。妻子和我一樣都感到無比快樂。她把我們紐約的新家稱為首屆退伍軍人聚會。「最初的朋友」是她的專用語。他們推選我的妻子為第一位名譽成員，我們的女兒為第二位名譽成員，這不是空有的虛名。他們在我們心中的位置是根深蒂固的。雖然我是長者，但我們在一起仍然像「兄弟」一樣。充分的信任和共同的目標，使我們之間產生了深厚的手足之情。我們起先是朋友，後來又成為合作夥伴。45 位合作夥伴中有 43 位一直在一起。

另一件能給我們帶來精神享受的年度大事，就是在我們家舉行的文學聚

會，這是由我們的好朋友、《世紀》雜誌的編輯理查·華生·吉爾德先生組織的。他負責策劃，從本年度貴賓的著作中摘錄一些句子寫在每位賓客的卡片上，這項活動深受大家歡迎，活躍了現場的歡鬧氣氛。來賓們非常高興有機會發言。約翰·莫利是我們 1895 年的貴賓，每只盤子的卡片上都摘錄了他的文字。

有一年，吉爾德很早就來到了晚宴現場，準備為賓客們安排座位。然而座位已經安排好了，他走過來和我說，他察看了一下座位安排，發現約翰·巴勒斯[252]和恩尼斯特·湯普森·西頓[253]的座位緊挨著，當時他倆正為鳥獸的習性問題爭論得不可開交，兩人的觀點完全不同，處於劍拔弩張的狀態。吉爾德說，不要把他倆的座位安排在一起。他把這兩個人的座位分開了。我當時沒說什麼，但悄悄地、趁人不注意時溜進餐廳，把座位卡又換了回來。當吉爾德看到這兩個人緊挨著坐在一起時，非常驚訝，結果當然如我所料，他們和解了，並且在聚會結束時已經成為了好朋友。古語云：「如果你想要做一名調解者，就必須把雙方同時安排在一個文明的場合下。」

巴勒斯和西頓都非常感謝我為他們設的這個「圈套」。事實上，我們討厭對方是因為我們不了解他們。經常邀請你的對手共進晚餐，甚至懇請他不要拒絕，這無疑是很好的和解方式。雙方由於缺少見面與溝通，又過多地聽了其他人的一些不同意見，這就會使大多數爭端變得更加激烈。一切都能解釋清楚的，但他們完全沒有理解對方的觀點。聰明的人會主動握手言和，與對方成為朋友。固執的人會拒絕這麼做，這當然是他的不幸。失去一位朋友是任何東西都不可能彌補的。就算那位朋友對你已經不再像以前那樣親密了，可他仍然是你曾經的一位密友，隨著時光流逝，朋友們很快也會離你而去。

252　約翰·巴勒斯（John Burroughs, 1837-1921），美國博物學家、散文家，美國環保運動中的重要人物。國會圖書館美國記憶項目中的傳記作家，將約翰·巴勒斯視作繼梭羅（Thoreau）之後，美國文學的自然散文領域中，最重要的實踐者。

253　恩尼斯特·湯普森·西頓（Ernest Thompson Seton, 1860-1946），蘇格蘭裔加拿大人（和歸化美國公民），作家，野生動物藝術家，叢林印第安人創始人和美國童軍的創始先鋒之一。西頓對世界童軍運動創始人羅伯特·貝登堡（Robert Baden-Powell）也產生了十分重要的影響。他的童軍相關名著包含了《叢林印第安人的白樺樹皮卷》和《童軍手冊》。在他的努力之下，美國原住民文化對美國童軍運動和近代美國社會的發展都產生了的深遠的影響。

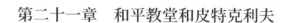

第二十一章　和平教堂和皮特克利夫

　　一個人如果希望人人都幸福長壽，並盡自己的力量幫助他人排除萬難獲得成功，那麼他會覺得自己是一個快樂的人。因為自己的一位朋友名譽受損了，就不願意再和他交往了，這些當然是令人遺憾的，非常遺憾，遺憾的是你失去了一位朋友，因為真正的友誼需要用心培養，才會漸漸發現對方的優點。當友情開始凋落枯萎，相互之間就會變得客套生分起來。從前的親密無間一去不返，但是彼此都希望對方幸福。

　　我的朋友中沒有一個人贊成我退出商界，只有馬克·吐溫[254]給了我鼓勵。有一次，當各大報紙談論我的財富時，他給我發來下面這封短信：

　　親愛的朋友：

　　　　這些日子，你似乎很受歡迎。你能借 1.5 美元給一位你的崇拜者買一本讚美詩集嗎？如果你同意的話，我想上帝會保佑你的。我知道會的。這也是我希望的。這筆錢不會被挪做其他用途。

　　　　　　　　　　　　　　　　　　　　　　　　　　你的馬克

　　P. S. 不要直接寄讚美詩集給我，只要寄錢。我會自己去挑選。

　　當他在紐約臥病在床時，我常常去看望他。我們在一起非常愉快，他即使生病躺在床上，也像往常一樣機智。有一次我去蘇格蘭之前，專程和他道別。我起程後不久，「大學教授養老基金會」在紐約宣布成立。我一到蘇格蘭，馬克為此給我來了一封信，上面寫著「致聖徒安德魯」，下面我引用一段：

　　　　你可以取走我的光環。如果你能告訴我，當你在我床邊的時候，你做了什麼，那麼你就可以得到它。這是由純錫製成的，一旦它掉下來你要負責。

　　克雷門斯先生（馬克·吐溫）的那些好友都說，他是一個有魅力的人。約瑟夫·傑弗森[255]是唯一能向他的孿生兄弟做出謙讓的人，他倆魅力相當。另

254　馬克·吐溫（Mark Twain, 1835-1910），原名薩繆爾·朗赫恩·克雷門斯（Samuel Langhorne Clemens），美國的幽默大師、小說家、作家，亦是著名演說家。其幽默、機智與名氣，極其知名。

255　約瑟夫·傑弗森（Joseph Jefferson, 1829-1905），美國默片時代著名演員、喜劇大師。因飾演華盛

外，「雷木斯叔叔」（喬爾・錢德勒・哈里斯[256]）、喬治・W・凱布爾[257]、喬許・畢林斯[258] 也都很有魅力。這樣的人不管怎樣，都會給周圍朋友的生活帶來快樂。他們走到哪，哪就有歡樂。《李伯大夢》一書中寫道：「所有的快樂極為相似。」他們每個人都很大方熱情。

大眾只知道克雷門斯先生幽默的一面，很少有人知道他對社會政治問題有著堅定的立場，是一位非同尋常的道德勇士。例如，對於阿奎納多[259] 受騙被俘一事，他用筆進行了批判，他的文章是最為尖銳深刻的。尤尼烏斯（1769 年至 1772 年間，在倫敦一家報紙上發表一系列抨擊英內閣信件的一位匿名作者的筆名）和他相比，就遜色多了。

馬克・吐溫 70 歲壽辰的慶祝大會與眾不同。參加會議的大多是文學界的人士，但馬克不忘邀請大富豪 H・H・羅傑斯[260] 先生與他坐在一起。羅傑斯先生是一位能為朋友兩肋插刀的人，就像馬克一樣。毫無例外，文學界人士的發言重點多停留在文學領域。當輪到我發言的時候，我提請大家關注這一點，那就是我們這位朋友的英雄之舉，就像他的作品一樣，將會萬古流傳。我們的這位朋友和史考特爵士一樣，由於合夥人的過錯而破產了，變得一蹶不振。在他的面前有兩條路，一條路平坦、輕鬆，是條捷徑——也是合法的，只要交出所有的財產，宣布破產，這樣他就沒有債務了，然後就可以重新開始。另一條路漫長、艱難，而且枯燥，需要付出一生的努力，樣樣都要做出犧牲。對於這兩條道路，他的抉擇是：

「問題不是我要對債主負什麼樣的責任，而是我要對自己負什麼樣的責任。」

大多數人的一生中會遇到許多次考驗，只有在危難時刻，才能判斷他們

頓・歐文（Washington Irving）小說中的瑞普・凡・溫克爾（Rip van Winkle）而聞名於世。

256　喬爾・錢德勒・哈里斯（Joel Chandler Harris, 1848-1908），美國記者，小說家。

257　喬治・W・凱布爾（George Washington Cable, 1844-1925），美國小說家。

258　喬許・畢林斯（Josh Billings, 1818-1885），原名亨利・惠勒・蕭（Henry Wheeler Shaw），美國幽默大師、作家。

259　阿奎納多（Emilio Aguinaldo y Famy, 1869-1964），菲律賓軍事家、政治家、獨立運動領導人。

260　H・H・羅傑斯（Henry Huttleston Rogers, 1840-1909），美國資本家、商人、實業家、金融家和慈善家。

第二十一章　和平教堂和皮特克利夫

是渣滓還是金子，才能證明他們到底屬於哪一種人。我們的朋友置身於燃燒的熔爐，顯露出英雄本色。他把全球巡迴演講得來的全部收入都用來償還債務。「一個幽默的傢伙，馬克·吐溫。」這是大眾對他的普遍評價，但同時克雷門斯先生還是一位英雄般的人物，他和華特爵士一樣都是最優秀的人。

他有一位好妻子，始終支持著他，並像守護天使一樣陪伴他周遊世界，使他能像華特爵士那樣戰勝一切。這是他一直和好友說起的。克雷門斯夫人去世後，我最早去看他時，他對我說的那三個字，使我感到從未感覺到的辛酸悲痛。我發現他孤身獨處。他握著我的手一動不動，兩人都沒說話，突然我的手被握緊了，他傷心地說：「家毀了，家毀了。」然後依舊是沉默。許多年後，當我寫到這裡，彷彿仍然能聽到那幾個字，我的心不由傷感起來。

與祖輩比起來，今天的我們是多麼幸運啊。如果生活是公正的，我們無所畏懼。

　　「請做一個真誠的人吧，

　　　每時每刻都要真誠，

　　　不能失信於任何人。」

世間有太多的不公平，永遠處於無止境的懲罰中，終有一天會扭轉乾坤，撒旦將從此退縮。

第二十二章
馬修‧阿諾德和其他人

第二十二章　馬修·阿諾德和其他人

約翰·莫利和我一致認為，我們認識的人當中最有趣的一位當屬馬修·阿諾德。他確實是「一個有魔力的人」—— 只有這個詞才能準確地描述他的言談舉止，甚至連他沉思時的神情都相當有魅力。

想來大概在 1880 年，他和我們一起乘坐馬車穿越英格蘭的南部 —— 同行的還有威廉·布萊克[261]和愛德溫·A·阿比[262]。快到一個小村莊的時候，他問馬車能否在那裡停下等幾分鐘。他向我們解釋說，這裡是他的教父基布爾主教[263]的安息之處，他想去墓地祭拜一下。他接著說：

「啊，親愛的基布爾！我在神學方面的觀點有愧於他，我自己也感到難過，儘管他非常傷心，但作為我的朋友，他專程為我趕到牛津大學，推薦我為英文詩歌教授。」

我們一起去了寂靜的墓地。馬修·阿諾德在基布林墓地前沉思的樣子，給我留下了永久的印象。後來，談到他的神學觀點，他說為此傷了很多好朋友的心。

「格萊斯頓先生曾經非常失望，或者說是有點生氣了，他說我應該成為一名主教。無疑，我的著作妨礙了我的晉升，同樣也使朋友們很傷心，但我對此無能為力。我必須要表達自己的觀點。」

我清楚地記得，他非常緩慢地說這最後幾句話，語氣很悲傷。那些話像是從心底裡掏出來的。他公開了自己的觀點，隨著時代的進步，這些觀點也慢慢被大家接受了。今天，他的教義幾乎無可指責。如果要找一個虔誠的教徒，那就是馬修·阿諾德。任何時候都不會從他嘴裡漏出來一個不恭敬的詞。在這方面，他和格萊斯頓先生不相上下，只是他用簡短的一句話抹殺了神祕的力量。那句話就是：「對抗奇蹟的事該結束了，它們是不會發生的。」

1883 年，他和他的女兒（現在是惠特里奇太太）來我們紐約的家裡做客 —— 我們住在亞利加尼山上的家裡時，我也常常能見到他。母親和我曾駕車送他去紐約的大禮堂舉辦他的首次公開演講。演講不太成功，主要是由於

261　威廉·布萊克（William Black, 1841-1898），蘇格蘭小說家。

262　愛德溫·A·阿比（Edwin Austin Abbey, 1852-1911），美國壁畫家、插畫家、畫家。

263　基布爾主教（John Keble, 1792-1866），英國神職人員，牛津運動核心物之一，牛津大學基布爾學院以為紀念他的貢獻，以其名創建。

他在大眾場合不善言辭。當時他什麼也沒聽進去。我們回到家裡，他的第一句話是：

「好吧，你們有什麼想說的？請告訴我！我能當一名演說家嗎？」

我很想看到他的成功，因此毫不猶疑地告訴他，在公開演講之前要作好充分的準備才行。他必須找一位有經驗的演說家給他上上課，點撥一下。我極力鼓勵他，他終於同意這樣去做了。等我們都講完之後，他轉過來問我的母親：「現在，親愛的卡內基夫人，他們都給了我一些意見，但我想知道您對我在美國的第一次演講有什麼要說的。」

「太拘謹了，阿諾德先生，太拘謹了。」母親緩慢而柔和地回答。後來，阿諾德先生偶爾提起這句話，他說他那時的感覺就像是挨了當頭一棒。當他結束西部之旅，回到紐約時，已經有了很大的提升，他的聲音完全像是從布魯克林音樂學院出來的。他在波士頓聽了一位演講藝術教授的幾堂課，得到了指點，從那以後，他的演講道路就一帆風順了。

他說他想去聽著名的布道者比徹[264]先生的演講，於是在一個週日的早晨，我們起程前往布魯克林。比徹先生已經估計好我們到達的時間，這樣待會他就可以專門留出時間和阿諾德先生會面。當我把阿諾德先生介紹給他時，受到了他熱情的歡迎。比徹先生說，他很高興見到這位久聞大名、心靈相通的朋友，他緊緊地握著阿諾德先生的手，說道：

「阿諾德先生，您的所有作品我都不止一次地認真拜讀過，並且獲益良多，一直以來都是如此！」

「啊，那麼，我擔心，比徹先生，」阿諾德回答，「你可能會發現有些提到您的地方，本來最好是刪掉。」

「噢，不，不，那些地方很好。」比徹先生微笑著說，接著他們倆都笑了起來。

比徹先生有點不知所措。向他介紹了馬修·阿諾德後，我又榮幸地向他介紹英格索爾上校的女兒，我說：「比徹先生，這位英格索爾小姐是第一次到

264　比徹（Henry Ward Beecher, 1813-1887），美國牧師、社會活動家、演講家。

第二十二章　馬修・阿諾德和其他人

一座基督教教堂。」

他伸出雙手緊緊地握住英格索爾小姐的手，直視著她，慢悠悠地說：

「噢，妳是我所見過的最美麗的異教徒。」那些見過年輕時的英格索爾小姐的人和比徹先生的感受完全一致。他接著說：「英格索爾小姐，妳的父親好嗎？我希望他一切都好。他和我常常一起站在講臺上，不幸的是，我們每次都不在同一邊！」

比徹先生的確是一位寬厚大方的人，他海納百川，博採眾長。史賓賽的哲學、阿諾德細膩深刻的主觀意見、英格索爾堅定的政治觀點，對共和政體是有利的。比徹先生非常欣賞和尊敬這些志同道合的朋友。

1887 年，阿諾德來蘇格蘭看望我們，有一天我們談到運動，他說他不會打獵，他不忍心射殺在碧藍天空中振翅高飛的任何禽鳥。然而他補充說，他保留了釣魚這一愛好 ——「這令人多麼快樂啊。」他高興地告訴我們，有一位公爵給他提供每年兩到三次的日釣機會。我忘了是哪一位公爵，但據說一提起他就有點令人討厭。我們問他，怎麼會和這樣的人有密切來往的。

「唉！」他說，「和我們相比，公爵總歸是名人，永遠是一位名人，思想和行為都更獨立自由。而我們都是自命不凡的人，數百年來使我們變成了這樣，個個自命不凡。我們無法改變這些。這是血統問題。」

他是微笑著說這些的，而我認為他內心深處有所保留。他本身不是一個自命不凡的人，而是一個天性率真的人。

不過，他對有錢有勢的人比較感興趣。我記得在紐約時，他特別想認識范德比爾特（Vanderbilt）先生。我敢說，他不會發現此人與其他人有什麼不同。

「但有時候需要認識一下這個世界上最富有的人，」他回答道，「毫無疑問，那些自己致富的人會讓其他那些繼承家產的人相形見絀。」

有一天，我問他為什麼從來沒寫過評論莎士比亞的文章，以他自己的立場評價一下這位最偉大的詩人。他說已經有這樣的想法，但他現在寫的連他自己都不滿意，更不用說評論莎士比亞了。他認為現在還寫不好。莎士比亞是最傑出的作家，不能妄加評論，他想要再多作一些研究，發揮他的才智仔

細斟酌一番，所以他一直不敢接觸這個話題。如今，他終於寫出了一篇曠世奇文，我對此期待已久。我從他的十四行詩裡摘錄幾行：

莎士比亞

別人要受我們質問，你卻無拘無束。

我們問了又問 —— 你卻笑而不語，

位居知識之巔。

高聳入雲的山峰只向群星展示自己的雄偉與壯麗，

將堅定的腳步扎根於海底，

將天堂中的天堂作為棲息之所，只在山腳留出雲霧繚繞的邊緣，

讓凡庸之輩前去徒勞地探索。

而你，卻能了解群星和陽光光束，

你自修，自省，自重，自我保護，

在世間無人能識 —— 豈不更有好處！

不朽的心靈必須忍受的所有痛苦，

難以排遣的弱點和令人難堪的悽楚，

在氣宇軒昂的眉間找到了唯一的表述。

我認識蕭先生（喬許·畢林斯），希望快樂陽光的傳道者阿諾德先生去見一下這位外粗內秀的人 —— 人不可貌相。正巧，一天上午，喬許來溫莎旅館（我們當時住在那裡）看我，提到了我們的客人阿諾德先生，他說自己是阿諾德先生的仰慕者。我回答：

「今晚，你將和他一起共進晚餐。女士們都要出去，就只剩我和阿諾德，你來，我們正好三個人。」

他沒有答應，有點害羞，但我一再堅持，不給他任何藉口，他只好聽從我的安排，同意了。晚餐時，我坐在他們兩人中間。阿諾德先生對蕭先生的語言表達方式很感興趣，喜歡聽他講他的西部趣聞，我從來沒見阿諾德這麼開心地笑過。蕭先生講述了自己一次又一次的演講經歷，15 年來，他每到美

第二十二章　馬修·阿諾德和其他人

國的一個地方，都要為成千上萬的觀眾作演講。

阿諾德先生迫切地想要知道這位演說家是如何吸引聽眾的。

「好的，」蕭先生說，「你絕對不能讓觀眾們笑得太久，否則他們會認為你在笑話他們。讓觀眾們開心過後，你必須一本正經，擺出一副嚴肅的樣子。例如我有一次問觀眾：『人的生命中有兩樣東西是無法預料的。誰能告訴我是什麼？』有人大聲說『死亡』。

『很好，誰能給我另一個答案？』有許多回答 —— 財富、幸福、健康、婚姻、稅收。最後，我嚴肅地說：『你們都沒有說到點子上。世界上有兩樣東西是無人能預料的，那就是雙胞胎。』觀眾們哄堂大笑。」其實阿諾德先生也能做到這一點。

「你能經常發現一些新的題材嗎？」阿諾德問。

「是的，一直都是這樣。除非你能發現新的題材，否則你不可能長年講下去，有時也會講錯話。我有過一次棘手的經歷，我原本以為那個笑話肯定能引起滿屋子聽眾的興趣，但卻失敗了，因為我少了一個關鍵的詞語，就一個詞。有一次在密西根州，晚上我坐在篝火前，那個詞突然蹦進我的腦海。我試著在孩子們面前講了一遍，終於比以前的效果好多了。我是這樣開始的：『這是一個充滿質疑的時代，人們只有完全理解了才會相信。如今，有約拿（Jonah）和批評家。他們想要知道一切，我認為約拿和批評家都不完全了解這個時代。他們問約拿在競爭社會做些什麼 —— 這是一個充滿競爭的社會。』」

有一天，蕭先生走在百老匯大街上，有一個真正的西部人走過來和他搭話：

「我想你是喬許·畢林斯吧。」

「是的，人們有時是這麼叫我。」

「我的錢包裡有 5,000 美元是給你的。」

「這裡有家戴爾莫尼克餐廳，進去和我聊聊這到底是怎麼回事。」

兩人坐下以後，這位外地人說，他是加利福尼亞一座金礦的一名礦主，他們因所有權的問題產生了分歧，合夥人們吵得頭破血流。這位外地人告訴蕭先生，他離開時威脅說，他將不畏艱險進行法律訴訟。「第二天上午，我

去找他們，和他們說，今早我翻閱了喬許·畢林斯的年鑑，今天的訓言是：『如果你不鑽牛角尖，你得到的會比你原本想要的更好。』我們都笑了起來，覺得這句話非常有道理。我們得到了你的忠告後，都平息下來，又成了好朋友。有人提議要拿出 5,000 美元給喬許，因此當我要來東部時，他們就讓我把這筆錢帶來了，我答應一定親手交給你。情況就是這樣。」

晚餐結束時，阿諾德先生說：

「蕭先生，如果你來英國演講，我將非常歡迎，並把你介紹給你的第一批聽眾。雖然，由一個愚蠢的地主來介紹會比我更好，但我非常希望能得到這個機會。」

誰能想到快樂與陽光的傳道者馬修·阿諾德會向倫敦的觀眾引薦著名笑星喬許·畢林斯？

許多年後，他還經常問起「我們那位勇猛的朋友蕭先生」。

那次難忘的晚餐之後的一天早上，我在溫莎旅館遇見喬許，我和他在圓形大廳裡坐下，他掏出一本小筆記本，說：

「阿諾德在哪裡？我想要知道他會說些什麼。《世紀》每週付給我 100 美元的稿酬，我答應發給他們一些我的隨筆。我試著去做些事情。這是澤基爾伯父給我定的每週評論的宗旨：『毫無疑問，評論家比作家更偉大。他們能夠指出別人犯的錯誤，這種獨到的評論比行動更為有力。』」

我告訴阿諾德先生一個多少與芝加哥有點關係的故事。一位波士頓上流社會的女士去芝加哥看望快要結婚的同學，她迷上了這座城市。有一天晚上，一位當地的名人問她，芝加哥最令她著迷的是什麼，她優雅地回答：

「最讓我驚嘆的不是熱鬧繁華的商業，也不是你們日新月異的發展，更不是你們富麗堂皇的住宅，而是我發現這裡的文明程度比較高。」那人立即答道：「哦，妳說的沒錯，我們太熱愛這裡了。」

阿諾德先生不喜歡芝加哥，那裡給他的印象像是庸俗之地。然而，他也驚喜地見到了高度的「文明與優雅」。他出發之前，好奇地想知道那裡最有趣的事是什麼。我笑著說，或許他首先應該去最奇妙的地方看一下，那就是傳說中的屠宰場，那裡有非常先進的新型設備，一頭豬從一端進去，牠的尖

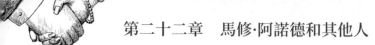

叫聲還在耳畔迴響，從另一端就出來了已經製好的火腿。他思考了一會，然後問：

「但為什麼要去屠宰場，為什麼要去聽豬叫呢？」我無法給出理由，這件事也就作罷。

阿諾德中意的《舊約全書》無疑是《以賽亞書》，至少他經常引用的詩句都來自那位「偉大的詩人」—— 他是這麼稱呼他的。我在環球旅行中發現其他宗教書籍都圍繞其中的故事進行了精心整理，取其精華，去其糟粕。我記得阿諾德先生說，《聖經》應該也要這麼處理。孔子和其他聖人的那些享譽世界的經典作品，也是經過精選才結集出版的。信徒們沒有把愚昧時期的內容加進去。

我認真地想了想這件事，認為基督教應該向東方學習，把小麥從稻穀裡挑出來，因為有時會有一些有害的東西，甚至是垃圾混雜其中。柏恩斯在〈農場雇工的週末之夜〉一詩中，描繪了一位聰明人取下一本《聖經》，在晚上學習。

「他慎重地選了一部分。」

我們應有所選擇，並只用精選出來的那部分。在這一點上，我尤其要感謝博學的阿諾德，作為他的朋友是多麼幸運啊！他是一位真正超越這個時代的老師，是一位「未知」領域裡最富有詩意的老師。

我帶阿諾德從我們位於亞利加尼山的克雷森度假別墅回來，看看煙霧彌漫的匹茲堡。從愛德嘉·湯姆森鋼鐵廠到火車站的途中，要經過橋上的兩段臺階才能通往對面的鐵路，第二段臺階相當陡峭。當我們攀登到大約四分之三處時，他突然停下來大口喘氣。他靠在欄杆上，用手捂著心臟，對我說：

「啊，這樣我活不了多久，就像我的父親那樣。」

當時，我不知道他的心臟有問題，但我對這次意外印象深刻。不久後，傳來了他突然去世的噩耗。回想起阿諾德對自己命運的預言，我感到萬分悲痛。他的逝世是我們極大的損失。我知道，沒有一個人能像他那樣，把塔姆·薩姆森（Tam Samson）恰當地用到柏恩斯的墓誌銘上：

「塔姆‧薩姆森穿著新衣躺在此處：
你貌似虔誠的信徒，請將他饒恕！
假如天堂裡的確存有真誠，
你將改過自新，獲得新生。」

　　我剛好想起了一個可愛的人，波士頓的奧利弗‧溫德爾‧霍姆斯[265]醫生，他是我們大家的醫生，他活到八十多歲時，依然像個男孩。馬修‧阿諾德去世後，幾位朋友想採用一種適當的方式來紀念他。沒有進行任何公開倡議，朋友們悄悄地出了一筆錢。沒有任何人可以捐助這筆基金，除了特許的人以外。捐的錢越來越多。我非常榮幸負責此事。當然，我從來沒有想到向親愛的霍姆斯醫生提起這件事 —— 並非他不是我們的人選，而是我們沒有請任何作家和專業人士參與捐款，只有極少數例外。然而一天上午，我收到了他的一封短信，他說他聽說正在進行這樣一項活動，而且知道我在負責此事，如果他的名字能出現在這份光榮的名單上，他將會感到非常高興。他既然得知了此事，如果不寫信給我，他會坐立不安，希望能聽到我的答覆。不用說，他當然被准許了。

　　這是任何人都希望的紀念方式。我敢說，每個做出貢獻的人都會感激命運給了他這樣的一個機會。

265　奧利弗‧溫德爾‧霍姆斯（Oliver Wendell Holmes, Sr., 1809-1894），美國醫生，著名作家，被譽為美國 19 世紀最佳詩人之一。

第二十二章　馬修·阿諾德和其他人

第二十三章
英國的政治領袖

第二十三章　英國的政治領袖

在倫敦時，當時格萊斯頓的內閣、前途遠大的政治家羅斯伯里勳爵盛情邀請我和他共進晚餐，同時會見了格萊斯頓先生。我很感激羅斯伯里勳爵，因為他讓我見到了世界第一公民。我想這大概是在 1885 年，因為我的著作《勝利的民主》是在 1886 年出版的，我記得給了格萊斯頓先生一本，我當時還為此準備了一些令人震驚的圖示。

在一次社交事件中，我的做法有欠考慮。那是後來格萊斯頓先生首次邀請我與他共進晚餐，我當時已經與別人有約在先了。儘管我非常想以英國權貴人物的邀請為藉口，把那當作是一道命令，但我還是遵守了先前的那個約定，錯過了我最想見的人。幸運的是，我後來又有機會在哈沃爾登 [266] 拜訪了他。

羅斯伯里勳爵曾經為我捐助的首座位於丹夫林的圖書館揭幕，最近（1905 年），他又為我新近捐助的一座遠在斯托諾威 [267] 的圖書館揭幕。他最近來紐約時，我驅車載著他沿著濱江大道一路觀光，他說世界上沒有一座城市令他如此著迷。他是一個非常聰明的人，但他的毅力卻「蒙上了一層慘白的病容」。

假如羅斯伯里勳爵出生在一個工人家庭，年輕時就進入英國國會下議院，而不是不經努力就進入上議院，他可以在艱難的生活中鍛鍊得更加堅強，因為他非常敏感，缺乏作為一個政治家必備的堅韌毅力。他是一位有魅力的演說家 —— 風格明快，氣度優雅。（自他的演講稿問世以來，或許他是我們這群人中最優秀的。他的演講水準達到了一個很高的領域，所有人都敬佩他！）

一天上午，他約見我。相互打過招呼之後，他從桌上拿起一個信封遞給我，說：

「我希望你能解僱你的祕書。」

「這真是一個讓我為難的命令，尊敬的閣下。他是不可多得的人才，而且

266　哈沃爾登（Hawarden），威爾斯的一個小鎮。

267　斯托諾威（Stornoway），英國蘇格蘭外赫布里底群島（西部群島）的一個城鎮，位於該群島最大島嶼路易斯島上。

是一個蘇格蘭人。」我回答說，「他做錯了什麼事嗎？」

「這不是你的筆跡，而是他的。你對一個人兩次都拼錯了羅斯伯里這個名字是怎麼看待的呢？」

我說，如果我對那一點也在意的話，那麼生活對我來說將是無法忍受的。「我每天在家裡都要收到許多來信，我確信其中有20%到30%的信會把我的名字拼錯，拼成『卡納基』或『卡內其』的都有。」

但他是非常認真的，就像這樣的小事都會給他帶來很大的煩惱。有大作為的人應該學會對這些小事一笑了之，並從中得到快樂，要不然他們自己可能變得「心胸狹小」。他具有個人魅力，但又靦腆、敏感、任性、保守，或許在下議院鍛鍊幾年就會有所改進。

當他作為一名自由派的成員時，令英國國會上議院非常驚訝，引起了一些事端，我大膽向他闡述了我的一些民主觀點。

「勇敢地支持國會，拋開你的世襲地位，聲明你鄙視那些不是每個公民都擁有的特權，這樣才能使你真正成為人民的領袖。身為貴族，你永遠不可能做到這些。你年輕、聰明，有魅力，還有高超的演講天賦，只要你敢嘗試，成為英國首相沒有問題。」

令我驚訝的是，雖然他明顯對此有興趣，但仍然非常平靜地說：

「但是，下議院不會認可我的。」

「那正是我希望的。假如我是你，遭到了拒絕，就重新站起來競選下一個席位，勇敢地面對問題。一個堅持要求放棄世襲特權的人將是一個高尚的公民，他有資格競選任何席位。成功是毫無疑問的。就像克倫威爾一樣，民主國家尊崇打破慣例的人或是開創先河的人。」

我們放下了這個話題。後來，與莫利談起此事時，他的評論令我印象深刻：

「我的朋友，克倫威爾不住在柏克萊廣場38號。」他一字一句、嚴肅地說，但語氣確鑿。

羅斯伯里是個好人，只是他不幸出生在貴族家庭。與之相反，莫利來自普通家庭，他的父親是一名外科醫生，雖然生活困難，但還是堅持讓兒子讀

了大學，莫利一直是個「老實人」，沒有受到一丁點所謂的貴族地位和榮譽勳章的影響。與他境況相同的還有下議院議員鮑伯‧雷德（Bob Reid）（後來成為勞爾伯恩伯爵和上議院大法官）、霍爾丹爵士[268]（接替鮑伯的大法官）、阿斯奎斯（Asquith）首相、洛伊德‧喬治（Lloyd George）等人。即使在今天，我們國家的統治者也不是處處為人民考慮的民主主義者。

格萊斯頓先生過世後，誰來接替這個世界第一公民的職位成了一個問題。誰來接替他呢？年輕的內閣成員們一致委託莫利先生來定奪。是哈考特還是坎貝爾‧班納曼？前者只有一個缺點，但那是致命的——無法很好地控制自己的情緒。這一點會引起他情緒失控，對一個領導人來說是極為不當的，作為領導人必須要沉著、鎮定、果斷。

我非常喜愛哈考特，他是一個忠於國家的人，他還娶了莫特利的女兒為妻。對於我們的人口普查和資料報告，他很感興趣。當然，我也很高興看到我的家鄉丹夫林的代表坎貝爾‧班納曼當選，他在答謝當地民眾時是這樣說的：「我能夠當選，要感謝我的主席貝利‧莫里森。」

丹夫林激進派領袖貝利是我的舅舅。卡內基家族和莫里森家族一直以來都是激進派，是偉大的共和政體的堅定支持者，就像是讚美華盛頓和他的同僚「知道並且勇於正式宣布公民的特許權」。在法制穩定發展的時期，說英語的民族不久就會建立一套永恆的公民黃金法則：

> 「地位不過是金幣上的印章。
> 人才是真正意義的黃金。」

這一理念早已在英國所有的殖民地盛行。親愛的祖國就像一隻母鴨，將孩子們庇護在自己的羽翼下，牠們將很快學會游泳。

1905 年秋天，我們的朋友約翰‧羅斯博士被丹夫林授予榮譽市民稱號，我們夫婦倆參加了這一典禮。羅斯博士是卡內基丹夫林基金會的主席，是這個市鎮上最熱心的慈善工作者。馬克貝斯市長在他的發言中向觀眾提到，得到這項榮譽很不容易，獲得這項榮譽的目前在世的只有 3 人——一位是國會

268　霍爾丹爵士（Richard Haldane, 1st Viscount Haldane, 1856-1928），蘇格蘭政治家、律師、哲學家。

議員亨利‧坎貝爾‧班納曼（當今首相），一位是印度前總督艾爾金伯爵（當今的殖民地大臣），還有一位就是我。這似乎對我來說是一項很大的榮譽，因為我完全沒有考慮過要成為政府官員。

艾爾金伯爵是布魯斯王族的後裔。他們家的墓地在丹夫林的大教堂，他偉大的祖先就躺在教堂的大鐘下面。艾爾金伯爵也很容易犯同樣的錯誤。蘇格蘭大學進行改革時，艾爾金伯爵是委員會的二把手。當保守派政府成立波耳戰役委員會時，艾爾金被任命為主席。

當國會上議院的決定給蘇格蘭聯合自由教會帶來極大的騷亂時，艾爾金伯爵臨危受命，成為危機事件協調委員會主席。國會把他的報告放在議案中，他又成為實施議案的領頭人。當推選蘇格蘭大學基金會的董事機構成員時，我告訴貝爾福首相，我認為艾爾金伯爵作為丹夫林的權貴人物，可以勝任主席一職。貝爾福首相回答說，在英國我不可能找到比他更合適的人選了。事實證明的確如此。後來有一天，約翰‧莫利以丹夫林基金會成員的身分跟我說起艾爾金主席：

「我過去認為，艾爾金是我所遇過最麻煩的大眾人物，他高高在上，但我現在知道了，他是一個能幹的人，以行動說話，而不是掛在嘴上。」

今天，這位布魯斯王族的後裔是謙虛和智慧的化身。

自從獲得榮譽市民的稱號後，這樣的榮譽似乎接連不斷而來。1906 年在倫敦總部，我連續 6 天接受了 6 個城市授予的榮譽市民稱號[269]，接下來的一週，我又獲得兩個榮譽市民稱號，我只得坐早班火車出發去參加典禮，晚上趕回來。也許，人們會認為經常參加那樣的典禮很乏味，但我認為不是這樣的，每一場典禮各不相同。我能認識不同城市的市長和市政要員，每個地方都有各自獨特的情況和問題，有功績也有不足。通常，一個地區的發展是人們最關心的問題。每個地方都自成一個小世界，當地城市議會就是一個小型內閣，市長相當於首相。人們只關心本國政治，對國際關係沒什麼興趣。相鄰城市之間存在著供水、供氣、供電等問題，是互為共用還是分開獨立，要

269　……榮譽市民稱號：卡內基在英國、愛爾蘭獲得的榮譽市民稱號多達 54 個，創下記錄，其次是格萊斯頓，17 個。

討論後才能決定。

　　在市政部門上，新舊世界之間存在著很大差異。在過去，許多家庭幾代人都居住在出生的地方，人們熱愛自己的家鄉及其周圍的一切事物。一位父親當上了市長，必將激勵他的兒子繼承父業。他們創造了非常寶貴的財富，是城市的驕傲，他們自始至終對故土懷有深深的依戀。競選參議員是為了在任期內能造福城鄉，對絕大多數公民來說，這是一個值得稱讚的理想目標。其實，很少有人會想到 —— 國會議員一職幾乎是為有錢人而保留的，因為他們在倫敦居住期間沒有任何補貼。然而後來，這一情況很快有了改變，英國遵照常規，支付給立法者服務報酬。（這一規定自 1908 年開始實施。現在支付的報酬是 400 英鎊。）

　　在這以後，英國很可能會向世界上的其他國家學習，把國會會議改在白天，讓議員們精神飽滿、思維敏捷地開展工作，而不是在忙了一整天後，接著又在晚餐後筋疲力盡地去考慮國家大事。有人問撲克牌遊戲權威卡文迪許[270]，一個人是否可能在第二輪出第三張牌時給出一張老 K[271]。他沉思片刻回答說：「有這種可能，也許是在晚餐後他才會這麼出牌的。」

　　最優秀的人聚集在英國市鎮地方議會，他們清正廉潔，熱心公益，為自己的家鄉感到自豪，並全身心地致力於家鄉的建設發展。美國在這方面也有進步，但現在還遠遠落後於英國。不過，隨著美國的移民越來越多，人們傾向於在這塊土地上安居樂業。

　　在伊斯特本[272]、金斯林[273]、索爾茲伯里[274]、伊爾克斯頓[275]，以及許多其他

270　卡文迪許（Cavendish, 1831-1899），英國作家亨利‧瓊斯（Henry Jones）的綽號，因其撲克牌的技藝而聞名遐邇。

271　……一個人是否可能在第二輪出第三張牌時給出一張老 K：紙牌遊戲中的一張臭牌。

272　伊斯特本（Eastbourne），英國英格蘭東南區域東薩塞克斯郡最大的鎮、自治市鎮。當地自從石器時代已經人類活動，但直到 19 世紀仍然是個由四個小村落合併成的小市鎮。藉著鐵路的發展，伊斯特本成了一個原始維多利亞式的度假區。

273　金斯林（King's Lynn），英國諾福克郡的一個海港和集鎮，處在倫敦北部 97 英里（156 公里）。金斯林有許多戲院、博物館和休閒文化場所，有三家中學和一家學院。

274　索爾茲伯里（Salisbury），英格蘭威爾特郡唯一的市，位於威爾特郡東南部，索爾茲伯里平原邊緣。市內的索爾茲伯里大教堂是英國最高的主教座堂。聯合國教科文組織評定的世界文化遺產史前巨石陣位於此地。

275　伊爾克斯頓（Ilkeston），英格蘭德比郡的一個城鎮。

古老的城鎮，我發現市長來自於社會各個階層，他們通常在工作上都是親力親為。地方議會的大多數成員同樣如此。他們所有人都在無私奉獻。我很高興能認識蘇格蘭和英格蘭這麼多城市的市長和地方議會官員，當然能成為愛爾蘭的榮譽市民也是我的榮幸。在科克[276]、沃特福[277]、利麥立克[278]受到的接待令我難忘。我驚訝地看到在歡迎的橫幅上寫著一句蓋爾語，意思是「永遠歡迎你」，斯基伯人也曾經對我說過這句話。

沒有什麼比作為榮譽市民，更能讓我深刻地了解到英國當地的大眾生活和人們的愛國熱情，要不然，榮譽市民這個頭銜可能會令我厭倦。在家鄉，與市鎮官員的相處使我產生很多感觸，窗外經常能看到扛著標語遊行的人群，出現這樣尷尬的場面，當今政府要承擔部分責任。甚至行政首長的演說通常會提到我評述的一些新觀點。當地一切令人自豪和值得稱讚的事情，市長夫人都為此深感高興。

我得出一個結論，與其他國家相比，英國由大眾投票推選出來的自治政府，可能會更好地為人民服務，並且他們都是政府重要部門的核心。國會自然由各個市鎮議會選送的代表組成，不會影響其辦事效率。或許當議員的高薪制度建立了，在威斯敏斯特會出現許多這樣的議員，這對國家是有利的。

---

276 科克（Cork），愛爾蘭共和國和愛爾蘭島的第二大城市。它是科克郡的主要城市和行政中心，也是明斯特省最大的城市。

277 沃特福（Waterford），愛爾蘭東南部的一座城市。建於 914 年，是愛爾蘭最古老的城市。

278 利麥立克（Limerick），愛爾蘭西部的一個城市，位於香農河河口。是利麥立克郡郡治。

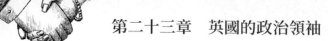

第二十三章　英國的政治領袖

第二十四章
格萊斯頓和莫利

第二十四章　格萊斯頓和莫利

　　1892 年 4 月，我和妻子來到哈沃爾登，到格萊斯頓先生的家中做客時，他對我的著作《美國的四駕馬車在英國》給予了高度讚揚。他建議我某天上午和他一起去他的新藏書室看看。在他整理書籍（除了他自己以外，任何人都不能碰他的書）的時候，我們聊了起來。我在瀏覽書架時發現一本獨特的書，當時他正在離我很遠的地方，爬在梯子上，往書架頂部搬一些很重的書，我大聲對他說：

　　「格萊斯頓先生，我發現這裡有一本《丹夫林名人錄》，是我父親的一位朋友寫的。我還是一個孩子的時候，就知道其中的一些名人了。」

　　「是的，」他回答，「如果你把手伸到左邊的第三或第四本書，我想你會發現另一本由一位丹夫林人所寫的書。」

　　我伸手過去找，卻看到了自己的書《美國的四駕馬車在英國》。然而就在我要拿起這本書的時候，從梯子頂部傳來一個飽含深情的聲音：

　　「丹夫林對於我的意義，就像麥加對於伊斯蘭教教徒，貝那拉斯對於印度教教徒，耶路撒冷對於基督教教徒那樣。」

　　我過了片刻才反應過來，之前聽到的那些話正是我書中的原文，那是我從南方回丹夫林、剛剛踏上這片土地、第一眼看到故鄉時的心情。

　　「您是怎麼得到這本書的？」我問，「我寫好這本書的時候還不認識您，並沒有給過您啊。」

　　「你沒有給過我！」他回答，「我當時的確還不認識你，但有一個人，我想可能是羅斯伯里，跟我提起過這本書，我就去買了，懷著欣喜的心情讀了一遍，那種對丹夫林的熱愛深深地打動了我，使我永遠難以忘懷。」

　　這件小事發生在《美國的四駕馬車在英國》寫完後的第 8 年，另一方面也有力地證明了格萊斯頓先生超強的記憶力。也許作為一個愛慕虛榮的作者，我不得不承認我非常感謝他對此書的高度讚賞。

　　那些在禮拜日公然扮演「聖經的讀者」的政治家，是很值得懷疑的。我承認在了解格萊斯頓先生的為人以前，我一直有著這樣的想法，認為這位謹慎的老紳士可能會覺得，至少這樣的作秀對他的選舉沒什麼作用。但是當我了解了他真實的性格之後，這些想法都煙消雲散了。難得有人像他這樣真

誠直率。是的，他甚至在日記中寫道（莫利在他的《格萊斯頓的一生》中提到），他在下議院期間，就預算問題發表了幾個小時的演說，得到了普遍贊同，他「意識到有種神聖的力量在支持著他」。一個人可能會竭力否認這是眾多信仰中的一種，這種信仰來自於未知力量的支持，確實可以證明是一種潛在的影響。儘管其他人可能會感到震驚，任何人都很難想像，創世者怎麼會關心像格萊斯頓先生的預算這種小事呢？這幾乎是冒犯神靈的，然而我們知道，對格萊斯頓先生來說恰恰相反 —— 他是一個非常虔誠的人。

1887 年 6 月，在女王登基 50 週年紀念日那天晚上，布萊恩先生和我去沃爾弗頓勳爵位於皮卡迪利大街的家中赴宴，遇見了格萊斯頓夫婦— 這是布萊恩先生首次把我引薦給他。我們提前租了輛車從京華國際酒店出發，但是街上人群擁擠，馬車不得不在聖詹姆斯街的中央停了下來。我擠到人行道上，布萊恩先生跟在後面，我找到一個員警，趕緊向他說明布萊恩先生的身分以及我們要去什麼地方，並問他能否為我們開道。他同意了，運用他的職權在人群中開出一條道路，我們緊隨其後。但是我們到沃爾弗頓勳爵[279]家已經是 9 點以後了，待到 11 點多，我們告辭，踏上返程。

格萊斯頓先生說，他和妻子來的時候經過海德公園，繞過了後面的那條路。當時我們在卡爾頓臺階上，他們希望回去還是走同樣的那條路。布萊恩先生和我則認為，我們應當感受一下大街上的熱鬧，看看能不能有機會穿過擁擠的人群回到酒店。我們這麼做了，順著人流慢慢地往前移動，經過革新俱樂部時我聽到在我右方有個熟悉的聲音，我對布萊恩先生說：「那是格萊斯頓先生的聲音。」

他說：「這不可能。我們剛和他告別，他此刻正在回家的路上。」

「我不這麼覺得，我識別聲音的能力很強，我確信那是格萊斯頓先生的聲音。」

終於，我說服布萊恩先生後退幾步。我們挨著房子邊上往後移動。我走近一個遮住臉部的人，對他耳語：「現在已經午夜了，怎麼不在床上睡覺？」

279　沃爾弗頓勳爵（Lord Wolverton, 1824-1887），英國自由黨政治家。

第二十四章　格萊斯頓和莫利

格萊斯頓先生被發現了。我告訴他我在和他打招呼前，已經聽出了他的聲音。

我接著說：「真正的統治者出來觀賞一下為名義上的統治者準備的彩燈！」

他回答：「年輕人，我想這個時候你應該在床上睡覺。」

我們和他在一起待了幾分鐘，他小心地摘下遮蓋在頭上和臉上的斗篷。當時已經過了午夜時分，他雖然已是80歲高齡，但還像一個孩子似的，他把妻子安全地送回家以後，就決意要出來看看熱鬧。

晚餐時，格萊斯頓先生和布萊恩先生進行了交流，他們對於英美兩國的國會議事程序有不同的觀點。整個晚上，格萊斯頓先生多次向布萊恩先生詳細詢問眾議院的議事程序方式，因為布萊恩先生曾經擔任過眾議院議長。我看過「先決問題」（國會議事程序中作為動議提出的）和簡要規章，對格萊斯頓先生這些不必要的爭論印象很深。隔了一會，談話又會扯得很遠。

也許比起其他英國人，格萊斯頓先生的興趣更為廣泛。在蘇格蘭的阿米斯蒂德家，我最後一次見到他時，他還是和以前一樣思維清晰、精力充沛，對任何事情都很有興趣。當時，他最感興趣的是我們國家的鋼結構高樓，一直向我問個不休。他很困惑為什麼第5層或第6層的磚瓦工程常常比第3層或第4層早完工。我的解釋令他非常滿意。他對事物有著刨根問底的精神。

很早的時候，莫利先生就是我在英國的一位朋友，儘管是一名爵士，但他仍然保留著一名作家的樸素，他當時是《雙週評論》的編輯，我第一次給英國期刊的投稿就是在那裡。我們的友情隨著年歲的增長愈來愈深厚，後來我們成了無話不談的知己。通常，我們在週日下午互通短信（有時是長信），交流情感。我倆不太相像，差別很大。我們之所以成為朋友，就是因為能夠相互取長補短。我是個樂觀主義者，認為醜小鴨都會變成白天鵝。他卻是個悲觀主義者，事事警惕留神，認為危險就在前方，有時甚至杞人憂天。他總認為每一位官員都有很多短處。在我看來，世界一片光明，我們生活的地球就是一個真實的天堂——我要感謝命運讓我如此幸福。莫利不太會迷戀任何事情，他的判斷總是經過慎重思考的，他在任何時候都會看到太陽的斑點。

我跟莫利講了一個故事：有一個悲觀主義者，任何事都不會讓他高興，還有一個樂觀主義者，任何事都不會讓他不高興，他倆一起進入了天堂，天使向他們表示祝賀。悲觀主義者回答：「是啊，這是個好地方，但不知怎麼，這頂光環對我不是非常合適。」

樂觀主義者講了一個故事來反駁他，有一個人被魔鬼背著下了地獄，到了一處泉水邊，魔鬼把他放在岸邊，自己去喝水 —— 水溫非常高。這時，一個老朋友走過來和他搭訕：「你好，吉姆，這是怎麼了？沒辦法，你真的無藥可救了。」

悲觀主義者回答：「噓，安靜一點，可能還有比這更糟的。」

「你已經被打入無底深淵了，還能怎麼樣？」

「噓 —— 」他指了指魔鬼，「他可能會突發奇想讓我來背他。」

莫利像我一樣非常喜歡音樂，在斯基伯期間，我們非常享受每天早晨有管風琴伴奏的那段時光。他和亞瑟·貝爾福一樣對神劇也很感興趣。我記得為了去水晶宮看一場神劇，他們還一起買了票。他們倆都是理智賢明的人，我認為他們已經和哲學家相差無幾了。但是最近，貝爾福的作品過多地注重推測 —— 莫利從來沒有試圖這麼做過。他總是腳踏實地，認清自己所走的路。當他「迷失在森林裡」的時候，他會尋找出路，不會有任何危險。

最近，在倫敦舉行的一次全球編輯大會上，莫利發表了震驚四座的公開演講。他對大家說，柏恩斯的一些詩句對形成和穩定當前人們的政治和社會狀況，比成千上萬篇社論更有效。隨後，他認為，人們現在應該把自己對事物的一些看法寫出來或說出來，就像湯姆·潘恩[280]的《人的權利》中提到的那樣。

在這次演講之後，他來到斯基伯，我們就此進行了探討。我提到他對柏恩斯的讚賞以及他所引用的 6 行詩句，他說不需要告訴我是哪 6 行詩句。

「是的，」我說，「我把它們銘記在心裡。」

280　湯姆·潘恩（Thomas Paine, 1737-1809），即湯瑪斯·潘恩，英裔美國思想家、作家、政治活動家、理論家、革命家、激進民主主義者。生於英國諾福克郡，曾繼承父業做過裁縫，後來做過教師、稅務官員，後來投身歐美革命運動。美利堅合眾國的國家名稱（The United States of America）也出自潘恩，也被廣泛視為美國開國元勳之一。

第二十四章　格萊斯頓和莫利

　　隨後，在蒙特羅斯公園柏恩斯雕像揭幕儀式上的一次演講中，我背誦了我認為他所說的那幾行詩句，並得到了他的證實。說來也巧，他和我在幾年前，同時被授予蒙特羅斯[281]榮譽市民稱號。

　　1904 年，我終於說服莫利來美國看望我們，他遊遍了大半個國家。我們努力想讓他認識一些像他一樣的名人。有一天，我請來伊萊休‧羅脫參議員，莫利和他進行了一次長談。當羅脫參議員離開後，莫利告訴我，他非常欣賞這位參議員，這是他遇過最滿意的美國政治家。他說得沒錯。在對公共事務的判斷力和博學多識方面，沒有人能勝過伊萊休‧羅脫。

　　莫利和我們道別後，去白宮拜訪了羅斯福總統，他和那位非同尋常的人一起度過了幾天令他很有收穫的日子。後來，莫利評價說：

　　「啊，在美國，我見到了兩大奇觀，羅斯福總統和尼加拉瀑布。」

　　那真是非常相似的一對，一樣的大氣磅礴、激流奔騰，精神抖擻、熱情飛濺，永遠不知疲倦，而且都履行著各自的職責，這就是這兩大奇觀的相似之處。

　　莫利是亞克頓圖書館最好的主人，我送給他這份禮物有一個過程。當格萊斯頓先生告訴我亞克頓勳爵的境況，在他的建議下，我同意買下亞克頓圖書館，並答應為亞克頓勳爵保留這座圖書館，讓他有生之年仍然可以使用。不幸的是，他享用這座圖書館的時間不長 —— 只有短短的幾年 —— 於是，圖書館回到了我的手中。我堅信莫利會妥善地使用這座圖書館，並且最終肯定會把它交給一個合適的慈善機構。我準備去告訴他我有這樣一座圖書館的時候，他打斷了我，說道：

　　「很好，我必須告訴你，我從你買下它的那天起就知道會是這樣。格萊斯頓先生沒有替你保守這個祕密，他是多麼高興亞克頓勳爵有生之年仍然能夠擁有它。」

　　我原以為格萊斯頓先生和我親密無間，永遠也不會對其他人提起這件事情，但莫利先生的這番話使我非常驚訝。從這件事可以看出格萊斯頓和莫利

281　蒙特羅斯（Montrose），蘇格蘭安格斯的一個濱海城鎮。蒙特羅斯建築風格多元，並且是一個國際貿易中心，是一個重要的油氣港。

關係非同一般 —— 唯有此人能與他分享所有的快樂。然而在神學方面，他倆有很大分歧，亞克頓和格萊斯頓的觀點倒是比較相近。

在我為蘇格蘭的大學捐設基金後的那年，莫利作為大使陪同英王陛下去巴摩拉城堡[282]，他給我發來電報說，必須在我們起程回國前來看看我。我們見面了，他告訴我，我為蘇格蘭大學以及英國其他地方所作的捐助，給英王陛下留下了深刻的印象，他想知道，是否能在他的權力範圍之內為我做點什麼事，作為對我的獎賞。

我問：「你怎麼說？」

莫利回答說：「我想不用這麼做。」

我說：「你說得完全正確，除非英王陛下願意寫一封短信給我，表達他對我所做之事的滿意，這將使我深為感激，我會把這封信傳給我的後代，讓他們都為此感到驕傲。」

英王陛下果真這麼做了。這封親筆信我已經在本書的其他地方提到過。

事實證明，斯基伯是最適合莫利療養的度假勝地，這的確是件幸事。每年夏天，莫利先生都會在夫人的陪同下來和我們待上一段時間。他和我一樣喜歡乘船出遊，這對我們來說是最好的良方。莫利一直保持著「老實人」的本色。遇到問題和緊急情況時，他都不慌不忙、沉著鎮定。然而面對棘手的問題，他有時也會四下觀望，缺乏大的勇氣，不過在極少數情況下，他會適時選擇逃避。

張伯倫[283]和莫利同為激進派的密友，我在英國經常會遇見他們，或者談到他們。當「地方自治」這個問題被提出來的時候，英國比美國對此興趣更大。我受邀去一些城市發表公開演說，講解我們聯邦體制的優越性，誇讚我們是所有堅強政府中最自由的政府。應張伯倫先生的要求，我給他寄了一本

282　巴摩拉城堡（Balmoral Castle）是位於英國蘇格蘭亞伯丁郡皇家迪賽德的一處城堡。自 1852 年起，巴摩拉城堡就是皇家居住地之一。現在巴摩拉城堡是蘇格蘭 A 級保護建築，也是英國王室的夏季避暑地之一。

283　張伯倫（Arthur Neville Chamberlain, 1869-1940），英國保守黨政治人物，1937 年 5 月至 1940 年 5 月擔任英國首相，以其綏靖主義外交政策聞名，並於 1938 年簽署慕尼黑協定將捷克斯洛伐克蘇台德德語區割讓予德國。此後阿道夫·希特勒（Adolf Hitler）入侵波蘭，英國被迫於 1939 年 9 月 3 日對德國宣戰。

第二十四章　格萊斯頓和莫利

安娜·L·道斯小姐[284] 的《我們如何管理》，與莫利、格萊斯頓以及其他人也經常談起這個話題。

我不得不寫信給莫利先生，告訴他我不贊同第一份《地方自治法案》是有原因的。我遇見格萊斯頓先生，他表示對此非常遺憾。我反對國會把愛爾蘭的成員排除在外。我說，我們從來不會限制南方國家派遣代表去華盛頓。

「如果他們拒絕，你會怎麼做？」他問。

「爭取所有民眾的支持 —— 首先不要發生衝突。」我回答。

他停頓了一下，然後重複道：

「不要發生衝突。」他感到有些無奈，無話可說了，於是就換了個話題。

我將以行動來回答這個問題，我一直指出美國有許多立法機關，但只有一個國會。英國可以以美國為榜樣，設立一個國會，並在愛爾蘭、蘇格蘭、威爾斯設立地方立法機關（而非國會）。這些地方會建得像紐約和維吉尼亞一樣。但是英國沒有最高法院，制定法律不僅要通過國家的立法機構，而且還要通過國會，才會有最終的權威判決。英國可以讓國會作為一個國家的最高權力機構，凌駕於愛爾蘭之上。因此，愛爾蘭當地立法機關的法案應該在下議院進行連續3個月的公示，對與國會衝突之處進行修改，如果他們不贊成的話，就繼續修改，改到合適為止。除非制定了不合理的法律法規，否則那些條款就將是形同虛設。我提議，制定的條款必須使膽小的人們相信不會出現脫離國會的事情。

後來，我極力向莫利推薦這個意見，他告訴我已經向帕內爾提議過了，但遭到了拒絕。格萊斯頓先生當時可能會說：「很好，這項條款不僅我認為沒有必要，而且其他人的看法也和我一樣，我們需要的是對英國有利的事情。我們現在不能接受這個問題，那是你們的做法。」

一天早上，在哈沃爾登，格萊斯頓夫人說：「威廉告訴我，他和你進行了一次特別的談話。」

的確是這樣。他難得和一位真誠的共和主義者進行輕鬆的交談，他不理

284　安娜·L·道斯小姐（Anna Laurens Dawes, 1851-1938），美國作家、婦女參政者。

解我為何無法想像不同的世襲地位。令我奇怪的是，人們故意放棄父母起的名字和家族姓氏。尤其好笑的是，新貴族和老貴族打招呼時，老貴族竭力擺出一副嚴肅的樣子，使得這些或許是花費了 1 萬英鎊買來貴族頭銜的新人多少要給民主黨捐款。

布萊恩先生和我們一起在倫敦時，我告訴格萊斯頓先生，布萊恩先生跟我說有一次見到他時非常驚訝和心疼。那是在紀念無名英雄的遊園會上，天氣很冷，他卻畢恭畢敬地摘下老年帽拿在手上。說到「政教統一」，也是我對未來的預測，我預感我們的民族會重新聯合起來，因為大不列顛島已經沒有能力再進行擴張了。由於存在著這種不合理的現象，所以我相信英語國家的教會實行政教分離是不可避免的。其他民族沒有這種情況。其他任何一個說英語的國家鼓勵所有的宗教，不偏不倚。格萊斯頓先生問：「你認為我們的國教會存在多久？」

我的回答是，我無法給出一個確切的日期，就政教分離而言，他比我更有經驗。他點點頭笑了。

我進一步說到，與那些地域廣袤的國家相比，英國的人口肯定會相對減少。他問：「你預測英國的未來會怎麼樣？」

我提到古希臘，還說到英國出現喬叟（Geoffrey Chaucer）、莎士比亞、彌爾頓（Milton）、柏恩斯、史考特、史蒂文生（Stevenson）、培根（Francis Bacon）、克倫威爾、華萊士、布魯斯、休謨、瓦特（James Watt）、史賓賽、達爾文等名人並非偶然。天才的誕生不是依靠於物質。許多年後，英國顯然不再是一個工業大國，不是因為衰退，而是許多其他國家都在迅速發展，我認為英國可能會成為現代的希臘，實現民族精神統治。

他抓住這個詞，若有所思地反覆說道：「精神統治，精神統治，我喜歡，我喜歡。」

此前，我從來沒有和一個人交談得如此盡興。後來，我再次去哈沃爾登拜訪過他。我最後一次見他是在 1897 年冬天，在坎城蘭德爾勳爵的家裡，當時他病得非常厲害，但他魅力依舊，尤其是對我的弟媳露西非常殷勤。露西第一次見到他，就留下了深刻的印象。當我們驅車從蘭德爾勳爵家離開後，

第二十四章　格萊斯頓和莫利

露西輕聲嘀咕道：「生病的鷹！生病的鷹！」我無法形容這位偉人當時蒼白的倦容。他不但是一位傑出的人，而且還是一位真誠善良的人。他的確配得起「世界第一公民」這個頭銜。

1881 年，我在英國和下院議員薩繆爾·斯托里[285] 建立了業務關係，他是一位非常能幹的激進分子，還是一位忠實的共和主義者。我們買下了幾家英國的報紙，開始進行激進主義的政治宣傳運動。帕斯默·愛德華茲[286] 及其他一些人也加入到我們的行列中，但是結果不樂觀。在我的這些英國朋友中間存在著一些協調上的問題，最終我決定退出，幸運的是我沒有遭受什麼損失。

我寫第三本書《勝利的民主》，是由於意識到那些消息最靈通的外國人，甚至是英國人都對美國的了解太少了，而且還有些曲解。那些受人尊崇的英國人當時居然不知道美國，真是令人驚訝。1882 年，我第一次與格萊斯頓先生的交談，讓我永遠也忘不了。當時我藉此機會說，如今大多數說英語的民族是共和主義者，只有少數是保守的君主制主義者。他說：「為什麼？怎麼會那樣？」

「噢，格萊斯頓先生，」我說，「美國說英語的人，比英國及其殖民地所有說英語的人都要多，儘管說英語的殖民地人口有兩倍多。」

「啊！怎麼會那樣？你們的人口是多少？」

「6,600 萬，而你們的人口還不及一半。」

「噢，是的，太令人驚訝了！」

論及國家的財富問題，他同樣感到非常驚訝。他從 1880 年的統計報告中獲悉，只有百年歷史的美國居然可以買下整個大不列顛及愛爾蘭，而且可以幫英國還清所有的債務，除此之外還綽綽有餘。但是最令他震驚的是我提到的自由貿易問題。我指出，美國現在是世界上最大的製造業國家。（我記得後來霍爾丹法官犯了同樣的錯誤，說英國是世界上最大的製造業國家，他還感謝我幫他糾正了錯誤。）我引用了馬爾霍爾（Mulhall）的一組數據：1880 年，英國的產值是 8.16 億英鎊，美國的產值是 11.26 億英鎊。他聽了以後只

285　薩繆爾·斯托里（Samuel Storey, 1841-1925），英國政治家。

286　帕斯默·愛德華茲（John Passmore Edwards, 1823-1911），英國記者、報人、慈善家。

說了一句話：「真是不可思議！」

隨後，我又提到其他一些令人驚訝的資料。他問：「為什麼沒有人寫過這個問題，以簡單直接的形式把實際情況告訴世界？」

其實，我當時正在為《勝利的民主》一書搜集資料，我告訴他，我打算在這本書中實現他的期望。

《環球旅行》和《美國的四駕馬車在英國》沒讓我花太多的精力，但是我從1882年開始著手寫的《勝利的民主》一書的準備工作，就完全沒有那麼輕鬆了。這需要付出持久艱辛的努力。我必須對資料進行仔細核對和整理，不過隨著研究的深入，這項工作越來越吸引我了。那幾個月，我似乎滿腦子都是資料。時間在不經意間就過去了。我常常把傍晚當成中午。由於這項工作壓力太大，同時還要照料生意，那段時間我得了一生中的第二次重病。在我確信自己能兼顧像搜集資料一樣使我感興趣的任何事情之前，我應該三思而後行。

第二十四章　格萊斯頓和莫利

第二十五章
赫伯特・史賓賽和他的信徒

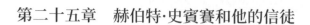

第二十五章　赫伯特·史賓賽和他的信徒

1882年，我在塞爾維亞碰到了赫伯特·史賓賽和他的朋友羅特先生，我們一同從利物浦出發到紐約去旅行。我帶了一封莫利先生給他的介紹信，但此前我已經在倫敦見過這位哲學家。我是他的一位信徒。作為一位有經驗的旅行者，一路上我要負責照顧他和羅特先生。在航行途中，我們同坐一桌。

有一天，我們談到了與偉人第一次見面時留給我們的印象。他們是否和我們想像的一樣？每個人都說出了各自的感受。我的感受是他們與想像中的完全不同，見到他們本人後我非常驚訝。

「哦！」史賓賽先生說，「以我為例，是這樣嗎？」

「是的，」我回答，「你勝過任何人。在我的想像中你是我的老師，是一位非常沉著冷靜的哲學家，就像聖人一樣，不為任何事所動。我從來沒有想到，你會為是柴郡乳酪還是切達乳酪的問題而那麼激動。」前一天，他憤怒地推開服務員送上來的乳酪，大聲喊道：「是切達乳酪，切達乳酪，不是柴郡乳酪，我要的是切達乳酪。」沒有人會像他這樣怒吼的。他在自傳中也提到了航海旅行中發生的這件小事。

史賓賽對故事很有興趣，是一個愛笑的人。美國的小說故事似乎比別的國家的故事更能使他高興，我跟他講的故事不少，而那些故事通常會引來一陣大笑。他非常想要了解我們的西部地區，當時那裡頗受歐洲的關注，我跟他講了一個關於德克薩斯州的故事，讓他覺得非常有趣。我們在返程途中遇到一個從德克薩斯州來的沮喪的移民，就問他關於當時那片貧瘠土地上的情況，他說：

「外鄉人，關於德克薩斯州我不得不說的是，假如我擁有德克薩斯州的話，我一定會賣掉它。」

從早期到現在，那裡的變化多大啊！德克薩斯州現在有400多萬人口，1882年，那片土地的棉花產量超過了全世界任何一個其他地方。

在匹茲堡時，我和這位哲學家在屋外散步，快走到家的時候，我想起另一個美國遊客漫步到花園時發生的故事：當他推開門，一隻大狗從裡面跑出來撲向他。他立即退了出來，並關上花園的大門。主人朝他喊道：

「牠不會傷到你的，你要知道會叫的狗從來不咬人。」

「是的，」這位遊客用顫抖的聲音大聲說道，「我知道這個道理，你也知道這個道理，但是狗知道嗎？」

有一天，我發現我的大外甥悄悄地打開門在偷窺我們。後來，他的母親就問他為什麼要這麼做，這個 11 歲的男孩回答說：

「媽媽，我想看看寫書的這個人，他的書裡說不用學習語法。」

史賓賽先生聽到這個故事很開心，他還經常提到這件事。他相信外甥的話。

有一天和他聊天，說起關於他簽名反對在加來[287]和多弗[288]之間修建隧道令我非常驚訝的事，他解釋說那是因為他和其他人一樣想要有這條隧道，他不相信任何反對的理由，不過簽名抗議是因為他知道他的同胞都非常愚蠢，英國的陸海軍會驚跑群眾，使他們害怕，並激起他們的軍國主義，那就需要擴充軍隊。他提到曾經出現過的驚慌失措的情況，並且涉及在防禦工事上要付出數百萬的費用，但後來證實這一點都沒有用。

有一天，我們坐在大酒店的房間裡俯瞰特拉法加廣場。英國皇家近衛騎兵團從廣場經過時，我說：

「史賓賽先生，在 19 世紀最文明的民族，我從來沒有見過一個人裝扮得像小丑一樣無憂無慮，就像我們從自身的角度來看，仍然會發現他們希望以此為職業 —— 目前紳士的唯一職業 —— 學習殺人最有效的辦法。」

史賓賽先生說：「我也這麼覺得，但是我要告訴你，我是怎樣克制自己的憤怒的。每當我覺得情緒激動起來時，就會透過愛默生[289]的這個故事來平息自己的心情。有一次，愛默生在法尼爾大廳的講臺上發表演說，由於大膽地說到反對奴隸制度而被轟下臺來。他告訴我當時他非常氣憤地走回家，直到他打開花園的門，抬頭看到高高的榆樹枝條伸到了園外，天上群星閃爍。星星們好像在對他說：『親愛的先生，怎麼那麼激動？』」我和他都笑了起來，

---

287 加來（Calais），法國加來海峽省的城市。英吉利海峽中最狹窄的多弗 - 加來海峽只有 34 公里寬，離加來最近的英國城市是多弗，加來與多弗是法國與英國最近的渡口。

288 多弗（Dover），英國肯特郡的一個海港。多弗港最靠近法國的加來港，兩地去只 34 公里，因此成為英國最繁忙的一個海港，英法間的海峽也因此得名多弗海峽。

289 愛默生（Ralph Waldo Emerson, 1803-1882），美國思想家、文學家、詩人。愛默生是確立美國文化精神的代表人物。

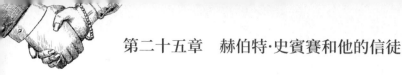

第二十五章　赫伯特·史賓賽和他的信徒

我感謝他的這個故事。我時常會對自己重複這句話：「親愛的先生，怎麼那麼激動？」這的確很有效。

史賓賽先生的美國之行，在戴爾莫尼克餐廳為他舉行的宴會上達到了高潮。我驅車和他一起赴宴，親眼見到了這位大人物在那裡驚慌失措的樣子。除了發表演說之外，他什麼也不關心。我相信此前他很少在公共場合講話。他最大的擔心是不能說任何將會對美國人民有利的事情，因為美國人已經開始意識到他的工作。他或許參加過許多宴會，但從來沒有一次宴會聚了這麼多名人。這是一次不同尋常的聚會。達官貴人們送給史賓賽先生許多稀世珍寶。當亨利·沃德·比徹轉身向史賓賽先生致辭時，宴會達到了高潮。比徹先生是這樣說的：

「我的父母給了我身體，而您，先生，給了我智慧。在關鍵時刻，您為深陷困境中的我提供了出路，您是我的導師。」

他以緩慢而鄭重的語氣講了這番話。我不記得是否有過更深的感受，顯然這番話是出於感恩。史賓賽先生深受感動。這番話引起了賓客們的很大關注，沒過多久，比徹先生開始布道，闡述了他關於演化論的觀點。這一系列的效果正是他所期望的，因為他對史賓賽先生的感恩會提升他在教會裡的知名度。如果我沒記錯的話，比徹先生在結束語中是那樣說的：雖然他相信達爾文演化論的某個觀點，但是當人達到最高境界時，上帝就會施予他（且萬物中唯有人）聖靈，由此帶給他神聖的光環。比徹先生是這樣答覆評論家們的。

史賓賽先生對機械設備有著強烈的興趣。當他和我一起參觀我們的工廠時，新型的器械裝備給他留下了深刻的印象，在往後的歲月裡，他有時會跟我提起這些，說到他對美國的發明和大規模發展的預測已經完全實現了。他對於美國的關注自然讓他感到很滿意。

我去英國，很少有不去看他的，即使後來他搬到了布萊頓 —— 居住在那裡可以看到大海，這一點對他很有吸引力，可以使他心情寧靜。我從來沒有遇到過一個人像他這樣，對一言一行都要仔細權衡 —— 甚至是微不足道的小事 —— 完全遵從自己內心的聲音。他並不嘲笑宗教，然而在神學領域，他不

太顧及條理。對他來說，這是一個很大的毛病，阻礙了他的發展。然而在討論一些老的觀點時，他從來沒有像丁尼生[290]那樣努力。諾爾斯[291]告訴我，丁尼生無法控制住自己。諾爾斯說，他對詩人的兒子非常失望，由於他討厭嚴厲的神學，沒有給出他父親真實的畫像。

　　史賓賽先生一直都是一位沉著冷靜的哲學家。我相信他從小到大 —— 甚至整個一生 —— 從來沒有做過不道德的事，沒有愧對任何人。他無疑是同時代人中做事最認真的一個人。我非常想要了解赫伯特·史賓賽，在這一點上，很少有人會超過我，因為很少有人會比我對他和達爾文懷有更深的感激之情。

　　反對舊時的神學，使許多教會裡的年輕人非常滿意，儘管他們反對嚴厲的喀爾文教派的信條，然而真理和信仰對今後的幸福來說是必不可少的。有思想的青年自然會同意這點。到了一定的發展時期，他不得不思考，對於受過良好的高等教育的他來說信仰是什麼 —— 那是他追尋的榜樣和方向 —— 必須是正確的。遺憾的是，他很快發現信仰不會完全聽從他的使喚。

　　年輕人很快會產生長期的反抗，試著去臆斷別人的信仰，表面上默許信條和所有的說教，然而心裡的想法和表面上的完全不同，內心的疑慮並未消除。假如一個人德才兼備，那結果是不一樣的。可以說，卡萊爾經過苦思冥想之後亮出了他的態度：「如果這不可信的話，那麼以上帝的名義，讓他名譽掃地。」這樣能使他永遠地消除疑惑和憂慮。

　　我與三四位好友當時都對神學（包括超自然元素，代為贖罪的拯救方法以及建立在此基礎上的所有學說）抱有懷疑，幸運的是，我讀到了達爾文和史賓賽的著作，其中有《倫理學原理》、《第一原理》、《社會靜態學》、《人類的起源》等。讀到那幾章解釋人類是如何汲取對他們有利的精神食糧的時候是這樣的，取其精華，去其糟粕，我記得自己當時豁然開朗。我不但擺脫了對宗教和神學的疑惑，而且找到了人類發展的真理。「萬物都是不斷向前發

290　丁尼生（Alfred Tennyson, 1st Baron Tennyson, 1809-1892），是華茲華斯之後的英國桂冠詩人，也是英國著名的詩人之一。代表作：《尤利西斯》、《伊諾克·阿登》、《過沙洲》、《悼念集》等。
291　諾爾斯（James Thomas Knowles, 1831-1908），英國建築師、編輯。

展的」成為了我的座右銘，也是我的幸福之源。人類的進化永無止境，從低級形態發展到高級形態，不斷完善。面對光亮，他站在陽光下抬頭仰望。

　　人是一個有機體，會本能地抵制一切有害的東西，也會汲取一切有益的東西。假如願意的話，我們可以想像，宇宙的設計者創造了完美的人，就像天堂中的天使一樣無憂無慮，雖然這不可能做到，但是人類永遠在進步，而不是後退。像其他國家的宗教書籍一樣，流傳至今的《舊約》和《新約》無論是作為對過去的一種記錄，還是作為他們極力主張的一種好的經驗，都有其存在價值。像古代《聖經》的作者一樣，我們的觀點應該取決於當下的生活和自身的責任。正如偉大的聖人導師孔子所教導的：認真履行自己的職責，獨善其身，是基本常識。明天的世界會是怎樣？未來的責任是什麼？這些是等我們到了那個時候才應考慮的問題。

　　我就像陽光下的一粒塵埃，在這個莊嚴、神祕、未知的宇宙中是如此渺小。往後退一步，我明白了一個真理。富蘭克林說得對：「對上帝最高的尊崇是為人類服務。」然而，所有這些都不能阻止對名聲的永恆追求。生活在未來的人不會比生活在當下的人有更多的奇蹟。已經創造了一個奇蹟，為什麼不能再創造另一個呢？因此，完全有理由去追求不朽的名聲。讓我們一起期待！

第二十六章
布萊恩和哈里森

第二十六章　布萊恩和哈里森

　　有的人因交友廣泛而著名，有的人因善於講故事而著名。布萊恩先生就是我所遇到過最會講故事的人物之一。他有著陽光開朗的性格，任何時候都能講出妙趣橫生且尖銳深刻的故事。

　　我陪同布萊恩先生去了約克鎮[292]，他在那裡的演講受到了大家的交口稱讚。他在演講中特別提到了兩個說英語的民族之間培養起來的友誼，最後他希望兩國之間能長期和平友好。當他把演講稿讀給我聽時，我覺得「長期」這個詞不太合適，於是我說：「國務卿先生，我能建議您換一個詞嗎？我不喜歡『長期』，為什麼不用『永遠』呢？」

　　「很好，非常正確！」

　　於是演講中就改為「永遠和平友好」。

　　我們從約克鎮回來，那是一個美好的夜晚。月光下，我們坐在船尾，軍樂隊在前方演奏，我們談起對音樂的感受。布萊恩先生說，他最喜歡的樂曲就是剛才的那首《讚慕美地》[293]，他最近聽到這首曲子是在加菲爾德總統[294]的葬禮上，同樣是由這支樂隊演奏的。他當時就被那悅耳的聲音給深深打動了，那是有生以來從未有過的。他懇請當晚在臨近結束時再演奏一遍這首樂曲。他和格萊斯頓都喜歡自然簡樸的音樂。他們欣賞貝多芬等著名的音樂家，然而對華格納卻一無所知。

　　當我問他在國會聽到過的哪一次演說最為成功，他回答這當屬一個德國人，原賓夕法尼亞州州長瑞特（Ritter）的一次演說。當時正在討論為內陸地區淡水供應撥款的第一項法案，議院對此有分歧。狹義解釋憲法派成員提出這是違反憲法的，只有沿海的海港歸聯邦政府所管控。爭論非常激烈，結果難以預測。當時令議會感到震驚的是，瑞特州長第一次慢慢地站了出來，現場立刻安靜下來，這位年長的、沒有實權的德國人（他可是從來都不發表意

292　約克鎮（Yorktown），美國維吉尼亞州約克縣的一個無建制聚落，是該縣的縣治。歷史上是英國軍隊向大陸軍投降的地方。是維吉尼亞歷史三角的一部分、殖民地大路的終點。

293　《讚慕美地》（*Sweet By and By*），是美國作曲家約瑟夫・韋伯斯特（Joseph Philbrick Webster）的作品。

294　加菲爾德總統（James Abram Garfield, 1831-1881），美國政治家，第 20 任美國總統，共和黨人。加菲爾德曾九任眾議院議員（西元 1863 ～ 1880 年），其後當上參議院議員直至當上美國總統才辭任，他在 1881 年 3 月 4 日宣誓就職，直至 1881 年 9 月遇刺身亡。

見的）將會說些什麼呢？只聽他是這麼說的：

「議長先生，我對憲法不是很清楚，但是我知道，如果憲法不在淡水中洗澡，而在鹽水中洗澡的話，我不會給一分錢。」議員們爆發出哄堂大笑，法案就此通過。

於是，一項新的政策頒布了。由政府出錢，派遣海陸兩軍工程師是一項最佳方案。政府花費較少的錢也能產生如此巨大的回報。不斷完善我們的憲法可以滿足不斷增長的人口的新需求。假如我們今天得到許可的話，可以讓立法者來解釋。

如果要在布萊恩先生的眾多故事中選出一個最精彩的故事，我想就是下面這個：

那是在奴隸社會，當時有地下鐵道。在靠近加利波利斯[295]的俄亥俄河畔，住著一位被稱為法國法官的著名民主人士，他對一些反對奴隸制度的朋友們說，他很喜歡那些奴隸，可能會把自己的辦公室提供給第一批過河潛逃來的黑奴，他們打算透過地下鐵道逃往北方。他不明白他們為什麼想要逃走。於是就有了下面的對話：

法官：「我來猜猜你們為什麼要從肯塔基州逃出來，是因為主人太壞嗎？」

奴隸：「噢，不是的，法官大人，主人非常好，很和藹。」

法官：「他讓你們幹的活太辛苦了？」

奴隸：「不，我從來沒有操勞過度。」

法官躊躇了一會，說：「他沒有讓你們吃飽？」

奴隸：「吃不飽？噢，上帝啊！我們吃得很豐盛。」

法官：「他沒有讓你們穿暖？」

奴隸：「法官大人，我已經穿得夠好了。」

法官：「你沒有舒適的住處嗎？」

奴隸：「噢，上帝啊！這使我想起了我在肯塔基州漂亮的小木屋。」

295　加利波利斯（Gallipolis），美國俄亥俄州高盧縣的一個特許村，是高盧縣的縣城。該市位於俄亥俄州東南部俄亥俄河沿岸。

第二十六章　布萊恩和哈里森

法官停頓了一下，說：「你有一位善良和藹的主人，你的工作也不太累，夠吃夠穿，還有一間舒適的屋子。我就不理解了，你這傢伙為什麼想要逃跑。」

奴隸：「是的，法官大人，我的生活條件是不錯的。你想和我換一下嗎？」

法官已經明白了一大半了。

「自由有著無窮的魅力，然而對奴隸們來說，
儘管他們生活得很滿足，但卻從來沒有體會過自由。」

這麼多黑人為了自由而冒險，最有可能說明的就是，他們將不斷努力，為了最終獲得美國公民的身分。

當我們在克呂尼時，我從來沒有見過布萊恩先生如此高興。他就像一個孩子，我們在一起快樂地遊玩。他從來沒有用蒼蠅釣過魚。我帶他去了拉干灣，他剛開始的時候笨手笨腳的，但很快就能握住魚竿了。我永遠也忘不了他第一次釣魚時的情景：「我的朋友，你教會了我一樣新鮮好玩的事。緬因州有上百個垂釣的海灣，我今後度假時要去那裡釣鱒魚。」

6月的克呂尼沒有夜晚，我們在草地上跳舞，從陽光燦爛的黃昏一直到晚上。布萊恩夫人、道奇小姐、布萊恩先生和其他賓客都在學跳蘇格蘭的旋轉舞，他們像蘇格蘭高地人一樣發出呵呵的叫喊聲。在那兩個星期裡，我們飲酒狂歡，好不暢快。此後有一天晚上，在我們紐約家中舉行的一次宴會上，賓客們主要都來自克呂尼，布萊恩先生對客人們說，他在克呂尼發現了怎樣才算真正的度假，「在那時，最微小的事情成為生命中最重要的事情」。

1888年，哈里森總統提名讓布萊恩先生任總統，而當時，布萊恩先生和我們正在長途旅行。布萊恩夫婦、瑪格麗特·布萊恩小姐、黑爾議員及夫人、道奇小姐、華特·達姆羅許（Walter Damrosch）和我們同坐一輛車，從倫敦前往克呂尼城堡。從愛丁堡快到林利斯哥[296]時，我們發現當地的市長和地

296　林利斯哥（Linlithgow），英國的一座城鎮和皇家特區，位於蘇格蘭西洛錫安。林利斯哥以林利斯哥宮及林利斯哥湖、聯盟運河而聞名。林利斯哥是蘇格蘭著名的古城和觀光都市。

方官員們身著盛裝在酒店迎接我們。布萊恩先生進屋時手上拿著一封電報，他把電報給我，問那上面是什麼意思。電報上寫著：「請用密碼。」這是芝加哥議會的艾爾金斯議員發來的。布萊恩先生之前發電報過去說，拒絕接受總統提名，除非俄亥俄州的舍曼[297]部長同意。艾爾金斯[298]議員很希望與布萊恩先生保持一定的通訊聯繫，不受其他干擾。

我告訴布萊恩先生，艾爾金斯議員在我們出發前曾要求來見我，他建議我們作為重要候選人應該有密碼。我給了他幾個密符，並記在一張紙片上，放進我的筆記本裡。我拿出筆記本就找到了那幾個密符。布萊恩是「勝利者」，哈里森是「王牌」，紐澤西州的菲爾普斯（Phelps）是「明星」，等等。晚上，我將寫有「王牌」和「明星」的電報發了出去。

直到夜裡，我們才睡下。第二天，整個團隊的人都穿戴整齊，列隊接受當地市政官員的檢閱，沿著主要街道前往宮殿，一路上彩旗招展。當地政府作了歡迎致辭，布萊恩先生應邀作了簡短的答謝演說。就在那時，他拿到一封電報：「哈里森和莫頓被提名為候選人。」菲爾普斯落選了。就這樣，布萊恩獲得了組織最高政府的機會 —— 這是由這個國家超過半數的說英語的人選舉出來的。後來，他也曾經被公平地推選為總統，卻遭到了紐約州的算計，這事最後得到了證實，從中作梗的那群人因在隨後的選舉中企圖施展同樣的欺詐手段，而遭到了懲罰。

作為哈里森內閣的國務卿，布萊恩先生是非常成功的，泛美大會是他最輝煌的功績。我此生唯一的政治任命就在當時，作為泛美大會美國代表團的成員。這使我對南美洲國家以及他們的各種問題有了最生動的了解。我們和除巴西外的所有共和國的代表們聚在一起。一天上午，大會發表了一項宣告，批准成立一個新的組織。巴西成為17個姐妹共和國中的一個成員國 —— 現有 21 個共和國。現場頓時爆發出熱烈的掌聲，對巴西代表團表示慶賀。我發現南美國家的代表團對他們這個兄弟大國的意圖有所懷疑。一種敏感的獨

297　舍曼（John Sherman, 1823-1900），美國律師、政治家，曾任美國眾議院議員（西元 1855 ～ 1861 年）、美國參議院議員（西元 1861 ～ 1877 年、西元 1881 ～ 1897 年）、美國財政部長（西元 1877 ～ 1881 年）和美國國務卿（西元 1897 ～ 1898 年）。

298　艾爾金斯（Stephen Benton Elkins, 1841-1911），美國實業家、政治家。曾任美國戰爭部長。

立精神顯而易見，這也是我們應當要意識到的。我認為我們在某些方面已經成功了，但隨後政府有必要多考慮南方鄰國的民族感情。這雖然難以掌控，但建立於平等互助基礎上的友好合作是我們所追求的。

我的鄰座是馬努耶爾·金塔納[299]，他後來成為了阿根廷的總統。他對大會的議程極為關注，有一天，他對一個無足輕重的議題大為不滿，引發了一場他和大會主席布萊恩之間激烈的爭論。我認為這是由於語言上的翻譯錯誤所引起的誤會。我站起來悄悄地走到主席臺後面，在布萊恩的耳邊輕聲說，如果暫時休會，分歧肯定可以消除。他點頭表示贊同。我回到座位上，提出休會。在休會期間，所有的問題都得到了圓滿解決。當我們離開會場的時候，還發生了一個小插曲。有一位代表突然一隻手摟著我，另一隻手拍著我的胸口，大聲說道：「卡內基先生，你這裡的東西比這裡的更多。」——他指著他的口袋。我們南方的兄弟表達起自己的情感來非常親切可愛。熱帶氣候造就了他們熱情的性格。

正如我前面已經提到過的，1891 年，哈里森總統和我一起從華盛頓前往匹茲堡，為我捐贈給亞利加尼市的卡內基禮堂和圖書館揭幕。白天，我們途經巴爾的摩和俄亥俄州鐵路，一路上非常安靜，總統尤其喜歡欣賞沿途的風景。在天黑時分，我們到達匹茲堡，熊熊燃燒的焦炭爐和火光冉冉的煙柱使他驚訝萬分。眾所周知，人們是這樣描述匹茲堡的：從山頂看就像是「一隻打開蓋子的水壺」，在哈里森總統看來這描述非常恰當。他是第一位訪問匹茲堡的總統。他的祖父（現已過世）在他當選後，曾經在這裡換乘平底船前往華盛頓。

由於總統的出席，揭幕儀式非常隆重，一切都進行得很順利。翌日早晨，哈里森總統想要去看看我們的鋼鐵廠，他被護送到那裡，並受到了工人們的熱烈歡迎。我把每個部門經理都召集起來，一一向他介紹。最後，當介紹到施瓦布先生時，總統轉過頭來對我說：

「怎麼回事，卡內基先生？你只向我介紹了一些孩子。」

299　馬努耶爾·金塔納（Manuel A. Quintana, 1835-1906），阿根廷總統，1906 年他死於任上。

「是的，總統先生，但你注意到他們是些什麼樣的孩子嗎？」

「是的，他們個個都是能幹的人。」他評論道。

他說得沒錯。這個世界上很難找到這樣的青年人才。他們已經被提升為公司的合夥人，無需擔負成本和風險。在公司裡，「股東」的分紅與「員工」的薪資大不相同。

總統不僅訪問了匹茲堡，而且還走訪了河對岸的亞利加尼，使亞利加尼得到了一個意外的收穫。匹茲堡的市議會成員們令我想起了我第一次提出想要給匹茲堡捐建一座圖書館和一座禮堂時遭到的拒絕。當時，亞利加尼的官員問我，能否把這筆捐贈給他們，我同意了。總統來到亞利加尼為那裡的圖書館和禮堂揭幕，這使得匹茲堡大受冷落。第二天早晨，匹茲堡的當地官員前來見我，問我是否能重新考慮給匹茲堡捐贈。如果可以的話，匹茲堡將樂意接受，並同意增加一大筆維護費用，這筆費用比我先前提出的要求還要多。我很高興能這麼做，並主動提出捐贈 100 萬美元，而非原來計畫的 25 萬美元。我的捐助不斷擴大，就這樣，卡內基研究院創立了。

匹茲堡的大多數市民能免費享受藝術帶來的一切。多年來，這座工業重鎮已經擁有了自己固定的管弦樂隊 —— 在美國只有波士頓和芝加哥才有。這裡還新建了一座博物館和一所美術學校。我在那裡捐建的圖書館、藝術畫廊、博物館以及音樂大廳（在這座美輪美奐的建築裡能演奏四重奏）是我一生中最為滿意的成就。這裡有我太多的記憶，因為這裡是我早期生活的地方，也是我創業起步的地方，在我心裡，今天我仍然是這古老的、煙霧繚繞的匹茲堡之子。

赫伯特·史賓賽和我們一起在匹茲堡的時候，曾聽說過我第一次為匹茲堡捐助遭拒的事情。當我願意第二次為匹茲堡捐助時，他寫信給我說，他無法理解我怎麼會再次做這件事，要是他永遠也不會這麼做的，匹茲堡不應得到這些。我回信告訴這位哲學家，如果我第一次要給匹茲堡捐助是為了得到他們的感謝，我活該成為眾矢之的，任由別人指責我貪慕虛榮。當時我能理解他們的做法。但是，我認為這對匹茲堡的人們是有益的，正是他們使我創造了財富，這些毫無根據的懷疑，只會使我更想要做些有益於他們的事情，

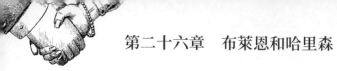

第二十六章　布萊恩和哈里森

以高尚的行為去感化他們。感謝仁慈的上帝，卡內基研究院已經建成了。匹茲堡很好地發揮了自己的作用。

第二十七章
華盛頓外交

第二十七章　華盛頓外交

　　哈里森總統曾經是位軍人，所以身為總統的他有點好戰。他的這個脾氣使一些朋友有些擔心。在白令海的問題上，加拿大的索爾茲伯里勳爵拒絕了布萊恩提出的和解協定，於是哈里森總統強烈反對透過仲裁，而傾向於透過極端的方式來解決。不過，朋友們心平氣和的勸說最終說服了他。此外，他堅決支持《軍力動員法》，反對南美國家。

　　當與智利發生衝突時，那段時間，阻止總統採取行動似乎是不太可能的，而一旦採取行動，將會導致戰爭。由於智利官方在聲明中對哈里森總統即將採取的行動表示出極為輕率挑釁的態度，這大大激怒了總統。我趕去華盛頓，想看看是否能為化解兩國的戰爭做些什麼，因為作為首屆泛美大會的成員，我對來自南方姐妹共和國的代表們有所了解，和他們的關係也還不錯。

　　碰巧，我剛進入索爾海姆賓館，就看見密蘇里州的亨德森參議員，他是和我一同參加泛美大會的代表。他停下來向我打招呼，並望著對面的街道對我說：

　　「總統在那裡叫你過去呢。」

　　我穿過街道。

　　「你好，卡內基，你什麼時候到的？」

　　「總統先生，我剛到，剛住進賓館呢。」

　　「你怎麼會來這裡？」

　　「我想和你談談。」

　　「好啊，我們一起邊走邊談吧。」

　　黃昏時分，總統挽著我的胳膊，我們漫步在華盛頓的大街上，邊走邊談，談了一個多小時，討論得非常輕鬆愉快。我告訴他，他曾指定我為泛美大會的代表，當南美代表團的成員離去時，他舉行了一個閱兵儀式，毫無疑問，那是出於對他們的尊敬，而不是向他們顯示我們的軍隊，我們寧願沒有軍隊，也不需要有軍隊。我們是共和國家族中的大哥，如果發生了任何爭端，都應該透過和平的方式來解決。所以，當我發現他現在顯然偏離了原有的軌跡，竟因為與小小的智利發生的一點小爭端而以戰爭相要脅時，感到既驚訝又傷心。

「你是紐約人，除了生意和金錢以外什麼都不用操心。這就是紐約人的思維方式，他們一點不在乎國家的尊嚴和榮譽。」總統說。

「總統先生，我是一個生活在美國的人，是戰爭的最大受益者，作為最大的鋼鐵製造商，戰爭可能會給我帶來數百萬進帳。」

「噢，對你來說的確如此，我給忘了。」

「總統先生，假如我要去參加戰鬥，我會找一個和我身材一樣的人。」

「很好，你會為此讓任何一個國家來欺侮和羞辱你嗎？」

「總統先生，除了我自己，沒有人能羞辱我。尊嚴是自己給的。」

「你瞧，我們的海軍遭到了對岸的襲擊，已經有兩人犧牲了，你對此怎麼看？」他問。

「總統先生，我並不認為一次喝醉的海軍士兵之間的爭吵，就會使美國受到羞辱，而且他們不全是美國的海軍，你透過他們的姓名就可以看出，他們是外國人。我傾向於免除船長的職務，因為當鎮上發生騷亂的時候，大眾安全已經無法得到保證，當時他居然允許海員們上岸。」

我們一路邊走邊談，直到天黑時到達了白宮門口。總統告訴我，他當晚還要外出赴宴，但邀請我第二天晚上和他一起共進晚餐，他說那時只有家裡人在，我們可以暢所欲言。

「明晚能和您一起共進晚餐，我非常榮幸。」我說。於是，我就告辭了。

第二天早上，我去見當時的美國國務卿布萊恩先生，他從座位上站起來，伸出雙手熱情地迎接我。

「嗨，昨晚你為什麼沒來和我們一起吃飯？當時總統告訴我夫人，你在鎮上，她就說：『我剛才還在想，卡內基先生在鎮上，這裡有個空座位，他來就正好了。』」

「噢，布萊恩先生，我覺得沒有見到你倒是幸運。」我回答說。於是我告訴他，我和總統在一起所發生的事。

「是的，」他說，「這倒是幸運。不然，總統可能會認為你和我是串通好的。」

正在此時，西維吉尼亞州參議員艾爾金斯進來了，他是布萊恩先生的知

己，也是總統的好友。他說，他已經見過總統，總統跟他說了昨晚和我就智利問題所作的一番交談，我和總統對這個問題有很大的爭議。

「噢，總統先生，」艾爾金斯參議員說，「卡內基先生對您說話不太可能像和我說話時那樣直率。雖然他是個極其敏感的人，但他在和您談話時自然會有所保留。」

總統答道：「我敢向你保證，我沒有看到有絲毫保留的跡象。」

事情得到了協調，這要感謝布萊恩先生的和平外交政策。據我所知，他不止一次使美國避免了外交糾紛。他有著好鬥的美國人這一名聲，真的使總統也做出了讓步，這可能不太容易被人們接受。

那天的晚宴上，我和總統進行了一次友好的長談。但他看起來狀態不是很好，我大膽地對他說，他需要休息一下，他無論如何都應該出去散散心。他說，他已經預訂了一艘快艇，打算出遊幾天，但最高法院的布拉德雷 [300] 法官剛剛去世，他必須儘快找到一位合適的繼任者。我說，有這麼一個人，但我不能推薦，因為我們曾在一起垂釣，並且是非常親密的朋友，相互之間無法做出公正的判斷，但他可以打聽一下他 —— 匹茲堡的席拉斯 [301] 先生。總統調查了席拉斯先生的情況，並任命了他。席拉斯先生得到了各地的大力支持。如果席拉斯先生不是一位非常合適的人選，哈里森總統幾乎不會考慮任用他，無論是我推薦，還是其他任何人推薦，都是沒用的。

在白令海的問題上，索爾茲伯里勳爵否認已經達成的一致協議，總統被激怒了，他決定駁回反對意見，主張進行仲裁。布萊恩先生在此問題上和總統意見一致，索爾茲伯里勳爵透過他的使節已經對此表示贊同，而後又反悔了，布萊恩先生自然感到憤怒。我發現他們雙方都沒有想要和解的意思。不過，總統的態度更為強硬一些。透過與布萊恩先生的單獨交談，我向他解釋，索爾茲伯里勳爵對此也是無能為力了。面對加拿大的抗議，他無法接受先前草率約定的條款。另一方面的原因是，由於紐芬蘭堅決要求必須穩定其利益，因此他和紐芬蘭也有爭端。在英國，沒有一個政府會因為紐芬蘭而加

300　布拉德雷（Joseph P. Bradley, 1813-1892），美國最高法院大法官。
301　席拉斯（George Shiras Jr., 1832-1924），美國律師、美國最高法院大法官。

深對加拿大的不滿。索爾茲伯里勳爵已經盡力了。沒過多久，布萊恩確信了這一點，並成功地說服總統和他站在同一戰線上。

在處理白令海的糾紛中，出現了一些頗有意思的情況。一天，加拿大總理約翰·麥克唐納爵士[302]一行人到達了華盛頓，他們要求布萊恩先生安排一次和總統的會談，就這個問題進行商議。布萊恩先生回答說，他要去請示一下總統，第二天早上回覆約翰爵士。

此事發生後，布萊恩先生在華盛頓將此事告訴了我。「當然，」他說，「我很清楚總統不會正式接見約翰爵士一行人，這一點，他們拜訪時，我已經跟他們說了。」約翰爵士強調加拿大是獨立的，「像美國的紐約州一樣獨立自主」。布萊恩先生回答說，他有點擔憂，假如他同意加拿大總理與紐約當局官員會面，他很快就會聽到來自華盛頓的一些意見，紐約當局對此也會有說法。

總統和布萊恩先生由於深信英國政府在國內沒有履行業已達成的條款，他們接受了索爾茲伯里勳爵的提議，透過仲裁來解決，相信那樣做是最好的。那對布萊恩先生來說，是非常痛心失望的。他已經建議英國和美國，在白令海各自安排兩艘艦船，雙方在海上都有相同的通行和拘捕掛有任何一方國旗的漁船的權利 —— 事實上，是一支聯合警力。索爾茲伯里勳爵給英國大使朱利安·龐斯富特爵士[303]發了封電報，對布萊恩先生在這一問題上所做出的「明智的建議」表示道謝。對於懸掛任何一方或者雙方國旗的船隻賦予同等的權利，這在人類歷史上還是第一次，是一個充滿情誼的正義條約。朱利安爵士向布萊恩先生展示了這份電報。我在這裡提及此事，是想說明，那些富有才能又樂於行事的政治家，急切期盼合作，但有時卻事與願違，沒有成功。

布萊恩先生的確是一位偉大的政治家，他眼界廣闊，有著良好的判斷力，並且一直宣導和平。在處理與智利的爭端、《軍事法案》以及白令海的問題上，他沉著冷靜，才思敏捷，追求和平。尤其是，他在團結英語民族的關

302　約翰·麥克唐納爵士（Sir John Alexander Macdonald, 1815-1891），加拿大首位總理。其政治生涯長達四十多年，在加拿大聯邦中，扮演著舉足輕重的角色。麥克唐納總共擔任了長達十九年的總理。

303　朱利安·龐斯富特爵士（Sir Julian Pauncefote, 1828-1902），英國政治家、大律師。

係中起到了積極的促進作用。布萊恩先生因法國在美國獨立戰爭中給予了我們一定的幫助而對其懷有無比的感激，但並沒有使他因此而沖昏了頭腦。

在倫敦的一次晚宴上，布萊恩先生與賓客進行了一次短暫的交鋒。當時，提出了《克萊頓 - 布爾沃協議》的一位著名政治家站出來說，他們感覺布萊恩先生一直對英國懷有敵意。布萊恩先生否認了這一點，據我所知，他的觀點是正確的，有關於《克萊頓 - 布爾沃協議》的信件為證。布萊恩先生答道：

「作為國務卿，我不得不提這個問題，我驚訝地發現，你們的外交大臣總是告訴我們，女王陛下『期望』什麼，而我們的國務卿告訴你們，我們總統『冒昧請求』什麼。當我收到這樣一份急件，上面寫著女王陛下期望的是什麼，我就回信告訴你們，我們總統『期望』的是什麼。」

「很好，你承認你們改動了信件上的措辭？」這是一枚投向他的炮彈。

他很快做出反應：「沒什麼大的變化。美國已經告別了向任何強權國家『冒昧請求』的階段。我只不過是向你們學習，如果女王陛下總是能『冒昧請求』，你們將發現我們的總統也會同樣這麼做。如果你們還是用『期望』這樣的字眼，恐怕美國也只好以『期望』來回應了。」

一天晚上有一場宴會，約瑟夫·張伯倫（Joseph Chamberlain）先生和蘇格蘭鋼鐵公司總裁查爾斯·田納特爵士[304]是宴會上的嘉賓。那晚，張伯倫先生說，他的朋友卡內基是一個很好的夥伴，他們都很高興看到他功成名就，但他不明白為什麼美國每年給卡內基價值 100 萬英鎊或者更多的保險，難道是為了補貼鋼軌生產？

「噢，」布萊恩先生說，「我們不那麼認為。我對鐵路有興趣，我們過去向你們買鋼軌，常常每噸要付 90 美元，一分不能少。現在，就在我從家鄉出發前，美國政府已經和我們的朋友卡內基簽訂了一筆大合同，每噸鋼軌只要 30 美元。我感覺，如果卡內基及其他人沒有冒險在我們的大西洋岸投資製造業的發展，那麼今天我們還在以每噸 90 美元的高價向你購買鋼軌。」

304　查爾斯·田納特爵士（Sir Charles Tennant, 1823-1906），蘇格蘭商人、實業家、自由黨政治家。

這時，查爾斯爵士插話說：「這點你完全可以相信。90美元是我們商定的出口價格。」

布萊恩先生微笑著說道：「張伯倫先生，我認為你反對卡內基的理由不夠充分。」

「是啊，」他回答，「我怎麼可能有充分的理由呢，查爾斯爵士不是背叛了我嗎？」接著，大家都笑了。

布萊恩是一位少有的健談者，他講話有個最大的優點，那就是：我從來沒有聽到他講錯任何一件事或是說錯任何一個詞，即使是最挑剔的人也聽不出任何問題。他像鋼夾一樣反應敏捷，是一位令人愉快的夥伴，並且他還造就了一位傑出穩重的總統。我發現他真的很保守，在所有的國際問題上都強烈宣導和平。

第二十七章　華盛頓外交

第二十八章
海約翰和麥金利

第二十八章　海約翰和麥金利

　　在英格蘭和蘇格蘭，海約翰是我們的常客。1898 年，就在他來斯基伯看望我們前夕，麥金利[305]總統召他回國，任命他為國務卿。很少有人記錄過他在公務上的事情。他以自己的真誠贏得了人們的充分信任，一直以來都是那麼的志向高遠。他痛恨戰爭，認為那是「人類最殘忍和最愚蠢的行為」。

　　在去紐約的路上，我在倫敦遇到海約翰和亨利·懷特[306]（公使館祕書，後來成為法國大使），當時菲律賓事件是一個焦點問題。我高興地發現我們對此事觀點相似，都認為這嚴重背離了我們的一貫政策，美國一直以來避免攻占遠方及不相連的國土，在美洲大陸內保持我們的主權，尤其是要遠離軍國主義的漩渦。在倫敦海先生的辦公室裡，我和海先生、懷特一拍即合，在這個問題上統一了意見。此前，他給我寫來了下面這封短信：

1898 年 8 月 22 日於倫敦
親愛的卡內基：

　　感謝你在斯基伯的熱情款待以及你親切的來信。上週，我聽到並且讀到這麼多友善的過譽之詞，這真是一件嚴肅而又有趣的事。對我來說，就好像他們在談論另外一個人，而我正是被寄予期望去做這項工作的人。我希望在最後離職前，仍然能留下一點友好的印象。

　　我懷著濃厚的興趣拜讀了你發表在《北美》上的文章。以我目前的境況，我無法贊同你的觀點。我腦海裡想的只有一個問題，那就是：我們現在從菲律賓撤退的可能性有多大？幸好沒有讓我來解決這個難題。

　　這項他原本還在慶幸不會安排給他的重任，偏偏就落在了他的身上，命運真的無法預料。

　　在義和團運動[307]事件中，他是最早且唯一支持中國的友好人士，並且成

305　麥金利（William McKinley, 1843-1901），第 25 任美國總統。他領導美國在美西戰爭中擊敗西班牙，提高關稅，保護美國工業，維持金本位制度，反對推行通貨膨脹政策。雖然他的總統任期因為刺殺事件的發生而縮短，但是他仍然開創了第四黨系，第二個共和黨 36 年間執政 28 年的時代。

306　亨利·懷特（Henry White, 1850-1927），美國外交家。

307　義和團運動（the Boxer troubles），是發生於 1900 年清朝末期，清朝甲午戰爭戰敗後，在西方列強劃分在華勢力範圍、華北農村頻繁發生教案、天災頻繁及宮廷權力爭鬥激化的情況下，黃河北岸農民與中國天主教教徒之間的武裝衝突。1900 年春季，在直隸有成千上萬習練義和拳並號

功地為中國贏得了公正和平的條約。他把英國看作是自己民族的一部分，對其懷有深厚的感情，在這一點上，總統和他十分相似，他們都對英國充滿了感激，因為在古巴戰爭中，英國反對其他歐洲國家的勢力支持西班牙的傾向。

《海－龐斯富特條約》就巴拿馬運河而論，似乎有許多讓我們不滿的地方。艾爾金斯參議員告訴我，就在他要去對此發表演說的那天，看到了我在《紐約論壇報》上發表並提出異議的那篇文章，這對他很有幫助。文章見報後不久，我就去了華盛頓。一天清晨，我和漢納參議員一起去白宮，發現總統為參議院修改條約一事大傷腦筋。我敢肯定，英國對於參議院的要求會很快默許，我對總統說了這想法。英國沒有任何理由不同意，因為我們為這項工程提供了資金，他們是僅次於我們的最大贏家。

漢納參議員問我有沒有見到「約翰」，他和麥金利總統一直是這麼稱呼海先生的。我說我沒見到他。於是，漢納參議員讓我去看望他，盡量使他振作起來，因為海先生為修正案一事而鬱鬱寡歡。我向海先生指出，《克萊頓－布爾沃條約》已被參議院修改過，目前幾乎沒有人知道這件事，也沒有人在意。《海－龐斯富特條約》將以修改後的形式生效，然而也沒有人會在意是不是原來的形式。他對此有些疑慮，認為英國可能不願退讓。此後不久，有一次我和海先生在一起吃飯，他說我的預料非常準確，一切進展順利。

這是當然的。英國實際上已經告訴我們，他們希望修建運河，並願意為此做任何事。這條運河如今完全屬於美國的，沒有任何國際間的複雜關係。也許當時並不值得修建運河，但這比起花費三四千萬元建造軍艦去攻打想像中的敵人要有意義得多了。修建運河可能會有點損失，但建造軍艦則可能會成為戰爭之源。因為：

> 「看見了罪惡的工具，
> 多麼容易使人造成罪惡。」[308]

稱「義和團」的農民動用私刑處死了大量中國基督教信徒與西方人士，並縱火燒毀了教堂和教徒房屋；同年 6 月，清朝中央政府允許義和團進駐北京。義和團又先於清軍進攻天津租界，最終俄國、德國、法國、美國、日本、奧匈帝國、義大利、英國八國組建遠征軍引發八國聯軍之役。

308　……多麼容易使人造成罪惡：引自莎士比亞的作品《約翰王》。

第二十八章　海約翰和麥金利

　　海先生極其討厭參議院。在那裡，只有在那裡，他會不顧禮節。假設要改動一個詞，用「條約」來替代「契約」，例如在 1905 年的《仲裁條約》提到這點時，他就變得極為激動。我認為很大的原因在於他身體欠佳，他的好友們都很清楚，他當時的健康狀況大不如前了。

　　有一次，我在海先生家吃午飯，那是我最後一次見到他。當時，羅斯福總統正在斟酌參議院修改的《仲裁條約》。以前任國務卿福斯特為首的仲裁委員會的成員們極力勸說總統同意修改條約。我們覺得海先生會贊同這點，但透過隨後我和他的談話，我發現如果總統同意了修正案，海先生將會受到刺激。如果羅斯福總統主要是為了安慰病中的海約翰而駁回這份條約，那麼我一點也不會感到驚訝。我相信我的感覺，在朋友身處困境時，我會為他做任何事來減輕他的煩惱。然而在條約這件事上，海先生非常固執，絕不向參議院妥協。離開他家時，我對妻子說，我不知道是否還能夠再次見到這位朋友。此後，我們果真天人永隔了。

　　海先生是華盛頓卡內基研究院創辦之初的主席兼理事，研究院曾得到了他的大力支持和密切關注，他為研究院提過許多明智的建議，我們對他非常感激。作為一名政治家，他在短時間內就聲名鵲起，勝過我所認識的任何一個人。不是任何一位政治人物都有這麼多親密好友的。我一直保存著他的一封短信，他曾對我的文學創作給予最高的讚美，只有他那極其可愛的性格，才會對朋友那麼熱情。在我寫下這些時，我覺得今天的世界對我來說一片黯淡，因為他已離去了。

　　西班牙戰爭是由於古巴革命恐怖事件的傳聞所引起的。麥金利總統試圖盡力避免這場戰爭。當西班牙外交大臣離開華盛頓，法國大使作為西班牙的代表來訪，和平談判得以繼續進行。西班牙提出古巴應有自治權。麥金利總統回答說，他不明白「自治」究竟意味著什麼。他希望古巴能有加拿大所擁有的那些權利，這就是他的理解。法國大使給總統看了一封電報，上面寫著西班牙同意這些條件，親愛的總統以為一切都解決了。顯然實際情況並非如此。

在紐約時，里德[309]議長常常在週日早上來看我。那年我從歐洲回來後不久，他立即來找我說，先前他已經無法控制參議院的局勢了。那時，他想辭職，並給予參議院發言權，試圖讓這一切平息下來；向參議院解釋，說總統曾經收到過西班牙同意讓古巴自治的保證書也徒勞無用。唉！一切都已經晚了，太晚了！

國會毫不客氣地質問道：「西班牙究竟到這裡來幹什麼？」國會中的大多數共和黨議員同意與民主黨一起為戰爭進行投票。整個議院一片喧鬧，哈瓦那海港的緬因號軍艦不幸被炸，有人猜測是西班牙人幹的，這無疑使參議院的局勢更加混亂。這種猜測讓人們更加相信西班牙具有作戰能力和動機。

宣戰了 —— 普克特[310]參議員講述的曾在古巴集中營所見到的情景讓參議院大為震驚。國民又質問：「西班牙究竟在這裡幹什麼？」麥金利總統及他的和平外交政策也被擱置一邊，發揮不了作用。政府宣稱戰爭不是為了擴張領土，古巴有希望取得獨立 —— 他們會信守承諾。我們永遠不能忘記這點，因為這是此次戰爭最有成效的一個方面。

侵占菲律賓是此次戰爭的一個汙點。他們不僅侵占了別國的領土，還驅走了固執的西班牙人，並為此支付了 2,000 萬美元。在與西班牙交戰的過程中，菲律賓已經成為了我們的盟友。根據總統的意見，內閣同意只在菲律賓建一座裝煤站，據說這些最初是透過巴黎的和平專委會成員電報授意的。麥金利總統當時正在西部巡迴演講，他講到了國旗和杜威（George Dewey）的勝利，自然引起一陣歡呼。他回來後，對撤退一事非常不滿，認為那樣做會不得人心，於是改變了先前的政策。他的一位內閣成員告訴我，內閣中人人都反對他的這種改變。一位議員對我說，和平專委會的戴法官從巴黎寫來一封抗議信，如果發表的話，可以與華盛頓總統的告別演說相提並論，寫得真好啊。

此時，內閣的一位要員，我的朋友柯內流斯‧N‧布利斯[311]，前來邀請我

309　里德（Thomas Brackett Reed, 1839-1902），美國共和黨政治家，曾任美國眾議院議長。

310　普克特（Redfield Proctor, 1831-1908），美國共和黨政治家，曾任美國戰爭部長。

311　柯內流斯‧N‧布利斯（Cornelius Newton Bliss, 1833-1911），美國商人、政治家、藝術品收藏家。曾任美國內政部長。

去華盛頓看望一下總統。他說：「只有你能影響他。自他從西部回來後，我們再沒有一個人能說服得了他。」

我去華盛頓見了總統，與他做了交談。但是他還是非常固執，認為撤退會引發國內革命。最終，他勸說內閣大臣，他是迫於壓力這麼做的，並且認為對菲律賓只是臨時性的占領，會有辦法解決這件事，於是內閣就不再反對了。

麥金利總統請康乃爾大學的舒爾曼[312]校長（他反對侵占別國領土）擔任委員會主席，並出訪菲律賓。後來，塔夫特[313]法官（他也強烈反對美國的霸權主義）作為委員會理事也一同前往。塔夫特法官指出，派一個公開指責霸權行為的人出訪似乎有些奇怪，然而總統說，之所以派他去那裡是有原因的。一切進展得非常順利，但是制止侵占和放棄購買領土是兩種不同的主張。這很快就能見分曉。

有一次，布萊恩先生可以運用他的權力讓參議院阻止與西班牙簽署和平條約。我去華盛頓試圖為此做點什麼，並且留下來一直等到投票。有人告訴我，布萊恩先生在華盛頓時建議他的朋友們支持他們黨派，同意通過這項條約。然而，這將使共和黨在民眾面前失去信譽。「為一場革命支付 2,000 萬美元」擊敗了別的黨派。然而，有 7 位布萊恩黨派的忠實成員投票極力反對侵占菲律賓。

為了這個問題，布萊恩先生曾來紐約找我，因為我明確反對購買領土。我立刻在奧馬哈發電報向他解釋當時的情形，請他的朋友們以自己的判斷來決定。他的回覆和我已描述過的一樣──這樣做對他們黨派更為有利。我覺得他不值得為這件事去降低自己的身分，僅僅為了黨派的政治利益會導致可悲的後果。這就需要議長的投票來決定了。布萊恩先生的一句話就能把國家從災難中拯救出來。後來很多年我對他都沒有好感，因為在我眼裡，他似乎是一個為了自己黨派的利益而寧願犧牲國家的人。

312　舒爾曼（Jacob Gould Schurman, 1854-1942），美國教育家、外交家。曾任康乃爾大學校長和美國駐華特命全權公使（西元 1921 ～ 1925 年）。

313　塔夫特（William Howard Taft, 1857-1910），第 27 任美國總統。他當過律師、美國首席大法官和戰爭部長。

投票結束後，我立即去拜訪了麥金利總統，向他表示慰問，投票的結果取決於他主要對手的支持。我向他說明了他獲勝的原因，並暗示他應該感謝布萊恩先生。的確，對於麥金利總統以及美國的所有政治家來說，在數千英里外占領一塊殖民地是一件新奇的事。他們根本不知道會牽涉到什麼麻煩和危險。美國第一次犯了嚴重的國際錯誤 —— 捲入了國際軍國主義的漩渦。政治家的一念之差會給世界帶來多大的變化啊！

幾週前（1907 年），我和羅斯福總統在白宮共進晚餐時，他說道：

「如果你想見最迫切希望將美國從菲律賓事件中擺脫出來的兩個人，那麼，他們就在這裡。」他指了指塔夫特法官和他自己。

「那麼你當時為什麼不堅持和平呢？」我回應道，「美國人民其實會很高興的。」

然而，總統和塔夫特法官都認為，我們的責任要求我們首先要為菲律賓群島的自治做準備。這就是「在你學會游泳之前不要下水」的策略，但是，將來總有一天要下水的。

霸權主義者認為，如果我們不占領菲律賓，德國也會去占領。霸權主義者永遠不會想到，這意味著英國同意德國在澳門建立一處海軍基地，與英國在東方的海軍基地距離很近。同樣，英國不久又允許德國在距離利物浦 80 英里處的京斯頓、愛爾蘭建立基地。我驚訝地聽說有像塔夫特法官這樣的一個人，雖然他最初反對霸權 —— 當我們正在討論採取重大決策後的問題時，他卻給出這樣一個理由。然而我們對外交關係知之甚少。到目前為止，我們國家是團結統一的。假如我們國家有一天變得四分五裂，那將是多麼悲哀啊。

第二十八章　海約翰和麥金利

第二十九章
會見德國君主

第二十九章　會見德國君主

　　我第一次為聖安德魯斯大學的學生所作的校長致辭引起了德國君主[314]的注意，他在紐約透過巴林[315]先生告訴我，他字斟句酌地看了一遍我的演講詞。同時，他也發給了我一份他在他長子的獻祭儀式上的演講詞。隨後，他邀請我出訪德國，但因為我有其他邀約，直到 1907 年 6 月，我和妻子才去了基爾[316]，美國駐德國大使托爾[317]先生夫婦倆在那裡迎接我們，給了我們非常熱情的款待。我們在那裡待了 3 天，其間透過他們的引薦，認識了許多著名的人物。

　　第一天早晨，托爾先生帶我參觀皇家遊艇。我沒有想到會遇見君主，但他恰巧在甲板上，看到托爾先生，他問怎麼那麼早就到遊艇上來了，托爾先生解釋說，主要是帶我來參觀一下。君主問：「為什麼不把他立即介紹給我？我希望能見見他。」

　　我正在和一群海軍將領會談，沒有注意到托爾先生和君主從後面走了過來。有人拍拍我的肩膀，我轉過身去。

　　「卡內基先生，君主陛下來了。」

　　我還沒反應過來，君主已經來到我的面前。我趕緊伸出雙手，大聲說道：

　　「這真是太巧了，我剛剛還希望能見到您，沒想到在沒有任何儀式的情況下，您就大駕光臨了。」

　　我接著說：「尊敬的陛下，收到您的熱情邀請，我經過兩天兩夜的旅途來到這裡，在這之前，我從來沒有見到過一位頭戴王冠的君主。」

　　君主笑了 —— 多有魅力的微笑啊。

　　「噢！是的，我看過你寫的書。你不喜歡君主。」

314　德國君主（Friedrich Wilhelm Viktor Albert von Preußen, 1859-1941），史稱威廉二世（德語：Wilhelm II），末代德意志皇帝和普魯士國王，西元 1888 ～ 1918 年間在位。在歷史研究中，威廉二世在德國歷史的角色頗受爭議。在 1950 年代前，他最初被視為重要而令德國歷史蒙羞的人物。但後來，一般認為對於世界大戰的爆發，他的角色不太重要，甚至完全沒有影響。可是，在 1970 年代，約翰・羅爾（John Röhl）教授等人又不同意此論調。無論如何，曾經有很多關於威廉二世的傳記推出。

315　巴林（Albert Ballin, 1857-1918），德國航運巨頭。

316　基爾（Kiel），德國北部城市，什列斯維格 - 荷爾斯坦州首府。鄰靠於波羅的海基爾灣，自十九世紀六十年代以來該市一直是德國主要的海軍基地。基爾是德國造船業中心，基爾運河的東段終點。基爾大學在此。

317　托爾（Charlemagne Tower Jr., 1848-1923），美國商人、學者、外交家。

「沒錯，尊敬的陛下，我是不喜歡君主，但當我發現在君主頭銜下的是一個真正的人才時，我會喜歡他的。」

「啊！我知道了，有一位君主是你所喜歡的，那就是蘇格蘭的國王羅伯特・布魯斯。他是我年輕時的偶像，我以他為榜樣。」

「是的，尊敬的陛下，我是喜歡這位君主。他長眠於我的故鄉丹夫林的大教堂。我童年時常常去那裡，在大教堂高聳的方形紀念碑周圍散步，每一塊石料上都刻有大字『羅伯特・布魯斯國王』。但是，尊敬的陛下，布魯斯不僅是一位國王，還是人民的領袖。他不是第一人，華萊士是第一個成為人民領袖的人。尊敬的陛下，我如今在丹夫林擁有馬爾科姆國王塔 —— 您尊貴的蘇格蘭血統也是源自那裡。您也許知道這首經典而古老的民謠《派翠克・司本斯》：

『國王坐在丹夫林的塔上，飲著鮮紅的葡萄酒。』

我想請您有朝一日去您蘇格蘭祖先的塔上看看，您也許會為他驚人的記憶所嘆服。」

他大聲說：「那太好了。蘇格蘭人比德國人更聰明機靈。德國人太遲鈍了。」

「尊敬的陛下，關於蘇格蘭的事，我不能接受您的觀點。」

他笑著和我揮手告別，大聲說道：

「今晚，你和我一起共進晚餐吧！」 —— 他補充說今晚要招待剛到的海軍將領們。

晚宴大約有 60 人出席，我們確實度過了一段愉快的時光。君主陛下坐在我的對面，美國駐德國大使托爾先生坐在他的右邊，他非常熱情地舉杯邀我們共飲。他還問我，是否告訴過我旁邊的畢羅親王[318]，他心中的英雄布魯斯就長眠在我的故鄉丹夫林，他祖先的塔在皮特克利夫峽谷，而我是那裡的主人。

---

318 畢羅親王（Bernhard Heinrich Karl Martin von Bülow, 1849-1929），德國政治家，曾於 1900 年至 1909 年間任德意志帝國總理。

第二十九章　會見德國君主

「不，」我回答說，「雖然我與陛下的交流是一件輕鬆愉快的事情，但我保證，與貴國大法官的交往將是極為真誠嚴肅的。」

一天晚上，我們在戈萊特夫人[319]的遊艇上設宴請客，君主陛下也來了，我告訴他，羅斯福總統最近對我說，希望能出國拜訪他。他認為有必要作一次重要的交談，那將會使兩國實現共贏。我相信確是如此。君主表示同意，並說非常想見羅斯福總統，希望他能來德國待幾天。我建議他不受憲法約束，乘船到美國與羅斯福總統會面。

「噢，但是我的國家需要我！我怎麼能離開呢？」

我回答說：「有一年，離家之前，我去工廠和員工們正式告別，說自己將要離開，對他們在烈日下辛苦地工作表示歉意。但我覺得現在每年都要有休假的時間，無論多麼勞累，只要站在船頭待上半個小時，看著船在大西洋的波浪中一路航行，就會有一種完全放鬆的感覺。聰明的瓊斯船長會對我說：『噢，老闆，我們也都得到了放鬆。』尊敬的陛下，或許您的人民也會有同樣的感覺。」

他哈哈大笑，這讓他有了新的想法。他再三表示希望能見到羅斯福總統。於是我說：「好的，尊敬的陛下，你們倆在一起時，我想我會支持您的。我擔心您和他之間可能會產生一點矛盾。」

他笑了笑說：「噢，我明白！你希望促使我們在一起。很好，如果你能讓羅斯福第一個騎上馬，我保證會緊隨其後。」

「啊，不，尊敬的陛下，我知道騎馬的道理，不會嘗試讓你們這樣的兩位人物一前一後地騎馬。頭一匹馬是很難駕馭的。我必須讓你們倆的韁繩縛在一起，並駕齊驅，這樣才能保護你們呢。」

我從來沒有遇到過對故事如此感興趣的君主。他是一位很好的朋友，我相信這位真誠的君主渴望世界和平和人類發展。可以肯定地說，他一直堅決主張和平。有事實為證，在他統治的過去 24 年裡，從來沒有發生過流血事件。他認為，德國海軍力量太弱，無法對英國造成影響，並且從未想過要與

319　戈萊特夫人（Mary Wilson Goelet, 1855-1929），美國社交名媛。

英國抗衡。不過，我認為這並不明智，因為沒有必要向別國示弱。畢羅親王也持有這樣的觀點，我認為不用擔心德國會影響世界和平。德國嚮往和平，其主要目標是工業發展，肯定會在這個領域裡闊步前進。

我請德國大使史登伯格（Baron von Sternberg）男爵送給君主一本《羅斯福新政》，我為這本書寫了引言，這令總統很高興。並且，我榮幸地收到了君主給我的一尊他自己的精美銅像和一封珍貴的來信。他不僅是一位君主，而且還是一個非常偉大的人 —— 為了促進世界和平，渴望改善現狀，盡力提倡戒酒、禁止決鬥等等。

有段時間，我一直認為君主確實是一位真命天子。與他見面之後，我的這種看法更加堅定了。我非常希望他將來能夠做出一番驚天動地的大事，從而流芳百世。他已經和平地統治了德國 27 年，但人們覺得他還應該做得更好些，可以透過積極的行動為各民族創建和平。一個人僅僅維護本國和平是不夠的，他還應該邀請其他重要國家聯合起來，建立國際事務仲裁協會，這是人們所希望的。不論他是本國和平的守護者還是國際和平使者，未來更值得期待。

前年（1912 年），我在柏林皇宮當面把美國的賀信呈交給他，慶祝他長達 25 年的和平統治，他的手上沒有沾過一滴人類的鮮血。我親手交給他一個裝滿致辭的盒子，他向我張開雙臂，大聲說道：「卡內基，和平統治了 25 年，我們希望世界永遠和平。」

我不由得回應道：「在這項偉大的事業上，您是我們最重要的同盟者。」

到目前為止，他靜觀其變，沒有任何行動。依我看來，關於世界和平的討論有一個主要問題，那就是如果他沒有置身於軍事集團，他是願意維護世界和平的，一個世襲的帝王不可避免地會受到階級的影響，通常，他會成為永久的統治者。目前，不論戰爭何時爆發，德國都有控制權。只要有軍國主義，就不可能有世界和平。

今天（1914 年），當我讀到這裡，變化多大啊！世界因戰爭而發生了劇烈震盪，這是前所未有的！人類像野獸一樣相互殘殺！我不敢有任何希望。最近，我看到另一位統治者出現在世界舞臺上，他可能是一位偉大的人物。在

巴拿馬運河通行費的問題上，為本國贏得榮譽的這個人就是現任總統。他生來就有不可戰勝的意志，我們真想說：

「國王可以成為神，平民百姓也可以成為王。」

對偉人來說，沒有什麼事是不可能的！那就看威爾森[320]總統了！在他的血管裡，有著蘇格蘭人的血統。

320　威爾森（Thomas Woodrow Wilson, 1856-1924），美國第 28 任總統。此前，他曾先後任普林斯頓大學校長，紐澤西州州長等職。

附錄

通往商業成功之路 [321]

與年輕人的對話：我漫長商業生涯的經驗和教訓

在人生的起步階段，年輕人從最底層做起，絕對會受益終生。現在，匹茲堡很多的商業大亨，都會在這些年輕人事業的初始階段，給予他們承擔重要責任的機會。這些年輕人可能需要拿起掃帚，在他們來到辦公室的第一天早上打掃衛生。我注意到，我們公司的辦公室有男清潔工，也有女清潔工。遺憾的是，現在很多年輕人都錯過了真正的商業教育。但是，如果在某天，專職的清潔工不在了，那些想要日後成為公司合夥人的年輕人就會看準這樣的機會，毫不猶豫地拿起掃帚，打掃衛生。

某天，密西根州一名時尚的母親詢問一名年輕人，問他是否見過一位年輕女士像她的普里斯利那樣打掃房間。這位年輕人說沒有見過，他從未見過這樣的年輕女士。這位母親對這個回答非常滿意。年輕人停頓了一下，說：「不過，我希望看到她去打掃房間。」對於剛入職的新員工來說，如有必要的話，即便讓他去辦公室打掃衛生，這又有什麼關係呢。我當年就做過這樣的清潔工，你知道當初與我一起做過清潔工的人都有誰？大衛・麥卡戈，現任亞利加尼河谷鐵路公司負責人；羅伯特・皮特凱恩，現任賓夕法尼亞州鐵路公司負責人；摩爾蘭德，現任美國檢察官。我們每天早上都會輪流打掃衛生。直到現在，我仍然記得，大衛為自己穿的那件白色胸飾襯衫感到自豪，他曾經將一條舊絲質大手帕放在上面。我們與其他男孩都認為他是在炫耀。事實上，他的確是在炫耀，因為當時我們都沒有那樣的絲質大手帕。

我們假設一下，你獲得了某個職位，有著不錯的開始。我給你的建議是「胸懷大志」。我根本不會在意那些從一開始沒想過要成為企業合夥人或是管理者的年輕人。年輕人，千萬不要滿足於單純成為辦公室主管、領班或是總經理。每天，你都要對自己說：「我追求的是最高位置。」你要成為自己夢想

321　本篇為安德魯・卡內基先生於 1885 年 6 月 23 日向卡里商務學院畢業生發表的一篇演說。

的國王！你要在自己的內心裡宣誓，你一定要到達那個位置，在奮鬥的過程中保持純潔的名聲，不讓任何人分散你對目標的專注力。在你成為公司合夥人之前，如果你在公司獲得兩三次提拔，你很快就有機會成為公司合夥人。此時，作為合夥人的你要承擔更多的責任。

讓我講一下取得成功最重要的幾個因素。千萬不要認為我要說教或給你們灌輸什麼。我只是從務實的角度去談論此話題，希望給你們一些建議，幫助你們成為成功的商人。你們都知道，如果你不是一個誠實、可信或是公平交易的人，是永遠都不可能在人生中取得值得世人讚賞的真正成功。在此，我假設你們都擁有這些特質，都決心過上純潔且受人尊敬的生活，遠離各種男女糾紛或是其他致命的影響。除非你能夠擺脫這些不良影響，否則你不可能擁有一個光明的未來。如果你不能做到這點，你之前所學習的知識以及掌握的優勢，不僅一無是處，還會加速你的失敗，增添你的恥辱感。接下來，如果我提醒你們要注意三大影響你們成功的因素，希望你們不要漠然以待。

對大多數年輕人來說，最可怕且最具誘惑力的摧毀因素就是酗酒。我絕對不是以戒酒布道者身分說的，而是作為一個了解這個世界事務的人說的。我要對年輕人說，當你們染上了酗酒的習慣後，就離失敗非常近了。當你們染上了其他惡習，都有可能改過自新。即便你們可能無法達到之前的高度，但至少也能保證不會落後太多，依然可以成為受人尊敬的人。但是，如果你們無法戒除酒癮，這一切都是不可能的。

首先，你絕對不能過量飲酒。你最好滴酒不沾。但是，如果這對你來說實在太難做到，那麼你必須制定嚴格的飲酒規定：你要下定決心，只能在吃晚飯的時候喝一點酒。在吃晚飯的時候，喝一杯酒並不會影響你在人生過程中不斷前進，也不會降低你的品格。但是，我必須要告誡你，飲酒的行為與一名紳士所應具備的尊嚴與自尊是不相符的。飲酒會讓你始終與自己想要成為的人有一定的距離。還有，你必須要下定決心，絕對不要到酒吧裡喝酒。一旦你進入酒吧喝酒，你距離成為紳士便漸行漸遠了。除非你能始終堅守自己的人生立場與底線，否則你很難以平穩的方式取得事業的成功。如果你真的要喝酒，就必須要堅持喝酒的原則，避免讓酒精成為你人生最致命的敵人。

附錄

　　我認為，對年輕人來說，第二個最具危害性的因素就是投機行為。當我還是一名電報操作員的時候，我所在的城市還沒有股票交易所，但是很多商人或是企業都到東部的股票交易所參與投機。當然，他們這樣的行為，對很多操作員來說是常見的。我必須要說，這些喜歡投機的人都不是具有正直名聲的人。我這一輩子見過太多投機者最終落得個家破人亡的境地，他們失去了所有金錢，喪失了為人的品格。我還從沒見過一位喜歡投機的人在賺到錢之後，還能很好地保管這筆錢的。這些投機者就好比賭徒，他們最終都會在窮困潦倒中死去。

　　我還要說，幾乎沒有一位投機者能夠過上正直體面的生活，他們的名聲必然存有汙點，他們對所在的社區也無法帶來正能量的影響。那些每天早上一把抓過晨報去看金融報導的投機者，想要了解自己在股票市場上的投機行為是否有所斬獲，這樣的人必定缺乏冷靜思考，無法找到解決商業問題的正確途徑。最後，這些投機者必然要延遲解決這些問題的時間，這會慢慢讓他們失去持久且專注的能量，而這些能量正是實現長久成功的必備條件。要是一個人缺乏了持久且專注的能量，那麼他是絕對不可能在人生事業中取得成功的。

　　我必須要告訴每一位年輕人，投機者與商人走的是兩條截然不同的路。我們千萬不要將這兩者混淆起來。投機者所盼望的是財富的輪子能夠突然轉動，讓他能夠一夜暴富。的確，投機者有可能在今天成為了腰纏萬貫的百萬富翁，但在明天，你再看到他的時候，他已經身無分文了。但是，真正意義上的商人卻明白一個道理，即只有透過長年的耐心與不懈的努力，才能獲得屬於自己的報酬。這些人明白，自己所取得的成功，絕不是任何運氣帶來的，而是透過自身的思考與努力實現的。在這些奮鬥的歲月裡，他始終懷抱這樣一種積極的思想，即除非他的經營工作能夠給別人帶來財富，否則他是無法給自己帶來財富的。

　　另一方面，投機者根本不會關注別人或是所在社區民眾的福祉。在這座城市裡，很多年輕人都受到一夜暴富心理的誘惑，他們嘗試在石油產業內進行投機，最終以徹底的毀滅告終。

事實上，無論這些年輕人最終是賺到了錢還是身無分文，他們都是這個過程中的受害者。我知道，在座的各位有可能也受過這樣的誘惑，但是我希望給你們提示一點，即當你們受到強烈誘惑的時候，請記住如下這條建議：你要對那些慫恿你將微薄的存款用於投機行為的人說，如果你真的想要博一下，那麼希望你購買一座不錯的房子作為居住的地方。只有在這方面進行所謂的投機，你才有可能獲得公平的對待，不會受那些人的欺騙。與此同時，你千萬不要去碰自己毫不了解的股票市場。當然，你可能只是想碰一下自己的運氣，這是投機行為中的另一方面了。

　　對於立志成為優秀商人的年輕人來說，沒有比正直的名聲與毫無瑕疵的信用更為重要的資產了，因為信用能夠讓你獲得別人的信任，讓別人知道你是一個有原則與堅定品格的人。請相信我，對那些想要獲得貸款的公司或是個人來說，若是銀行董事會成員知道這些公司或是個人曾經從事過投機行為的話，那麼這會斷絕獲得貸款的可能性。事實上，無論這些企業還是個人在投機行為中是否有所收穫，還是他們只是偶爾嘗試這樣的投機行為，其實都是一樣的。一旦別人知道你是一個喜歡投機的人，那麼你的信用就會受到損害，之後你的信用便徹底消失。

　　每個正常人都不會相信，一個在下一個小時裡可能會輸掉所有錢的賭徒的話。誰也不知道這樣的人所說的話還有什麼分量。當然，大家都可以肯定一點，那就是這樣的投機者或是賭徒最終必會失去一切，而那些曾經相信過他們的人則會因為自己的錯誤判斷而難逃指責。因此，如果你下定決心要成為一名優秀的商人，永遠不要參與投機。

　　我認為，第三種給年輕人帶來嚴重負面的影響因素，就是養成替他人背書的習慣。這樣的習慣讓很多原本有遠大前途的年輕人最終一蹶不振，一輩子無所作為。事實上，倘若我們認真地思考一番，就會發現這個不良因素多麼可怕，因為這個因素通常都包裹著友情的外衣攻克你。這樣的不良習慣會激發你慷慨解囊的本能，此時，你會說：「我怎麼能夠拒絕朋友的請求，不去以我的名字為他作擔保呢？」正是因為很多年輕人這樣做的時候，都覺得自己理直氣壯，才讓這樣的行為變得非常危險。關於這個問題，讓我以更加穩

妥的方式告知你們應該怎麼去做。我希望你們能夠從現在開始為自己立下一個規矩，永遠不要為他人背書；這與永遠不要喝酒、不要抽菸或是嘗試其他會刺激神經的東西一樣。作為一名商人，你有時的確需要為他人做一定的擔保。但是，你首先要考慮自己的能力，以及自己的名聲是否會因此受損。

如果你擁有一定的財富、資本以及名聲，那麼你就有必要保證自己長久地擁有這些東西，千萬不要為自己所信任的人而破壞了這些東西。沒有比你為別人背書之後卻無法兌現的行為，更加迅速地影響你的名聲與尊嚴的了。當一個深陷債務的人去為另一個人背書，這並不是另一個人要去承擔這樣的資本風險，而正是為他背書的那個人去承擔這樣的風險。如果為他背書的人無法兌現承諾，那麼他就違背了信任。因此，你要永遠記住，除非你有足夠的現金去償還債務，否則絕不要在力所不及的情況下為他人背書。

在你為他人背書之前，要將背書這種行為視為一份禮物，然後詢問自己你是否願意將這份禮物送給朋友，或是你是否願意將自己的金錢就這樣白白地作為抵押。

先生們，除非你們能夠始終站在一個誠實商人所應該處的位置，否則我認為你們目前所在的位置並未牢不可摧。

在此，我再次懇請你們要遠離酒精、投機與背書。千萬不要犯下這三種錯誤中的任何一種，因為酒精與投機行為對立志成為商人的年輕人來說就好比暗礁，必然會讓年輕人在商海之旅中翻船，而背書的行為則會讓年輕人在這趟旅程中，直接撞上看得見的礁石。

假設你沒有犯下這三種錯誤，那麼我們接下來要面對的問題就是：當你身處低位的時候，你該怎樣做才能慢慢爬升上來呢？因為在我看來，你肯定有這樣的野心與希望。在此，我可以告訴你們實現這一目標的祕密。這個祕密即：你們不應該問自己這樣一個問題「我能夠做什麼？」，而應該這樣問「我能夠為我的老闆做些什麼呢？」要是你能夠忠實且認真地履行日常的工作職責，這當然是非常好的。但事實上，在這樣情況下，你也只是僅僅完成了這份工作的題中之義而已。我認為，對當代年輕人來說，這樣做是不夠的。僅僅完成自己的本職工作，是不足以讓你日後成為公司的合夥人。你必須要

做超越本職工作的其他工作。我們將職員、會計員、出納員以及銀行櫃員都歸於這一類的員工，關於這一類員工，我沒有什麼可說的。

那些想要出人頭地的年輕人必須要做某些亮眼的工作，做出一些超過本職工作要求的額外工作。這樣的年輕人必須要吸引老闆的目光。一位運務員可能在檢查票據的時候，發現一張發票存在著問題，這可能與他的工作職責沒有多大關係，他也完全可以對此視若無睹，但這樣做無法讓他獲得額外關注的目光。如果一位負責監管秤重的職員發現秤有問題，然後對此進行調整，為公司節約了成本，那麼他就會得到額外的關注，雖然秤本身出現問題是屬於專業技師的過錯。如果一位送信員能夠在職責之外做的更好，讓每位顧客都感到滿意，那麼他就為自己日後獲得提拔打下了基礎。

對於有能力且有意願的年輕人來說，這個世界沒有哪一份工作是過於卑微或是地位過低以至於讓他無法將自己的潛能與能力展現出來，從而無法贏得別人的信任與青睞。某天，你可能會做一些事或是說一些話，雖然這樣做並不是你的本職工作，但這便是你的機會。此時，你應該像一個男人那樣勇敢地站出來，說出自己的想法。你應該無所畏懼地闡述自己的觀點，然後給出自己的理由，向你的老闆證明：雖然他所關心的焦點都集中在其他事情上，但是你耗費了許多時間去幫他思考他所面臨的問題，想辦法促進他的利益。你提出的想法可能是正確的，也有可能是錯誤的，但是無論你的想法正確與否，你都已經具備了取得成功的第一個要素：你已經吸引了老闆的目光。你的老闆發現，他並沒有僱用一位只有給錢才聽使喚的員工，而是一個真正為公司著想的人，知道這樣的員工，並不滿足於每天只是完成自己的本職工作，而是願意將業餘時間，投入到對公司未來的思考中。任何老闆都必然會關注與重視這樣的員工，對他們留下良好的印象。沒過多久，老闆就會詢問這些員工在某個特殊問題上的建議，接著老闆就會在更寬廣的領域內徵求他的意見。這就意味著合夥的關係，即便你不是與現在的老闆成為合夥人，也會與其他人成為合夥人。在這種情況下，你的雙腳已經踩在樓梯上了，至於你能爬多高，很大原因取決於你自己。

你們經常會聽到這樣一句錯誤的格言：「如果聽從老闆的命令會損害公

司的利益，你也要遵守。」我希望你們能夠避免犯下遵守這句格言的錯誤，千萬不要這樣做。你根本沒必要遵守這樣的命令。你要勇於違背命令，去幫助老闆實現利益。對那些具有偉大品格的人來說，他們有時需要勇敢地打破陳規，創造性地使用一些全新的工作方法。按部就班，唯唯諾諾的做法只適合那些毫無大志的人，對於像你們這些日後想成為老闆或合夥人的年輕人來說，你們絕對不應該忘記最重要的職責，就是為老闆的利益進行考慮，遵守任何對老闆有益的命令。當這些命令有助於促進你老闆的利益時，你要迅速地執行。當你知道自己必然能夠取得成功的時候，就要勇敢地承擔起責任。

除非你對你所在部門的了解程度要超過你的老闆，否則你是永遠都沒有機會成為合夥人的。當老闆需要你獨當一面的時候，你要充分展現出自己的能力與才幹，告訴老闆你知道怎麼去做。你要向老闆指明，他的一些命令存在錯誤的地方。當你有條件的時候，就應該與自己的老闆進行爭論，並且要儘早抓住機會這樣去做。如果你的老闆是真正意義上有遠見的老闆，那麼他肯定會重視像你這樣的員工。如果你的老闆對你這樣做感到非常不滿，那麼他就不是值得你為之工作的老闆 —— 若情形如此，就應該遠離這樣的老闆，即便這樣做會讓你犧牲目前的地位，但你應該去投靠一位能夠慧眼識才的老闆。

在卡內基公司裡，我們年輕的合夥人都充分展現出了他們的專業知識與才幹，他們對一些部門的了解要遠遠超過我們。其中一些合夥人在與我交流的時候，表現出他們才是這家公司的老闆，而我只是一位無所事事的紐約人，想要就我個人一無所知的問題發表一些建議。是的，這些年輕合夥人就是這樣做的，但他們這樣做並沒有受到什麼限制。他們是這家公司真正意義上的老闆，也是我們想要找尋的優秀人才。

未來的合夥人或者說未來的百萬富翁都有一個共同的特點，即他們的收入總是超過他們的支出。這些人從人生早期剛有能力去賺錢的時候，就養成了節約的習慣。當他們在有節約空間的時候，都會選擇去節約這一部分的資源。然後，他們會以穩妥的方式去進行投資，他們不一定去投資國債，而是憑藉他們良好的常識與判斷力，投資他們認為有利可圖的事業，但他們這樣

做絕對不是賭博。當你身無分文的時候，就會發現自己根本沒有任何投資機會。當你一點一滴地節約財富，最終將會讓你獲得超過你想像的信用。資本家都信任那些養成良好節約習慣的年輕人。

當你透過勤奮工作與節儉生活節約一百美元，去找尋一位合夥人的時候，就能發現一位願意貸款一千美元給你的人。當你能找到貸款給你一千美元的人，就能找到願意貸款給你五萬美元的人。你的上級真正需要的，並不是你的資本，而是需要證明自己有能力去創造資本，並以最好方式去創造資本的人。就自律層面來看，每個年輕人都需按照這樣的目標去進行調整。先生們，真正起到決定性作用的，是你節約下來的一百美元。從現在開始，就開始節約吧。當你一點一滴地累積財富時，你就已經擁有未來百萬富翁的雛形了。

當然，除了節約之外，我們還應該有更高的目標。若是我們將獲取財富作為一個終極的目標，那麼我們會發現過度累積財富是一種可鄙的行為。我認為每個人節約財富，都應該是為了我們與後代過上更好生活的一種手段，而不是目的。你必須要記住這一基本原則：始終做到量入為出。

當你年復一年地處在一個較低位置的時候，你可能會失去耐心，或是感到無比沮喪。毋庸置疑，當企業慢慢地趨向聯合之後，對於沒有資本的年輕人來說，特別是在匹茲堡這座城市，要想有一個更好的起步，的確是變得越來越困難了。因為在這些地方，大規模資本是極為重要的。在此，我要告訴你們一個事實，作為對你們的鼓勵。在世界上的任何一個國家裡，沒有比美國的年輕人更有機會迅速出人頭地的了。我們的企業始終在找尋著那些有能力的一流記帳員（請注意，我在這裡使用的複數），這樣的需求始終是供不應求的。年輕人不應該將自己無法取得成功歸結為目前的商業狀況，而應該從自身方面去找尋原因。

根據一些年輕人的說法，他們說自己根本沒有獲得過任何機會，因此他們無法成功。事實上，這完全是一派胡言。每一個年輕人都會遇到屬於自己的人生機遇，前提是他必須要為這些機遇做好準備。從他到一家公司上班的第一天開始，他就要研究自己頂頭上司的想法。過了一段時間之後，如果他

的工作價值得到認可之後，那麼他就應該研究公司高層人員的想法。他的能力、誠實、習慣、人際交往、脾性、性格等因素都會被別人所分析與權衡。那些宣稱自己沒有獲得任何機會的年輕人，其實正是那些被他們的上司不斷考察的員工，最後上司發現這些員工身上缺乏獲得提拔的必備特質與條件，或是認為這些員工沒有資格成為公司的合夥人。這背後的原因可能是因為這些員工展現出來的一些不良行為與習慣等原因，而這些員工還認為他們的雇主對此一無所知。

另一類的年輕人，則將他們的失敗歸結為老闆任人唯親或是他們遭受了不公平對待。他們始終認為，他們的老闆不喜歡比他們更加聰明的員工，認為他們的老闆妒賢嫉能，喜歡打壓那些聰明的員工。事實上，這一類年輕人的說法是毫無根據的。與此相反，每家公司都非常需要優秀的人才去更好地工作。將適合的人才放在適合的位置上，這是每個老闆都想要做到的，因為這能夠給他帶來最大的好處。所以說，每一位優秀的老闆都會找尋優秀的人才。在匹茲堡這座城市，每位老闆都在努力找尋著那些具有商業能力的年輕人，每個老闆都表示，他們發現要想找到真正優秀的年輕人是一件多麼困難的事情。真正有頭腦的年輕人是供不應求的，因為這些人能夠給老闆帶來更大的價值。

比方說，如果你是一位種植莊稼的農民，就會想辦法將農作物更好地推廣到市場上，使之供不應求。當你在這個過程中耗費了更多的腦力，你就能從這些農作物中獲得更高的利潤。這與諸如野生燕麥的價值是不一樣的，因為我們無法讓野生燕麥出現豐收的狀況，但是，野生燕麥在市場上是受歡迎的。

年輕人要勇敢地投身到每一項合法的商業活動中，因為在美國這個國家裡，任何一項需要你投入無限精力、耐心、資本與勤奮的工作 —— 不管這是什麼類型的工作 —— 都必然會讓你得到合理的回報。每個產業都會有經營慘澹的時候 —— 在盈利之前，很多製造商與企業都必須要經過多年的考驗，他們都是在勉強維持或是以微利的方式營運，但他們必須要保持企業的管理團隊與員工的完整性，保證產品持續地投放到市場上。另一方面，每一項合法

的商業活動若是能夠以合理的方式進行處理，必然能讓從事這些活動的人從中獲得合理的利潤。

取得成功最主要因素或者說最重要的祕密：將你的能量、思想與資本完全專注於到目前從事的工作中。當你沿著某個方向前進，就要下定決心走好這條路，一路上不斷提升自我，掌握最先進的機械知識，了解所有你應該要了解的知識。

那些失敗的企業，都是那些分散資本的企業，這意味著這些企業將許多人力資源都分散掉了。這些企業在這方面或是那方面進行過於分散的投資。「不要將你所有的雞蛋都放在一個籃子裡」這句話是錯誤的。我要跟你們說「將你們所有的雞蛋都放在一個籃子裡，然後好好看管這個籃子。」你可以看看身邊的情況，然後就會發現，那些這樣做的人通常都不會失敗。對所有人來說，看管一個籃子總要比看管多個籃子更容易做到。要是我們嘗試一下子看管太多籃子的話，這必然是吃力不討好的。那些想要同時攜帶三個籃子的人必然要將一個籃子放在頭頂上，這就很容易摔跤，最後將頭頂上那個籃子的雞蛋全部打碎。美國的很多商人之所以失敗，就是因為缺乏足夠的專注力。

在此，我總結一下之前所說的內容：年輕人要胸懷遠大，目標高遠。絕對不要去酒吧那些地方，不要嘗試酒精，即便在吃飯的時候也不要喝酒。絕對不要從事投機活動，絕對不要在力所不及的情況下幫別人背書。將公司的利益看成自己的利益；為了維護老闆的利益不惜違背老闆的命令。要始終做到專注；將所有的雞蛋都放在一個籃子裡，然後看管好這個籃子；要始終做到量入為出。最後，要有足夠的耐心。正如愛默生所說的：「除了你自己，沒有人能夠阻擋你取得最終的成功。」

我祝賀那些出生貧苦的年輕人，正是因為他們出生貧苦，才讓他們不得不全身心投入到工作當中。對於年輕人來說，壓在頭頂上的債務才是最沉重的負擔。一般來說，出身卑微的年輕人不得不承受一定的債務。我們這座城市很多正直的年輕人，同樣背負著這樣的包袱，但是他們努力成為我們國家最有價值與最有用的人。這些年輕人值得我們尊重。但是，大多數富二代卻無法抵抗財富帶給他們的誘惑，過著腐化墮落的生活。我認為，對年輕人來

說，這個世界上最大的詛咒，就是繼承著一大筆不勞而獲的財富。真正有上進心的年輕人絕不應該懼怕這些富二代。合夥人的兒子不會成為你們未來前進的障礙，相反，你們要小心那些出身比你們更加貧窮、父母無法供他們讀書的年輕人，這些人可能會成為你們日後最大的競爭對手。你不要擔心那些含著金湯匙出生的人，而要時刻小心那些沒有接受過多少教育，一開始從打掃衛生起步的年輕人，這些年輕人可能是你們這一代人最大的黑馬，成為你們日後最大的競爭對手。

二、對金錢的基本認知 [322]

> 物物交換 —— 商品的直接交換。
>
> 金錢的需求與使用。
>
> 比較金與銀這兩種衡量價值的標準。
>
> 金錢的標準如何影響一個國家的信用。

我認為，每一個曾在公開場合發表過演說或是出版過文章的人，有時都會希望別人能夠放下手頭上的事情，認真地聆聽他講幾分鐘。這天早上，我也有這樣的感覺，因為我相信一個嚴重的不良因素正在影響著我們的國民與整個國家，只是因為絕大多數人 —— 包括農民與上班族 —— 都不明白有關金錢的問題。所以，我希望能夠以一種每個人都能夠明白的簡單方式去解釋一下「金錢」。

也許，在我所想像的一大群聽眾中，肯定會有一些人認為我又在對他們洗腦了，肯定會大聲說：「你認為你是誰？一位百萬富翁？鋼鐵巨頭？還是《麥金利法案》的獲益者？」在我發表這篇演說之前，讓我首先回答這位「想像中的先生」提出的問題，我已經多年沒有見過與一千美元等值的黃金了。就《麥金利法案》而言，也許我是美國人當中最有權對此發表怨言的人，因

322　本篇為安德魯·卡內基先生於 1891 年 6 月《北美評論》雜誌發表的一篇文章。

為該法案削減了對進口鋼鐵的關稅，並且將關稅降低了百分之二十、百分之二十五與百分之三十。如果這項法案真的如那位打斷我的聽眾所言，讓我從中獲益的話，那麼我肯定會告訴他，我對削減進口鋼鐵關稅的做法是非常不滿的。作為一名美國製造商，我想在國內市場與國外製造商進行競爭。我認為，即便該法案規定將關稅固定在某個百分比，關稅保護應該在一定的範圍之內，讓美國製造商在合理的關稅範圍與國外的製造商進行競爭。

無論他們是誰，無論他們從事什麼職業，無論他們是在礦場、工廠、田野裡工作，還是他們是農民、工人、商人、製造商還是百萬富翁 —— 他們都會對了解金錢這個問題，產生濃厚的興趣，按照他們對金錢的認知採取正確的態度。因此，我希望你們能夠認真聆聽我所說的話，因為對一名工人有好處的內容，對所有工人都是有好處的；對一個人有害的，也必然會損害所有人的利益，不管這些人是窮人還是富人，都是如此。

要想深入了解這個問題，你們首先要明白，為什麼會存在金錢。第二個問題是，金錢到底是什麼來的。我這樣跟你們說吧，以我們這個現代國家的某個地方作為講解例子吧。過去，當人們只是在土地裡耕種，商業與製造業都沒有發展起來的時候，人們的需求其實並不多，因此他們能夠在沒有「金錢」的情況下生活。當他們需要某些東西的時候，可以直接透過物物交換的方式去獲得自己想要的東西。想要獲得一雙鞋的農民可以給鞋匠幾蒲式耳的大米去交換一雙鞋，他的妻子可以透過交換幾蒲式耳的馬鈴薯，得到一頂寬邊太陽帽。因此，在過去的時代，所有的購買行為都可以經由直接的物物交換來完成。

隨著人口不斷增長，人們的需求越來越多，物物交換這種方法變得極不方便。此時，這個地區的某個人開設了一間百貨商店，在商店裡出售許多民眾最需要的商品。農民可以拿他們種植的農作物去交換他們想要的東西。這是金錢發展歷史上的一大飛躍，因為當農民想要六件不同的商品時，他不再需要找六個不同的人去交換這樣的商品，他只需要到這間商店裡直接用等量的農作物就能換取這六件商品。此時，農民可以直接找到這間商店的老闆，拿出自己所種植的農作物，然後交換他想要的商品。至於商店老闆是給農民

茶葉、咖啡、毛毯或是乾草耙，這都沒有關係。至於商店老闆從農民手中得到什麼類型的農作物 —— 無論是小麥、稻米還是馬鈴薯，這也沒有什麼關係。之後，商店老闆可以將從農民那裡得到的商品去城市裡交換他想要的其他商品。農民甚至可以用從商店裡交換得到的商品，來支付他所僱用的工人薪水。此時，這個地區還沒有出現所謂的金錢，仍然處於一種物物交換的階段 —— 這是一種商品與另一種商品之間的直接交換，這樣的交換方式是非常不便的，就其成本而言也是非常昂貴的，因為參與交換的農作物必須要進行搬運，這無形中會增加這些商品的成本價格。

　　某天，假設這位商店老闆可以用一蒲式耳小麥換取十磅重的糖，但在農民下次前往這家商店的時候，商店老闆可能就無法依然像上次那樣以同等的糖去換取一蒲式耳的小麥了。但是，如果小麥的市場價格不斷上升，沒有出現任何回落的跡象，那麼你們可以肯定一點，即商店老闆無法像之前那樣用同等的糖換取更多的小麥。這與農民提供給商店老闆的其他農作物來說，都是一樣的。這些農作物的價格會出現波動，茶葉、咖啡、糖、衣服、靴子以及鞋子等商品的價格都會出現波動，因此商店老闆也會依市場的波動來調整物物交換的比例。

　　現在，我們可以肯定一點，即在所有這些交易活動中，商店老闆相比於農民所處的地位來說是具有優勢的。因為，他要比農民更早知道市場價格波動的情況，他知道在什麼時候能夠以更好的價格去購買農民的商品。那些精明的商店老闆在這種物物交換的過程中始終占據著有利的地位。在這裡，我希望你們要特別注意一點，商店老闆之所以想從農民手中得到這些商品，是因為他有更好的途徑，將這些商品換成對他來說更有利的商品。在維吉尼亞州，通行的物物交換媒介是菸草。在我們國家的大部分地區，最主要的物物交換媒介是小麥 —— 因此，我們經常可以聽到這樣一句話「像小麥一樣值錢。」小麥之所以在當時的美國各地都深受歡迎，是因為小麥這種商品可以非常輕易地處理掉。關於小麥的有趣事情，我可以從我一位來自匹茲堡的朋友那裡得到有趣的驗證。這位朋友賈奇‧梅倫創作了這個世界上最優秀的一本傳記，他在這方面有著獨特的天賦。當賈奇的父親將他帶到匹茲堡附近的

農場，他表示自己不願意以「金錢」來支付，而要用「一袋袋的小麥」來支付 —— 每年要支付固定數量的小麥袋數。這件事發生在不久之前。

現在，我們所稱的「金錢」，在當時的西部或是南部並不經常使用。但你可以看到，若是沒有金錢的出現，那麼生活經驗也會讓民眾意識到，他們必須要選擇其他商品作為物物交換的媒介。因此，在賓夕法尼亞州，這種物物交換的媒介是小麥；在維吉尼亞州，這種物物交換的媒介是菸草。之所以出現這樣的情況，絕不是因為國會通過的任何法律，而只是因為民眾的生活經驗告訴他們，他們必須要選擇某種具有「金錢」功能的商品來作為交換的媒介，這種被選擇的商品必須要具有一定的價值，並且能夠被人們所廣泛接受。除此之外，在不同的地區，人們會選擇不同的交換媒介。小麥在「像小麥一樣值錢」的地區，就是被視為具有「金錢」媒介功能的商品。民眾之所以會有這樣的約定俗成，絕對不是因為國家法律的規定，相反，這是獨立於國家法律之外的。民眾在漫長的生活生產中一致認定，小麥應該成為他們交換其他商品的媒介。在維吉尼亞州，菸草是主要的農作物，因此，那裡的民眾就將菸草視為他們那個州的「金錢」。

在此，請各位讀者認真思考一下，人類社會在選擇基本商品作為我們所說的「金錢」時做出的選擇吧。民眾在選擇這些交換媒介的時候，都會選擇那些價值波動最小的商品作為媒介，並且這些被選擇的商品要被人們所廣泛使用或是喜歡，市場對這種商品的需求始終是非常迫切的，因此這樣的商品始終具有一定的價值。「金錢」這個詞，只是意味著用一種基本商品作為媒介去交換其他商品的名詞而已。任何一樣東西並不是因為法律的規定而具有價值，然後就被強制性地規定為「金錢」的。首先，這種被選擇為具有「金錢」媒介功能的商品，必須要具有價值，並能滿足民眾的生活需求，所以這樣的商品本身就具有基本商品的屬性 —— 也就是金錢的功能。這樣的商品本身就能凸顯出自身的價值。顯然，小麥與菸草就是這種意義上的「金錢」。現在，我們會將黃金與白銀視為交換的基本媒介。

此時，人類在金錢發展階段又邁出了一大步。同時，這個國家的人口越來越多，民眾的需求變得越來越多，並且需求也越來越多元化。要是繼續以

小麥或是菸草等大宗商品作為交換媒介的話，就存在著諸多不利因素，比如這些商品的價格會出現波動，很容易出現腐爛的情況，並且其品質等級也存在著差異。因此，民眾很快就發現，繼續使用這些商品作為交換媒介是非常麻煩與不便的，根本無法適應日漸頻繁的商業交易需求。因此，民眾決定放棄將小麥與菸草作為交換商品的媒介。之後，民眾意識到，金屬在證明自身價值方面具有天然的優勢。因為，金屬本身並不會腐爛，也不會迅速貶值，並且金屬與小麥以及煙草一樣，本身也擁有能夠進行物物交換的媒介屬性。民眾需要一些金屬來進行個人裝飾，或是用金屬進行工業製造或是藝術創作 —— 總之，金屬的用途是極為廣泛的。正是這樣一個眾所周知的事實，讓民眾覺得金屬是作為「金錢」的一種理想媒介。只要我們稍微計算一下黃金所具有的多種用途，就會深刻地意識到，這種金屬作為金錢的媒介是有著充分的理由。無論在世界上的任何地方，黃金都能夠具有一定的價值。即便在當代，要是年輕人沒有金戒指，甚至都無法結婚呢。

　　當時，因為金屬本身在開放的市場裡所具有的價值，已經得到了民眾的公認，並且因為金屬的供應量是受到限制的，並不像小麥或是菸草那樣可以迅速增長的，因此這些金屬在價格方面的波動性，就要比之前作為「金錢」的小麥與煙草小很多。價格波動小，這個因素是極為重要的。因為，有權作為基本商品的商品本身需要的一個特點，就是這種基本商品的價值必須要比較恆定。人類已經本能地意識到，必須要在這個世界上找尋一種像北極星始終在天空的北邊位置那樣恆定的商品，作為一種交換的媒介 —— 這種能夠作為交換媒介的商品，在其價值本身的波動性上必須要非常小，正如北極星始終懸掛在天空的北邊位置。對民眾而言，這種代表「金錢」的基本商品，其價值就需要像北極星那樣恆定。其他商品都需圍繞這種基本商品的價值來波動，正如雖然其他星星的位置經常發生變化，但是北極星的位置卻始終不變。

　　此時，人類已經在金錢發展的歷史上走了很長一段路，已經放棄了所有容易消逝的商品作為金錢的念頭，選擇了金屬作為我們的「金錢」，或者說，選擇了那些證明了自身具有價值的金屬作為金錢。但是，金錢發展階段的歷史並沒有就此結束，我們還需要邁出重要的一步。

當我在中國的時候，我得到的「金錢」，就是商家用天平秤對一些碎銀進行秤重，因為當時的中國並沒有類似於銀幣那樣的金錢。在暹羅[323]，「貝殼」被視為金錢 —— 一些美麗的小貝殼是當地人喜歡的，他們用這些貝殼作為美麗的裝飾品。十二個這樣的小貝殼代表著一分錢的價值。但是，你們可以清楚地看到，對我來說，要想防止中國的商人給予我本應得到的銀子，或是在暹羅這樣的地方，要避免我得到品質糟糕的貝殼 —— 這些貝殼本身的價值我一無所知 —— 是根本不可能的。因此，世界上的文明國家很快就意識到一點，他們有必要讓他們的政府拿出一定數量的金屬，然後按照這些金屬的重量、純度與真正的價值打上標籤。因此，這就出現了用金屬進行「造幣」，使之變成「金錢」的階段 —— 這是一個巨大的進步。此時，民眾能夠一眼看出每塊金屬所具有的價值，再也不會因為自己的無知而遭受欺騙，再也不需要任何秤重或是檢驗品質了。

請注意，政府對金屬打上標籤，不會讓金屬本身獲得任何價值。政府絕不能無憑無據地強制給一些東西增加價值。政府這樣做，只是告訴民眾，每個硬幣的金屬所具有的市場價值，正如金屬 —— 這種原料 —— 作為金屬本身所具有的價值。

在完成這個過程之後，還是會出現很多欺詐的情況。一些不法之徒會將硬幣的邊緣切割下來，從而讓很多硬幣的重量要比一開始的時候輕許多。一名聰明的法國人發明了在硬幣邊緣進行「軋齒邊」處理，制止了這種偷竊行為。最後，文明國家製造的硬幣才慢慢成型，這是人類歷史上已知的最完美交換媒介了，因為這些硬幣本身就具有一定的價值，並且其價值不會輕易發生波動。一種最適合作為「金錢」的基本商品其價值是永遠都不會發生變化的。這對保護工人、農民、商人以及所有勞動者的利益，都是至關重要的。因為如果「金錢」本身的價值容易發生變化，那麼對這種金錢背後所代表的商品投機行為，無疑會給大眾的福祉造成嚴重威脅。因此，作為「金錢」的商品在價值方面不能出現太大的波動。

323　暹羅，即今天的泰國。

附錄

　　要是選擇一種價值經常出現變動的商品作為「金錢」媒介的話，這會讓農民、上班族以及所有從事金融商業的人都處於極為不利的位置。關於這方面的內容，我們在前面談到農民到百貨商店裡進行商品交換的時候已經描述過了。你們都知道，在風平浪靜的時候，魚是不會跳出水面，自己上鉤的。只有當海面波濤洶湧的時候，可憐的魚才會因為自己犯下的錯誤而成為受害者。同樣的道理也適用於當今的商界。在面臨經濟風暴的時候，當商品的價格出現上升過高或是下降過低的時候，當作為金錢的商品所具有的價值上下波動的時候——無論是在今天還是在明天——我們都知道，這個時候的形勢是非常不明朗的，那些狡猾的投機者就會想辦法從渾水中捉到魚，將犯下錯誤的「魚」都裝在籃子裡。因此，農民與機械工人，乃至所有種植莊稼的人，或是靠薪水來度日的上班族們，他們都急切盼望能夠選擇某種能夠被他們視為金錢的基本商品，而這種被選擇的商品本身必須要具有固定的價值。

　　當人類將金屬作為金錢使用的時候，發現單純使用金銀這兩種金屬作為交換的媒介，是無法滿足日常生活的所有需求。只有當我們製造一美元的硬幣時，選擇用黃金來鑄幣才是明智的，因為要是我們用銀幣去做價值一美元的硬幣，那麼這個硬幣就會顯得太大。因此，我們需要使用其他一些價值沒有那麼高的金屬來做小額面值的硬幣，此時，我們就選擇了白銀這種金屬。但是，我們很快就發現，我們用白銀做成的銀幣，其最小的面值不能低於十美分硬幣。要是我們用銀幣去做面值為一角的硬幣，那麼這個硬幣就太小了。因此，我們不得不選擇其他的金屬去做面值較小的硬幣。此時，我們選擇了比白銀價值更低的金屬來做，我們選擇了鎳與銅的合金來做五美分硬幣。但即便如此，我們還是發現用鎳幣去做一美分與兩美分面值的硬幣還是太小了，因此，我們最後只能選擇用銅來做一美分的硬幣——每個硬幣本身所具有的價值，並不是因為政府的強制性規定，而是因為這些硬幣本身所包含的金屬所具有的價值。

　　因此，銅制一美分的硬幣就必須要代表著價值一美分銅的價值。在五美分鎳幣裡，我們試圖用鎳銅合金去做，但是，因為銅與鎳這兩種金屬的價值每天都會發生變化，其變化的幅度要遠遠超過白銀，因此我們根本無法讓每

一枚硬幣具有真正意義上的價值。如果我們在某天使用等值的鎳幣，過了一段時間，隨著鎳這種金屬的市場價值上升了，那麼這些鎳幣肯定會被擁有這些硬幣的人融化，從中漁利。到那時，我們國家就不存在任何鎳幣了。因此，我們必須要留下一定的波動空間，在這些硬幣中放入一些價值更低的金屬，用來代表這些硬幣面值本身所代表的價值。因此，這些面值較小的硬幣在金錢歷史上就被稱為「代用貨幣」。

這種「代用貨幣」都是按照黃金來進行比照的。任何人要是擁有二十枚五分鎳幣，都可以拿到價值一美元的金幣。只有這樣，才能讓民眾對手中的硬幣產生一種安全感。一般來說，每個國家都會對使用「代用貨幣」的數量有一定的限制，並且將少量的代用貨幣規定為合法貨幣。比方說，在英國，任何人都不能要求其他人收下價值超過十美元的「代用貨幣」，而所有的銀幣都被歸類為「代用貨幣」。

在金錢的發展歷史上，我不能再跟你們講述其他發展歷史了。因為在金屬鑄幣階段，我們已經完成了金錢發展歷史的最後一步。但是，我還有其他一些事情要跟你們講。

雖然，一些人會認為，在金屬鑄幣的階段，我們已經達到了完美的狀態，並且認為大眾再也不會因此遭受欺騙，失去他們辛辛苦苦勞動得來的誠實金錢，從而無法過上他們想要的生活。但是，即便金屬鑄幣出現了，還有一種欺騙民眾的方法。有時，當某個國家的政府因為長期的戰爭或是瘟疫等情況出現財政極度緊缺的情況，那麼這些硬幣就會出現貶值的情況。當一些國家真的處於極度貧窮，或是無法從經濟災難中恢復過來的時候，那麼這些硬幣就會貶值。當一枚硬幣沒有擁有這枚硬幣面值所示的價值時，那麼這枚硬幣就已經貶值了。這樣的做法並不少見，很多政府都採取這樣的方式來剝削大眾的財富。這是一種非常非常古老的手段了。在耶穌基督誕生的五百七十四年前，古希臘就曾採取過讓硬幣貶值的做法。羅馬皇帝在整個帝國日落江河的時候也採取過這樣的做法。英國在西元 1300 年採取過讓硬幣貶值的做法。蘇格蘭硬幣曾經貶值到面值一美元的硬幣只代表十二美分。愛爾蘭、法國、德國與西班牙等政府在想剝削民眾的財富時，都紛紛採取了這樣

的間接手段。當然,讓硬幣貶值,這始終是最後不得已而為之的一種手段。

上面列舉的這些例子發生在很久以前。現在,一流的國家都不會這麼下作的。當我這樣說的時候,我必須要指出一個例外。我必須要低下頭,滿臉羞愧地指出 —— 美利堅合眾國,就是這樣做的。美國財政部發布的每一枚面值一美元的銀幣,都是貶值的硬幣。當一個政府發行貶值的硬幣時,就相當於告別了之前民眾認為是穩健的經濟政策。財政穩健需要政府職能按照每一枚硬幣本身所需要的價值去發行硬幣,避免民眾因此遭受欺騙。每當政府在硬幣上打上「一美元」的標籤時,這應該代表著 371.25 克白銀,但美國政府卻打上了一個謊言,這是非常恥辱的!事實上,當下一美元銀幣的價值其實根本沒有一美元,只有七十八美分。

民眾對金錢的另一個錯覺,經常會讓國家陷入困境 —— 這樣的錯覺認為,政府可以單純透過印製鈔票來「生錢」,正如每個人都可以透過寫一張欠條,說某個期限內一定償還這筆錢的方式來獲得金錢。但是,你們都知道,當你這樣做的時候,你其實沒有「生錢」,而只是在欠下一筆「債務」。當任何一個政府這樣做的時候,都需要履行償還這些債務的義務。無論對個人還是對國家而言,他們都有可能在大規模發行鈔票之後無法用實際的價值去兌現。法國政府在大革命時期[324]就曾這樣做過。最近的一次是南方聯盟在內戰期間[325]以超快的速度來印製鈔票,現在這些鈔票所具有的價值與其所規定的面值差距太遠了。任何類似的行為都可以證明,要是鈔票的面值背後沒有任何真正具有價值的實物作為支撐,那麼這樣的鈔票是沒有任何價值的。

我們的國家發行國債,其他國家的民眾以四十美分的價格購買價值一美元的債券,他們需要承擔與支付百分之六的利息,但我國要用黃金來償還。不過,當我國出現經濟困難或是其他緊急情況時,即便是我們國債的安全性還都會受到質疑。只有當我們的政府嚴謹地遵守財政穩健的理念,用黃金來

324　大革命時期,1789 年 7 月 14 日在法國爆發的革命,統治法國多個世紀的君主制在三年內土崩瓦解。

325　內戰期間,是美國歷史上唯一一次內戰,參戰雙方為北方美利堅合眾國和南方的美利堅聯盟國。戰爭最終以北方聯邦勝利告終,戰爭之初本為一場維護國家統一的戰爭,後來演變為一場為了黑奴自由的新生而戰的革命戰爭。

償還之前那些購買國債的人所應得的利息與本金，而不以白銀或是任何可能貶值的貨幣來支付的時候，那麼這些國債才是具有價值的。只有這樣，美國的國家信用才能在全世界具有最高的信譽，甚至要超過大英帝國。處理有關「金錢」議題與處理其他議題都是一樣的，我們必須要明白「誠實才是上策」。我們的政府還發行了一些所謂的「美鈔」，但是每個擁有這些美鈔的聰明人都知道，政府必須要動用價值一億美元的黃金儲備來贖回這些美鈔，只有這樣，每一個手中拿著美鈔的人都可以去財政部那裡，憑藉著美鈔來換取等值的黃金。

現在，我要告訴你們，這種作為基本商品的金屬需要證明的另一個屬性，你們可能會覺得這是難以置信的。全世界都相信這些金屬本身所具有的固定價值，認為這些金屬具有一種穩定的價值，認為這樣的「信用」是非常高的，認為美國的金銀硬幣與美國政府所發行的美鈔，只代表著這個國家商業交易的商品總值的百分之八左右。若是你前往任何銀行、商業信託、工廠、商店或是任何商業地方，你都會發現，每當完成了價值十萬美元的交易之後，大約只使用八千美元的鈔票，這八千美元只是用於小額的購買與支付行為。將近百分之九十二的價值都透過鈔票與匯票等方式去完成。這個重要的共識是聯邦政府、州政府、郡政府與市政府發行債券的基礎。發行上億美元的債券能夠讓我們國家建造鐵路系統，讓民眾將上億美元的金錢存入儲蓄銀行裡，這些銀行再將這些金錢借貸給其他各方，最後必須要將這些錢全部收回，否則那些可憐的儲蓄者就會全部或是部分失去他們的金錢。

因此，這個國家的商業發展與交換行為並不是單純透過「金錢」就能完成的，因為這些金錢背後所代表的商品必須要具有價值。正如在之前的時候，這些商品可能不會成為交換的媒介。一塊金屬被稱為「金錢」，可以用來進行交換，因此當今的金屬本身——也就是「金錢」一詞不再被使用了。購買大宗商品的買家使用的支票與匯票會存入銀行，然後在買家與賣家之間進行溝通。為什麼賣家願意收下這樣一張紙——這張代表著買家欠款的紙張呢？因為，拿著這張紙的賣家知道，如果他真的需要獲得黃金，那麼他可以憑藉這張紙去獲得等量的黃金。他相信自己不需要攜帶大量的商品，為什麼

會這樣呢？因為他希望用這樣的方式與其他賣家或是任何人進行交易，而不是直接透過黃金的方式去進行交易。最為重要的是，每個人都相信黃金這種基本的商品是不會在價值方面出現波動的。我們必須要記住，無論黃金的價值是升是跌，這對於大眾來說都是一件壞事。黃金價值的穩定性才是最重要的，也最符合民眾的基本利益。

因此，當民眾要求將更多「金錢」投放到市場流通的時候 —— 也就是說，民眾需要更多具有基本商品屬性的金錢，來進行其他商品的交換時 —— 你們可以看到，其實整個市場並不需要更多流通的「金錢」。任何銷售小麥、菸草或是其他商品的人，都不會在進行商品交易的時候遇到任何問題。在大約三個月之前，我們這個國家遭受了一場嚴重的經濟動盪。有人說，市場上的「金錢」已經無法更好地為實現商業目標服務了。但是，我們需明白一點，我們國家並不缺乏金屬，而是缺乏「信用」 —— 這代表著民眾的一種信任。每個人都可以看到，除了小規模的購買或是支付的情況，所有進行的商業活動其實都不能稱為「商業」活動。

今天，很多商人走在大街的時候，總會有人過來懇求他們給予一定程度的「信用」，並且承諾每年要支付百分之二的利息。在過去九十天裡，關於市面上的「金錢」問題，其實不需要我們進行過多的考量。對我們國家而言，無論是在一月分還是在三月分，市面上的金錢量都是一樣的。事實上，真正導致這種局面的出現，並不是因為市面上缺乏金錢流動性，而是因為每當出現價值十萬美元的商品交易時，買家總是以只有九萬兩千美元的「金錢」去進行支付，這樣的事實才真正地動搖了我們的經濟基礎。金屬本身以及票據 —— 我們經常說的那些所謂真正的「金錢」 —— 不僅僅適用於那八千美元。此時，我們就涉及到了損害經濟發展基礎層面中最危險的一個因素。當買家可以用原價百分之九十二的價錢去購買這些商品的時候，那麼整個經濟基礎就被動搖了 —— 其中包括民眾的信心與整個國家的信用 —— 雖然百分之八的差異看似是無關緊要的，但這其實才是最為致命的。

同樣的情況也出現在金屬本身或是政府發行的債券上。因為設定正確的標準商品，這是進行任何交易活動的基礎。無論是那九萬兩千美元還是八千

美元，都應該以標準商品的價格去進行衡量。因此，你可以看到，如果標準商品的價值受到了損害，那麼囊括所有經濟活動的商業大廈就會出現斷層，最後必然讓整個國民經濟陷入困境。

此時，我已經講完了有關「金錢」的問題。我們可以將上述的這些事實運用到目前的經濟形勢上。在這裡，我們必須要提到白銀問題。我知道，你們肯定都非常關注這個問題，因為對你們所有人來說，白銀問題是所有經濟問題中最為緊迫、最需要急切解決的一個問題。你們可以看到，人類在發展進步的過程中，已經採用了多種「基本商品」作為金錢來使用，在發現更好的替代物之後，都選擇了放棄之前那種「基本商品」，最終選擇具有寶貴價值的金屬，作為最完美的交換媒介。在當今的文明國家裡，只有兩種金屬可以作為標準的金屬 —— 在一些國家裡，這種金屬就是黃金，在另一些國家裡，這種金屬就是白銀。沒有哪一個國家會同時使用兩種金屬作為標準的。幾個世紀以前，白銀在中國、印度、日本成為了標準使用的交換媒介，而當代的一些南美國家也依然在使用白銀，作為商品交換的標準媒介。當這些國家在做出這種選擇的時候，他們的選擇是明智的。按照目前的價值，這些國家所使用的白銀所具有的價值已經超過了白銀本身價值的一倍。之後，白銀作為標準的商品交換媒介就逐漸固定下來了，並且在以農業為主的國家裡成型了。

相比於那些亞洲國家或是南美國家，歐洲的主流國家與我國要更加發達一些。我們認為，有必要找到一種比白銀更加寶貴的金屬，作為標準的商品交換媒介。雖然白銀在世界的很多國家裡都是被視為標準的貨幣，並且在以黃金為標準的國家裡作為「小額零錢」來使用。但是，這些國家都認為，應該按照黃金的價值來衡量白銀本身所具有的價值。他們制定的標準是，一盎司黃金等於十五點五盎司白銀。請注意，這才是市場對黃金與白銀之間比價的一個標準。這些國家並沒有試圖對白銀的價值進行任何虛假的設定，只是根據白銀這種金屬本身所具有的內在價值去進行衡量。除此之外，以黃金為本位的國家都認可一點，即當這些協議最終達成之後，就需要按照黃金與白銀的比價去贖回所有白銀。在這一協議下，世界各國在商業貿易方面進展的非常順利，並且持續了相當長一段時間。越是發達的國家就越是願意選擇以

黃金為本位，不是很發達的國家則願意以白銀為本位，但在過去的一段時間裡，這兩種類型的國家在商業貿易方面都沒有出現大的問題。

既然這樣，現在每個人都在討論的白銀問題，又是怎麼冒出來的呢？請記住下面這個事實：當黃金的供應量始終保持一個恆定數值的時候，而大量的白銀儲量由於被發現，再加上礦業工具的不斷發展與銀礦精煉廠的出現，因此越來越多的白銀以越來越低的成本被開挖出來，白銀的價值很自然地就不斷下降。在 1872 年，一盎司白銀的價值為一點三三美元，現在只有一點零四美元，最低點曾經低至九十三美分。白銀的價值出現了大幅度的波動，失去了以往較為穩定的價值。

對於那些以白銀為本位的國家而言，當然就會出現民眾的恐慌情緒或是災難性的經濟後果。大英帝國的殖民地印度就面臨著這樣的局面。印度這個國家有超過兩億八千萬人口，該國面臨著最為嚴重的問題。同時，你們也可以看到，南美許多國家因為白銀這種標準商品的價值出現貶值，陷入了嚴重的經濟問題。即便歐洲一些以黃金為本位的國家，也受到了一些衝擊。因為按照之前達成的協議，一盎司黃金與十五點五盎司白銀等值，這對那些擁有大量白銀儲備的國家來說，肯定是有好處的。絕大多數國家在白銀問題出現之前，就已經預見到了這樣的可能性，並且停止繼續增發白銀。一些國家想辦法處理他們擁有的大量白銀儲備，歐洲依然有一些國家擁有價值高達十一億美元的白銀儲備，這還沒有將作為零錢使用的「代用貨幣」計算在內。按照目前的市場價格，一盎司黃金的價值至少等同於二十五盎司白銀，而不是按照這些國家之前所協商的十五點五盎司白銀。

所有歐洲國家都已經看到了這樣的可怕後果，想盡辦法來逃脫以白銀為本位所可能帶來的嚴重後果。1878 年，組成拉丁聯盟的國家 —— 包括法國、比利時、義大利、瑞士與希臘等國家 —— 最終達成了一致，為了解決白銀價值問題，最終決定關閉他們國家製造法定白銀硬幣的造幣廠。在 1873 年與 1875 年，瑞典與丹麥也在白銀價值出現雪崩的時候，及時地逃離，現在這些國家已經堅定地站在了黃金本位的立場上。在 1875 年，荷蘭實際上也以黃金為本位。1879 年以來，奧匈帝國沒有鑄造一枚銀幣了，僅僅少量用於特殊商

業貿易的「泰勒」銀幣。即便是半文明的俄羅斯也對這樣的情況保持著警覺的態度。從 1876 年開始，俄國就已經關閉了白銀造幣廠，不再用白銀鑄造貨幣了，除了製造少量供應給當時的大清帝國。

因此，你們可以看到，歐洲的這些國家都嘗試過用白銀作為本位，並且都發現了這樣做可能帶來的嚴重經濟後果。現在，這些國家都在想盡一切辦法來擺脫這樣的可怕局面。在過去十三年裡，白銀硬幣已經從很多國家的造幣廠裡消失了。在這段時間裡，歐洲大多數國家不再以銀幣作為法定貨幣了。只有我們國家，仍然在白銀鑄幣的危機中越陷越深。當我們知道了歐洲那些老牌國家都紛紛轉向黃金本位的時候，我想很多讀者肯定會想，為什麼我們不及時亡羊補牢呢？因此，你們可以看到，每當一個國家使用白銀作為本位的時候，都會出現嚴重的經濟問題。對於白銀本位的國家而言，如何處理之前累積的大量白銀，這是一個嚴峻的經濟問題。這個問題就像厚厚的陰雲籠罩在這些國家的未來。

在世界上的大多數國家裡，白銀價值出現了大幅度貶值，這嚴重影響到世界各國的經濟貿易。因此最近幾年，很多國家不得不就這個問題進行多次會議。美國政府也派出了代表參加這些會議。這些會議的目標，就是看世界上主要的貿易國家是否能夠就黃金與白銀的比價達成全新的協定。但這個問題的結論是，倘若我們不完全了解白銀未來的儲備量與供應情況，就急切地對白銀與黃金進行全新的比價，這是非常危險的。也許，白銀的價值會跌落到二十五或是三十盎司才能與一盎司的黃金等值的局面，但是誰不敢做出這樣的保證。我們的國家已經深陷這樣的危險之中，因為我國擁有價值高達四億八千兩百萬美元的白銀儲備，而這些白銀已經大大貶值了。我們只能與那些同樣陷入困境的鄰國進行協商，以債主的身分出現這些會議，希望幫助那些無力償還債務的國家。

也許，你可能會這樣問自己，當我談到歐洲的一些國家都紛紛放棄白銀的時候，為什麼我沒有提及我們的主要對手 —— 英國呢？請聽我慢慢說，然後再思考我的這個回答。因為，英國根本沒有使用過白銀。法國銀行擁有價值高達六億五千萬美元的白銀，但在英國的銀行儲備裡，每一分錢都是用

最穩定且最不容易貶值的金屬 —— 黃金 —— 去代表的。英國就像老狐狸一樣狡猾。我們親愛的祖國安穩地坐在椅子上，在其他國家面臨白銀問題時，悠閒地吹著口哨。英國擁有龐大的黃金儲備，這讓倫敦成為了世界的金融中心。如果你在其他國家進行任何出售或是購買的行為，只需要從倫敦方面匯出一張匯票就可以了。因為每個人都知道，無論是在世界上的哪個國家，倫敦方面都能給出最好的貨幣，這種貨幣的價值是永遠都不會貶值的，因為這種貨幣是黃金。為什麼那些聰明的商人不會想著從巴黎、維也納或是紐約那裡獲得匯票呢？為什麼呢？這些國家已經因為大量的白銀儲備而遭受了嚴重的經濟損失，政府也許可能透過立法方式，讓匯票兌換的金屬為白銀，但白銀的市場價格浮動的太厲害了，因此任何聰明的商人都不會選擇從這些地方得到匯票。

我希望，美國民眾能夠認真觀察英國方面採取的經濟政策。在很多國家面臨白銀問題時，英國始終保持冷靜，在對待那些深陷白銀問題困擾的國家時，也顯得非常有禮。英國之所以願意屈尊參加這些會議，是因她的殖民地印度，正是一個以白銀為本位的國家。要不是因為印度出現這樣的情況，英國肯定會非常有禮貌地拒絕參加這樣的會議。當所有人都在談論黃金與白銀之間進行全新的比價時，英國表示，他們也不知道該在這個問題上做出什麼樣的決定。當然，英國肯定是祈禱美國在白銀問題上越陷越深，直到最終放棄白銀本位變得不可能為止。這樣的話，英國將會繼續執行他們之前的政策，強化他們作為金融中心的地位。英國在經濟層面上的潛在敵人並不是在歐洲大陸，而是美國。如果我國因為白銀本位而陷入衰退或是經濟動盪，最終不得不宣布放棄償還之前的債務，讓我國在世界失去所有信用 —— 這對英國來說將是最大的好事！英國的打算是，美國繼續用白銀吧，我們大英帝國繼續用黃金。這就是英國所打的如意算盤，每一個美國人都應該明白，絕對不能出現這樣的情況。各國政府也許可以就白銀問題通過他們想要的法律，但是，世界上其他國家對他們這樣做是不關心的。因為，國家與國家之間的商業貿易只會以黃金為基礎，這一點是不會改變的。英國知道這個基本的事實，並一如既往地執行他們的經濟政策。

我想，我此時已經聽到你們用憤怒的口吻這樣問：「為什麼我們的國家要像法國那樣，擁有價值高達三億一千兩百萬美元的白銀呢？而不是像我們的對手英國那樣，以黃金作為本位貨幣呢？」這是我國每一位農民與勞動者都應該提出的問題，也需要從代表他們的國會議員那裡得到一個明確的回答。其實，這個理由非常簡單。下面我來講講出現這個局面的歷史原因吧。我們可以看到，白銀的價值已經出現了大幅度貶值，很有可能會繼續貶值下去。歐洲很多擁有大量儲備的國家都迫不及待地想要兜售這些白銀，白銀持有者與銀礦所有者都對這樣的情況非常恐慌。要怎樣做才能挽救這種不斷貶值的金屬呢？顯然，只有政府才唯一有權力去承擔起這樣的責任，讓所有擁有白銀的勢力最終屈服。不過，民眾所擁有的財富都是以白銀為基礎的。如果真的出現這樣的情況，民眾就會與那些投機者一道，以最直接的方式去反對自身的利益。

　　1878 年，美國政府就白銀價值問題通過了第一部法律。該法律要求我們政府每月至少要購買兩百萬盎司的白銀，而其他國家則停止了鑄造銀幣，因為白銀的價值已經變得非常不穩定了。那些白銀持有者則堅稱，美國政府的這種購買白銀的行為會提升白銀的價值，但他們的說法對嗎？這是完全錯誤的說法，這樣做並沒有提升白銀的價值。接下來又該怎麼做呢？「啊！」那些持有白銀的投機者接著說：「現在最嚴重的問題是，政府在這方面還沒有走的更遠，因此只能繼續增加政府的購買量。讓政府每個月購買的白銀量從兩百萬盎司提升到四百五十萬盎司吧。這肯定會提升我國銀礦與白銀的價值。」當這些白銀投機者說，要是政府每個月購買四百五十萬盎司的白銀，這的確要比美國的銀礦產量更高，的確是在陳述一個事實。接著，八百到一千萬盎司的白銀每年則用於其他方面的使用，而不是繼續鑄造成銀幣，而每個月只將不到四百萬盎司的白銀製造成銀幣。很多人受到了錯誤思想的影響，認為如果政府每個月加大購買白銀量，就必然會提升白銀的價值。最後，白銀的價格的確提升了一些，因為很多人在法案通過之前以投機的方式購買了這些白銀。最後，白銀的價格從之前九十六美分提升到了一點二一美元，幾乎回到了之前與黃金的比價。

　　但是，這個全新法案通過之後，又出現了什麼後果呢？這個問題的答案可以從目前的白銀報價單看出來。白銀的價格從之前的一點二一美元跌到了九十七美分，我們又回到了之前的原點。因此，我們不僅沒有從白銀問題中掙脫出來，像英國那樣回歸到黃金本位。相反，那些白銀持有者反而成功地向我們的政府傾銷了大約價值為三億九千萬美元的白銀。現在，我國的局面與法國一樣糟糕，但存在一個不同之處：在過去十三年裡，法國與其他國家已經小心謹慎地不再增加任何白銀了，而我們的政府則每個月增加四百五十萬盎司的白銀儲備量，並且在購買這些白銀的時候失去了等量的黃金。美國政府的做法試圖忽視白銀作為貨幣本位的地位已經出現了改變的嚴重事實，還依然試圖將白銀與黃金進行掛鉤。這樣的行為違背世界所有一流國家的基本判斷。我們不僅要購買國內銀礦生產的白銀，還從世界其他國家的銀礦那裡購買白銀，每年購買白銀所耗費的錢大約為一億六千八百萬美元。除此之外，我們還準備購買歐洲許多因為白銀問題負擔過重的國家所提供的價值十一億美元的白銀，這些歐洲國家恨不得立即將這些白銀傾銷給美國政府。

　　政府購買白銀的行為不僅沒有達到提升白銀價值的目的，還讓目前的政府在出售價值三億一千三百萬美元的白銀時，必須要支付給白銀持有者數百萬美元的費用，從而造成一定的損失。你們可能很難想像，財政部竟然還發表聲明，政府從購買白銀的行為中已經獲得了六千七百萬美元的利潤。財政部之所以做出這樣的聲明，只是因為當政府在購買白銀的時候，其實只是以八十美分購買名義上一美元的白銀。所有這些所謂的「利潤」都是虛假的。你們可以看到，我們的國家已經被錯誤地引導到購買白銀的行為當中。政府每個月透過稅收獲得四百五十萬美元的收入，這並不是出於憲法意義上維持政府的目標，而只是人為地提升金屬的價格，從而讓白銀的價格比其原本的價格更高一些。我們的政府成為了很多白銀持有者與銀礦所有者獲得財富的工具。這已經是非常糟糕的行為了。但是，放棄使用黃金本位，繼續堅持使用白銀本位，這才是最為要命的。

　　美國有奴隸制的不光彩歷史。之後，美國政府廢除了奴隸制。直到今天，美國依然沒有制定成文的法律，保護本國公民在創作方面的自由。這方

面的恥辱也已經過去了。但是現在，美國卻陷入了「貶值硬幣」的恥辱當中。我國發行實際價值與面值不相符的硬幣，除了墨西哥 —— 當然，墨西哥也只是發行少量的銀幣 —— 我國是世界上唯一一個這樣做的國家了。但是，雖然我們頭上籠罩著這樣的恥辱，但是「貶值硬幣」所帶來的金融惡果還沒有真正到來。因為，雖然我們的政府發行了貶值的硬幣，但政府在徵收關稅與稅收的時候，使用同樣的貨幣，這就讓這些貨幣成為了法定貨幣，使之在目前依然是具有一定價值的貨幣。按照這種方式，我們的政府才勉強維持住銀幣的價值。但是，我國政府究竟還能夠將每個月發行四百五十萬美元的銀幣或是銀票，並且確保這些銀幣與黃金之間的比價多久，這是一個沒有人確切知道答案的問題。但是，有一件事是非常清楚的：最終，我們政府會不堪重負，除非白銀的價值得到上升，或是我們有充足的黃金儲備可以兌現每枚硬幣上的面值，或是政府停止購買白銀的行為，否則我們遲早會像阿根廷或是其他南美國家那樣，回歸到黃金本位的貨幣標準中去。

當世界各國對發行白銀硬幣的國家失去信心時，一旦有人要求贖回卻無法得到滿足的時候，那麼白銀貨幣就會帶來嚴重的問題。假設你與幾個人決定從森林裡搬動一根非常重的木頭，你彎著腰，與其他人一同將木頭扛在肩膀上。此時，一些人懷疑你在扛上木頭之後是否還能走路。假設與你一起扛木頭的兩三個人在用懷疑的眼光交換了一下眼神之後，認為你最好還是獨自扛著這塊木頭走路，這將會產生什麼結果？缺乏信任可能會讓剩下的一兩個愚蠢的人獨自扛著木頭，最後被沉重的木頭壓死。同樣的道理也適用於衡量貨幣價值的微妙問題上。少數的投機者或是主張黃金本位的人都會下定決心，無論最終出現什麼狀況，他們都會確保自己的安全，而不會成為那個被壓死的人。

即便是在那些最激進的人看來，他們都會產生這樣的懷疑，即美國政府是否能夠承擔起世界上其他國家施加的重擔，並且獨自扛下去？當其他國家都紛紛這樣嘗試之後，發現世界歷史上沒有哪個國家在強制要求使用一種貨幣的固定價值的努力而取得成功的時候，那麼他們的信心自然會出現動搖。請記住這點：我們的政府目前之所以在白銀問題上取得成功，只是因為他們

發行的白銀數量是有限的，並且還有能力用黃金去進行贖回 —— 正如你可以拿出一張白紙，在上面寫著這樣的字眼：「這張紙價值一美元，我保證日後可以還給你。」這就變成了你「不能兌換」的錢。問題就在於，你還能在多長時間內說服別人收下這些紙幣，讓他們將這些紙幣當成是真正的金錢呢？那些原本就心存懷疑的人到底還要多久才會指出你發行了太多這樣的空頭支票呢？一旦你不再發行這些紙幣了，這些紙幣就會慢慢失去信譽，民眾也開始懷疑，如果他們想要贖回的話，是否還能夠獲得等價的黃金呢？

這樣的情況也適用於政府：民眾在日常的小額交易裡使用銀幣，是沒有什麼問題的，雖然大家都知道這些銀幣所包含的金屬與其面值並不相等。要是政府沒有再進一步，徹底改變這樣一種只能代表商品部分價值的貨幣的話，那麼這個政府的管理是非常糟糕的。但是，我們需要記住，任何政府如果繼續發行這些缺乏內在價值的金屬作為貨幣的話，那麼政府的信譽遲早有一天會消失殆盡的。最後，每個國家都不得不重新鑄造這些「貶值」的硬幣，或是宣布拒絕償還之前的債務，面臨著失去經濟信譽與地位的重重危險。在很多這樣的例子裡，「貶值」的硬幣都沒有得到贖回，那些持有這些貶值貨幣的民眾成為了可憐的受害者。

不過，目前的《白銀法案》條例中有不錯的規定，如果這個規定不修改的話，可能會漸漸減少發行更多的「貶值的銀幣」。這需要政府將每個月購買的四百五十萬美元銀幣中的兩百萬銀幣，鑄造成使用期為一年的硬幣。在這之後，政府只能鑄造少量銀幣，對已經發行的銀票進行必要的贖回。當民眾更加喜歡使用銀票而不是白銀的時候，那麼政府就不需要繼續製造銀幣或是大大減少銀幣的鑄造了，最終只需發行銀票就可以了。當政府不再鑄造銀幣，才能真正抬起頭來面對本國的民眾 —— 才能避免成為白銀投機者手中的工具，每個月不再以白銀的方式購買四百五十萬美元，而是以票據的方式來做。當然，這樣做必然會讓民眾意識到真正的事實，會讓他們要求政府立即打擊那些肆無忌憚的投機行為。

不過，無論從哪個方面來看，以銀票的方式去購買白銀，要比鑄造「貶值的硬幣」來的更好，風險也更低。因為，這會讓政府在日後更容易去鑄造

真正具有價值的銀幣 —— 也就是說，鑄造的銀幣所包含的價值能夠與一美元的價值相等，而不是按照現在的 371 克白銀，或是 450 克或是 460 克白銀。到時候，政府可能需要這麼多白銀才能換來價值一美元的黃金。就我所知，任何形式的立法工作都不可能帶來符合民眾長久利益的結果。但是，在物質利益層面之外，還涉及到更高的東西 —— 那就是我們這個共和國的榮譽問題。政府的信用應該是毫無瑕疵的，不能承受任何拒絕償還債務所帶來的負面影響。

我認為，美國的大部分人 —— 當然，除了白銀持有者 —— 都會完全贊同選擇黃金為本位的貨幣。如果民眾意識到問題就在於在一兩種金屬 —— 白銀與黃金 —— 之間的選擇，那麼他們肯定會一致選擇黃金作為標準的貨幣。這肯定是絕大多數民眾的呼聲，雖然宣揚白銀本位的人會否認，目的是為了阻礙黃金本位，表示他們只是希望能夠提升白銀的價值，並且讓白銀獲得與黃金一樣的地位。但是，這樣做就好比讓兩匹馬在一場賽馬比賽中同時成為冠軍，或是宣布這兩匹馬的賽跑能力是完全一樣的。你甚至可以說，一個國家應該懸掛兩面國旗。正如當一些民眾被問到是願意選擇一些價值經常變動的白銀還是穩定的黃金時，他們肯定會回答願意選擇黃金一樣。黃金的標準貨幣地位是不可能與其他金屬共用的，正如我國的星條旗是不可能與其他國家的國旗，同時飄揚在我國的上空。因為，金錢領域存在著這條法則：劣幣驅逐良幣。這個道理是非常清楚的。

假設你得到了五美元面值的金幣與五美元面值的銀幣，並且你對國會是否會通過有助於將白銀提升到與黃金一樣地位的法案存在著疑問的時候，那麼在一百個人當中，會有九十九個人認為，這項法律會讓白銀虛高的價值穩定下來，但是其中一人可能對這項法律所產生的作用表示懷疑。我認為，即便有一個人願意去談論這樣的「金錢」，那麼他就越會產生懷疑的心態。雖然，你可能對此沒有疑問，但事實上，我依然存在這樣的疑問。我認為這樣的疑問會讓你這樣說：「好吧，他可能說的沒錯。我的確有可能是錯誤的。我想我明天去零售店的時候，還是給史密斯這五美元的銀幣，然後給那位年老的女士這金燦燦的五美元金幣。當我使用金幣的時候，這並不需要國會通過

什麼法律 —— 世界各國的國會通過的法律都不可能人為地降低金幣本身所具有的價值，五美元金幣所具有的價值在世界各地都是通用的，這不受政府發行的任何其他貨幣的影響。但是，五美元銀幣本身所包含的金屬具有的價值卻只有三美元七十五美分。是的，我會將這五美元的銀幣交給史密斯，我自己則保存金幣。」

你幾乎可以肯定，當史密斯得到了這些銀幣之後，他會想辦法儘快轉移到瓊斯手中。很多人都會這樣想，並且也會這樣做。最後，黃金就會從這個國家的商業交易中消失，最後只剩下白銀在市場上流通。每當人們得到白銀硬幣之後，他們都會想辦法儘快出手，從而保持白銀的流通性。因此，如果我們能夠透過法律來強制性給予虛高的價值，從而讓白銀成為金錢，那麼市場流通的金幣就會越來越少。目前，有價值七億美元的金幣在市場中流通，倘若這些法律真的通過的話，那麼這些金幣將很快就會從市面上消失，那麼以金幣為贖回基礎的經濟就會出現動搖，大眾就不得不接受實際價值只有七十八美分的一美元銀幣，而不是像現在這樣，一美元銀幣就能換回一美元金幣。請大家記住一點，正如我之前所說的，在以「金錢」進行的超過百分之九十二的商業活動中，人們絕對相信的「金錢」，只能是具有恆定價值的黃金。

假設政府發行一百美元的「貶值」銀幣，無法確保所有人能用這些貶值銀幣，去贖回等值的金幣的話，那麼經濟恐慌與金融風暴就肯定會到來。你們可以看到，更多的「金錢」只能占到所有小規模商業貿易的百分之八，但即便是這個百分比也足以撼動民眾對其餘百分之九十二的商業活動的「信心」。要想確保發行的銀幣面值與其實際價值等值，就必須要發行真正意義上等值的貨幣。我們的競爭對手英國就是始終堅持這一原則，每年都要耗費兩百萬美元去重新鑄造那些因為摩擦而失去幾美分價值的金幣。英國政府始終堅持著貨幣的真正價值。在這方面，美國政府只能羨慕英國政府在金融領域內所具有的絕對信譽。

正如你們所看到的，那些大量持有銀幣的人對於國會沒有通過提升銀幣價值的法案，感到非常失望。政府有兩次按照這些人的意志去做，聽信了這

些人保證這樣做不會讓整個國家因為白銀問題陷入困境，但政府兩次都遭受到了欺騙。你們可能會認為，那些白銀持有者現在肯定會願意承認他們的錯誤，然後在盡可能減少損失的情況下幫助政府恢復過來的。但事實根本不是這樣。這些白銀持有者不僅沒有這樣做，還採取了最為激進的手段，敦促國會通過一項法案 —— 你們可能都非常熟悉這項法案的名稱 —— 就是所謂的《自由白銀鑄幣》。這到底意味著什麼呢？這意味著，我們的政府將受到法律的約束，不得不重啟鑄幣工廠，接收歐洲各國政府所儲備的白銀，然後按照每一美元銀幣卻只有七十八美分的價值去發行，而你們則不得不為了面值一美元的銀幣去付出真正意義上一美元的勞動或是商品。這意味著歐洲商人會將他們國家的白銀送到這裡，然後在我們的鑄幣廠裡鑄造，或是發行一些銀票。接著，這些商人就可以用這些銀票購買我們這裡價值一美元的小麥、玉米或是任何他想要購買的東西，因為在歐洲或是世界上的其他國家，面值一美元的銀幣只具有七十八美分的購買力。現在，歐洲每天都以這樣的方式對待印度、阿根廷以及其他以白銀為本位的國家。英國商人以貶值的銀幣在印度購買小麥，然後運送到歐洲，再按照金幣的價錢去銷售。透過這樣的方式，英國以較低的價格購買了印度的小麥，這就讓英國成為了我們在歐洲大陸最危險的競爭對手，而印度的農民則因為白銀的貶值而無法獲得與自身勞動相等的收穫。

全新的《白銀法案》通過後幾個月內，就要求聯邦政府每個月將購買白銀的價值增加一倍，從之前的每個月四百萬美元的白銀增加到八百萬美元的白銀，因此，我們需要從其他國家進口更多的白銀 —— 我國進口的白銀多於出口的白銀，這在我國過去十五年裡都是前所未見的。現在，我們幾乎將所有銀礦生產的白銀都購買過來了，還將歐洲一些承擔著白銀風險國家的白銀都搶過來了。事實上，在這個時候，我們則應該以黃金去進行結算的。在四月十八號，我們就將價值為九百萬美元的黃金送到了其他國家。在我們目前執行的白銀法案下，我們可以看到歐洲的許多國家都開始將貶值的白銀硬幣送來我國，拿走的卻是我國的黃金 —— 這樣的交易對於我們國家的經濟基礎會產生嚴重的惡劣後果，我國的立法議員應該為通過這樣的法案深感恥辱。

附錄

　　在此，我希望讀者朋友能夠明白一點，在這兩個敦促政府購買白銀的法案中，雖然這些法案本身是非常糟糕的，但真正要命的是，政府所規定面值為一美元銀幣的實際價值卻只有七十八美分。在「自由鑄幣」的法案下，所有這樣的情況將會得到改變。白銀持有者將會用實際價值只有七十八美分的銀幣去換真正價值為一美元的金幣。我懷著無所畏懼的勇氣，表示這樣做必然會嚴重動搖整個國家的經濟基礎。此時，農民聯合組織卻站出來大聲呼籲進行自由鑄幣，而這也正是政府想要去做的 —— 這一計畫就是從民眾手中的每一枚價值一美元的銀幣中抽走二十二美分，然後將這二十二美分的利潤送到了那些銀幣持有者的口袋裡。可以肯定的是，你們都會同意一點，即如果政府規定價值只有七十八美分的銀幣的面值為一美元，且政府這樣的計畫成功的話，剩下的二十二美分的利潤就將落入政府的口袋，而不是銀幣持有者的口袋裡。正如我之前對你們所說的那樣，政府需要這樣的計畫。當政府按照市場價值去購買這些銀幣之後，若是想要接著發行這些銀幣的話，這必然會造成數以百萬計美元的損失。

　　如果銀幣的自由鑄造變成法律的話，那麼我國農民就發現，他們處在與印度的農民一樣的地位。但是，有些人卻說，這些農民更加偏向使用白銀。如果這是真實的話，那麼我們只有一個理由去對此進行解釋 —— 這些農民根本不了解什麼才是他們的真正利益。在我國，每一個階層的民眾都對於維持黃金標準的問題非常關注，都希望能夠徹底廢除購買白銀或是貶值白銀的問題。對於農民來說，他們的很多產品在其他國家裡銷售的時候，都是以黃金為計算單位的。如果美國的農民同意用白銀來取代黃金的話，那麼他們就會讓利物浦的商人能夠以價值較低的銀幣來購買這些商品 —— 按照目前的比價，就是用七十八美分去購買價值為一美元的商品 —— 當這些商品運輸到其他國家之後，那麼其他國家的農民則需用金幣來購買這些價值為一美元的商品。因此，這些農民其實就是廉價地出售自己的商品，然後以高價購買其他的商品。這就是目前嚴重困擾著印度與南美各國的經濟問題。季節性作物的價格每年都會不斷上漲，但農民卻沒有從中得到任何好處。因此，你們可以看到，以黃金為本位的經濟體系是多麼的重要。

要是我們重新打開鑄幣廠的大門，對白銀進行自由鑄造，讓世界上每個人都能拿著政府發行的面值為一美元的銀幣，然後用這些銀幣去進行購買商品，然後按照政府人為規定的一單位的黃金需 371.5 單位的白銀，並且面值為一美元的銀幣實際價值只有七十八美分。如果真是這樣的話，那麼世界上的每一個銀礦都會日夜不停地開工，將他們所能開採到的白銀全部運送到我國的港口。歐洲一些國家總共還有面值為十一億美元的貶值銀幣，他們將會想盡辦法迅速將這些白銀運送到我國的港口。當我們的政府去購買這些白銀的時候，他們就會要求我們的政府以黃金去進行支付。隨著《自由鑄幣》法案投票表決時間日漸臨近，一旦這一法案通過之後，那麼我們就會從黃金本位回歸到之前的白銀本位。已故的國務卿溫頓在臨終前用憂傷的口氣所說的話，將會證明是具有先見之明的：

　　「也許，世界上速度最快的快速船會將運載滿船的白銀停靠在紐約的港口，美國市場上最後一點黃金都將會被私人鎖在安全箱裡，只有在進行出口業務的時候才會想到要用這些黃金。」

　　我們這樣做將會面臨一場狂風暴雨。你們可能會這樣問：為什麼我們的政府要冒著這麼大的風險，放棄黃金本位去追求白銀本位呢？難道有人曾經表示白銀本位會對你們或是這個國家更有好處嗎？這是不可能的！沒有人敢這樣說。所有那些宣揚需要變革的人都只是說，他們認為白銀可以與黃金一樣有用，僅此而已。每個人都知道，政府或是任何個人採取的任何措施都不可能讓白銀與黃金變成等值的金屬。讓我們詢問一下白銀持有者之外的民眾，他們是否希望以人為的方式將白銀的價值與黃金的本質價值掛鉤。這樣做除了對白銀持有者有利之外，還對誰有利呢？難道白銀這種金屬不應該像鎳幣或是銅幣那樣，按照它們本來作為金屬具有的價值去進行衡量嗎？為什麼我們要在白銀本身的價值基礎之上人為地添加一些其他的價值呢？當然，對於任何反對這樣做的人來說，他們在提出反對聲音的時候都是不存在任何偏見的。每個人都希望以黃金為本位，這樣的想法是合理的。事實上，人們可以對每一種金屬所具有的價值進行客觀的分析與評價，人們也嘗試過用多種不同的金屬去作為標準商品。如果白銀在市場上證明這種金屬的價值與價

值的穩定性要比黃金更好，那麼白銀就應該取代黃金的地位。

為什麼我們不讓黃金與白銀在市場上進行一場公平的競爭呢？黃金的價值並不需要任何國家的國會通過法案去支持，黃金本身所具有的價值是不言而喻的。每一枚金幣所具有的價值就等於這枚金幣包含的黃金價值。沒有人會對此表示任何懷疑，也沒有人會認為收取黃金會造成任何損失。同樣重要的是，當民眾在使用黃金的時候，不會出現可能的投機行為，因為黃金的價值很難被人為地提升，也不可能被人為地貶值。很多投機者無法從黃金價值的起落去進行投機，因此他們都不喜歡黃金。正因如此，你們才應該喜歡黃金作為基本商品。因為，無論在任何時候，這都能確保你所擁有的財產是保值與安全的。你們關注的利益與那些投機者關注的利益是不同的。當你們損失巨大的時候，投機者則從中大獲漁利。

很多人說，我們之所以需要購買與鑄造銀幣，是因為我們的國家沒有了足夠的「金錢」，而銀幣的自由鑄造能夠給我們的國家帶來更多的金錢。但是，如果我們真的需要更多的「金錢」，我們唯一應該購買的一種金屬應該是黃金。為什麼我們的政府要發行銀票 —— 這種價值經常會發生波動，並且會帶來無法預測危險的東西呢？事實上，我們可以得到更加保值與穩定的金錢，那就是黃金，為什麼我們的政府要給自己的國家帶來經濟損失呢？誠然，我們的國家的確是沒有足夠的「金錢」 —— 也就是說，你們還記得，在用銀幣去交換其他商品的時候，我們的銀幣根本不夠。如果真是這樣的話，那麼這就是一個全新的發現。在過去，我們從未遇到過缺少硬幣的情況，因此對於每個男女與小孩來說，他們都比過去多擁有五美元的「金錢」。我們的市面上擁有更多的流通媒介 —— 也就是「金錢」 —— 每個人手中擁有的「金錢」都要比歐洲很多國家的國民都更多 —— 只有法國除外 —— 法國民眾並不像其他國家那樣經常使用支票或是匯票 —— 這一事實就讓我國經常會鑄造超過我國國民所需的硬幣。事實上，如果這些多出的硬幣沒有貶值的話，多出來的這些硬幣也不會帶來太大的問題。我們唯一的出路就是購買黃金，然後用黃金鑄造成金幣 —— 而不是銀幣。因為，銀幣在未來的價值是很難預測的。

到目前為止，我們對銀幣的購買行為注定是一場失敗的投機行為。我們可以質問那些希望鑄造更多錢的人，為什麼政府不選擇最佳的黃金去鑄造金幣，而要選擇白銀去鑄造銀幣，看看這些人是怎麼回答的。無論是白銀還是黃金，都是美國的一種商品，我國鑄幣廠每個月能夠鑄造兩百萬美元的硬幣。這些人肯定不會反對這些論述的，只是反對一點，即這樣做不會讓他們所生產的商品──白銀──的價格獲得提升。在白銀與黃金哪一種金屬，對民眾來說更加安全的問題時，他肯定不會否認黃金是更好的選擇。

　　很多擁護白銀的人提出了另一個支持的理由。很多公眾人物對我們說，白銀鑄幣仍然處在「懸而未決」的狀態，說很多人希望得到白銀，因為他們認為白銀鑄幣會讓金錢變得「廉價」，認為白銀比黃金的價值低，因此民眾的債務可以更容易地償還債務。但是，我希望你們在此注意一點：民眾的儲蓄與財產只有在黃金的價值出現下降的時候，才會出現貶值的情況。只要世界上每個政府發行的鈔票都能夠與黃金掛鉤，那麼無論每個政府鑄造多少白銀，這樣的事實都絲毫不會發生改變。只有在出現金融危機的時候，黃金標準才有可能出現波動，價值一美元的黃金才有可能被收回，並且以更高的價格出售，但這並不會對任何一個社會階層帶來任何好處。如果每個人都模糊地認為，他需要累積金錢或是因為政府發行的貶值銀幣而出現財富貶值的情況，他需記住一點，即為了讓這幾乎不可能實現的目標變成現實，他的政府首先要放棄讓銀幣與金幣等值的念頭。當黃金從市場上消失的時候，這必然會讓黃金的價格飆升。一名睿智的財政部長早就預測到了這樣的結果。他說：

　　「市場毫無症狀地消失了價值六億美元黃金，伴隨著經濟恐慌，必然會引起經濟萎縮與商業災難，其強度與廣度在人類歷史上都是絕無僅有的。我國應該立即放棄白銀本位。在沒有受到鑄幣的誘因時，應該將銀幣變成銀條。」

　　那些希望出現這樣經濟災難的人，都是希望從經濟恐慌與金融災難中獲得利益的人，他們希望將我國經濟這艘大船引向暗礁，在觸碰暗礁之後，再搶走散落的貨物。這些人都是我國經濟穩定的破壞者與投機者。這些人的利益與眾多辛勤工作民眾的利益是根本相悖的。

　　在此，有人會對我們說，很多人都更加願意看到「自由白銀鑄幣」，或是

堅持目前的白銀法案。因為，這些人產生了這樣一種印象，即認為當政府鑄造了更多的白銀，那麼他們就將擁有更多的金錢。讓我們認真研究這個命題的真偽。當政府購買銀條的時候，就會發行銀票或是銀幣。那麼，到底又是誰拿到了這些銀票或是銀幣呢？答案肯定是擁有銀條的人！這些擁有銀條的人又怎麼捨得將這些銀條拿出來，然後放到民眾的口袋裡呢？按照我們對白銀持有者的了解，我們絕對無法幻想他們會將這些錢送給任何人。只有當他們想要購買一些商品的時候，他們才會用實際價值只有七十八美分的銀幣去購買價值一美元的商品。他們願意拿出真正價值一美元的銀幣，去交換價值一美元的勞動與商品嗎？不可能！除非政府放棄人為地提升白銀價值的努力或是政策。我們的金錢已經貶值，一美元的實際價值若是按照黃金的比價來算的話，可能只有半美元而已。並且，這些銀幣將會越來越貶值。如果是這樣的話，那麼上班族與農民又怎麼能夠從中獲益呢？只有那些白銀持有者，那些能夠給予政府單位價值只有七十八美分的銀條，從而換來一美元金幣的人，才能真正從中獲利。這點是再清楚不過的了。到目前為止，農民與上班族所得到的銀幣的價值，之所以仍然有一美元的價值，只是因為我們的政府依然在勉強地維持這些銀幣的價值。但是，當「自由白銀鑄幣」政策實施之後，銀幣的價值就會跌到其原本的價值 —— 也就是說七十八美分 —— 到那個時候，農民與工人肯定會覺得他們受到了政府的欺騙。因此，農民、機械工人、勞工以及所有以這些「金錢」為薪水的人，都將會明白他們應該得到等價的黃金，而不是白銀。

直到此時，我們已經堅信以黃金為本位的信念。今天，美國國內進行的任何商業交易活動都是以黃金為基礎的，所有的銀票或是銀幣都按照以黃金的比價去使用。這是否為一個明智的決定呢？現在，難道我們最好放棄很多發達國家 —— 特別是英國 —— 堅守的黃金本位，還像南美一些國家那樣堅持白銀本位嗎？當我們以價值穩定的黃金作為基本商品的時候，我們的國家成為了世界上最富有的國家，在農業、製造業、礦業與商業等方面，成為了世界上最偉大的國家。在太陽底下，我們成為了世界上最繁榮的國家。世界上任何其他國家勞工的薪水或是民眾的福祉，都無法與美國國民相比。難道

我們現在要放棄黃金本位或是選擇破壞這一本位嗎？時至今天，每一個正常的美國人都知道該怎樣回答這些問題。

《紐約晚報》是一份宣導自由貿易的報紙，但這份報紙最近的社論表示，他們寧願看到國會通過十個類似於《麥金利法案》，也不願意看到《白銀法案》獲得通過。我，作為一名共和黨人與貿易保護主義的信徒，在這裡可以告訴你們，我寧願看到國會拒絕通過《麥金利法案》，而通過《工廠法案》，前提是國會廢除所有的《白銀法案》或是其他的金屬法案。在下一次總統選舉裡，如果我要在一名支持白銀、貿易保護主義的候選人與一名支持黃金本位、自由貿易的候選人之間做出選擇，那麼我寧願選擇後者。因為，我的判斷告訴我，即便連關稅問題，都無法與長久維持國民所擁有金錢的價值 —— 這一最重要的問題 —— 相媲美。

對你們來說，難道聆聽一下那些你們所信任的人，那些因為官職要求而不得不對白銀問題進行詳細調查的人的說法，豈不是更好嗎？眾所周知，哈里森總統是一位有良知的人，他並不富有，過著貧窮的生活。如果說他內心裡裝著什麼的話，那就是這個國家普通百姓的福祉。他所處的位置讓他不得不對這些問題進行認真研究，他的第一個發現就是，貶值的銀幣所產生的作用，就是欺騙貧窮的百姓，讓他們的勞動與商品無法得到相等的回報。前總統克里夫蘭與哈里森總統一樣，也是出生貧窮的人，他同樣心繫著普通百姓。他之前所處的位置也讓他不得不對這個問題進行深入的研究，並且據此採取相關的行動。雖然他黨內的很多人都表示暫時支持白銀，並希望克里夫蘭也這樣做（在這個問題上，民主黨人的確是民眾最堅定的朋友）。但是，克里夫蘭總統認為，他必須要說出事實的真相，並且譴責自由鑄幣的思想。因為，他發現這樣做必然會損害這個國家的受薪階層。他最近公開的一封信，就證明了他是一位天生的領袖 —— 是一個勇敢的人，而不是懦夫。他始終堅持自己的理念，沒有違背那些選舉他成為總統的眾多受薪階層人民的真正福祉。

除此之外，沒有比像曼寧這樣更有能力、更加純粹或是更加偉大的民主黨人，更好地掌控好這個國家的經濟形勢的人了。也沒有比像溫頓這樣的共

和黨人更有能力、更加純粹或是更加偉大的人了。如果說大眾真的有什麼朋友的話，那麼這些人就是他們利益的堅定擁護者。這兩人認真地研究了白銀問題，他們知道，該怎樣做才能長久維持民眾的福祉與利益。這兩人都非常關心「貶值的銀幣」所帶來的危險，並且在他們的職權範圍內使用了一切手段，阻止國會議員強制政府去執行有可能會損害工人利益的政策。他們認為，工人的勞工或是生產的產品必須要得到真正的回報，而不能成為那些投機者漁利的受害者。在這些偉大的人物中，哈里森與克里夫蘭都獲得你們的選票擔任了這個國家的最高領導人，他們的內心也始終關注著大眾的利益，而不是少數人的利益。雖然，他們兩人在政治層面上是對手，但他們都共同認可一點，這個問題需要美國每一位農民、機械工人或是普通工人去認真對待，明白那些向他們灌輸白銀本位的人，都絕對不是他們真正的朋友。

在結束本章之前，我再給你們一條建議。除非政府不再每個月購買更多的白銀來增加自身的負擔，或是如果自由銀幣鑄造的政策真的執行了，那麼你們就要避免使用銀幣，將所有值錢的東西都以金幣來換算。當你到儲蓄銀行存錢的時候，要求銀行給你一張黃金票據。對於窮人來說，冒任何風險都是毫無必要的。如果你不迅速採取這樣的行動，那麼你將發現市面上將會沒有多少黃金了。投機者與那些積極投身商業活動的人，必定早就將這些黃金占為己有了。這個事實深刻地告訴我們一點，若是你們在今天出售任何債券，都要特別註明要以黃金去贖回。因為未來存在的危險誰也無法去預測。即便對於睿智的人來說，白銀也會帶來許多噩夢。我們的政府可以做的更多，這個政府是非常強大的，但是政府有兩件事情是無法去做的：第一，政府本身無法去對抗整個世界 —— 強制性地賦予白銀比其自身更高的價值，雖然我們的政府正在嘗試這樣做。第二，就是我們的政府無法人為地降低黃金的價值。在未來的某一天，也許你們可能會感謝我在此給你們提出的建議，雖然我希望你們不會有這樣的機會。

不過，你們千萬不要認為我會對這個偉大的國家感到絕望 —— 我永遠不會對我的祖國感到絕望，即便我們的國家最後深陷進去，無法與白銀進行切割了，或是我國的狀況與阿根廷目前的狀況一樣糟糕 —— 一美元的金幣

等於二點五美元的銀幣 —— 我也不會對我們國家的未來充滿恐懼。過了一段時間，民眾很自然就會恢復常識，我們的共和國也會重新屹立在世界民族之林。但是，這場白銀實驗給我們的國家帶來了太大的損失，因此我們最好還是讓那些少數有錢人，而不是民眾去承擔直接的損失。在最佳的情況下，民眾必然也是損失最大的，因為那些有錢人知道如何更好地保護自己的財產安全。我可以肯定，要是民眾能夠明白這個問題，那麼他們肯定會避免出現這樣的損失，他們也不會允許那些投機者就那樣搶走他們辛辛苦苦賺來的金錢。民眾的意志只能透過他們所選的議員去表達出來，即應該避免日後出現類似的危機。

由於白銀這種金屬價值的不穩定性，已經成為了投機者進行獲利的一種工具。只有使用價值穩定的黃金作為基本商品去進行交易，才能最好地保護大眾的利益。

要是本章的內容能讓你們明白其中的原因，讓讀者要求他們在國會的代表清楚明白一個道理，即我國要想維持良好的信譽，必須要使用世界上價值最穩定的金錢 —— 黃金，而不是白銀 —— 去作為貨幣本位，不讓任何人懷疑我們使用的金錢的價值，或是對這種金錢在未來的價值產生懷疑。反之，我這篇文字便徒勞無益。

三、取財之道 [326]

早期起步的優勢。

大學教育不一定會帶來商業成功。

當年的貧窮男孩成為今天商界的成功人士。

擁有商業能力的人必然能夠獲得認可。

---

326 本篇為安德魯·卡內基發表於 1890 年 4 月 13 日《紐約先驅報》上的一篇文章。

附錄

現在，勞動力分為兩大類型——一種是農業勞動力，一種是工業勞動力。這兩種勞動力是相輔相成的。在前一種勞動力裡，所有事務都是透過按照人口對土地進一步的分配來完成的。而在後者，所有資源則是傾向於集中在少數人手中的。在喬治（Henry George）的著作《進步與貧窮》一書裡，我們可以發現這樣的分類存在著兩個重要的缺陷，即土地漸漸落入到少數人手中。喬治在書中所獲得的正確資料都是根據統計局的資料，這告訴我們，在1850年，美國平均每個農民擁有 203 英畝的土地；在 1860 年，平均每個農民擁有 199 英畝；到了 1870 年，平均每個農民擁有 153 英畝額土地；到了 1880年，每個農民平均擁有的土地只有 134 英畝。出現這種情況顯然是因為土地的快速分配所導致的。農民可以在規模較小的農場裡，憑藉自己的能力去種植莊稼，就能實現自給自足了。而很多雄心勃勃的資本家則用大量的資金大規模地購買這些土地，僱用別人去幫助他們勞動。在英國，那些經營較小規模農場的農民在遭遇農業不景氣的階段，通常都要比那些經營大規模農場的人過的好。無論是在英國還是在美國，我們都可以證明一點，那就是在平等的土地法律的運轉下，大眾對這些問題的看法變得越來越分化。在所有的社會問題下，沒有比這更加重要的事實了，也沒有比研究這個問題的勤勉學者帶來更大滿足感的了。小規模農場主在這方面要勝於大規模農場主，這表明我們這文明世界處在一個穩定的基礎之上。因為在一個國家裡，沒有比那些每天勤勉耕種的保守農民更加重要的力量了。人類的經驗證明了一點，即人可以在家人的幫助下，更好地耕種好他們擁有的土地，這的確是值得慶幸的事情。

當我們將目光轉向工業層面上——我們就不得不坦誠一點，與此相反的法則才是占據核心地位的，將製造業與商業集中在少數一些大型企業之上。製造企業生產的商品價格的降幅是讓人震驚的。在人類歷史上，從未出現過像現在這個時代，主要消費品價格如此低廉的情況。商品價格趨於低廉化的過程只有在規模集中化生產之後才能出現。現在，一家製造手錶的公司每天可以製造出一千七百隻手錶，每只手錶的價格只有幾美元而已。我們的許多工廠每天製造出數千碼的印花棉布，這種日常的必需品價格降到了每碼只需

幾美分而已。鋼鐵製造廠每天能夠製造出兩千五百噸鋼鐵，而四磅重的鋼鐵價格只有五美分而已。這樣的情況幾乎囊括了工業的每個領域。要是將這些大型公司分割為多間規模較小的企業，那麼其中一些企業是不可能生產其中的一些產品，因為很多企業的生產都是需要進行大規模生產的，而這些小規模企業生產的產品價格也是目前價格的兩到三倍左右。在工業世界裡出現的這集中經營的法則，似乎不存在任何外在的消極影響。與此相反，民眾對這些商品的強烈需求，似乎要求這些企業不斷想辦法透過降低製造成本，從而生產出更加低廉的產品。因此，這就出現了製造工業與商業公司迅速增長的情況。所以，一家企業甚至能夠擁有五百萬、一千萬、一千五百萬甚至兩千萬的年產值。

現在的年輕人還有機會嗎？

這就導致了我們現在經常聽到很多人發出抱怨，但我希望向你們證明一點，即這些抱怨都是毫無事實根據的。那些務實的年輕人意識到這點，然後對自己說：「現在，對於我們這些缺乏資本的年輕人來說，要想不斷實現超越，已經是不可能的事情了。因為要想實現獨當一面或是成為公司的合夥人，前面始終存在著一頭凶猛的獅子，這頭獅子就是目前已經存在的大企業，這是我們前進道路上無法克服的障礙。」正如我們所看到的，那些從事農業生產的人根本不懼怕資本的問題。只要他們有一筆小本錢，他們要節約一些錢或是借貸一些錢都不是困難的事情，他們可以進行農業生產活動，他們唯一的競爭對手，就是與他們處境一樣的人。當然，對於機械工人或是那些想要創業的年輕人，或是想要成為現有公司合夥人的年輕人來說，他們要實現的目標顯然是更加困難一些。但是，這些困難絕對不是無法跨越的。事實上，也根本不存在這些年輕人所臆想的障礙。沒有比現在的商業環境更能激發年輕人的鬥志了，而這樣的鬥志才是最為重要的。如果年輕人在目前的商業與工業環境中取得成功的難度越大，那麼他們最終得到的成功獎賞就將越豐厚。

附錄

在當今工業環境下，在考慮機械工人的前景或是職員在辦公室、商界或是金融世界的未來之前，我想告訴你們，從事這兩種職業的人是工廠、商業機構或是金融機構最多的人，這在當今的美國已經得到了證明。首先，你需要成為一名訓練有素的機械工人。我從那些最著名企業裡的每個部門裡選擇最優秀的人，其中很多人在他們的專業領域內都擁有享譽世界的名聲：從事火車頭生產的巴爾德溫工廠；席勒斯聯合公司、貝門特與德赫迪公司都是從事機械工具的生產；狄斯頓工廠從事鋸子的生產；多布森與湯瑪斯‧多蘭在費城的公司、加里在巴爾的摩從事的紡織布料生產；費爾班克斯從事的磅秤生產、斯塔特貝克從事的運貨車生產，該公司生產的運貨車是用英畝來計算的、芝加哥的普爾曼生產的普爾曼豪華車；費城的阿里森公司生產的汽車；沃什伯恩與摩恩成立的輪轉機械工具與鋼絲等等。還有巴特利特在巴爾地摩成立的鑄鐵公司，還有斯隆與希金斯生產的地毯；還有西屋電器公司生產的電氣設備產品；皮特‧亨德森聯合公司與蘭德雷斯聯合公司；哈柏兄弟成立的出版公司；巴比成立的巴比合金公司；奧的斯在克里夫蘭成立的鍋爐鋼公司；雷明頓公司與柯爾特公司以及哈爾夫特成立的武器公司；辛格成立的公司，還有豪伊、格羅弗成立的縫紉公司、麥克柯米科在芝加哥成立的公司；坎頓與華特‧A‧伍德斯成立的農業用具公司；洛奇、克蘭普與尼費在亞特蘭大成立的汽船製造公司；史考特在太平洋沿岸成立的公司；帕克和斯特、惠勒、科爾比、麥克杜格爾、克雷格、柯菲貝利、沃拉斯以及我國幾大湖附近的重要造船公司、還有馬釘生產公司；奧特伯里成立的玻璃生產公司、格羅特辛格成立的錫罐公司；阿梅斯成立的鏟子公司；斯泰因維、齊克玲與柯納比成立的鋼琴製造公司。

上述這些公司都是機械工人出身的人成立與經營的，這些人在人生早年都曾當過多年的學徒。這個名單上的人還有很多。要是我們將那些一開始從事辦公室跑腿或是職員的人列舉在內的話，那麼我們幾乎要將這個國家每一家著名製造公司的創辦人都列舉出來。比方說，愛迪生（Thomas Edison）當年就曾是一位電報操作員；成立科利斯引擎的科利斯就曾是一名學徒；切尼絲綢公司的創辦人切尼也曾是一名跑腿；電線公司的創始人羅布林也是從最

底層做起來的，還有糖類精煉公司的創始人斯普雷克斯當年就是跑腿 —— 還有很多當今工業界的巨擘 —— 他們都是出身貧窮但卻擁有很強天賦的人。對他們來說，正常情況下的學徒生涯也許是毫無必要的。

與此同時，目前的商業與金融界在經濟規律的影響下，已經將很多企業都聯合成為了大規模的公司。那些出生貧寒的職員已經在工業世界裡成為了訓練有素的機械工人。克拉芬、雷弗雷、斯隆、羅德、泰勒、菲爾普斯、道奇；波士頓的喬丹＆馬斯的大規模工廠；芝加哥的菲爾德（Marshall Field）、聖路易斯的巴爾、費城的沃納梅克（John Wanamaker）；水牛城的梅爾德倫與安德森公司、紐科姆的恩迪克特聯合公司；克里夫蘭的泰勒公司、丹佛的丹尼爾與費什聯合公司、匹茲堡的坎貝爾與迪克聯合公司。我可以了解這個國家這些公司的歷史，這些公司的成立與發展都能告訴你們一個相同的故事。沃納梅克、克拉芬、喬丹、羅德、菲爾德、巴爾與其他人當年都是在商店裡打工的貧窮男孩，菲爾普斯與道奇則是貧窮的職員。

在銀行與金融界，我們經常會聽到有關史丹佛[327]、洛克菲勒、顧爾德、薩奇、菲爾德斯、迪隆斯、威爾森、亨丁頓斯等人。現在這些叱吒風雲的百萬富翁以前都是貧窮小子，他們在貧窮這所最為嚴酷的學校裡接受了最為艱苦與深刻的教育，最終有了當今的成就。

大學畢業生都去哪裡了？

我懇請這座城市的某位銀行家，給我列舉出紐約市各大銀行的主席、副主席或是財務總監是從跑腿或是職員做起的名單。他給我列舉出了三十六個名字，並且表示他在第二天還可以列舉出更多這樣的人。我不想讓讀者朋友們耗費太多的時間在這上面，但我將一些最著名的人物列舉出來：威廉，現任化學銀行主席；沃森與朗格，蒙特婁銀行聯合主席。塔潘是格拉丁國家銀行主席，布林克霍夫是布切與德魯弗銀行主席，克拉克是美國交易所副主

327　史丹佛（Amasa Leland Stanford, 1824-1893），美國實業家、政治家、共和黨人，曾任加利福尼亞州州長、美國參議院議員。史丹佛大學由史丹佛及妻子珍・萊斯羅普・史丹佛（Jane Lathrop Stanford）於 1891 年共同成立。

席，尤韋特是歐文國家銀行主席，哈里斯是那索銀行主席，納什是玉米交易銀行主席，克雷恩是皮革銀行主席，加農是第四國家銀行副主席，蒙田是第二國家銀行主席，貝克是第一國家銀行主席，漢彌爾頓是博維利銀行副主席。這個名單還有很多這樣的人。

　　這個名單上沒有一個大學畢業生的身影，這的確是值得我們深思與反省的。我多方打探與找尋，只能找到少數處於領導位置的大學畢業生，雖然也有一些大學畢業生在金融機構裡擔任領導職位。出現這樣的情況，當然也是不值得驚訝的。相比於那些大學生，現在的那些成功人士在他們還是少年的時候就進入了這個行業，他們一般是在十四到二十歲左右進入這些行業，而此時的大學生正在學習古代野蠻人與文明人之間爆發的各種衝突與戰爭，或是埋頭去研讀現在早已經不使用的語言。就目前的商業現狀而言，大學生所掌握的這些知識似乎只適用於生活在另一個星球上的生物。未來的商業巨擘必須要從經營的實際經驗中獲得教訓，掌握真正能夠幫助他們在商界取得勝利的知識。

　　我絕對沒有否定大學教育在培養專業人士方面所具有的作用。因為，在某種程度上來說，大學教育對我們普通的年輕人來說是極為必要的。但是，目前的商界機構或是企業裡不見大學生的身影，這似乎也證明了一點，即目前存在的大學教育，似乎會對那些想在商界取得成功的人造成致命的影響。我們必須要注意一點，那些以獲得薪水為主的高層管理人員並不是嚴格意義上的商人 —— 真正意義上的商人都是那些從自己的工作中獲得報酬來衡量成功的人。但是，很多大學生在這方面沒有足夠的經驗。這些大學生在二十歲的時候進入商界，需要與那些一開始在辦公室裡打掃衛生的少年或是在十四歲就擔任造船廠職員的男孩進行競爭。這些事實已經證明了誰勝誰負。在某些例子下，一些商人的兒子在大學畢業之後，在父輩已經創造出來的商業與管理模式下，他們能夠管理的很好。但即便在這些富二代當中，真正能夠「守住江山」的人還是很少的。

　　不過最近幾年，我們看到了許多理工學院與科學研究學院的出現，這對於那些具有天賦、想要投身到製造產業的男孩們來說，是一個非常好的現

象。正如我們現在所看到的那樣，過去那些訓練有素的機械工人在工業領域裡已經取得了輝煌的成就。現在，過去的機械工人需要與現在接受過系統科學訓練的年輕人進行競爭 —— 雖然這些年輕人在超越前輩方面會比較困難，但是存在著這樣的可能性。

目前，世界上最大的三家鋼鐵製造公司已經是三位接受過良好教育的年輕人所管理 —— 這些年輕人將他們在年輕時期工作中就懂得理論與實踐相結合。比方說，總部位於芝加哥的伊利諾州鋼鐵公司的老闆沃克，愛德嘉·湯姆森公司的施瓦布，匹茲堡家用鋼鐵公司的老闆波特這些人，他們都是全新教育的產物 —— 這三人現在的年齡都不超過三十歲。他們手下的主要管理人員也大多接受過這樣的教育。相比於之前那些接受過學徒訓練的鋼鐵工人，這些接受過教育的年輕人有一個重要的優勢 —— 他們的思維與視野更加開闊，在看待新鮮事物的時候不存在任何偏見。這些年輕人有一種科學的客觀態度，努力地追求真理，這讓他們能夠對全新的觀點持一種包容的態度。之前，那些機械工人在機械製造方面做出了巨大的貢獻，並有可能在未來繼續發光發熱，但他們容易對全新事物懷著一種狹隘的觀點，因為他需要在本職工作做上許多年才有機會最終成為管理人員。這與目前那些接受過系統科學訓練的年輕人是有著不同之處的，這些年輕人對事物的看法不存在什麼偏見，他們會勇敢地進行最新的發明或是嘗試最新的方法，而不理會別人是否已經發現了這樣的方法。他們會放棄過去老一套的設備或是生產思想，這是很多老一輩的機械主管都絕對不敢去想的。因此，任何人也不要貶低教育所帶來的價值與意義，前提是這樣的教育必須要服務於最終的目標。要是年輕人的目標是成為商業巨擘或是累積一大筆財富的話，那麼這樣的教育應該會對年輕人在人生前進道路產生積極的影響。

因此，無論在金融界、商業界還是在製造界，我們要提出的問題，不該是那些接受過教育的機械工人或是務實之人所占據的位置，而應該是這兩類人會在整個商界給其他人留下什麼樣的位置。到目前為止，這兩類人對過去老一輩人的衝擊力還遠遠不夠。

在工業領域，訓練有素的機械師是很多著名企業的創始人與管理者。在

製造業、商業或是金融界，那些一開始不起眼的辦公室職員最終證明他們才是真正的商業巨擘，最終證明了他們的能力。這些人都屬於勝利者階層。正是那些貧窮的職員或是機械工人最終統治了整個產業，雖然他們一開始沒有資本，沒有任何家庭背景，沒有接受過什麼教育，但正是這些人爬到了最高的位置，指揮全域。這些人放棄了以拿薪水為主的位置，冒著一切風險去創造屬於他們的企業。我們通常會發現，很多大學畢業生都是以薪水過活的，他們都在卑微的職位上生活著。事實上，即便沒有資本、影響力、大學教育或是所有這一切不良因素加在一起，都不能阻擋一個擁有不可戰勝意志且想要征服貧窮決心的年輕人。

在這裡，為了避免讀者朋友們認為我是在貶低或是詆毀大學教育的作用，讓我清楚地說明一點，上述提到的那些人，都是出生在貧窮家庭的幸運兒，他們都是被生活所逼迫，不得不提早進入這個社會。對於那些有機會獲得大學學位，並有條件確保家人過上美滿生活的人來說，我是沒有半點惡意的 —— 事實上，相比於很多勤奮工作的大學生，很多獲得了金錢層面上成功的百萬富翁以前都是社會的底層 —— 但是，對於貧窮的少年來說，憑藉自己的努力去養活自己，這是他們必須要承擔的一種責任，而履行這樣的責任要比接受大學教育更具價值與意義。文科教育能夠讓一個人真正地擁有高級的生活品味與目標，而不單純是將人生的目標定在追逐財富上，他們知道應該更好地享受這個世界，這些都是那些百萬富翁們所無法理解的。因此，大學的文科教育並不是讓大學畢業生在商界裡取得成功的最好教育。真正的教育是可以在學校之外獲得的，天才也不是那些整天待在大學校園果園裡種植花草的人 —— 我們經常可以在森林裡發現一朵美麗的野花，這些野花不需要社會的任何滋養與呵護 —— 但是，普通人的確是需要接受大學教育的。

企業會慢慢消失嗎？

當今，很多務實的年輕人都在櫃檯或是辦公室裡工作。對他們來說，命運女神似乎還沒有青睞他們。也許，這些年輕人有時會發出這樣的感慨，要

想在這個時代創業幾乎是不可能完成的事情。這些年輕人的感慨是有一定道理的。毋庸置疑，在這個時代進行創業要比以往的任何一個時代都要困難一些。但是，這樣的困難只是停留在形式上的差異，而不是實質層面上的差異。對一位務實且有能力的年輕人來說，要想引起一些公司的注意力要比過去任何一個時候都要更加容易。機會的大門並沒有對有能力的人關閉。與此相反，這扇大門對他們來說更容易打開了。對他們來說，資本並不是一個必要的條件。與之前一樣，家庭影響是不值一提的。真正的能力以及做事情的能力，是目前最為需求的，並且能夠得到比以往任何一個時代都更加豐厚的回報。

　　無論在工業界、商界、金融界或是製造業，讓一些重要的工廠或是公司聯合起來的法則其實本身並不是那麼專橫的。這些大型企業是不可能由那些領薪水的員工來管理的。任何大企業只有在那些對金錢回報持有務實態度的人手中，才有可能取得輝煌的成功或是長久的成功。在工業領域裡，企業形式的模式似乎要走到盡頭了。在我的人生經歷裡，我認為有必要去認真貫徹許多大企業的經營管理模式，這些企業都是由資本家投資，再讓那些領薪水的員工去進行管理。在我看來，當一家公司採取合夥人制度的時候，那麼每一位合夥人會非常關注公司的利益，並且會為努力實現良好的業績而工作，而不會出現因為僱用別人來管理而出現業務不精等情況。很多企業都是藉由激勵最有能力的員工的激情，從而讓公司的每個部門都取得成功。而那些僱用領薪水的人去管理公司者則在這方面失敗了。即便是在管理大規模酒店的時候，將一些重要人物接納為合夥人是明智的。在每個商業領域裡，這一法則都在產生重要的作用。一般來說，那些不斷得到發展的企業，都是與他們吸引越來越多有能力的員工成正比。這種形式的合作正在成為很多大型企業的一種慣用管理方式。那些實際上沒有了製造方面夥伴的製造企業，在貨物供應方面的速度會更快，也許這些公司真正需要的，是那些從理工學院畢業之後，每天拿著幾美元薪水的機械工人。

　　諸如此類的例子經常出現，這告訴我們一個道理，要是企業不想辦法去吸引那些有能力的年輕人，那就必然會失去讓這個年輕人為他們服務的機

會，然後看到其他有能力的個體製造商或是商業公司將這位年輕人最重要的東西——能力——搶走。現在，很多公司都還沒有意識到以恰當的方式去獎勵未來經理的重要性。但是，如果他們想要更好地參與競爭，並且實現盈利的話，那麼他們必須要意識到這點，並要迅速這樣做。

另一方面，我需要向務實的年輕人指出一點，即當代企業有一個很大的好處。這些企業的股票是可以自由出售的。如果一名工人對當今美國任何一家製造企業的前景看好，都可以購買這家公司的股票，這是非常方便的。只要他們出五十美元或是一百美元，他們就能成為這家公司的股東。對於工人來說，他們可以透過這樣的方式去投資他們的儲蓄。還有很多經營良好的企業，其資產與聲望足以讓他們的投資者獲得良好的回報，對員工來說，沒有比他將自己的名字放在公司股東名單裡的做法，更能證明他對公司老闆具有良好判斷力與能力的信任了。

很多工人對於向他們的老闆展示他們存錢的行為存在著偏見，這是一種錯誤的做法。養成儲蓄習慣的工人對老闆來說都是寶貴的員工，睿智的老闆都會留下這樣的初步印象，即那些有儲蓄習慣的員工都是一些具有特別能力的人。每一家企業都應該鼓勵公司的骨幹員工，將他們的儲蓄拿出來購買自家公司的股票。只有透過這樣的方式，公司的老闆與員工才能齊心協力，充分發揮每個人的主觀能動性，為公司取得非凡成功，立下功勞。也就是說，這些公司成功的祕密，就在於將公司的利潤與大多數創造出這些利潤的員工分享。那些只負責投資、不負責管理的股東，那些對生產經營不感興趣的人還想著獲得更多紅利的時代，正在慢慢地遠去。在工業世界裡，那些有能力的骨幹員工獲得越來越豐厚報酬的時代就要來臨了。因此，所有務實的年輕人都不應該對現狀感到不滿與沮喪。以後，機械師及真正有能力的員工在與老闆就工作合同進行談判的時候，也將會越來越有底氣。以前，工人們獲得提拔的方式可能只有一種途徑，而現在則有十多種途徑。未來的大型企業在對利潤進行分配的時候，不再限制在幾百名只投資了金錢的懶惰資本家間進行分配了，而是在數以百計有能力的員工之間進行分配，因為正是依靠這些員工的能力與努力工作，公司才能取得成功，收穫巨大的利潤。那些只進行

投資的資本家很快就會被現在那些有能力的員工所取代。

　　對務實的年輕人來說，面對獲得提拔的一些必要條件時，他們應該要知道喬治·艾略特（George Eliot）曾經用哀婉的口氣這樣說：「我跟你們說一下，我是如何不斷前進的。我總是眼觀六路，耳聽八方，我將老闆的利益當成自己的利益。」

　　獲得提拔的首要條件，是必須要獲得關注。他必須要去做某些不同尋常的事情，特別是做一些超出他本職工作之外的其他工作。他必須要為老闆做一些額外的工作，為老闆做一些要是他不做也不會遭受責備的工作，為老闆的利益著想。當他吸引了頂頭上司的關注後，無論這位上司是領班還是經理，這就邁出了第一步。當你完成了第一步之後，那麼怎麼做就取決於你的頂頭上司。至於你到底能夠爬升到什麼樣的位置，這取決於你個人的能力。

　　我們經常會聽到一些人抱怨說，他們沒有機會去展現自己的能力，表示當他們真正展現出了能力之後，卻無法得到老闆與上司的認可。事實上，這樣的情況基本上是不會出現的。自我利益會驅動你的頂頭上司給予你他所能給予你的最高職位，因為當整個部門的工作做好之後，他本人也能得到大部分的功勞。沒有人會整天想著如何去打壓那些優秀的員工。我們應該注意到一點，就是很多務實之人都是透過不斷的提升，最終贏得了名聲與財富。各行各業的務實之人，都可以在他們的各自領域內不斷實現自我提升，因為他們知道如何更好地解決這些問題。正是因為這些人做出的許多改進，才真正解決了許多出現的問題。那些不斷實現自我提升的人應該始終關注的是如何贏得別人的注意，而不是想辦法如何增加薪水。即便是公司在某個時期的經營狀況不好，如果他是有真本領的話，那麼他也應該相信自己一定能夠做好。各行各業都會有起伏，某年的經營狀況會比較好，獲得了比較多的利潤，接下來幾年的經營狀況則不是很好，利潤較少。這是商業世界的法則，關於其中的原因我就不去深究了。因此，有能力的務實年輕人不應該過分關注自己到底從事什麼行業。任何產業的企業只要進行恰當的經營，都能在某個時期獲得豐厚的回報。

年輕人所面臨的危險

對於務實的年輕人來說，當他們雙腳踩在人生上升的梯子上，準備不斷攀登的時候，需要注意到他們面前的三大障礙。

第一個障礙是酗酒問題，這個問題當然是最為致命的。對任何年輕人來說，倘若養成了酗酒的習慣，無論他們本身具有多大的才華，最終都會將自己的青春韶華白白浪費掉。事實上，當這些人擁有的才華越多，那麼他們就越會讓人感到失望。

第二個障礙就是投機行為。投機者與製造商或是商人之間的區別是明顯的，而且這兩者是根本不相稱的。要想在商業領域取得成功，或是製造商與商人想在商業領域裡獲得利益，那麼他們就必須要想盡一切辦法。製造商應該穩步地前進，努力按照市場的價格去規劃生產。當他們有足夠的商品可以銷售，就應該儘快出售。當某些商品有急切需求的時候，他們就立即去購買，而不需要考慮其中的價格。我從未認識哪位投機的製造商或是商人，能夠取得長久的成功。這些人可能在今天賺了許多錢，成了百萬富翁，但他們明天可能就傾家蕩產了。除此之外，製造商的目標是要製造商品，當他們這樣做的時候，就需僱用員工，這能夠讓他們成就一番值得世人稱讚的事業。一個從事這種行業的人對於其他人來說是有價值的。商人在對商品進行分配的過程中，發揮了他們的價值，銀行家則在這個過程中提供資本。

第三個障礙與投機行為比較類似，就是背書的行為。商人有時需要的資金是不穩定的，在某個時期比較少，在一些時期則比較多。在其他條件都相同的情況下，很多商人都有為對方背書的強烈傾向。商人應該避免觸碰這個障礙。當然，經商有時會出現緊急狀況，我們的確應該去幫助我們的朋友，但是我們應該首先考慮自身的安全。要是某人沒有足夠的金錢去償還所承諾的金錢，或是這樣做會影響到他自己的生意時，他就絕對不應該這樣做。倘若他硬是要這樣做，就是一種不誠實的行為。對於那些信任他的人來說，他就是一位受託人，而債主有權擁有他的所有資本與信用。對一些人創辦的公司來說，這就是「你的名字、你的財富以及你的神聖榮譽」。對其他人來

說，無論在什麼情況下，你在幫助別人的時候，絕對不能損害自身的信用。因此，你可以直接以現金的方式去幫助別人，從而避免任何為別人背書或是擔保。

當今，很多年輕人失敗的一個重要原因，就在於他們缺乏專注力。他們都喜歡去找尋外在的投資。造成很多年輕人失敗的原因名單是很長的。每一份資本、每一點信用以及每一個商業思想，都應該專注於他目前正在做的事情之上。他絕對不能將自己的精力分散在追逐多個目標之上。任何獨立於專業之外的投資，都會讓我們增加投資，並且無法獲得更好的收益。任何個人、團體或是企業要是無法管控好自身的話，都無法將生意做好的。有一條法則是這樣說的「不要將你所有的雞蛋都放在一個籃子裡」，這套法則並不適用於一個人的人生事業。你要將所有的雞蛋都放在一個籃子裡，然後看好這個籃子，這才是真正的人生道理與原則——這也是最具有價值的法則。

雖然大多數商業活動會被一些大型的企業所壟斷，但是你們依然可以在日常的工作中證明自己的能力，向你的老闆證明你可以幫助他獲得更多的利潤，這不僅會讓你在一家成功的企業內成為寶貴的資源，更會讓你成為老闆不可或缺的人才。你可以在市場上購買這些公司的股票，然後透過合夥人的方式去吸引最有能力的員工。當代企業家只有透過吸引擁有卓越能力的員工，才有可能讓他們的企業不斷取得成功。在商業世界的每個角落，年輕人上升的管道會變得越來越寬廣，他們要比以往任何時候，都要擁有更多取得成功的機會。只要你是一位時刻保持冷靜頭腦、充滿活力與能力的機械工人，只要你接受過一定程度的科學教育，無論你一開始是做辦公室職員或是跑腿的，你都可以獲得比以往任何一個時代更好的機會並取得成功。

因此，無論現在的年輕人處在什麼位置或是從事什麼行業，他們都不應該抱怨自己沒有機會去證明自己的能力，或是抱怨自己沒有機會成為公司的合夥人。這個問題的答案可以用古人的一句話來闡明：

> 「親愛的布魯圖斯（古羅馬的政治家），真正的問題不在於我們的幸運星，而在於我們自己，在於我們的部下。」

四、財富的善用 [328]

> 貧窮是取得成就的催化劑。
>
> 多餘的財富也只能滿足我們基本的生活需求。
>
> 財富有助於合併與降低生產成本。

正如格萊斯頓最近所說的:「財富是這個世界的商業法則。」商業世界的法則在於獲取財富,源於這樣一個事實,即除了少數一些人,年輕人都是出生於貧窮家庭,因此他們需要運用商業法則去為自己創造財富。「因此,你們需要憑藉自己的汗水去贏得你們的麵包。」

當代,很多人都將貧窮視為一種詛咒,為那些沒有含著金湯匙出生的人感到遺憾。但在這裡,我想引用加菲爾德總統的那句名言「年輕人所能繼承的最大財富,就是出生於貧窮家庭。」當我說,這是從很多偉大人物的故事中總結出來的時候,絕不是一種主觀臆斷。這個世界上,真正意義上的老師、殉道者、發明家、政治家、詩人以及各行各業的優秀人才,他們幾乎都不是百萬富翁的兒子。正是那些出生貧寒且卑微的人,才最終成為偉大人物。在那些出生貧寒的人當中,我們經常可以看到一些人成為了永世不朽的人物,雖然他們從小沒有獲得良好的教育,但他們在貧窮這所學校的刺激之下,成為了偉大的人物。對年輕人來說,沒有比從一開始就繼承一大筆財富,更為致命的影響了,而這更加影響他在道德與智慧層面上取得最高的成就。如果在你們中間,有一個年輕人認為他不需要為自己的生存或是未來而去努力奮鬥的話,那麼我肯定要對他懷著深深的憐憫之情。這些所謂含著金湯匙出生的人能夠過上一種正直的生活,並且讓自己成為對國家有用的人嗎?我想我們只能對他們懷著深深的憐憫之情,而不是深深的敬意。對於那些從小含著金湯匙出生,並且還能克服繼承的財富所帶來各種誘惑,最終證明自己真正能力的人,我必須要對他懷著加倍的敬意。

年輕人可以從閱讀《紐約太陽報》中獲得許多有益的教導。這份報紙的

328　本篇是安德魯・卡內基於 1895 年 1 月,在紐約州斯克內塔第聯合學院發表的演說。

所有者與編輯發表的社論與內容，能夠給年輕人帶來精神層面上的樂趣與智慧上的享受，因此年輕人有必要去閱讀這份報紙。我懇請你們閱讀該報刊登過的這篇文章。

我們的男孩

每個道德家在談論一個主題的時候，都會不時地提出這樣的問題：富人與偉人的兒子不會對你們構成真正的挑戰。按照資料上的統計，你們應該恐懼的是那些出生貧寒且卑微家庭的年輕人。

很多道德家遇到的問題，是他們一開始就提出了錯誤的問題。那些愚蠢的孩子本身是沒有問題的，他們只是天生很不幸運地出生在富裕的家庭裡，但是這些孩子的父親卻是犯下了嚴重的錯誤。

假設一頭勇猛的獵鹿犬非常擅長捕獵，牠將自己捕獲的許多鹿都關在圍欄裡，然後對自己的小狗說：「嘿，孩子們，我這一輩子辛辛苦苦捕獲了這麼多鹿，我想要看到你們能夠過上舒適的生活。我過去習慣了在森林裡穿梭，習慣了去捕獵，現在我已經無法改變這樣的習慣了，但是你們每天可以到圍欄裡，去吃那些我已經捕獲的鹿。」每一個做父親的人都可能會嘲笑這頭獵鹿犬的做法，他們會說：「獵鹿犬先生，你這樣做只是害了你的小狗。要是你給牠們太多肉吃，卻不讓牠們自己去學會捕獵，那麼牠們就會患上疥癬以及另外十七種病。即便犬瘟熱不會殺死牠們，牠們也有可能變成軟弱無力的動物，目光呆滯，最終成為讓你感到恥辱的後代。看在上帝的分上，讓牠們平時吃點堅硬的狗餅乾，然後讓牠們努力為自己的生存而拚命吧。」

同樣是這些父親，他們在現實生活中教育孩子的方式，正是按照他們譴責的貓狗方式去進行的。這些父親的教育方式毀掉了自己的孩子。當他們年老的時候，就會感到內心的悲傷。雖然他們為孩子做了一切，但是孩子的表現卻讓他們感到無比失望。他讓孩子擔任一個孩子根本無力去擔當的職位，最終讓他以及他的朋友都蒙上恥辱。相比於那些專門教唆年輕人應該以欺騙手段去傷害別人的人，這些父親也絲毫不值得我們的任何同情。

　　那些身體肥胖且毫無用處像哈巴狗一樣的年輕人，整天似乎被人用繩索牽著鼻子走，整天喘著大氣。但是，這些狗不應該為牠們這樣的表現而遭受指責。很多富二代同樣遇到了這樣的情況。很多年輕女性將狗餵得過飽，正如很多父親為了讓孩子感謝他們，而替他們做了很多事情，最終反而害了他們的孩子。

　　也許，任何人都絕對不該宣揚這樣的做法，但是誰能否認這樣的事實，即任何一個人真正應該繼承的，都不應該是財富，而應該是良好的教育與健康的身體。只有繼承這兩樣東西，即便我們現在一無所有，也是可以透過自己的雙手去奮鬥的。

　　這篇文章是很有道理的。「如果你經常閱讀這份報紙的文章，就會發現很多內容都是值得看的。」至少，在這方面，這篇文章分析得非常透澈。

　　我們真正應該可憐的，絕對不是那些每天早早起來上班工作，晚上遲遲下班的貧窮年輕人。相反，我們應該可憐的是，那些含著金湯匙出生的孩子，上天似乎對他們特別不公，不信任他們去做一些充滿榮耀的事情。真正讓我們感到可憐或是悲傷的人，絕對不是那些忙碌之人，而應該是那些遊手好閒的懶散之人。卡萊爾曾經睿智地說：「那些找到了適合自己工作的人是幸福的。」我要說：「那些不得不工作，並且還要長時間努力工作的人才是幸福的。」一位偉大的詩人曾經說：「那些在祈禱方面做到最好的人，才能在愛這方面做到最好。」某天，這句話也許可以被模仿成：「那些在祈禱方面做得最好的人，才能在工作方面做到最好。」要是我們每天都能誠實地工作，那麼這絕對不是一種糟糕的祈禱方式。

　　現在，很多年輕人都在大聲疾呼「一定要消除貧窮！」但讓人感到遺憾的是，這是不可能實現的。我們始終會發現很多貧窮之人。要是把貧窮消除了，那麼我們人類將會變成什麼樣子呢？如果人類真的消除了貧窮，那麼人類的進步與發展將會陷入停頓。只要我們稍微思考一下，就會明白一個道理，倘若這個世界全是富人，那麼這個世界還有未來嗎？如果真的消除了貧窮，那麼人類將會失去追求美好事物的能力，人類社會將會倒退回野蠻狀態。如果按照你們的想法，將貧窮消除掉了，請將土地留給我們。只要我們

還有土地，那麼我們就能重鑄我們的美德，而這樣的美德對於人類品格的成長與發展是至關重要的。這樣一種美德就是──誠實的貧窮。

先生們，我想向你們肯定一個事實，即當你們出生在貧窮之家，這完全是你們的一種幸運。接下來，你們要提出的問題是：我該為這個社區做些什麼，才能給我帶來足夠的財富，從而讓我有足夠的錢，去支付衣食住行方面的開銷，而不需要透過別人的幫助去度日呢？我該怎樣做才能獨立生存呢？很多年輕人都可能會思考怎樣去做，想在某個領域有所作為，想要成為商人、工匠、牧師、醫生、電力工程師、建築師、編輯或是律師，等等。我相信你們中一些人還想要成為記者。但是，年輕人喜歡做什麼或是不喜歡做什麼，這些都關係不大，但他們應該始終牢牢記住一個重點：當我選擇了這個行業或是這份工作之後，我必須要嫻熟地掌握技術，可以透過這份工作來養活自己與家人。

因此，那些下定決心希望出人頭地的年輕人，應該懷著感恩之心，去看待自己所得到的各種支持，清楚地看到作為年輕人所應該履行的最高責任。在做出決定的時候，他會直接面對最關鍵的問題，並且做出正確的決定。

到目前為止，這與獲取財富沒有什麼關係。每個人都會認同一點，即對年輕人來說，他們的首要責任就是努力學習，成為一個自力更生的人。接下來的一步也不會存在什麼嚴重的問題，因為要是將人生的各種意外事件、疾病，或是目前商業不景色的因素都排除在外的話，那麼年輕人應該要學會履行自己的職責。在這些方面，他應該充分發揮自己的智慧。他有責任去節約一部分自己的收入，然後將這筆錢去用於投資，這樣的投資絕對不能是投機的行為，而應該以證券或是不動產的方式去進行，或是透過其他合法的方式去進行投資。這樣的投資方式雖然可能會讓他的財富增長速度比較緩慢，但是這能確保他在老年，能夠利用這些儲蓄過的舒適。我認為，所有人都會認可一點，那就是每個年輕人都應該提升自己的競爭力，透過自力更生去維持自尊。

除此之外，我認為，你們中一些人已經做出了決定，希望與「某位女士」共同分享人生了。當然，無論男女，都應該找到合適的人共度一生。婚

姻是人生的一件大事，因此需要進行重要的權衡。「一定要娶一位具有良好常識的女性」，這就是我的導師當年給我的建議，我也將這個建議告訴你們。可以說，無論對男人還是女人來說，常識可以說是一種最不尋常且最寶貴的特質。但是，除非你有足夠的能力去養活自己的伴侶，否則這就涉及到接下來我想要跟你談論的問題「財富」—— 我談論的並不是像那些百萬富翁所擁有的那麼多財富，而是談論足夠讓你們過上簡樸且獨立生活的收入。這在某種程度上涉及到財富的話題。

現在，我們要提出這樣一個問題，什麼才是財富？財富是如何創造出來的，又是如何分配的呢？在過去數百萬年裡，煤炭一直埋在地底下，誰也不知道如何利用這些寶貴資源。某些人透過實驗或是因為意外的巧合，發現了這種黑色的石頭能夠燃燒，並且還會散發出熱量。於是，人類就開始搭起豎井，建造機械，僱用礦工去挖煤，然後將煤炭從地底下運出來，賣給社區裡的人。因為煤炭的價格只有木頭的一半，煤炭漸漸地取代了木頭作為燃料的地位。接著，每一個擁有煤炭儲量的地方都變得極為寶貴。煤炭作為一種全新的商品迅速為整個社區帶來數以億計的財富。正如一些故事書裡所說的，某天，一位蘇格蘭人出神地盯著水壺裡沸騰的水，看到了蒸汽不斷將水壺蓋頂出來 —— 這樣的現象是之前無數人都看見過的，但是誰也沒有像這位蘇格蘭人因此而得到啟發，最終，他發明了蒸汽引擎。這讓遠洋航行的成本，比以往任何的航行方式要大大降低了，整個世界因此創造出來的財富，是任何人都無法去估量的。

一個社區的民眾所節約的財富，才是任何領域物質財富發展的基礎。現在，一個年輕人給這個社區提供的服務或是勞動所創造的財富，這與他的服務對社區的價值程度成正比，正如這是在現有方法的基礎之上節約了某些資源或是做出了一些改善。我想，船隊隊長范德比爾特看到紐約與水牛城之間十三條較短的不同鐵路路線，了解到這些鐵路公司提供單一的服務，他知道需要做出一些改變。當時的奧巴尼、斯克內塔第、尤里卡、雪城、奧本與羅徹斯特等地的鐵路都是由不同的鐵路公司所控制。范德比爾特對這些情況進行思考，然後將這些鐵路資源整合起來，製造出了一條直達的路線，讓紐約

州火車能夠以每小時五十一英里的速度前進，這是當時世界上速度最快的火車路線了。在那個時代，只有一百名乘客勇於嘗試乘坐這種速度的火車。范德比爾特為整個社區做出了特殊的貢獻，接著很多人紛紛仿效，最終將從西部大草原的貨物，送到你家門口的成本降低了許多。范德比爾特的行為每一天都在給整個社區節約了巨大的財富。相比於他為紐約州與整個國家所創造出的巨大財富，他從中所獲得的財富簡直是微不足道的。

在過去那個沒有蒸汽機、電力或是其他改變世界文明格局的發明的時代，一切活動都是以小規模的方式去進行的。因此，當時的社會環境根本沒有讓一些偉大的思想，以龐大的方式去實現的空間，因此，很多發明家、發現者、創造者或是執行者就能創造出巨大的財富。全新的發明提供了這樣的機會，很多龐大的財富都是個人創造出來的。但在我們這個時代，我們迅速跨越了這個發展階段。現在，除了房地產的升值之外，世界各地很少會出現能夠迅速創造財富的企業了。製造業與運輸業都是需要土地與海洋的，銀行業、保險業的所有權，都落入由數百名重要股東組成的董事會裡。紐約中央鐵路公司的股東有一萬人，賓夕法尼亞州鐵路公司的股東人數則更多，其實將近有四分之一的資產都是屬於那些由婦女與孩子組成的股東。在很多著名的製造業公司裡，情況也是如此。在蒸汽船公司裡，情況也是如此。你們都知道，銀行業、保險業以及其他公司都是如此。

現在很多人經常說：「哦，我們無法真正投身到商業！」這樣的說法是非常錯誤的。如果你們每個人都能節約五十美元或是一百美元，那麼我認為你們可以立即投身到任何一個領域中去。你可以得到你的股東證書，可以參加股東大會，可以發表你的觀點、提出你的建議，與這些公司的主席進行爭論，並且就公司管理方面的問題提出意見，你擁有所有與公司老闆一樣的權力與影響力。你可以購買任何企業的股票。但是，在目前這個階段，資金的回報率比較低，因此我建議你們在投資之前要謹慎考慮。正如我之前在談到工人、牧師、大學教授、藝術家、音樂家、醫生以及其他專業階層時所說的：如果你對某個產業不熟悉的話，千萬不要投資這樣的產業。你可以首先購買一座屬於自己的房子。如果你在此基礎之上還有餘錢，你可以再買另外

一座房子，或是以其中的一座房子作為抵押，讓這成為你的第一份抵押品，然後為自己獲得的合理回報而感到滿意。你知道嗎？按照統計資料，每一百位想要去進行投資的人中，就有九十五個人遲早會失敗。我的人生經驗裡也可以驗證這點。我引述胡迪布拉斯的這段話來告訴你們。就製造業方面，胡迪布拉斯的這句話在今天這個時代是非常適用的：

> 「嗚呼！那些勇於與冰冷的鋼鐵打交道的人，
> 真是不知道天高地厚啊！」

當今一些鋼鐵公司的股東可以證實這點，無論鋼鐵的價格是高是低，經營狀況都是不容樂觀的。

很多人對當今工業狀況感到不滿的一個主要原因，就在於巨額財富流入了少數人手中。少數人累積了大部分財富，這是客觀事實。正如我之前所說的，在全新的發明改變世界商業格局之前，情況的確如此。但在目前這個時代，情況並非完全如此。財富正漸漸分配到更多人手中。在人類歷史上，勞工與資本家創造出來的利潤當中，從沒有出現像現在這樣，勞工能夠獲得更多，而資本家獲得更少的情況。雖然資本家的收入已經下降了一半，在很多情況下甚至沒有增長，資料顯示勞工的收入卻要比之前任何一次商業危機時都增加的更多。與此同時，生活成本 —— 各種生活必需品 —— 的價格卻降低了一半。英國政府已經徵收了個人所得稅，我國政府遲早也會實施這樣的政策。在 1876 年到 1887 年這十一年裡，年收入在七百五十英鎊到兩千五百英鎊之間的人數，增加了百分之二十一，而年收入在五千英鎊到兩萬五千英鎊之間的人，則下降了百分之二點五。

先生們，你們可以肯定一點，即財富分配的問題在目前的狀況下，已經出現了迅速轉變，並且沿著正確的方向前進。少數富人正在變得越來越「貧窮」，而勞動大眾則變得越來越富有。儘管如此，少數一些人依然能夠創造出巨額財富，但相比於過去來說，已經少了許多。現在很多人也許還不相信這點，因為一些已經擁有了巨額財富的人，現在依然在努力著創造出更多的財富。就以之前世界上最富有的人來說吧。前幾年，他在紐約去世了。在他

的例子裡，我們能夠得到什麼啟迪呢？除了平時的一些基本花費之外，他所有的金錢都用於投資我國的鐵路系統，讓民眾能夠以最低廉的成本去搭乘火車。無論這位百萬富翁一開始是否這樣想，但他無法規避現有的法律，這迫使他只能將多餘的錢財用於服務民眾。他在人生裡所獲得的財富，當然可以讓他住在更加豪華的房子裡，購買更加豪華的家具，購買一些藝術品，他甚至可以擁有一座私人的圖書館。但就我所認識的許多百萬富翁，私人圖書館可以說是他們家裡唯一的家具了。他們可以吃昂貴食物，也可以喝名酒，但這樣做只會給他們帶來傷害。當代真正意義上的百萬富翁，一般都是品味簡單的人，他們甚至有一些吝嗇的習慣。他們花在自己身上的錢並不多，他們就像勤勞的蜜蜂那樣，不斷在工業領域裡採蜜，讓其他人從他們的努力中得到好處。

卡特在巴黎的白令海仲裁法庭上發表了一場深刻的演說，就對這樣的百萬富翁進行了真實的描述：

「那些成功累積巨額財富的人，基本上都是那些有能力控制這些財富的人，懂得如何去投資這些財富，知道以什麼方式最好地回報這個社會。他們身上擁有這樣的特質，因此他們才有能力去從事涉及面如此之廣的工作。從『消費』一詞的真正意義上來說，他們也只能消費他們所能享用的東西。其他的財富只能用於服務大眾利益。他們知道自己只是這些財富的保管者而已。他們用這些錢財去進行投資，比如投資工廠，這就需要僱用工人。他們會以最好的方式去招聘工人，保證高效地生產。那些擁有上億美元財富的人通常都是為這個社會其他人服務的奴隸，因為這就是他們每天生活的現狀。社會之所以能夠容忍他們的存在，是因為這些人的存在符合社會上其他人的利益。」

另一位同樣知名的百萬富翁，也就是你們的朋友達納同樣以客觀的方式講述了康乃爾的故事：

「我想要提到這一類人，他們是思想家、科學家、發明家，以及其他上帝賦予了超乎常人能力的人 —— 這些人在節約金錢、累積財富方面有著異乎常人的能力。現在，人們習慣性地發表演說反對現行的法律。但是，我們會看到有人去嫉妒伊斯拉·康乃爾（Ezra Cornell）—— 這位對人類做出了巨大貢

獻，並用財富造福人類的人嗎？或者，我們可以用現在的一個例子來說明，即誰會嫉妒亨利·W·薩奇（Henry W. Sage）所擁有的財富呢？這些人都是知道如何致富的人，因為他們天生就擁有這樣的能力。當他們成為富人之後，知道如何更好地回報大眾。只要人類還活在這個地球上，那麼他們的名聲就是不朽的。這些天才以及這些在賺錢方面有著天賦的人、那些具有創造性思維的人、擁有能力累積與節約金錢，並且用於大眾利益上的人，他們都是當今世界上重要的領袖，二十世紀就是需要這樣的領袖！」

除了雄峰之外，蜂巢裡的蜜蜂不會影響其他正在釀蜜的蜜蜂。要是我們國家只是因為百萬富翁像勤勞的蜜蜂那樣釀造蜂蜜，並在累積了大量財富之後奉獻給社會，就要採取針對他們的行為，這是一種嚴重錯誤的做法。請記住下面這個重要的事實，無論在任何國家裡，人民能否過上富足舒適的生活，其實與這個國家擁有的百萬富翁人數成正比。

就以俄國為例子吧，俄國國內絕大多數人的地位只是稍微比奴隸好一些，他們都生活在僅僅維持溫飽的貧窮線上，他們所吃的食物是我國民眾絕對不願意吃的。當然，你在俄國也找不到一位百萬富翁。當然，沙皇或是皇宮貴族也許因為政治體制的原因擁有大量財富。相同的情況也出現在德國，整個德國只有兩位聞名世界的百萬富翁。在英國 —— 這個歐洲大陸最富有的國家 —— 也是除了我國之外世界上最富有的國家，英國民眾的生活水準要優於其他國家。但是，美國擁有的百萬富翁人數是最多的。你們可以前來我們的國家看看，這裡的百萬富翁人數，要比世界上所有國家的百萬富翁人數加起來，都要更多。當然，我們也沒有每十個人中就出現一位百萬富翁的情況。我看過布魯克林一位著名律師所列舉的百萬富翁名單，這份名單不僅讓我大笑起來，也讓其他人大笑起來。我看到名單中很多所謂的百萬富翁都沒有能力償還他們的債務。很多人都應該從這份名單裡撤去。

就在不久前，我在一次晚宴上坐在艾瓦茲（William M. Evarts）先生旁邊。我們在談話過程中就提到了這樣一個問題，即人們應該按照每個人對公共利益的貢獻去分配財富。一位先生說這樣做是對的，並且列舉出了許多理由。當然，其中一個理由，是那些富人無法在死後帶走這些財富。

艾瓦茲先生說：「我並不了解這些。我之前作為一名紐約律師的經驗告訴我，那些富人至少會將五分之四的財富都捐獻出去，他們不會在死的時候依然是百萬富翁。」

在我看來，無論最終理想的情況會變成怎樣，卡特與達納的做法都是正確的。在我們現有的情況下，那些為了向民眾提供最低廉商品，整天工作的百萬富翁的確是偉大的，因為他們的工作讓民眾能夠在衣食住行方面的成本變得更低。

當代的一些發明，會讓工業與商業的企業聯合成規模更大的企業。要是作為老闆的你不去僱用數千名熟練的機械工人，你是根本無法讓柏思麥鋼鐵公司正常運轉的。要是你一開始沒有七百萬美元的話，你是無法像伯利恆公司那樣建造鋼鐵貨輪的。要是你沒有一座規模龐大的工廠以及數千名男女工人的幫助，你是無法製造出廉價的棉質衣服，並在世界上與其他公司進行競爭的。你所在城鎮的電力公司之所以能夠取得成功，因為該公司已經投資了數百萬美元，準備以大規模的方式去進行電力經營。在這樣的商業情況下，財富必然會流向少數人手中，並且少數人擁有的財富會遠遠超過他們的需求。但是，在布萊恩列舉的五十家重要的公司裡，他發現只有一人成功讓製造企業獲得了一筆財富。他從房地產建築中獲得的財富要比其他業務獲得的所有財富相加都還要更多，接下來最盈利的就是運輸業與銀行業。整個製造業也只產生了一名百萬富翁而已。

但是，假設這些多餘的財富流向了少數人手中，那麼他們又應該承擔起什麼的責任呢？他們該怎樣做才能從充滿銅臭味的環境裡擺脫出來，努力去追求自己輝煌的事業呢？

現在，我們知道，財富主要以三種方式去進行分配。

第一種分配方式，也是主要的分配方式，就是富人在去世之後將遺產分給家人。對於那些一下子得到這麼一大筆遠遠超過日常開支金錢的家人而言，富人對財富進行這樣的分配是否明智與正確呢？我懇請你們認真思考一下這樣做會帶來的後果，思考一下百萬富翁將錢財全部留給年輕子女所能帶來的後果。你們通常都會發現一點，這對他們的女兒來說並不是一件好事。

這可以從娶這些女人的男人其行為以及品格中看出來。對百萬富翁的兒子而言，你們可以從我在上面節錄的《紐約太陽報》的文章裡，看到類似的結果。對這些百萬富翁的子女而言，沒有比他們一下子得到父親龐大的遺產，給他們帶來更大的傷害了。這些百萬富翁在做出這樣的決定時，顯然沒有為子女的未來進行過考慮，而完全是出於自己的虛榮心。他們這樣做，沒有考慮到孩子日後的發展與成長，而是純粹為了自我炫耀。正是這些父母做出這樣的行為，才讓財富帶來了許多負面的影響。關於這一類的財富分配，我們只有一點可以談論，這會讓百萬富翁留下來的龐大遺產迅速地分配出去。

第二種財富分配的方式與第一種分配方式沒有什麼本質的區別，但這種分配方式對整個社會，不會帶來嚴重的負面影響，但這樣的分配方式卻會讓立下遺囑的百萬富翁，無法得到世人的讚賞。當這些百萬富翁最終放開緊握著金錢的手之後，他們留下來的百萬財富被用於大眾機構的設立。這些百萬富翁在生前並不願意這樣做的，但他們在去世後對此也沒有任何辦法，因此不會有人感恩他們的做法。我們之所以說這並不是他留給後人的一份禮物，是因為他並不是心甘情願這樣做，而是因為在死神召喚去了之後，不得已而為之。當這些遺囑無法真正生效的時候，那麼隨之而來就會出現許多訴訟官司，而接下來發生為遺產爭執的事情則似乎證明了，命運似乎並沒有用友善的目光看待那位已經去世的人。從這樣的事例中，我們可以明白一點，真正能讓百萬富翁的財富產生積極長久影響的行為，就是在他生前的時候去這樣做，正如他在年輕時努力去累積財富那樣。我們看到一位著名的律師將自己賺到的五六百萬美元，都捐獻給了紐約市，用於建造一座公共圖書館。這個公共圖書館是這座城市所急需的，要是這位律師不這樣做，這對他來說將是一種不幸。他已經去世幾年了，他立下的遺囑因為存在著一些漏洞，而被宣布無效，雖然他想要捐獻這些財富的本意是非常明顯的。對很多富人來說，他們不選擇在生前去對自己的財富進行分配，而留到死後才讓後人去決定拿他的財富去做一些他不想去做的事情。彼得・庫柏（Peter Cooper）、巴爾的摩的普拉特與布魯克林的普拉特以及其他人，這些人都應該是許多富人學習的榜樣，他們在生前就將自己多餘的財富捐獻出去了。

第三種分配財富的方式，也是唯一一種高尚的方式：即擁有財富的人將多餘的財富視為一種神聖的饋贈，好好地保管，然後讓這些財富為民眾的福祉服務。人並不是單純依靠麵包而活的，要是這些富人每天將五美分或是十美分分給數千人，這不會帶來任何好處。要是他們將這大筆錢累積起來，然後像庫柏先生那樣，用於成立庫柏聯盟學院，那麼這就會為後代留下一些永恆的東西。這能夠給人們帶來知識，豐富他們的大腦，讓他們的精神層次得到提升。這能夠為那些渴盼出人頭地的貧窮年輕人提供一條向上攀登的階梯。先生們，請你們記住一點，要是我們試圖去幫助那些不願意自助的人，這是毫無用處的。除非他本人願意繼續在梯子上繼續向上爬，否則你是絕對不該推他一把的。因為，一旦你停止繼續推他，那麼他就會摔得很慘。

因此，正如我之前所說的，我在此再次重複一遍，那就是未來的百萬富翁將會明白一個道理，他們在去世後應該是身無分文的，而那些在去世前，仍然將財富緊緊握在自己手中的人，必然會死的一文不值。當然，我並不是說商人不應該認真對待他們手上擁有的資本，因為資本是他們創造奇蹟與創造更多財富的工具。我所說的是，那些去世之後還留下數百萬美元財富的人，其實是極為可悲的，因為他們不願意將自己年輕時期累積的財富用於服務大眾。要是他們在生前能夠善用這些多餘的財富，那麼他們就能為整個社會帶來巨大的福祉。從事商業活動且不斷累積財富的商人，其地位就能與從事其他任何行業的人相媲美。按照這樣的方式，他就能與醫生這個最光榮的職業相比，因為偉大的商人在某種程度上也是一名醫生，他需要具有前瞻性，要努力預防人類可能出現的各種「疾病」。對於那些因為生計或是個人意願想要經商或是累積財富的人，我建議你們擁抱這樣一種思想。

每一位富人都應該希望自己的墓誌銘與彼得的墓誌銘一樣：

「他生前低調，
死時一貧如洗。」

後世人只會尊敬這樣的人。當這些人老年從商界裡退休之後，還緊緊控制著他們多年來累積的數百萬美元，不願意拿出一分錢去貢獻社會。那麼，

當他們去世之後，沒有人會為他們落淚，沒有人會尊敬他們，也沒有人會幫他們唱輓歌。

同樣地，我可以將年輕人劃分為四類。

第一類年輕人，是指那些迫於生計、不得不努力工作的人，他們的人生目標是掌握一定的能力，然後獲取一定的財富——當然，他們的夢想是希望在美麗的鄉村擁有一棟舒適的房子，還有一位「能讓這個陰翳的地方充滿陽光」的人生伴侶。這一類年輕人的人生座右銘是：首先「讓我過上既不過分富有，也不過貧窮的生活」。讓他們可以遠離貧窮所帶來的焦慮，也免除過度富有所帶來的沉重責任。全能的上帝，成全我們吧！

第二類年輕人，是指那些下定決心要獲取財富的人，他們的人生目標是希望成為人們談論的焦點，希望成為百萬富翁，成為最優秀的那個人。這一類年輕人的人生座右銘非常簡潔：「將錢放在我的口袋裡」。

接著，就是第三類年輕人。這一類年輕人所追求的，既不是財富也不是個人的幸福。他們的內心始終被「高尚的理想」激盪著。對名聲的追求是控制他們人生的主要因素。我們知道，雖然追求名聲其實也並不比追求物質財富高尚多少，但我必須要說，這樣的追求還是展現了這一類年輕人擁有更強的虛榮心。很多年輕人都想要追求屬於自己的名聲。虛榮的元素可以在這些年輕人出現在大眾面前，展現出來的熱情得到體現。比方說，很多音樂家、演員甚至是畫家——這些人都是屬於藝術家行列的——他們一般都有著強烈的個人虛榮心。很多人可能會對此無法理解，但是這些人之所以會有這樣的想法，也許是因為音樂家、演員甚至是畫家，他們可能在他們所屬的行業裡擁有一種超乎常人的智慧，雖然他們沒有接受過高等教育，也缺乏對其他方面知識的了解。這些人的性格中往往存在著一些癖好，這樣的品格可能會讓他們顯得鶴立雞群或是帶來一些名聲。因此，他們對藝術的熱愛，或者說透過藝術去展現自己的價值，這完全是某種狹隘、個人自私的虛榮心所驅動的。但是，我們同樣可以在政治領域內看到這樣的情況。很多的政客、律師甚至是牧師，都有這樣的傾向。相比於其他行業，醫生這個職業在這方面存在著強烈的傾向，可能是因為不得不親眼面對許多人生悲傷的一面所致。可

以說，醫生是所有職業中最會讓人產生虛榮心的一個職業了。霍特斯柏的一首詩就曾精闢地對此進行了描述：

> 「看在上帝的分上，我認為從面容蒼白的月亮上
> 摘下金燦燦的榮譽是一件容易的事情。
> 或是潛入深海，
> 但卻永遠無法估量海的深度，
> 然後打開水閘，用水將榮譽淹沒。
> 這樣的話，那些追求榮譽的人，
> 可能就不會再有競爭對手了。」

　　年輕人，請記住一點，這類人並不在乎事物的實用性，不關心事物的狀態，他們關心的只有自己。他們就像一隻充滿虛榮心的孔雀，喜歡趾高氣揚地走路。

　　先生們，在我看來，追求名聲的人甚至要多於想追求財富的人。這的確是值得人類感到驕傲的。因為這證明了一點，即在生物演化這一不可逆轉的規律下，人類正在慢慢地向上前進了。就以整個藝術領域來說吧，這能夠給我們的生活帶來高雅與光明，能夠讓我們的生活顯得更有品味與樂趣。還有那些偉大的作曲家、畫家、鋼琴演奏家、律師、法官、政治家以及所有擔任公職的人，他們都更加注重自己的職業聲響，而不是關注自己是否能夠成為百萬富翁。對於華盛頓、富蘭克林、林肯、格蘭特與謝爾曼等人來說，他們又怎麼會去關注財富呢？不會的！哈里森與克里夫蘭這兩位總統，又怎麼會過分注重自己沒有賺到多少錢呢？又會有誰將他們兩人稱為失敗者呢？對聯邦最高法院大法官或是最高檢察官來說，他們又怎麼會關注自己能夠賺多少錢呢？那些偉大的傳教士、醫生、偉大的老師都並不在意能夠獲得多少財富。這些人所追求的是透過服務別人累積下來的名聲，這當然要比前面提到單純想要累積財富的百萬富翁階層，更進一步了。相比於那些不願意花一分錢，依然想著在臨死之前累積更多財富的人，那些追求名聲的人顯然是更進一步了。

附錄

　　但除了上面三類人之外，還有第四類年輕人，他們要比之前三類人的境界更高，他們既不追求財富，也不追求名聲，而是追求最為高尚的理想，那就是服務的理念 —— 為人類的進步而努力。自我克制是這類人的典型特徵。這一類人並不追求大眾的掌聲與歡呼，也不在意自己是否受人歡迎，而是在意自己的行為是否正確。他們贊同中國古代思想家孔子所說的一句話：「君子不患無位，患所以立。」他們擁有著「富貴不能淫，貧賤不能移」的人生精神。屬於這一類的人每天努力地做好自己的工作，努力完成自己內心所定下的標準。他們不擔心別人一時的指責，只擔心自己良知的譴責。我認識很多這樣的人，他們的名字不為大眾所知，他們也不追求任何名聲，但是他們透過自己的人生達到了一種理想的境界。現在，我想引用一位英年早逝的蘇格蘭詩人的一首詩歌來進行闡述：

> 「我無所畏懼地做著，不理會別人的嘲笑，
> 而是心懷著純真的念頭。
> 我要肩負起沉重的責任，還要唱起歡樂的歌曲，
> 當我倒下的時候，無論我是否獲得了名聲，
> 這都沒有關係，因為我已經完成了上帝交給我的使命。
> 我學會了去獎賞那些安安靜靜完成工作的人，
> 不願跟風讚美別人
> 不願追逐別人稱之為名聲的東西。」

　　先生們，當你們站在人生的門檻時，你們有「好，很好，極好」這三種生活等待著你們 —— 這分別代表著三種不同的發展階段 —— 自然狀態，精神狀態與宇宙狀態。當人類成功地獲得了物質財富之後，就必然會給一部分人帶來好處，因為這會讓人從本能的動物性中擺脫出來，去實踐許多優秀的特質：比如時刻保持冷靜的頭腦、勤奮與自律。第二個階段則要比第一個階段更高：他們更加注重追求精神層面上的東西，而不是物質層面上的東西 —— 他們不願意去追求浮華的物質財富，而是去追求某種無形的東西。他們不願意去追求物質，而是追求大腦的充實，追求人類在精神層面上的思

考。這樣的追求激發了人類許多的美德，讓人類成為更加優秀的人。

第三種宇宙階段，則是以前面兩種階段完全不同的立場去看待問題。在這個階段裡，所有自私的考量都屈服於對人類兄弟情義的思想當中，屈服於服務別人的理念。他們並不想去追求財富與名聲。因為，他們已經深刻地明白，美德本身就是一種最大的獎賞，而一旦他們感受到了其中的滿足感，就會認為其他方面的滿足感都是不值得去追求的。因此，他們再也不會去追求財富或是名聲，而是去追求最高的目標——誠實地履行自己的職責，並且從中獲得深沉的滿足感，不懼怕這樣做會帶來的後果，也不去追求任何的獎賞。

你的人生品味或是判斷將你帶到何方，這其實並不重要。重要的是，你應該專注於某個領域，然後全身心地履行自己的職責，比別人做的更好一些——正是這種「比別人做的更好一些」的思想才是最為關鍵的。我們知道一位偉大的詩人也曾說過，那些做到最好的人，都是比別人做的更好一些的人。你們要始終將自尊視為一種最寶貴的珍珠，這是贏得別人尊重的唯一方式。之後，你應該記住愛默生曾經說過的一句話，因為他的這句話代表著真理：「對年輕人來說，只有他才能讓自己無法過上誠實且光榮的人生。」

通往成功之路，安德魯‧卡內基自傳：

因罷工問題背負罪名、關切教育及養老議題、熱心社會公益、建立財富準則，美國慈善家非比尋常的一生

作　　者：[美]安德魯‧卡內基（Andrew Carnegie）

翻　　譯：韓春華

發 行 人：黃振庭

出 版 者：財經錢線文化事業有限公司

發 行 者：財經錢線文化事業有限公司

E-mail：sonbookservice@gmail.com

粉 絲 頁：https://www.facebook.com/sonbookss/

網　　址：https://sonbook.net/

地　　址：台北市中正區重慶南路一段六十一號八樓
815 室
Rm. 815, 8F., No.61, Sec. 1, Chongqing S. Rd.,
Zhongzheng Dist., Taipei City 100, Taiwan

電　　話：(02)2370-3310

傳　　真：(02)2388-1990

印　　刷：京峯彩色印刷有限公司（京峰數位）

律師顧問：廣華律師事務所 張珮琦律師

國家圖書館出版品預行編目資料

通往成功之路，安德魯‧卡內基自傳：因罷工問題背負罪名、關切教育及養老議題、熱心社會公益、建立財富準則，美國慈善家非比尋常的一生 / [美]安德魯‧卡內基（Andrew Carnegie）著，韓春華譯. -- 第一版. -- 臺北市：財經錢線文化事業有限公司, 2023.04
面；　公分
POD 版
譯自：Autobiography Of Andrew Carnegie.
ISBN 978-957-680-624-7(平裝)
1.CST: 卡內基 (Carnegie, Andrew, 1835-1919) 2.CST: 傳記 3.CST: 美國
785.28　112004391

定　　價：499 元

發行日期：2023 年 04 月第一版

◎本書以 POD 印製

電子書購買

臉書